深度關係

一切美好都是深度關係的產物

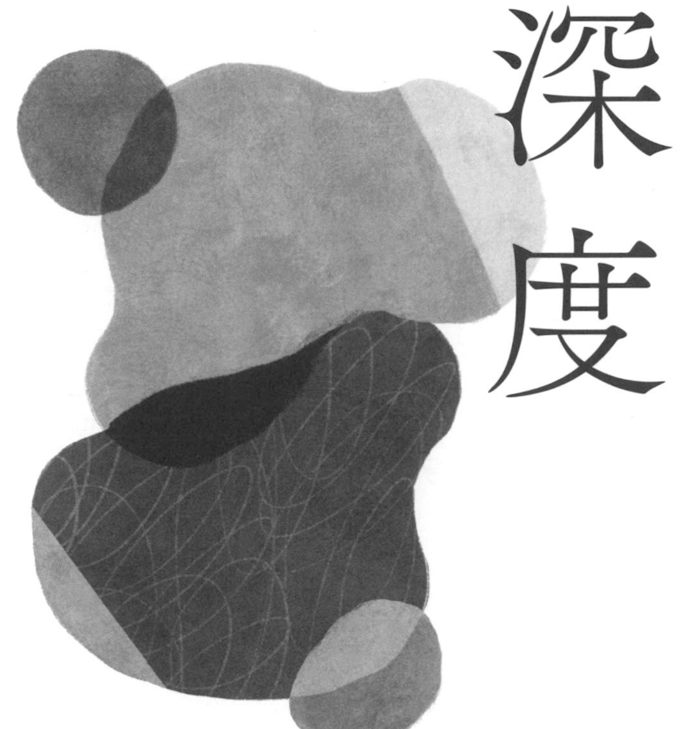

武志紅——著

目錄

目錄

PART 2 人性座標體系

導言——歡迎來到真實世界

全能感的四張面孔

在你閱讀這本書之前，我先問一個問題：什麼樣的人心理算健康的？或者說，心理健康的標準是什麼？對此，美國心理學家科胡特（Heinz Kohut）給出了非常簡明的答案：自信和熱情。

當活力能滋養自體時，就是自信；當活力能滋養客體時，就是熱情。這個答案真是簡單。如果初學心理學，剛剛接觸到科胡特這個說法，你可能會覺得這個說法一點都不深刻，但如果你對人性瞭解得越來越深，特別是被科胡特所說的另一個概念所深深糾纏時，你會深切地感受到，走到自信、熱情這一步，實在是太不容易了。

這另一個概念，就是全能自戀。

全能自戀是嬰兒最原初的心理，因此也是人最原初的心理。它的邏輯是，「我一動念頭，世界就該按照我的念頭而運轉。」當全能自戀受損時，人會產生自戀性暴怒。我將其稱為「全能暴怒」，覺得這個詞比「自戀性暴怒」更合適一些。受全能暴怒驅使時，人會產生毀滅欲。

如果全能自戀和全能暴怒能直接表達，人就會感覺到自己很有力量。但是，在既不能表達全能自戀，又不能表達全能暴怒時，這份能量並不會消失，而是會轉而壓制自己。這時，人會體驗到徹底無助。

同時，人還覺得像是被外界的一股力量壓制，因此會產生被害妄想，覺得有一個無比厲害的人、機構或神魔在破壞著自己的各種事情。

全能自戀、全能暴怒、徹底無助和被害妄想，我們可以把它們概括為「全能感」，這是全能感的四種經典表達。

除此以外，全能自戀還有非常複雜的變化。我在諮詢和日常生活中，發現全能自戀簡直無處不在。很有意思的一點是，我講課時發現全能自戀是最受歡迎的內容。例如，我開持續數天的工作坊時，學員們通常很希望多一些練習和分享，唯獨在我講全能自戀時，他們會覺得練習和分享有點浪費時間。他們會說：「別做練習和分享了，你講吧，這些內容太吸引人、太好玩了。」

我認為這是因為這些內容戳中了大家的心，一開始容易覺得，「啊，我身邊有一個這樣的人」，後來發現，「哎呀，這說的不正是我嗎」！

我開全能自戀主題的講座時，也常有人問我：「武老師，這個話題我想深入瞭解一下，請給我推薦幾本書吧。」可是抱歉，除了《自體心理學的理論與實踐》這樣一本偏專業的書之外，我真不知道還可以推薦其他什麼書。現在，我可以推薦自己的這本書了，我希望自己不僅能寫清楚全能自戀的深層邏輯，還能寫透我們身邊常見的各種現象。

最近幾年，全能自戀是我關注的一個焦點，並且在觀察自己時，不可避免地看到我也深陷全能自戀之中。它的很多幽微、奧妙的變化，在我身上都可以看到。

甚至隨著對自身全能自戀等問題的瞭解越來越深，我越來越覺得，如果能在一定程度上講清楚全能自戀的內容，那會像是自己的一種畢業典禮。

現在，我覺得我終於可以系統地講一講全能自戀了，於是有了你所讀到的這本書。

這本書分為三大部分：

1. **全能自戀及其變化。**
2. **人性座標體系。**
3. **頭腦暴政。**

這本書還有兩大價值：瞭解和療癒。

先說說瞭解。如果你身邊有人有嚴重的全能自戀，你會細緻入微地瞭解這個人。例如，如果你身邊有一個總是亂發脾氣的人，這個人通常會成為你的一個噩夢。一直以來，你可能會很納悶他到底在做什麼。學習了全能自戀的知識之後，你會發現，這樣的人是在被全能暴怒支配著的。又如，你身邊有特別好說話的人，可是你又真切地感覺到，你沒法走近他，甚至非常不喜歡他。

這樣的人是怎麼回事？當瞭解了本書中關於徹底無助和被害妄想的內容後，你可能會恍然大悟：哦，他們原來是這樣的，他們自己做了「好人」，但不斷把「壞」投射到外部世界。比如，你就容易被他們投射成「壞人」。

沒有誰喜歡被投射成壞人，所以你不喜歡這樣的人是很正常的。這時候就出現了一個可怕的問題：**如果你就是這樣的人呢？**你會擔心嗎？你自以為是地做了半輩子甚至一輩子好事，結果發現自己註定會被辜負，也收穫不了親密關係。如果真是這樣，這該是何等可悲的事情？

說到瞭解，那就是**瞭解他人、瞭解自己、瞭解關係，乃至瞭解社會現象。**這會讓你感覺自己的眼睛和心變得更亮了。

有人可能會覺得，學習全能自戀是對自己嚴重的攻擊。當你有這種感覺時，我建議你放棄，不要和自己太較勁。

你覺得這本書很刺激、很過癮，不斷讓你感嘆：「哇，誰誰是這樣的！我就是這樣的！這說得也太準了！」這時，你雖然有一定被攻擊的感覺，但不覺得嚴重，那麼這本書就是適合你的。

也可能你很好運，發現自己沒什麼全能感，親友中也沒有這樣的人，不過各種熱點新聞事件的主角常常是這類人，而你在工作和生活中免不了要和這樣的人打交道，那麼瞭解他們也是非常有價值的。瞭解主要會給你帶來控制感，也可以讓你更清醒地做選擇。但瞭解不是療癒，**療癒的根本，是關係。全能自戀的對立面不是不自戀，而是能活在關係中。**

我的很多來訪者都說過一句話：「我是一個人長大的。」這句話充滿悲傷，也非常能說明問題。**全能自戀總是和孤獨綁在一起。**

並且，這是可以倒推的。如果你這一生一直孤獨，那必然意味著你深陷全能感中。區別只是：當你的表現為全能自戀和全能暴怒時，會很明顯；當你的表現為徹底無助和被害妄想時，則是隱蔽的。**關係或情感才是人性中療癒性的力量。全能自戀不能直接被滅掉，但它可以透過體驗到深度關係中的情感，自然而然地被馴服。**

我們的歷史文化中有一則深刻的故事，就是大禹治水。在大禹之前，人們對待氾濫的水災，就是拼命去堵，但均告失敗，直到大禹找到疏通的方法，才得以解決。

這個故事可以引申到全能自戀中。全能感是猶如核彈一般的能量。當它直接呈現出破壞性時，會很嚇人，而我們的文化找到的傳統解決方式，就是壓制。

這就涉及我們文化中的另一個故事——齊天大聖被壓制在五指山下。孫悟空在齊天大聖階段，是全能自戀和全能暴怒的經典表達。這個隱喻在我們的社會文化中，簡直無處不在。

壓制也可能是一條相當合理的道路，可是降服全能自戀還可以有另一個方向——進入關係。

人性座標體系

人性可以分成兩個維度：

自戀維度，也可以稱為「力量維度」、「權力維度」。

關係維度，也可以稱為「情感維度」、「道德維度」。

這兩個維度組合起來，自戀維度為縱軸，關係維度為橫軸，可構成一個座標圖，我將其稱為「人性座標體系」。

在自戀維度的縱軸上，人會深切地體驗到地位的高低、力量的強弱，乃至生死；而在關係維度的橫軸上，人會真切地感知到，情感是平等的。因此可以說，一個深情的人，就在很大程度上破掉了高低、強弱，乃至生死。

同時，自戀維度也極為重要。你會看到，太多人為了維繫關係而產生了強大恐懼症。我們最懼怕的，是綻放自己的光。「強大恐懼症」是我造的一個詞。在本書中，我會從多個方面去分析它。

可以說，自戀加深的程度和關係進入的深度一起構成了一個人的心靈空間。**這兩個維度都展開，才能活出自己。**

自戀是人的根本屬性，受自戀驅使，人會渴求卓越乃至完美，因此會特別懼怕平庸，覺得「不卓越不配活」，從而產生巨大的焦慮。孤獨的全能自戀，必然伴隨著深度的焦慮。

但是，當你進入深度關係後，就會真實體驗到你的心靈被拓寬了。你會體驗到「我既可以強大，也可以弱小；既可以對別人好，也可以攻擊別人保護自己」。

這意味著，你的心從二元對立開始走向合二為一。

總之，從自戀維度能進入關係維度即療癒。這是本書的第二大部分，如果能幫到你或你在乎的人，從而可以更好地進入關係，那就太值得了。

當然，本書不可避免的是在認知層面講述，對於就差一層窗戶紙的人來說，認知的提升也許瞬間就戳破了這層窗戶紙，而讓你能更深地進入關係。

對於嚴重停留在自戀維度的人來說，認知可能只是一個開始，但也可以是一個前行的方向。

全能自戀，或者說超高自戀，可以成為一個巨大的推動力，推動人去追求卓越。但很詭異的是，這時的卓越是沒有創造力的。要明白這一點，就要知道自戀維度的另一個名稱——「權力維度」。意思是，純自戀推動的追求卓越，本質上是為了追求權力、聚攏資源，避免自己落在弱小而任人宰割的位置上。這時的追求卓越，其實是為了避免死亡。

因此可以說，**權力驅動著的卓越，內核是死亡焦慮，而創造力意味著生，是死亡焦慮的對立面**。

一個人如果想將這股能量從死亡焦慮轉化成生能量，就需要在關係中馴服全能自戀，然後才會體驗到生命的美好，會生機勃勃，充滿創造性、熱情和愛。如果你希望自己的孩子、自己，或者我們的社會有真正的創造力，就需要學習如何進入深度關係中。

所以，關係並非只是情感這麼簡單。全能自戀的各種變化是第一部分。關於自戀與關係的人性座標體系是第二部分。第三部分比較特別一點，在這一部分，我會談一談「頭腦暴政」。

走出頭腦自戀

一個人的成長，是從全能自戀到真實自信的過程，也是從孤獨自戀到有深情依戀的過程，同時是從想像進入現實的過程。

想像與現實的一個巨大差別是，想像可瞬間完成，可超越時空；現實中卻有時間和空間，從念頭的發起到完成需要過程。它越重要，就越需要漫長的過程。所以，現實會挫敗一個人的全能自戀。

當一個人進入現實失敗時，就會過度使用頭腦的想像，並用想像去要求自己、別人，乃至世界。這時的想像會有高度的全能自戀，因此這份要求會變得難度很高、很苛刻，所以構成了「頭腦的暴政」。

圍繞著孫悟空和唐僧，有一個深刻的隱喻。孫悟空可視為全能自戀的想像力，而唐僧則是現實世界的象徵。孫悟空一個跟斗可以翻出十萬八千里，而想像就具備這個特點，你可以使用想像輕鬆抵達任何地方。

但是，唐僧去西天取經，就得老老實實地行走。沒法取巧，還得經歷九九八十一難。相應的是，人生就是一場修行，各種道理，頭腦裡明白很容易，但你必須使用肉身在現實中，也就是關係中去體驗。

頭腦快，但虛；體驗慢，但真。當你能「降服」全能自戀的狂暴想像，從而進入看似慢騰騰的體驗時，你會愛上生命，愛上平凡的生活。不僅如此，你會發現，你這時好像才可能碰觸到無限的存在，而所謂創造力也由此而生。

圍繞著頭腦暴政，有一個重要的矛盾——過程和目標。目標主義者總想著立即實現目標，這其實是受全能自戀裹挾的結果，也是受死亡焦慮所推動的；而過程主義者才能體驗到生命能量的流動。當你能夠享受過程時，就意味著你真的有了創造力。

全能自戀會催生出各種高大上乃至奇幻的東西，像神、佛、魔的世界，至少也是強人的世界。受全能自戀驅使時，你會總想著在天上飛，就像齊天大聖總是在翻筋斗雲一樣。

但是，當你降服了全能自戀，從孤獨的想像世界進入關係的現實世界後，你會發現自己從天空中降了下來，像是進入了凡間，這個凡間有滿滿的熱情、愛和創造力。

你會愛上這個凡間的萬事萬物，同時會愛上自己。這樣的愛才會帶來真實的自信。在我看來，真正的自信只能來自愛。

PART 1

全能自戀及其變化

如何看全能感？

全能感有四個基本變化。

① 全能自戀：我是全能的神，世界必須按照我的意願運轉。

② 全能暴怒：意願被拒絕，神就會變成魔，而生出毀滅欲。

③ 徹底無助：暴怒不能表達，就會轉過來攻擊自身，讓自己不能動彈。

④ 被害妄想：不能動彈時，會覺得所有不順都是外界的魔鬼害的。

如何看全能感？

全能感有四個基本變化。

❶ **全能自戀**：我是全能的神，世界必須按照我的意願運轉。

❷ **全能暴怒**：意願被拒絕，神就會變成魔，而生出毀滅欲。

❸ **徹底無助**：暴怒不能表達，就會轉過來攻擊自身，讓自己不能動彈。

❹ **被害妄想**：不能動彈時，會覺得所有不順都是外界的魔鬼害的。

對於這四種變化，我們可以想像一下，想像每個人都是一個能量球，它本來是中性的、灰色的。這個能量球伸出了一個能量觸角。當這個觸角被另一個能量球接住時，就被點亮了。這是第一個變化，對應著全能自戀。

當被拒絕，或者沒有被另一個能量球接住時，它就會從中性的、灰色的變成黑色的。這時，這個黑色的能量觸角有兩個方向可以表達，一個方向是向外，這就變成了破壞性力量。這對應著全能暴怒。

向外表達是危險的，會傷害他人或者害怕被報復、被懲罰，於是這種黑色的能量不敢表達，轉過來指向自己。這時，你會感覺到被破壞乃至被摧毀了。這對應著徹底無助。

明明是自己產生的一股黑色的能量，轉過來鎮壓了自己，這時卻被感知為完全是一股外在的力量，即我們將這種能量徹底從意識中切割出去了，把它投射成外部力量。這對應著被害妄想。

這是進入關係失敗的結果，你也可以做另一個方向的想像——如果能量觸角被接住的次數越來越多，那就意味著這個能量球被照亮了。而黑暗和光明，是人性的一個基本隱喻。

必須說明的一點是，全能自戀、全能暴怒、徹底無助和被害妄想都是全能感的極致表達。當一個人全然被這四個變化控制時，通常這個人的精神也就崩潰了。

普通人的身上有時不容易直接看到全能感的這些極致表達，但可以看到程度不一的表達。當程度比較重時，也會對一個人產生巨大的影響。

所以，我講全能感時會分成兩個部分：如同幻夢一般的極致表達，以及普通人身上的常規表現。

現在，讓我們進入第一部分：全能幻夢。

第1章

全能幻夢

全能感的四個變化

在前文中，我介紹了全能感的四個變化，也請大家想像：如何用能量球的意象來表達這四種變化。我想介紹一下自己的一個思考方式，就是為重要的思考找到直觀而貼切的形象化表達，即心理學上常講的意象。在引言中，我使用了能量球的形象化表達，接下來的第二部分和第三部分開頭，大家也會繼續看到我在形象化表達上所做的努力。

這一表達中的意象，最好不是用頭腦努力思考出來的，而是從心中浮現出來的。很多人在有意無意地使用這個方法，例如愛因斯坦會使用視覺化的直觀思考方式。有時，這些意象是自己在潛意識中浮現出來的，有時是被一些真實的故事所觸動而浮現的，也常常是先被一個又一個類似的故事所觸動。突然有一天，一個意象會從心中浮現出來。

這個能量球的形象化表達看似簡單，但對我個人而言，當這個意象以無比生動的方式呈現出來時，我像是瞬間懂得了無數故事，而一些本來晦澀的道理也自動串了起來。我講一些案例吧。

二〇一五年九月，一名身穿龍袍的男子上了一輛公車。到站要下車時，他對司機說：「愛卿，朕到站了，要下車了。」

這是全能自戀最直觀的表達方式——皇帝夢。不過，皇帝夢表達得這麼直接，意味著這個人基本上無法融入現實世界，普通人也不會經常接觸到這樣的人。而弱一些級別的表達就很常見了。

二〇一八年二月九日，廣西桂林市的一座大橋上發生了驚心動魄的事。一輛貨車和另一輛車發生擦撞，交涉時，貨車司機用鋼管毆打對方。從影片中可以看到，貨車司機年輕帥氣，毆打對方的時候很有氣勢，理直氣壯。警方趕到時，這位司機竟然駕駛貨車掉頭在橋上瘋狂衝撞。連續撞了多輛車，還險些將一輛警車撞下橋。

有意思的一幕是，警方最終攔下貨車並抓獲該司機時，他看起來變得癱軟如泥。

這一幕可以這樣分析：他在打人時，自然是全能暴怒。全能暴怒產生是因為全能自戀受到破壞——你怎麼膽敢擋我的路？！

警方來時，他不配合警方。這既可能有全能自戀，也可能有被害妄想。全能自戀是他內心深處可能認為，警方沒有資格處理他的事，警方無權制定規則，他才是那個可以制定規則的人；被害妄想，就是他可能覺得警方不會秉公處理，他一定會被懲罰，而且懲罰的力度非常可怕。

在用鋼管毆打別人時，他是強大的，甚至全能的，對方是弱小無助的；在面對警方時，他卻變成了弱小的一方。他拒絕接受這種虛弱，因此陷入瘋狂，開車連撞多輛車，將一次小衝突變成了一場大禍。但這樣做時，他可能還是在逃避「我會被支配」的虛弱感，而追求「必須我來支配」的強大感。當被警方攔住並抓獲時，他變得癱軟如泥，這就說明他此時陷入了徹底無助。

這樣的事雖然很常見，但因其極端暴力性，我們很容易覺得這些還是特例。那我再講一個故事，你可能就會看到全能感的這四個變化是比較常見的，而且我們身邊比比皆是。

一個男大學生來做諮詢，他的一個問題是學習遇到了很大的障礙。我們一開始討論時，覺得這個學習障礙看起來挺複雜，是由很多原因造成的，但原因慢慢指向了一點——想像和現實的巨大差異。

考試時，他總是自我感覺良好，覺得這次能考滿分，簡直太好發揮了，可是成績下來卻在及格邊緣。這給他帶來了巨大的挫敗感和羞恥感。他本來覺得自己的成績可以是頂尖的，因此信心滿滿，覺得自己很優秀。當看到及格邊緣的分數時，他又感覺自己一下子從想像的頂峰跌落下來，並因此前的自大感到極度羞恥——我明明水準這麼一般，竟然會幻想自己是最好的，真是不自量力！

我問他：「你感覺自己會考接近滿分，你是怎麼評估的？」他說：「我就是憑感覺。」這讓我有些驚訝，於是再問他：「你會在考試結束後，一道一道地對答案嗎？」

他說不會，他曾經試過，那太打擊人了，所以他乾脆放棄這麼做。

這真是非常有意思的一點，他明明可以透過對答案來合理估分，卻拒絕這麼做，於是讓自己陷入非理性的想像。這是為什麼？因為他的心靈還嚴重地停留在全能感中，心靈深處還感覺自己是全能的。當現實讓他挫敗時，他不去接受現實，而是乾脆拒絕理性的做法，好繼續想像自己是最厲害的。直到分數下來，嚴重地挫敗他。

他喜愛漫畫，也給我看了他的一個系列作品。畫得非常棒，漫畫故事的基本邏輯，是漫畫的世界裡，每個人臉上都有一個印章，上面有「及格」兩字。漫畫中的主人公臉上卻沒有這個印章，因為他是殘疾的，他少了一隻胳膊和一條腿。這位主人公愛上了一個女孩，可故事就到此結束了。

如果按全能感的四個變化來分析他，可以說，覺得每次都能考接近滿分，這是全能自戀的表現；當被及格邊緣的分數挫敗，而產生深深的無力和羞恥時，是徹底無助的表現。

他是相當謙虛有禮的大學生，身上看不到全能暴怒的地方，其實是他的全能暴怒指向了自己。每次挫敗後，他會深深地攻擊自己。體現在漫畫中，就是主人公是殘疾的，少了胳膊和腿。雖然在考試中，他基本上是能及格的，漫畫中的主人公卻連及格都不配。

他也沒有明顯的被害妄想，不會覺得他的挫敗是一種明顯的外界敵意力量在作祟。不過，他有點相信命運，覺得自己命不好。在他的感知中，像是有一個苛刻的命運之神，他怎麼努力都改變不了自己的命運。這可以理解為被害妄想的輕度表現。

關於「被害妄想」這個詞，我要澄清一下。在精神病學的術語體系裡，「被害妄想」是一個非常嚴重的詞。它是精神分裂症的一個典型症狀，而我在這裡使用的被害妄想是更寬泛的表達。極端的被害妄想，自然就是被迫害妄想，但還有其他級別的表現。例如，在普通人身上，有時就是一種並不容易覺知到的被害感。

經典的被迫害妄想，會認為有一個強大的人或機構，構成了一個迫害性的體系，並認為自己人生所有的不順都是這個體系做的。最直接的，是覺得自己在被監視和追殺。

有一次一個年輕人到我家做客，他主動幫我看風水，講得頭頭是道。講著講著，他突然說：「你看天上那朵雲，那是FBI（美國聯邦調查局）派來監視我的。」這就是經典的被迫害妄想了。

繼續講講前面那個大學生的故事。雖然他被全能感控制著，但在漫畫中，他給出了一個基本答案：不需要全能，及格就可以了；**當你被全能感控制著，才會有嚴重的殘缺感**。

這個寓意我會在第二部分詳細闡述，但在這裡可以簡單講一講：雖然全能感是最原初的人性，對嬰兒來講是正常的，但大的孩子和成年人之所以還滯留在全能感中，就是因為沒有得到「及格」的關係，也就是情感。

在各種誇張、奇幻的故事中，幾乎都可以看到全能感的影子，而全能自戀、全能暴怒、徹底無助和被害妄想，這四種變化則是具體的表達。當我們看這些故事時容易覺得，「哇，太誇張了吧，這些東西和我可沒什麼關係」。但是，只要你有另外一個感知——孤獨，我就會推斷，你在相當程度上也滯留在全能感中，**孤獨總是和全能感聯繫在一起的**。接下來，我會講講全能感在普通人中的一些常規表現，也許你會覺得自己像被「戳成了篩子」。

全能感的常規表現

講這個話題之前，我先分析一下全能感的基本邏輯。它是嬰兒最原初的一種心理，有這種心理的人會認為：「我」一動念頭，「你」就該立即回應。

之所以給我和你加上引號，是想強調一下這句話中的抽象哲學含義。「我一動念頭」中的「我」，這一點通常沒有太多疑義，就是自己、自體，而且是發出指令的那一部分，但「你就該立即回應」中的「你」，就比較複雜。**「你」可以是其他人、其他事物，乃至整個世界，也可以是「我自己」**。

也就是說，「我」不僅在給萬事萬物乃至整個世界下指令，也在給自己下各種指令。

當期待「我」和「你」之間是全能感般的回應時，就會帶來很多問題。我列舉一些常見的例子。**第一個是卓越強迫症。它的基本邏輯是：「不卓越，不配活」**。在諮詢和日常生活中，我見到不少對自己極度不認同的人。雖然在外人看來，他們已經非常優秀了。

例如，一位男士M，他有深深的自卑感。探討這份自卑時，他說從小到大一直有一個宏願——「在沒人幫助的前提下，在某個領域成為世界上最好的」。

這個宏願帶來了好處，迫使他一直在付出巨大的努力，追求卓越，但問題也非常嚴重：雖然努力了這麼多年，他也年近四十歲了，但他幾乎沒可能在某個領域成為世界第一，他深深地自責。一如前面的論述，他這是在拿全能感來要求自己，結果對自己格外苛責。

我們深度探討下去才發現，他那句「在某個領域成為世界上最好的」，其實還是經過修訂的。他內心深處最真實的渴望是：「在每個領域都成為最好的」，但他有基本的現實感，知道這不可能，所以修訂為「在某個領域」。

「卓越強迫症」這個詞，來自一個條件極好的女孩。她名校畢業，富豪家庭出身，人也非常美，但她有我見過的最嚴重的自我否定，她甚至認為自己不配活在這個世界上。

對於這份自我否定，她解釋說，她打從心底認定，只有有才華的人才配活在這個世界上。我對此有些納悶，對她說：「你名校畢業，碩士文憑，而且能力也不錯，並不差才華啊。」

她回答說：「我這不叫才華，畢竟都是學來的。我認為的才華是必須高度原創，而且得才華絕世。絕世的意思是，得是世界上最好的。」和前文提到的M一樣。

卓越強迫症是非常常見的，它直接催生了一個名詞——「別人家的孩子」。當父母對孩子抱著「你要成為世界上最好的」這種渴望時，孩子無論多優秀，父母都不會認可，因此他們造出了一個「永遠都比自己的孩子好」的「別人家的孩子」。但這是想像，而不是事實。

第二個是強大恐懼症。強大恐懼症是指當你走向強大時，會有各種恐懼和抗拒。

非常奇妙的是，在很多人身上，強大恐懼症是和卓越強迫症緊緊綁在一起的。這就構成了一個兩難處境：你既不能不卓越，又不能太強大。我見到太多人被鎖在這個兩難處境中：一方面花了太多時間和精力在追求卓越上；另一方面又犯各種莫名其妙的錯誤，結果強大不起來。

當然，也有人是比較單純的強大恐懼症。例如，有多位來訪者說，他們讀書時不敢太努力，怕別人覺得他們是在努力鑽營。有人因此乾脆不努力了，還有人表面上不努力，但會私下裡發憤圖強。

患有強大恐懼症的一個重要原因，是覺得大家都想卓越乃至成為第一名，而當實現了目標時，又擔心被人嫉恨。在M的故事中，他其實也有強大恐懼症，因為他給自己的設定是「在沒人幫助的前提下」，「在某個領域成為世界上最好的」。這個「沒人幫助」是非常限制他發展的。

第三個是行動困難症。行動困難症基本等同於拖延症，但又有其特性。顧名思義，它的基本表現是想法有很多，但行動困難。

患有行動困難症的一個原因是，有人有意無意地覺得行動是卑賤的，思想是高端的。因為思想者是來指揮行動者的，行動者是配合思想者的意志的，正是所謂「勞心者治人，勞力者治於人」。常常聽到有人吐槽，說自己身邊有這樣的人，哪怕喝杯水，他都要指揮別人幫自己完成。如果你照做了，他就會有一種居高臨下的滿足感。這在嬰兒期是這樣一個基本畫面：嬰兒負責發號施令，母親等撫養者配合他們的念頭，執行他們的命令。

患有行為困難症更根本的一個原因是，想法可以快如閃電，脫離了時間、空間，能滿足全能自戀的需求；而行動是有時間、空間的，並且有過程、有步驟，這會挑戰乃至顛覆全能自戀。

我發現自己常有這個毛病，例如要外出，到了樓下發現下雨了。這時只需要三、五分鐘，就可以回家拿一把雨傘，但我本能上會拒絕這麼做，寧願被雨淋。

這事有雙重含義：一是我既然已經下來了，這是我意志的一種表達，我不想否定自己；二是返回去拿雨傘，這是行動，我更願意只是想一想就算了。

致使有行動困難症的原因還有很多，例如有人不行動，是因為隱隱覺得自己內在藏著一種狂暴的力量，一行動就會給周圍帶來各種破壞性影響。這是在擔心自己的全能暴怒。輕手輕腳的老好人會有這個毛病。好吧，我必須得承認，這是我這個經典濫好人的一個經典問題。

第四個是投入困難症。投入困難症比行動困難症好一點。有此症狀的人可以行動，但特別沒耐心，因此沒法投入其中。

行動和投入是對全能自戀的直接治療方法，因為行動必然意味著你要進入現實世界，現實世界總是會在相當程度上挫敗你全能自戀的想像。反過來也可以理解，有人難以投入，是為了保護自己的全能感。

例如，一位女士要參加一個職業資格考試，她渴望自己能以完美的成績通過考試。其實職業資格考試不論以高分或及格分數通過，結果是一樣的，所以這不是現實需要，而是想像的需要。

連續幾年，她都沒有通過。這個考試雖然有難度，但也沒有難到以她的心智應對不了。那是怎麼回事呢？直接原因特別簡單，她根本就沒拿出充分的時間去準備。與她繼續探討會發現，她心裡有這樣的想法：「如果沒做充分的準備，我就可以安慰自己，之所以成績不理想，是因為我沒有真正出手啊。如果我真出手了，必定是非凡的。」

於是，為了維護她還可能是非凡的（全能的）這種想像，她在做任何重要的事情時，都不會全力以赴。她可以做出簡單的行動，但絕不會全力以赴。後來，她回憶起自己有全力以赴但失敗的經歷，那太可怕了，感覺自己整個人都崩潰了。極度羞恥，恨不得去死，並且這份摧毀性情緒持續了很長時間，甚至至現在想起來，她都覺得痛苦。

第五個是誅心論。所謂「誅心論」，是不管你現實層面如何，只去追問你的想法，並把想法當作真實的行為去對待。

例如，我在微博上經歷了一輪又一輪論戰，非常熟悉這樣一種感覺：很多人爭論問題時，不去爭論具體觀點，而是直接說「你動機不良」，然後你的觀點就沒必要討論了。

動機不良論中最常見的是：「你是奸商，你寫書都是為了騙錢。」

這種論調隱藏著一個底層邏輯：人是全能的，所以人的想法和行為一樣可怕。同時還有一個含義是，無助的人都是好人，而把事情做成的人都是用了陰謀詭計。這是徹底無助和被害妄想這對組合的表達。

心智成熟的一個基本標誌是，能區分想像、行為和後果，知道想法不等於行為，行為不等於後果。

但受全能感驅使時，人會覺得想法（念頭）本身就是非常可怕的，畢竟全能感的基本邏輯是，人一動念頭，世界就會配合自己完成。

誅心論是非常糟糕的，當一個人對自己持有這種邏輯時，就不可能有想像力了。當父母對孩子有這種邏輯時，孩子也難以發展想像力。當一個社會整體如此時，想像力和創造力也會被破壞。

必須強調的一點是，雖然我們一直在談，要從全能自戀的想像世界進入關係的現實世界，但同時要看到，純想像中可以全能，這也是創造力的一個動力。

前面這幾種問題，除了誅心論，我都冠以「某某症」這個說法，對此大家不用當真，其實我的觀點是，這些都是人性不同層級的正常表現。

以後我會分別對這幾種心理進行更細緻的探討，不過有些是第一部分的內容，有些是第二、第三部分的內容。此外，並不是說全能自戀的常規表現只有這五種，只是這五種讓我覺得比較經典而已。它的常規表現還會有各種各樣的表達，例如完美主義，它常常是全能感的一個簡單延伸。

詳細解釋全能感的四個變化，是想讓大家意識到，全能自戀並不是極端的人才有的，普通人也會有。接下來，我們就先來討論一下全能自戀那些奇幻的、誇張的全能夢。

全能夢：奇葩新聞背後的幻夢

二〇一九年十二月九日，在山東臨沂市一家賓館，民警在例行檢查時，發現三女二男一行人有些可疑。讓他們出示身分證，其中一個個子不高、頗有氣勢的男子拿出的證件，竟然是「聯合國維和部隊總司令部特別通行證」。

該男子拿著該證件威脅說：「你們沒資格檢查我們，我要打電話給首長。」說著還真用自己的手機撥了「首長」的電話，但「首長」沒能保護他。民警繼續搜查時，發現他還有一堆頗有來頭的證件，如「聯合國特別執法證」、「聯合國監察總署最高監察證」、「中央軍委特別任務執行證」、「中國境內特別通行證」，以及李鴻章簽發的「持槍證」。

民警調查發現，該男子五十四歲，是吉林省一個小鎮上的農民。他交代說，國民黨當年在世界多家銀行一共存有數萬億美元的「民族資產」，不過需要一些費用才能「解凍」。他在參與眾籌這筆費用，未來可以從中分到一大筆報酬。

這則新聞令人啼笑皆非，不過我對這類新聞很熟悉。最初知道這群人，是因為二〇一四年五月發生在湖南省岳陽的一件趣聞。當時，兩位自稱「聯合國官員」的男子來到岳陽監獄，要提走在押犯人林某某。他們派頭十足，還甩出了幾份挺唬人的文件：《關於請求將林某某保外就醫回家贍養體弱多病慈母的申請報告》、「司法部、最高人民檢察院、公安部關於印發《罪犯保外就醫執行辦法》的通知」；《關於請求將林某某保外就醫回家贍養體弱多病慈母的申請報告的回覆》。

他們還出示了證件：「聯合國維護部隊總司令部特別通行證」和「全世界維護世界和平聯合聯絡工

作證」，持證人「吳廷標」，證件上的「所在國家」為「全球」，「所在地球」也是「全球」，「聯合國維護部隊總司令部特別通行證」中的「住址」為「京城十八號大院」。

這些粗糙而荒唐的東西自然騙不了獄警，最終這兩位承認，他們是湖南湘西的農民，一位是罪犯林某某的堂兄，林某某的父母高齡且多病，思念兒子，所以該堂兄想透過特別途徑把堂弟弄出監獄。經人介紹，他認識了據說「關係硬、路子廣、能辦事」的吳廷標。之前，吳廷標已經有了「聯合國官員證」，最終帶著這些證件來到岳陽監獄，於是有了這荒唐的一幕。

剛看到這則新聞時，我被逗樂了，不過我猜吳廷標未必是騙子。因為作為騙子，他實在是太低能了，那些證件也只能騙騙毫無見識的人，特別是他自己，怎麼能騙得了監獄裡的官員和獄警？！我覺得他可能是精神上有點問題，並且作為在農村長大的人，我對他的這種風格相當熟悉。

我老家的村子和每個我熟悉的村子裡，都有幾個「能人」。傳說中，他們非常有能耐，上至高官下至混混，他們都有朋友，黑白通吃，而且真能解決一些一般人解決不了的問題。

現在看來，這樣的人都是嚴重活在全能自戀中的人，也是活在想像世界中的人。正常農民知道政府官員不好打交道，而這些人因為活在自戀的想像中，反而可以輕鬆自在地和地方官員打交道，也的確能解決一些普通農民解決不了的問題。這件事如果到此為止，還不算太特殊，沒有超出我的想像。幾個月後，我看到了這件事的後續報導，才發現有超乎常人想像的故事。

原來，吳廷標並非孤身一人，的確有一個山寨版的「聯合國維和部隊總司令部」，由浙江農民余思高創立，已有數百名成員，遍布十多個省和直轄市。他們不僅敢去監獄提犯人，還敢在銀行存假幣，坐火車不給錢，騎摩托車不帶證。

至於吳廷標，去岳陽監獄提人並不是「一時糊塗」，而就是這個組織的做法。他還為組織發展新成員，並按月從新成員中收取費用，供養「上級」。也就是說，對於吳廷標而言，他並不是在「騙」，他是真的認為持有那些「證件」和「文書」就可以去監獄提犯人了。

他們的這些行為都是全能幻夢，他們真心覺得有了這麼一個自以為的「聯合國官員」的身分，就可以為所欲為了。吳廷標向其他農民兜售過這個「證件」，神神祕祕的，但強調有了這個「證件」，就可以走遍全世界，沒有人敢妨礙他們。其實他們是真的活在「走遍全世界，沒有人敢妨礙他們」的全能幻夢中，因此有了各種出格的行為。

二〇〇九年七月二十二日，河北籍男子劉樂星與兩名同夥到武漢市武昌區東湖路一家銀行，聲稱要存入五百萬美元。銀行工作人員將其迎入貴賓區，劉出示了五張一百萬面額的「美鈔」。

銀行立即報警。面對員警，劉樂星掏出自己「聯合國維和部隊總司令部先鋒官」的「證件」，表示手中的五百萬美元是從別人手中購來的，是「國民黨時期留在大陸的寶藏」。無論警方怎麼說，劉樂星就是不願意相信自己受騙了。

二〇一二年九月，從重慶開往昆明的K167次列車停靠在遵義站時，五十一歲土家族男子張新上車，向列車長掏出了「聯合國維和部隊總司令部大校軍官證」，稱自己正在訪問民情，要求列車長為其安排座位。

《新京報》的報導稱，這些人都是現實中的失敗者，在現實中一無所有，又是權力與金錢的稀缺與渴求者，而在余思高描繪的世界中，他們身居高位，無所不能。他們很可能是現實生活的失敗者，為了逃避現實而活在全能自戀的幻夢中。這類故事還有升級版。

一九八二年，四川巴中縣（今巴中市恩陽區興隆鄉）農民張清安自創「中原皇清國」。他是「正皇帝」，讓同鄉廖桂堂做「副皇帝」。作為一個有點文化的農民，張清安花了一週時間炮製《天律森吏》作為「中原皇清國」的綱紀，共四萬字，用毛筆書寫，分「國令、國法、國政、國史、信財、三乘九品和薪玉案」七個部分。

接著，兩位「皇帝」封官授爵，給了包括張清安在內的十八個人「玉印」，並封蔣介石為「威國王」。他們準備一九八二年十月起兵。此命令非常搞笑，到了二十日，作為行動發起信號的三聲炮響一直沒發出，他們的計畫最終取消。

十二月，四川警方徹底破獲此案。最終，張清安被判無期徒刑，廖桂堂被判二十年有期徒刑。後來，他們都獲得減刑，提前被釋放。出獄後，張清安挺清醒地說：「如今，大家過著好日子，再也不會有人想當皇帝了，再沒有人擁護別人當皇帝了。」但是，張清安的妻子一直覺得自己是「皇后」。

這些故事乍看比余思高的「聯合國」還要荒誕，但不得不思考的是，他們是如何得到當地農民的支持，而且還有鄉民自願將女兒送給他們做「妃嬪」。

在我看來，主因絕非理性，也絕非現實生活讓他們不滿，而是他們心中普遍有一個皇帝夢。還有無數的故事更為荒誕，簡直只能當笑話來看。但偶一瞬間，你也要驚覺——萬一他們成功了呢？

在現代社會，我覺得這種夢再也不可能成功了，最好別做，做了也註定只能是幻夢一場。

第2章

全能自戀相關的心理機制

警惕向全能感退行

先解釋一個概念——退行。這是佛洛依德提出的，意思是當一個人在高等級挑戰中遭遇難以忍受的挫敗時，就可能會出現倒退。也就是說，**心靈狀態退到更原始的階段，用更原始階段時曾經獲得的滿足方式，來滿足和安撫自己。**

佛洛依德一個廣為人知的理論是人格發展階段論，他認為一個人的心理發展分為五個階段：口欲期、肛欲期、性器期（編按：又稱伊底帕斯情結）、潛伏期和生殖期。分別對應的年齡階段是一歲前、一至三歲、三至四歲、六至十二歲、十二至十八歲。

心理學是不容易量化的學科，但凡涉及這種發展階段論，你都可以這樣去理解：這是大概的描述，並不是非常精確的表達。

既然人格發展是分階段的，那所謂退行就是本來心靈發展到了高階段，卻突然退行到了早期的階段。

最常出現的退行，是退行到口欲中。例如，我剛剛在寫作時，突然感到有點煩躁，轉身去冰箱裡拿了點水果吃。這就是我在寫作時受阻，於是去尋求口欲的滿足。

「退行」這個概念可以繼續延伸，例如一個女孩接連遭遇各種挫敗後，可能會產生嚴重的心理問題，長時間躺在床上，並且希望媽媽陪在身邊，同時要求房間保持黑暗。可以說，她這是退行到了子宮裡，尋求在媽媽肚子裡那種什麼都不用想、什麼都不用發愁的狀態。

向全能感退行，就是一個人遭遇挫敗後，突然覺得自己無所不能，像有了神、佛、魔般的恐怖力量。

例如，一個男孩失戀後痛苦至極，他突然間覺得自己有了超能力，真覺得好像自己一發怒，眼前的一條街都可以被他的怒氣摧毀。等這段痛苦過去後，他就沒了這種感覺。我在微博上探討全能退行時，他才想起自己這段時間的經歷，明白自己那時是失戀太痛苦，便退行到最原始的全能自戀中去尋求安慰。

全能自戀是非常不同的東西，它和口欲退行不同。一個人能退行到口欲期，意味著他在嬰幼兒時或在現實生活中得到過口欲的滿足。至於全能自戀，可以是全想像性的——有人遇到挫敗時想尋求安慰，可是任何發展階段，他曾獲得的滿足都安撫不了，因為它們太匱乏了。這時，他可以退行到純想像性的全能感中。

向全能感退行，很容易出問題，同時充滿了玄幻而魔性的力量。我講一個慘案吧。

這一慘案發生在二〇一四年五月二十八日，事發地是山東招遠市一家麥當勞。當時，六個凶手圍攻一個年輕女子，將她活活打死。

這起慘案一時震驚全國，六個凶手中一個是金礦礦主，於是傳言說這是富人為所欲為，想搭訕年輕美女被拒，惱羞成怒行凶。我的一個觀點是，要特別警惕最容易找到的主流答案。例如慘案一起，就是強者在迫害弱勢群體，或者說都是錢惹的禍、窮是萬惡之源等等。

在這件事中，六個人一起行凶，而且有男有女，沒有人勸阻，這些資訊都顯得很不正常。最不正常的是這六個人中的一個壯男，他在攻擊女孩時，不斷發出古怪而可怕的咆哮聲。因為這些細節，我第一時間判斷，這件事很特別，有可能是邪教。果然，後來傳出這六個人都是邪教——「全能神教」的教徒，主凶那個精壯男子叫張立冬，是我老家河北無極縣城關鎮人。他們當天已經準備好，要找周圍的人要電話號碼並傳教。誰拒絕他們，他們就動手。

「全能神教」教徒導致的可怕慘案，已有多起，二〇一九年發生的一起「五人出遊，三人屍體被藏冰櫃案」，案中人也多是全能神教教徒。

關注這件事時，最吸引我的是全能神教的「女基督」楊向彬的故事。

楊向彬是山西大同人，一九九〇年高考落榜，受到刺激而患上精神分裂症。一九九三年，她卻成為全能神教的「女基督」。

我搜索了很多資料，說全能神教的掌控者叫趙維山，他發現楊向彬有利用價值，就將其發展為女基督。那麼，楊向彬的價值是什麼？

她的價值很特別：一九九一年後，她開始寫名為《神話》的書。書中創造了一個成體系、有一定思想的神話世界，這個神話世界相當有感召力。趙維山借楊向彬的異想世界，為自己帶來了眾多信眾。

楊向彬的故事並不罕見，類似的故事中，還有一個更廣為人知的。清朝道光年間，廣東花縣（也就是現在的廣州花都區）的一名童生，三次考秀才失敗，之後發了一場高燒，據說燒到四十度，持續了四十多天。燒退後，他就宣稱自己是上帝次子，耶穌的親弟弟……。這名三次落榜的童生，就是洪秀全。

由此可見，楊向彬和洪秀全的故事太像了，都是重大考試落敗後，從人變成了「神」。當然，這是幻覺，是經典的向全能感退行。

一個人失敗後，如何去處理失敗，會顯現出不同的心智水準。

可以想像一下，你在爬一個一公尺高的牆，但失敗了掉了下來。這時，你會怎麼做？

一種選擇是，經過這次失敗，你發現了自己的不足，於是努力提高自己的爬牆能力，等能力提高後繼續去爬這堵牆。這樣做，意味著你是一個心智正常的人。

你也可能會這樣想：「哼！你這牆也太矮了，我才瞧不起呢！我去爬那堵一丈高的牆，讓你看看我多厲害！」但什麼時候去爬那堵一丈高的牆，你不斷以各種莫名其妙的理由拖延，例如要選黃道吉日，其實是你潛意識裡知道，這堵牆是你爬不上去的，但你不承認這一點。這樣做意味著，你經常使用自欺欺人的邏輯來處理自己的挫敗感。

最可怕的是這樣的邏輯：爬牆失敗這件事根本沒打擊到我，因為我發現我是全知全能的神。這樣做就意味著，你是一個精神病人，或者說你突然間退行成了一個很小很小的嬰兒。

這種全能感是嬰兒早期最重要的心理。

我們要警惕這一點，如果你身邊有成年人陷入這種全能感，那麼他更需要的是接受精神科的治療。這種時候，心理諮詢已經無能為力了。

也有一些人，當全能感突然爆發時，他們沒有被這份感覺淹沒。或者說，他們沒有認同這種全能感，沒有覺得「這種全能感是我的，我厲害了」，那麼就意味著，他們是有一定的現實感的。在這種情形下，接受精神科藥物治療和心理諮詢的雙重幫助，是有可能得到治療的。

很多人會遇到一些高人。那麼怎麼分辨他們是高人，還是被全能感控制的精神病人呢？前文說過，全能感有四種變化：全能自戀、全能暴怒、徹底無助和被害妄想，我們可以使用這一點來分辨：如果這個高人明顯有後面三種變化，你就可以判斷出他是被全能感裹脅的人。

在導言中，我簡單地談了科胡特關於心理健康的標準，現在完整地介紹一下。科胡特認為，你如何看待自體和客體，這構成了四個層級。

最好的層級是自信和熱情。自信，即活力能滋養自體；熱情，即活力能滋養客體。自體可以理解為自己，客體可以理解為他人乃至其他事物。自信和熱情不是你頭腦上的東西，而是真實存在的，有生命活力在其中流動。

其次是自大和對客體的理想化。自大，是覺得自己很了不起，但缺乏事實的支持，不過還是有一些支持的。理想化，是很容易把自己崇拜的人理想化，覺得他們了不起，但不會覺得他們是神。

較差的層級是疑病和宗教性的恐懼。疑病，即你覺得自己生病了，去醫院檢查卻查不出來有什麼問題。這是因為你是「自體」（心理自我）病了，但你還沒有發展出真正的「心理自我」，於是你覺得是你的「身體自我」病了。

宗教性恐懼是你覺得有神一般強大的力量在支配世界和你，但它嚴厲而苛刻，你必須傾其所有才能獲得它的認可。不過，還是有可能被認可的。

最糟糕的等級是自戀妄想和被迫害妄想。自戀妄想，即覺得自己是神，自己無所不能，可完全缺乏現實基礎，現實往往是自己徹底無助。被迫害妄想，我們在前面說過，就是覺得外部世界有一個無所不能的、超厲害的人或機構，構建了一個體系，系統性地迫害自己，但這沒有現實基礎。

成為自信、熱情的人很不易，而以為自己是神，可能是最容易但也最危險的事。

在諮詢和日常生活中，我幫助過少數退行到全能感中的人。要澄清的是，我只幫到了少數幾個，所以不能說我對這樣的人是有治療能力的。對他們，通常合理的做法是藥物治療為主，心理諮詢為輔。這幾個人的情況得到改善，還有一個重要的原因，是他們都在親人的幫助下恢復了對生活的基本掌控。當他們發現作為人的世俗生活重新回歸秩序，重新回到正常軌道後，就自然而然地放下了對全能感的依賴。

所以，我們得明白，做人不易，生活不易，而全能感會讓一切顯得太簡單，這不真實。

楊廣的千古一帝夢

在上一節中，我們看到有人遭遇挫敗後會直接退行到最原始的全能自戀中。那麼，有沒有人是沒怎麼遭遇挫敗，而是太順利了，或者說被過度滿足了，而陷入全能自戀中呢？

依照佛洛依德的理論，**人的心理不再發展，而是停留在某個階段，這叫「固著」**。固著的產生有兩個原因：一是嚴重匱乏；二是過度滿足。前面我們談了嚴重匱乏的例子，現在我談一個過度滿足的例子。

這個例子的主人公就是大名鼎鼎的隋煬帝楊廣。

講到這裡得推薦一本書——歷史學家張宏傑的《坐天下》。這本書裡講了九個中國帝王的故事，都是關於全能自戀的好素材，其中一個就是楊廣。本節裡使用的素材，都來自張宏傑的這本書。

不知道你對楊廣的直觀瞭解是什麼。張宏傑說：「楊廣是古往今來被歷史學家侮辱和損害的人中最嚴重的一個。」在一些歷史學家眼裡，他簡直可以列為「古今惡人榜第一名」，身上集中了人類所能有的全部邪惡品質，也犯下了人類能犯下的所有罪行，沒什麼優點。

在民間傳說中，楊廣的形象更糟糕。他昏庸無道，當了皇帝後就一直在深宮裡沉溺於女色。最令人不齒的是，他在父親隋文帝病危時姦淫其寵妃，之後又殺死父親。

然而，楊廣實際上是一位極有追求的帝王。他的夢想是「千古一帝」，就是想做皇帝中的第一名。隋朝崇拜秦始皇、漢武帝和光武帝，而他不僅想超越他們，還希望他一個人的光彩要蓋過這三個人的總和。

這只是一個自大狂的幻夢嗎？並不是，或者說，不全是。如果楊廣在他即位後第五年去世的話，他這個夢想基本上算是實現了。為什麼這麼說？我們來看看楊廣的一生吧。

楊廣是隋朝開國皇帝隋文帝楊堅的第二個兒子，天資聰穎、才華絕倫、容貌極佳、有心機、有耐心。在他的謀劃下，他取代了哥哥楊勇的太子位。後在三十六歲時，隋文帝去世，他順利即位。

即位前，他就已經展現出超凡的統治力。他率五十萬大軍滅了陳國，正式結束南北朝長期割據的狀態。此後，他做了十年的江南總管，把江南治理得極好，贏得天下人的普遍讚譽。

即位前，楊廣就如何管理國家進行了無數推演。即位後，他立即啟動了一個個宏偉的計畫。

1. 剛即位三個月，宣布要營建東都洛陽，並召集數十萬名民工，先圍著洛陽修建了一條總長上千里的護城河。
2. 他的年號「大業」，大業第二年，徵召數百萬名民工到洛陽工地。
3. 洛陽工地開工後沒幾天，他宣布開鑿大運河，為此又徵召上百萬名民工。
4. 不久，他宣布造萬艘巨船，為他的南巡做準備。

每一項工程都震古鑠今，但楊廣兩年內就都推出了。這有明顯的躁狂症狀，好在隋文帝留下的家底殷實，大隋朝能支撐這些龐大的計畫。

除了這些工程，楊廣的躁狂還表現在像是熱愛上了演講，常常召集大臣們開會，滔滔不絕地講述自己的政治構想。

以上這些事情，楊廣在宮殿裡就可以完成，可他並不甘於待在深宮，他非常熱愛外出。同時，他絕對是一位工作狂。張宏傑認為，他可以列入「中國皇帝勤政排行榜」的榜單，甚至是第一名。

例如南巡後，他又率五十萬大軍出塞，向北方遊牧民族炫耀武力。他熱愛旅遊，喜歡去帝國邊陲，曾率十幾萬大軍穿越海拔四千公尺的祁連山山谷。

楊廣的這些做法和中國傳統文化背道而馳。儒家認為，皇帝應該「寡欲少動」，但楊廣欲望滿滿，想法極多，動靜不斷。儒家文化是相對內向、封閉的，但楊廣熱情、開放。儒學家們因此擔心，皇帝的欲望是危險的火種，可能會燒毀王朝的前途。

他的欲望也的確變得越來越無邊無際，他對極致與完美的追求，延伸到了各種細節中。沒有幾十道山珍海味，就不叫吃飯；沒有遮蔽天日的宮殿，他就沒法玩；沒有幾十萬的軍隊跟從，就不叫出巡……。

他越是能實現全能自戀得以滿足的感覺，帝國的百姓就越不堪重負。他的這些偉大夢想，都有賴於一層層官員們對民眾日益加碼的剝削和奴役，每一個偉大的工程中都有一批批民工死亡。

但帝國的底子厚實，楊廣的運氣也真好。連續幾年農業大豐收，工程也進展神速。大業五年，是正好四十歲的楊廣的收穫之年。

輝煌燦爛的洛陽城建成了，他命名為東京。

國家圖書館藏書達三十七萬卷，是歷代之最。

科舉制正式確立。

軍事上，北方強敵吐谷渾被滅。

經濟上，楊廣多次減免稅負，可財富仍滾滾而來，人口也高速增長，各方面指標遠超後世唐太宗的貞觀之治。

如果就此罷手，不敢說是「千古一帝」，但他至少可以比肩那少數幾個偉大的帝王了。可是就在這一年，他宣布要征伐高句麗。

大業八年，準備得無比充分的大隋軍出發了，還是皇帝親征。軍隊人數達一百一十三萬，綿延達一千零四十里，到處是色彩鮮豔的旗幟和軍樂隊，而且每一軍都設了受降官……。

楊廣做了最充足的準備，在他的想像中，小小的高句麗會不戰而降，事情就像他當年以碾壓之勢滅掉陳國一樣簡單。他為勝利做了充足的準備，可他完全沒想過如果失敗了呢？

他不想這件事也有道理，從未失手的隋大帝已晉級為神，神怎麼會失敗呢？但大隋軍就是敗了。

這一下打蒙了楊廣，但半個月後，他重新振作起來，宣布明年他要二次征伐高句麗。要做的準備，比這次更充分。

大隋朝的勁兒，就這樣被用光了。先是不堪重負的農民紛紛起義，等他第二次征伐高句麗即將成功時，貴族也開始造反。他不得已在最後一刻撤軍。

但緊接著，他又發動了三征高句麗……

我們來思考一個問題：照理說，楊廣也算是英明睿智，那他是怎麼了，怎麼就不能用現實的態度，面對第一次征伐高句麗失敗的事，及時做調整呢？

張宏傑給出了很有說服力的解釋。他說，楊廣的目標是成為千古一帝，征伐高句麗的失敗直接滅了這個夢想。如果楊廣及時調整，那麼即便第三次征伐失敗，他仍然有很大的可能性保住江山，但這不是他的目標啊。

我可以給出心理學層面的解釋。依楊廣的表現，至少可以診斷他為躁狂抑鬱症。一征高句麗前，他應該是標準的躁狂症患者，精力無窮，不知疲憊。本來看不出抑鬱的部分，但一征高句麗失敗後，他顯露了抑鬱的部分。三征失敗後，他徹底進入抑鬱狀態，沒辦法維持基本的自我功能了。

以上是從精神病學角度的解釋，而我們還可以使用本書中的理論，給出更細致的解釋。

楊廣本來就有超級自戀，他做太子前就喜歡攬鏡自照——拿一面名貴的銅鏡欣賞自己，覺得鏡子裡的這個男人實在太帥、太完美了。當皇帝前，還有父親隋文帝權力比他大，讓他還能自我克制，表現得像正常人。但當皇帝後，他極致的才華加上好運氣，還有父親給他打下的家底，讓他得到了全能自戀般的滿足。於是，他逐漸有了全能神的幻覺。

當然，一開始就有千古一帝的夢想，意味著他想做中國歷史長河中的第一人，這本來也是頂級的全能幻夢。

問題隨之而來，神自然是不能失手的，所以他沒法接受征伐高句麗失敗的事實。如果接受了，就意味著他得承認一個事實：他不是神，只是個人。

所以，他連續三次像賭徒一樣不斷征伐高句麗，甚至不惜把整個王朝和個人的命運葬送了，這是在拼命維護他全能神的幻夢。

不過，楊廣的故事也說明全能感真是有核彈級別的能量。在它的驅使下，可以創造豐功偉績，甚至創造奇跡乃至神跡。

問題是，當這種全能感遭到打擊時，如何能不陷入全能暴怒、徹底無助和被害妄想中，而是能及時調整目標，繼續讓這股生命力不沉淪變成死能量，這也是本書試圖回答的問題。

你也可以想想這個問題，找到適合自己的人生答案。

我先透露一種解答方式。這是古羅馬皇帝馬可・奧理略（Marcus Aurelius）的方式。奧里略是斯多葛學派的哲學家，有一本著名的作品《沉思錄》，因此被譽為「哲學皇帝」。這位皇帝特地雇了一個人，讓這個人跟隨在自己身邊，不斷對自己說：「你只是一個人。」

第3章

意志與控制

意志成本

做什麼事都有成本，而「意志成本」是全能自戀衍生出的詞語。受全能自戀的支配，人會覺得多次發起意志，是一件成本極高的事，於是傾向於少發出意志，甚至只發出一次意志就能解決問題。

照理說，意志成本是最不值錢的，但全能自戀的程度越重，一個人就越容易在乎意志成本，最終導致意志成本在一個人的想像世界中成了最重要的成本。

「發明」出「意志成本」這個詞，是在疫情期間做家務時。

原本計畫春節回家，在意識到疫情的嚴重程度後，我取消了回老家的計畫，一個人在廣州過年。春節過後，考慮到疫情的嚴重性，遲遲沒讓家政阿姨回來，於是我不得不做各種家務。

我多年沒怎麼做過家務了，現在重新做家務，可以處處看到全能自戀對我的影響。以前看不到，是因為我以前對全能自戀的觀察遠沒有現在這麼細緻。

例如，早上洗水杯，要把散落在家中各處的水杯拿去清洗。我會在書房、臥室乃至洗手間都留下水杯，而且有茶水杯、咖啡杯和盛特殊飲料的杯子，所以收拾時會有多個杯子。

如果不使用工具，從效率來講，最好是分兩次完成，因為兩隻手就能拿那麼幾個杯子，但我更願意一次就完成，而且這是我心中絕對第一的選擇。分兩次完成的話，我得做自我管理，好好思考後才會這麼做。

結果，我總是抱著一堆水杯和碟子。我擔心它們會掉下來，只好緩慢地、顫顫巍巍地走路。不但效率低，行動也不舒服。

然後，意外多次發生。兩次把茶水弄灑到地上，一次摔碎了一個心愛的、有點貴的咖啡杯。

這些挫敗，特別是那個咖啡杯被摔碎，讓我開始思考自己的行為。這時，我想到了「意志成本」這個詞，覺得它可以對我這種行為給出極好的解釋。如果只考慮到時間、效率和體驗等成本，我最好是分兩次完成。有朋友說：「武老師，你可以拿一個籃子去裝啊。」聽上去很合理，可是這意味著我得先從臥室出發，從廚房拿一個籃子，再把杯子一一收拾好，拿過去，還是相當於分兩次完成。

所以，只考慮時間、效率、體驗和金錢等成本，我這樣做是不合理的，但人做任何事情都是在追求好處。我之所以執著地使用低效率的方式，肯定是因為這種方式有它獨特的好處。

這樣一思考就能看到，我這樣做最清晰可見的好處是：我在整個拿杯子的過程只發出了一次意志。

因此可以說，如果意志成本非常重要的話，我這樣做就合理了。在我的內在想像世界，時間、效率、體驗和金錢這些成本都不如意志成本重要。如果我一次就能完成收拾水杯這件事，就顯示了武志紅的厲害乃至偉大。如果分兩次完成，看起來更合理，但偉大如我，竟然要發出兩次意志才能完成這樣一件小小的事，這怎麼可以！

「意志成本」這個詞，也許你沒聽過，畢竟它可能是我首創的，但它在我們的生活中隨處可見，例如**最常見的意志成本可能是：「這句話我不會再說第二次」**。偉大如我，渺小如你，怎麼能讓我一句話講多次呢？兩次我都不會講。

我見過多位超級自戀的人。他們講出一句話，你沒立即回應，有時只是沒聽到，他們就會勃然大怒，而且對你的解釋絕不接受，他們只是要宣洩自己的暴怒。我們也知道，這是全能暴怒。

反過來，你講給他們聽，講二、三十次他們都記不住、聽不到。如果你對此表達不滿，他們會說：「哎呀，你繼續講不就可以了。」

這樣的人在家庭和社會中太常見了。這當然不只是普通人才有，實際上最慘烈的與意志成本相關的故事，出現在很多大人物身上，例如希特勒、摩訶末。

希特勒在史達林格勒戰役前簡直算無遺策，可在史達林格勒戰役中，他不接受德軍已慘敗的事實，不斷派軍隊進去，最終讓史達林格勒（今伏爾加格勒）成了德軍主力的墳場。不僅如此，從此以後希特勒變得一蹶不振，以前的智慧都失去了。以至於有人懷疑，希特勒是不是被刺殺了，現在是一個冒牌貨。

以我的理解，希特勒是不能接受失敗的人，他生命中最大的成本可能就是意志成本。史達林格勒戰役的失敗，徹底破壞了他的自戀，摧毀了他的意志，於是他喪失了活力與智慧。

摩訶末可能很多人沒聽說過，但他與一個著名寓言故事有關，那就是「花剌子模國的信使」。摩訶末是花剌子模國的國王，是真實存在的。他是一代梟雄，為花剌子模國開疆辟土，那時的表現絕對稱得上英明神武。

成吉思汗派了一個商隊來和花剌子模國做生意，不知怎麼得罪了摩訶末。於是，摩訶末屠殺了這支規模龐大的蒙古商隊，而且之後拒絕交涉，非常傲慢。

成吉思汗被惹怒了，他派出一支數萬人的蒙古大軍來復仇。摩訶末親自上陣對抗蒙古大軍，而且花剌子模國的軍力佔優勢。那一仗打得非常慘烈，蒙古軍隊最終獲勝。

這場戰爭失敗後，摩訶末竟然從英明神武的帝王，一下子變成像患了精神病的瘋子。他遠遠地逃到後方，而且只想聽好消息，拒絕壞消息。那些傳報了好消息的信使，他給予獎賞；那些傳報了壞消息的信使，他就下令丟到籠子裡餵老虎。

希特勒與摩訶末這樣的梟雄本來一直無往不勝，但經歷了一場大敗後，竟然就一蹶不振了。可以看到，對他們來講，最大的成本就是他們的意志成本。他們在最重大的事情上，竟然只能發出一次意志，而發起這次意志卻沒能成功，是他們不能承受的，所以這個成本可比時間、金錢、體驗與效率等成本高多了。

徹底被全能自戀支配的人，以上內容應該幫不上忙。但如果你的全能自戀的程度沒那麼重，那麼本節的內容也許會幫到你。當你瞭解意志成本這個概念後，也許會啞然失笑。意志成本是最沒有現實意義的：一次不成，嘗試兩次；兩次不成，多次發起意志不就得了。

或許，我們學習任何一件事都需要這樣，特別是一無所有的人，例如很多年輕人。因為**當你不在乎意志成本時，就可以不斷付出意志成本，它可能是一些人內在想像世界裡最在乎的東西，但在外部現實世界毫不重要。**當你能這樣做時，就可以換取效率、利益等現實世界的好處。

控制你能控制的

在新型冠狀病毒肆虐的情況下，一個人仍可以安心，甚至覺得幸福嗎？在這段時間裡，我經常想起古羅馬哲學家愛比克泰德（Epictetus）的一句哲言：人生如赴宴，舉止須從容。

愛比克泰德原本是古羅馬貴族的奴隸，他身體孱弱，一條腿殘疾。可能是小兒麻痺症，也可能是曾經被主人虐待所導致的，但他從不怨天尤人。他一生清貧，長期居住在一個小屋裡，僅一張床、一張席、一盞燈，房門從不上鎖。

羅馬皇帝馬可·奧里略，自認為是愛比克泰德的學生。他以老師為榜樣，定義了何為「斯多葛主義者」：

他即便患有疾病，身處險境，奄奄一息，流放異地，惡語纏身，卻仍然感到幸福。他渴望與神同心，從不怨天尤人，從不感到失望，從不會反對神的旨意，從不會感到憤怒和嫉妒。

要想獲得幸福與自由，必須明白這樣一個道理：一些事情我們自己能控制，另一些則不能。只有正視這個基本原則，並學會區分什麼是你能控制的、什麼是你不能控制的，才可能擁有內在的幸福與外在的效率。

如果一個人在力所能及、不受阻礙的範圍內尋找他的「好」、他的最高利益，他將獲得自由、安寧、幸福、平安、高尚與虔誠。他會為萬事萬物的成就而感恩於神，不會對任何事情吹毛求疵。

任何時候，我們都有選擇的空間。任何時候，你都可以選擇你的行為，朝向你認為「好」的方向。哪怕是赴死，也可以選擇從容、優雅一些。

傳銷陷阱

我想很多人經歷過傳銷，先講講我經歷的那些傳銷故事吧。

第一次是我讀大學本科時。在北京理工大學公車站等車時，我被一位大叔拉到旁邊一棟大樓的大廳，第一次見到傳銷現場。整個大廳裡有幾百人，主持人非常亢奮地嘶喊、煽動著。

一個讓我印象極為深刻的環節是，主持人大喊「××帥哥上場」，然後上去了一個並不帥的傢伙。主持人再喊「××美女上場」，又上去了一個其貌不揚的女孩。他請大家給予他們兩位支持，所有人都在熱烈鼓掌。我實在受不了了，哈哈大笑幾聲，站起來就走了。

我很少有暢快大笑的時候，得感謝這種荒誕給了我這個機會。我的笑聲讓周圍的人感到驚訝，他們像看怪物一樣看著我，也許是因為在場的幾百人都朝向一個方向，而我獨自一人朝向了另一個方向。要解釋一下，我真的不是相貌歧視，如果有也首先是對自己的，畢竟我從來沒覺得自己帥過。

第二次是在廣州購書中心。有個人突然叫出了我的名字。那時我還默默無聞，而他知道我是《廣州日報》的記者，畢業於北大，所以我對他有了基本信任。他說要拉我去認識幾位朋友，其中一位是我北大的學長，也是老傳媒人。我有點好奇就去了，果真是。

後來連續幾週，每週的某個晚上，大家都一起玩卡牌遊戲。到了第五週，玩遊戲前那位老傳媒人說：「我先講點東西吧」。他講的是傳銷，我聽了幾句，站起來就要走，他們都攔不住。

後來，他們多次打電話給我，最後一次是學長和我通話。我問他，我玩遊戲挺厲害是不是？他說是。我再問，我是北大心理學系畢業，也算是展示了我的功力是不是？他說是。然後我說：「你就不擔心我把你的傳銷小組給拆了？」從此，他們再也不找我了。

第三次是幫一個小女孩，她的表姐被騙到了傳銷窩。當時，我請了報社的記者同去，還有報社的採訪車，陣勢有點大，順利救出了該表姐，但她一出來就抱怨我們破壞了她的發財夢。

第四次是村裡的一個小夥子，非常精明強悍，卻被騙去做傳銷。他的父母找我取經，我給了他們一些建議。後來，小夥子被救出來了。好長一段時間，他也總是責怪家人，他堅信傳銷能讓他發財。

第五次對我的衝擊很大，是一位我尊敬的好友被拉入海南傳銷大營。那裡有幾萬人，他被尊為國師一般。他完全是自由的，而且他拉了不少親朋好友進去，大家對他很信任。

我們和他辯論，所有邏輯漏洞都被我們駁倒。當最後被駁倒的那一剎那，他眼裡突然冒出奇特的光芒，說他相信這件事是值得的，因為（傳銷）體系滿足了他的所有需求。他眼裡的那道光芒非常特別，我難以忘記。

以上是我在生活中遇到的幾個傳銷實例，諮詢中遇到和聽到的就更多了。一個經典的故事是，一個小夥子對我說：「武老師，你的諮詢效果太差了，主要是太慢了。我剛剛參加了一個為期三天的課程，受益很大，我覺得自己被治癒了。」

我請他詳細講講，然後發現這三天是感恩教育，就是感恩父母，並深深地表達自己對父母的愧疚。講這部分的時候，他痛哭流涕，充滿情感。坦率地說，有那麼一會兒，他的感情如此真摯、強烈，我真的開始想，這個感恩教育挺棒的。但是，等洶湧澎湃的情感釋放結束，他再講述接下來的事實時，我發現了大問題——他被課程運營方拉去做傳銷了。

傳銷的故事見多了，可以總結出一些**傳銷中常見的心理邏輯：虛構完美、道德陷阱和神邏輯**。下面，我一一來說明。

虛構完美是我給你勾畫一個完美藍圖，讓你相信這可以實現，並且可以很快實現。

我尊敬的那位朋友做的是金融傳銷，大概的邏輯是：你先投入多少額度的錢加入，然後去拉至少三、四位下線，這些人再為你不斷拉下線。等你的下線發展到幾層以後，你就可以掙很多錢。總之，就是你投入的錢不多，但你掙的錢對普通人來說極其可觀，至少是上千萬元。

拉下線是傳銷的基本套路，但最關鍵的一點是說服你加入，也就是你先成為某某人的下線，所以你以為你將學到的是掙錢的套路，其實你先是別人掙錢的套路。為了先誘惑你加入，騙子會用盡各種辦法，常見的如名人、官員背書。

在引言中，我講到第二部分的內容是「從自戀維度到關係維度」，虛構完美就是自戀維度的做法。自戀維度追求的是權力、力量或成功之類的東西，而虛構完美是告訴你有一套可以抵達成功頂峰的方法。這套方法清晰可見，有套路可循，關鍵是還快。

即便成功真的有跡可循，甚至有套路可走，那這條路也急不得。「虛構完美」這個詞，我本來想使用「急於求成」，但覺得表達不充分、不到位，所以沒有使用。但虛構完美有急於求成的意思，如果告訴你十年後才成功，大概無數人就不願等了。受全能自戀的驅使，人們期待立即就能得到積極的回應，所以騙子會滿足這個自戀想像的需求，告訴你成功有捷徑。

再說說道德陷阱。

傳銷的基本套路非常簡單，就是發展下線。可是，但凡有理智和道德心的人可能都會想：我賺的是下線的錢，那麼底下的一層或兩層下線，他們賺誰的錢呢？

道德是屬於關係維度中的，如果你有道德心，一開始就推理到底下的一、兩層下線可能會是被剝削者時，這件事你就做不了了。

搞傳銷的人會扭曲一個概念。他們會拼命宣傳：「你們去拉你們的親友做下線，不是害他們，不是剝削他們，是幫他們，是對他們的愛。」

出於對親友的情感和信任，當我們騙親友入局傳銷圈，讓他們做自己的下線時，這是不難實現的，但我們有良心啊，這件事做不來。

所以，傳銷的關鍵就是把剝削說成愛，把欺騙說成幫助。用自戀維度和關係維度來分析就更好理解了。賺錢是自戀維度的，道德和情感是關係維度的。拉親友做自己的下線，就是假借關係維度上道德和情感的名義，來幹自戀維度的事。把自戀維度的事扭曲成關係維度的東西，這種道德陷阱極其常見，這也是傳銷盛行的重要原因。以後我也會繼續分析這個邏輯。

這也是因為沉湎於全能自戀中的人，他們的主要感知就是自戀維度上的力量、權力與高低；而關係維度上的情感，他們主要是靠想像，而不能深刻地感知、體驗到。因此，由情感才能催生的真正良心就發展不好，也就約束不了他們欺騙親友的行為。

最後說說神邏輯。

太多事情人是做不到的，但當你覺得自己是神時，就覺得可以做到了。這時，你持有的邏輯就是神邏輯。

我有多次和傳銷者辯論的經歷。我覺得自己有不錯的邏輯能力，同時也因為傳銷邏輯的確是錯的，所以辯論時我總是贏。這時候，陷入傳銷中的人就會使用神邏輯來反駁我。

例如，那個我尊敬的朋友，當被我駁倒時，他眼睛裡突然冒出奇異的光芒，說出了肺腑之言——「體系能滿足我的所有需求」。如果我們只說賺錢的話，這是一條清晰可見的邏輯鏈，是可以用數學和邏輯講清楚的。我們本來談的是，所有進入傳銷的人都能賺錢這個邏輯是否成立，但他被駁倒後，最後說：「體系能滿足我的所有需求」，這就沒法辯論了。

後來我理解了他所說的一個重要需求，就是他成為這個有幾萬人體系的「國師」，大家對他尊重備至。他平時無比謙遜，但骨子裡有高度的全能感，希望能在學問和修行上得到舉世公認。社會滿足不了他這個需求，但這個體系可以。

還有幾次，我和陷入傳銷的人辯論時，他們說：「我和他們不同，我認為我能成功。」這種堅信自己絕對能成功的想法，也是全能自戀的神邏輯。當一個人堅信這一點時，的確就沒法辯論了。

騙子固然可恨，可是和被拉入傳銷組織的人對話多了後，我想，傳銷之所以在社會上盛行，不僅是騙子可怕，也因為被欺騙的人的內心深處是相信這些邏輯的。

第4章 聖人邏輯

被強加的聖人身分

有一組相似的詞語，我會在本書中討論——聖人、聖母和聖嬰。本章先討論一下聖人和聖嬰，後面會討論聖母，以及與聖母形成絕配的巨嬰。

聖母和巨嬰現象比比皆是，至於聖人和聖嬰，則是相對極端的現象。

什麼是聖人？在我們的文化中，對聖人的期待是，他們要做出巨大的貢獻，更為重要的是，他們沒有私欲。

歷史上一個極其經典的例子是王莽。講到這裡，我要再次推薦張宏傑的《坐天下》一書，其中也講到了王莽這位奇特的皇帝。他先做道德家，做到聖人的地步，然後被民眾、官員和知識分子聯合推到了皇帝的寶座上，但當他想把一些道德標準往全社會強推時，就導致了災難性後果。

不過這好像在說，王莽的初心很好，但整個社會沒做好接受他的道德標準的準備。其實並非如此，當了皇帝後，王莽除了講道德，其他太多方面簡直是昏庸無智。用精神分析的術語講，就好像他遮蔽了智商這個重要的自我功能。

太講道德，人就容易遮蔽自己的智商。看王莽的故事時，我會有這種感覺。其實反觀自己和周圍的人也一樣，不知你是否有同樣的感覺。

不過，在追求成聖的道路上也有人全方位開掛，這個人就是明朝的傳奇人物王陽明。在思想、軍事、政治乃至權力鬥爭等方面，他都是頂級人物。

王陽明從小的志向就是做聖人。他被貶到貴州龍場時，在龍場一個石棺內閉關時悟道，深刻洞見到宋明理學中一直對立的「天理」和「人欲」其實是一回事，天理即人欲，人欲即天理，一切都是人心的演化，他由此提出「心學」。

「存天理，滅人欲」，宋明理學中的這句話，相信你一定聽過。這句話給人的直觀印象，很容易是得「滅」了你的欲望，遵循高標準的「天理」，就像在反對人的欲望似的。而宋明理學的支持者則說這種理解不對，因為在理學家的詮釋中，他們強調的是不要放縱欲望。例如，你得吃飽，這是「天理」；而如果渴望吃得精美、奢侈，這就是「人欲」。如果放縱「人欲」，人就會陷入對欲望無窮無盡的追求中；而如果遵循「天理」，這就是合適的。

用心理學術語講，吃飽是「需要」，對應的英文是 need；而吃得精美是「欲望」，對應的英文是 desire。追求的是欲望時，一個重要的部分是心理賦義，這時很容易脫離現實的需要。例如，「需要」是你要吃一個饅頭，而「欲望」就容易變成你想吃「世界上最好的饅頭」，這一下就變得不同了。

講到這裡我們可以看到，「需要」對應的是現實性，而「欲望」對應的是想像——太容易陷入全能自戀級別的想像。

按說，宋明理學的解釋很中庸、有道理，但「滅」這個字的確是一種極端的表達。

並且，在中國人的想像世界中，也會對這些滅掉了欲望的聖人，賦予一種無所不能的想像。誰滅掉的欲望最多，誰就最厲害。例如，在金庸的小說《天龍八部》中，武功最厲害的就是少林寺中的掃地僧。小時候我看武俠電視劇時，覺得常見到「天聾地啞」、「枯榮大師」等稱呼，這些滅掉了欲望甚至身體機能的人，都厲害得不得了。

但這也許只是想像，現實中得是王陽明這種將天理和人欲統合到一起的人，才稱得上厲害。這些和我們普通人有什麼聯繫？

你可以問問自己，你壓制過自己的欲望嗎？當看到社會上一些你崇拜的人時，你會期待他們是沒有私欲的嗎？

作為有點名氣的心理學者，我多次感受到別人對我的這種期待。下面講一個看似極端，但我不覺得訝異的例子。

二〇〇八年汶川地震前後，我接連三次做講座時，都遇到一個男粉絲。他對我有點狂熱，第三次時，他還現場送了花。收到男粉絲的花，我受寵若驚，也有些不自在。那時我不擅長拒絕人。講座結束後，我要坐地鐵回家，這個年輕男子跟隨而來。

在路上聊天時，他說：「武老師，您肯定特別有愛心和奉獻精神吧？」這一刻我才知道，他對我有了不切實際的想像，心理學上叫「理想化」。我有意識地想打破他的這種理想化，於是對他說：「怎麼會？你看我這幾次講座都是收費的，講課方不給我錢，我就不會來，錢對我來說很重要。」

從此以後，我再也沒見過這個年輕男子，現在還記得他對我的失望。

所謂粉絲、偶像，都是幻想而已，這些我一直都不怎麼在意，但有一次，一位朋友震驚了我。他是我很熟悉的一位朋友，多次請我講課。照理說他對我很瞭解了，可是一次我和他聊天時，告訴他我的女友如何如何，他竟然問我：「武老師，你也談戀愛嗎？」

一開始，我以為他是在開玩笑。後來一聊，發現他是認真的。他真覺得像我這麼有境界的人，應該不在乎錢，也不應該談戀愛。

這真的讓我很訝異，然後他再請我講課時，我就把講課費給提上去了。

關鍵是，這種事竟然不只一次發生在我身上。多次有熟悉我的朋友問：「武老師，你也談戀愛呀？」「武老師，你應該不在乎錢吧？」……。

我現在才有這麼點名氣和影響力，那時遠不如現在，就有人對我有這種期待。可我每次都想，真做一個他們期待中的聖人，這對我有什麼好處？不在乎錢、不在乎美色、不追求欲望……，好像就是別人覺得我是好人乃至聖人，但我自己沒有被滋養啊。

當然，如果我是這種好人乃至聖人，對於別人來講，好處就不小。例如，這位講課邀請方就可以給我開低價，而且我是這麼好的人，就會很容易合作，很容易靠近。

實際上，我長時間以來也的確是這種人，所以別人也難免對我有進一步的期待——「你就做個無欲無求的大好人吧，然後我就可以對你有欲有求了」。

聖人情結中，有一種表達是唐僧肉。小時候看《西遊記》，我很納悶一點，既然吃唐僧肉可以長生不老，妖怪們能不能就吃他一點點肉，哪怕吃個肉皮、肉屑什麼的，不也可以長生不老，幹嘛非得把他殺了、烹了整個吃了呢？

當越來越懂得精神分析後，有一天我領悟到，白白嫩嫩的唐僧其實是完美乳房的隱喻，而妖怪們想吃唐僧肉，就是小嬰兒想「吃到」完美乳房。

具體來說，就是小嬰兒活在全能自戀中，因此覺得自己無所不能，但他也會真切地感知到自己好像什麼都不會做，什麼都沒有，並且依照精神分析的理論，六個月前的小嬰兒還感知不到母親是一個完整的客體，他們只能感知到母親的部分客體，例如乳房。

吃，對小嬰兒來講是核心需求。他們會覺得，如果沒有吃的，自己就會死掉，所以得不斷去吞吃。可吞吃的時候，他們又會擔心媽媽的乳汁有毒。例如，當媽媽的身體不好或者媽媽有情緒時，嬰兒吃媽媽的乳汁，也會因為微妙的互動而感知到媽媽的身體和情緒的「毒」。特別是媽媽也會有情緒，有時因為她有受傷感，所以會去攻擊和懲罰小嬰兒。

所以，最好有這麼一種完美的乳房：乳汁沒有一點毒性，吃了它的乳汁，就可以徹底免於死亡焦慮，即長生不老。

唐僧就是這樣一個聖人。他沒有一點壞心眼，一點也不自私，沒有自我，也沒有欲望。他是一個徹底純潔、善良的好人，完全沒有了「我」——也就是自戀而產生的各種毒性，因此吃了他的肉就可以長生不老。

我們文化中對聖人的期待，我認為就是這麼一種東西。有這種情結的，就期待那些很好的人能更好一些，最好是好到徹底沒自我、沒欲望的地步，然後自己就可以去吃他們的「肉」了。

一些過得非常節儉的老人，看上去既艱難又貧窮，但他們把自己的養老錢捐了出來。對他們這種行為的宣導，就是想讓這些好人更進一步成為「唐僧肉」，然後就可以把他們整個「吃掉」。

所幸我們的社會在不斷成熟，所以才有了對這類故事的集體性反感。從精神分析的視角來看，也是心理發展水準更高、更成熟的表現。

被鎮壓的聖嬰能量

說完聖人，我們再來說說聖嬰。聖嬰在我們的文化中有很多表現。它可以概括為一句話：嬰兒更有力量。

例如哪吒，他在媽媽的肚子裡待了三年。我們所熟知的哪吒的形象中，一個經典形象是他永遠穿著肚兜，像個小寶寶一樣，然而這個寶寶法力無邊，非常不好惹。

更誇張的是老子，民間傳說中，老子在媽媽的肚子裡待了九九八十一年，一出生鬍子和頭髮都是白的。這是一出生就是聖人了。

哪吒和老子的傳說，像是在比賽誰在媽媽的肚子待更久似的。當然，哪吒是神話故事，老子這個自然也是傳說。實際上，據歷史記載，老子是早產兒。

在《西遊記》和《封神演義》中，哪吒是年輕人，而在民間傳說中，哪吒則變成了穿著肚兜的寶寶。類似哪吒的形象還有紅孩兒，他也是嬰兒大小，穿著紅肚兜。哪吒有波斯文化的原型，紅孩兒則可能只出現在《西遊記》中，他直接有個外號叫「聖嬰大王」。

開悟了的聖人最厲害，而哪吒和紅孩兒這樣的「聖嬰」也是無敵的。如果套用全能自戀的概念，他們正好處在兩極上。聖嬰是全然活在全能自戀中的；而滅掉了欲望乃至自我的聖人，則是徹底滅了全能自戀這種天然活力的。至於普通人，則走在中間過程中。

全能自戀如何能馴服？需要從自戀維度發展到關係維度，即**孤獨的全能自戀想像，需要在關係的現實世界中得到馴服**。

但是，**我們社會有意無意地設計出的一條路線，是去鎮止全能自戀這個可怕的活力源頭**（「鎮止」是我喜歡用的一個詞，意思是鎮壓和制止）。

哪吒的傳說中有一個極為動人的悲劇性情節，即「剔骨還肉」。還肉，是還了母親的恩情；剔骨，是剔掉父親的恩情。

我們總是強調感恩教育，主要就是要孩子感恩父母。不僅社會喜歡強調這一點，家庭裡也容易使用此邏輯。很多母親喜歡對孩子說：「你是我生的，你是我身上掉下來的一塊肉，我對你的恩情你怎麼都還不完。」

這其實是父母對孩子玩自戀時使用的邏輯。依照這一邏輯，孩子一旦與父母發生衝突，就只能聽話，不然就得把「肉割了還給父母」。

現實中這是不可能的，但在哪吒的神話故事裡，他做到了，他透過剔骨還肉，還清了父母的恩情。而後，哪吒的師父太乙真人用蓮花為他再造了身體。從此，哪吒更加無敵。

如果全能自戀就像洪水一樣可怕，而找到的辦法只有鎮止，那最好使的就是用父母來壓制，並且要從小嬰兒開始就壓制。不然，等孩子長大了還活在全能自戀中，就太難對付了。

精神分析中，佛洛依德創造了一組詞——本我、自我和超我，這是講人格結構的。也就是說，**本我、自我和超我組成了一個人的人格。**

這裡的「自我」，英文是 ego。而在我們的課程中，「自我」常常對應的是 self，學術上該翻譯為「自體」，但「自體」這個詞我有時不太喜歡使用，還是會用「自我」。

這組詞中的「本我」和「超我」，還可以理解為「內在的小孩」和「內在的父母」。佛洛依德認為，「超我」有約束「本我」的意思。這對應到現實中，就是父母要去約束孩子。約束什麼？約束活力變成破壞力，約束為所欲為的全能自戀。

佛洛依德的這一理論很多人並不贊同，例如溫尼考特（Donald Winnicott）就認為，「超我」不該是「本我」的敵人。溫尼考特有一句名言說，孩子該是這樣長大的——「需要一個不會報復的人，以滋養出這種感覺——世界準備好接納我的本能排山倒海般湧出」。

但在我們的文化中，找到的主要辦法就是鎮止人的全能自戀，終極目標是成為沒有欲望、沒有自我的聖人。

父母是管制孩子最重要的人物，而他們的形象內化到孩子的心靈世界，就成了「內在的父母」。哪吒剔骨還肉，就意味著他把「內在的禁止性父母」給殺了，從此變得更有力量。

當然，不能說哪吒從此就沒有了父母一樣的養育性人物，畢竟他還有師父太乙真人，而且傳說中他從此以「佛」為父。

在這一點上，比哪吒剔骨還肉還要極端的故事，是齊天大聖孫悟空。他乾脆就是從石頭裡蹦出來的，徹底無父無母，而他的力量則更為強大。這可以理解為，這種原始的、誰都不用考慮的全能自戀，是最為強大的。

不過，**越是原始而強大的全能自戀，就越需要強大的力量去壓制。**

哪吒先是有了悲劇性的剔骨還肉，而後為了防止他攻擊父親李靖，更全能的神仙賜予了李靖玲瓏寶塔。在《封神演義》中，這個寶塔來自燃燈道人，可以將哪吒困在佛光中。在《西遊記》中，這個寶塔來自如來佛。寶塔上有各種佛的雕像，可散發佛光。而哪吒已經認佛為父，所以當李靖把塔拿到手中時，哪吒也就不能攻擊李靖了。這個塔就還是一個鎮止全能自戀的容器。

齊天大聖遭遇的鎮止性力量更為強大——如來佛親自出手，把這個為所欲為的猴子壓在了五指山下，要等唐僧出現才得以出來。

出來後，孫悟空還想不受管教。這時，觀世音菩薩送給唐僧一個緊箍，設計讓孫悟空戴上。從此以後，孫悟空就徹底被管住了。

五指山可以理解為「父母的手掌」，是父母掌控孩子的直接隱喻。一些父母也喜歡對孩子說：「你再怎麼蹦躂，也逃不出我的手掌心。」

緊箍很有意思。在諮詢中，我多次遇到這樣的事：當談到全能自戀的力量，或有了全能自戀的幻想時，有的來訪者就會感到頭疼，而且疼痛的位置就是孫悟空戴緊箍的位置。全能自戀的程度越高，這份疼痛就越強烈。

全能自戀是必須要馴服的。一個成年人如果還活在全能自戀中，那麼很可能他有活出全能自戀的條件，而那常常意味著他會成為巨大災難的源頭，有幾個地方可能會是他的歸宿——監獄、醫院和墳墓。監獄就像李靖手中的寶塔，把他困住。醫院有兩種：一種是普通醫院治療他胡作非為帶來的各種傷；另一種是精神病院，因為活在全能自戀中的成年人太容易瘋癲。墳墓就不用多解釋了。

講述這些「聖嬰」和我們的現實生活有什麼關係？

首先，我們可以看到社會文化中的很多事情，特別是圍繞著孩童而設計的，背後都可能有鎮止他們的全能自戀的部分。

其次，當有了這樣的視角後，我們就可以理解很多事情，包括神話、小說和影視故事。

例如，片面強調應試教育導致的一個現象，就是拼命發展知識性教育，而嚴重忽略了體育、藝術等體驗性的課程。把孩子本來可以無比豐盛的生命，壓縮到學習這麼一件簡單的事情上，也許就是為了困住孩子來自全能自戀的活力吧。不然，孩子會叛逆、會早戀，以及有其他釋放精力的途徑，這容易帶給父母失控感。

又如，當形成聖嬰邏輯後，就可以看懂《花千骨》和《九州縹緲錄》這種故事了。這兩部當代電視劇中，前者的主角是女性，後者的主角是男性，都有一個類似的邏輯：主角一出生就有著特殊的血脈，這是一種詛咒般的力量，並且都導致了生母死亡。他們因此成了不祥的化身，給周圍的人帶來了各種災難。

然後，他們就盡自己所能去控制這股可怕的力量，不到萬不得已絕不使用。而當使用時，他們就逐漸變得邪惡起來。

這個邏輯在太多的故事中可以見到。這個邏輯還像在說，關鍵不是耐心地學習和錘煉，而是如何馴服這股天然的詛咒般的力量，並且當他們馴服了這股力量後，就瞬間成聖，臻於無敵了。

周星馳的電影《大話西遊》中有這個邏輯，他後來的電影《西遊．降魔篇》中，還是有這個邏輯。這兩部電影的主人公，都是在心愛的女人去世後，心痛至極，而後放下對俗世的眷戀，而瞬間成聖，擁有了神級的力量。

《九州縹緲錄》中，女主角羽然從未認真磨煉過自己，後來發現自己有特殊的血脈後，跳了一支舞，就成了無敵的「羽神」。

這種故事乃至這種深層邏輯，是相當害人的。它的意思是，你不必鍛煉你的能力，只要保持善良就好，然後等災難性的時機到來時，你心念一轉，就可以成聖。這是想像世界的邏輯，但**現實世界中，能力其實都是在深度關係的投入中，透過累積而獲得的。不僅能力，包括幸福感，也是這樣獲得的。**

你可以問問自己是否有這種邏輯：最重要的是保持善良，而善良就是無欲無求；也不要給別人造成太大壓力，否則你就會愧疚不安，或者恐懼被懲罰；同時覺得平常是福……。

當你持有這種邏輯時，很可能也在懼怕自己的全能自戀詛咒般的力量，然後走在從聖嬰通往聖人的路上。

女鬼、女妖與無欲男

前面講聖人、聖嬰時，我們可以看到列舉的例子多是男性。「聖」這個字等級太高了，容易讓人覺得這些現象離我們有點遠，但如果把「聖男」理解為「好男人」，或者我喜歡的詞語「中國式好男人」，就可以看到，聖人邏輯和聖嬰邏輯在我們身邊可能隨處可見。

不過，好男人和中國式好男人，這種表達太不精準了，我們也不容易把握到這些邏輯的內核，但如果換成「無欲男」，就容易理解了。最初的聖嬰還是有欲望的，不過主要的欲望是自戀，是攻擊性，而不是物欲和性欲。從聖嬰到聖人的發展中，則不斷在鎮止自己的各種欲望，這樣就造就了無欲男。

從我們的歷史和文學作品，乃至現實社會中，你會看到社會中有各種各樣窮奢極欲的人，同時也有各種無欲男，甚至以我自己的觀察，我覺得後者占了多數。我認為在中國社會，一個普通而正常的男人，就是憨厚、老實、忠誠、可靠的無欲男。

無欲男適合什麼樣的配偶？我們一般認為是賢良淑德的好女人。但其實如果一對伴侶都是壓制欲望的好人，那他們就很難過日子。不僅難以保護家庭和孩子，還因為兩個人都沒有活力，而讓家庭像墳墓一樣。所以，無欲男相對而言更適合的伴侶是「妖女」。

例如，在《聊齋志異》中多是女鬼與書生的故事。又如，更廣為傳頌的白蛇與許仙的故事，就是經典的無欲男弱書生與全能女妖。再如，金庸小說中的郭靖與黃蓉、張翠山與殷素素，是經典的好男人與妖女組合……。

女妖和女鬼還是有差別的，我試著談談這種差別。

最初去分辨女妖和女鬼，是源於有人提出這樣的問題：「誰能告訴我，為什麼《畫皮》拍成電影，要將鬼改成妖？為什麼《聶小倩》拍成《倩女幽魂》，也是要將鬼改成妖？為什麼妖可以出現在銀幕上，而鬼不可以？」

這個問題困惑了我幾年。我的朋友許玳萌在中央電視臺做記者，她提供了正確答案：「確實有規定（影視中）不能出現鬼。官方解釋我也知道，是因為很多邊遠山區文明閉塞的地方，人們看了影視作品會認為真的有鬼存在。」

針對這一話題，一個網友提出一個很可愛的問題：「《聊齋》裡有美麗、善良、痴情的各種女鬼，可唯獨沒有溫暖的女鬼，這是為什麼呢？」

在很多影視作品中的女妖熱辣、嬌俏，比影視作品中的「人」更有活力，這又是為什麼？女妖為什麼更有活力？這個問題就和聖嬰為什麼更有力量一樣，因為他們都沒有鎮壓住自己的全能自戀；而無欲好男人以及好女人，就過分鎮壓了自己的全能自戀，因此喪失了活力。

同時，女妖也是一種隱喻，指的是全能自戀還沒有很好地進化成人性，因此還帶著強烈的原始野性。

相信大家讀到這裡，就能給出以上解釋了。而關於這一問題及其延伸，我也研究很久了。在諮詢中、在課程中，我搜集了大量關於鬼、妖和魔的意象，也試著對此進行深挖。

鬼、妖和魔都具備人類所不具備的一些能力，例如通靈、神通等，但它們也有微妙的差異。鬼的核心特質也許應該是怨氣，並且受怨氣的驅使，鬼（特別是女鬼）容易進行無情的報復。例如，《聊齋志異》中的女鬼，雖然一開始多是美麗、善良且痴情的，可一旦被弱書生辜負，她們多會散發出沖天怨氣，然後做出報復性行為。

我聽了太多幽怨的故事，多數是女人的，男人的也有不少。它們一致的邏輯是：我為一個人付出了很多，那個人竟然辜負了我，我怨哪！

從辜負者的角度來看，這可以有很多原因：

1. 你付出很多，讓辜負者覺得你是可以被輕慢的。換句話說，你付出了很多可能是一種自虐。

既然你都可以自虐，那別人也容易覺得繼續虐你又如何呢？

2. 你付出的時候，付出帶來的道德感讓你在關係中占據了優勢。這會引起對方的不舒服，於是辜負者要透過背叛或其他辜負你的方式，擊碎你的優越感。

3. 付出者常常會製造內疚，而喜歡占別人便宜的人，通常是不接受也難以消化內疚這種感覺的，於是會去破壞這種關係。

從付出者的角度來看，過度付出其實就是一種自虐，是一種自我破壞，或者說是殺死了自己部分的生命力。我們知道鬼就是被殺掉的冤魂，而以此可以做出推理——當自己的生命力被殺掉一部分時，這部分被殺死的生命力就會像部分的「鬼」一樣，並因此有了怨氣。

生命力被殺掉得越多，付出者心中的「鬼」就越大，怨氣也就越大。累積的怨氣需要找出口爆發出來，而被嚴重辜負就是一個最好的出口，可以讓濫好人釋放自己的怨氣。

我印象極深的一個故事是一位女士找我諮詢，她想殺掉自己的男友。因為戀愛多年後，她才發現男友是有家庭的，她覺得被深深地背叛了。可是諮詢幾次後，我發現她其實早就透過蛛絲馬跡，推斷出男友是有家庭的，而且男友還曾要帶她去他家看看，她多次拒絕了。

我們再談下去就發現，這位女士一生都在做好人。因此可以說，她被殺掉的生命力成為她心靈中的「鬼」，而且這部分越來越重，最終必須找出口釋放出來。這時，她才去直面男友有家庭的事實。

怨和恨是鬼的特質，那妖的特質是什麼？妖的特質是為所欲為，她們為了愛恨情仇可以不惜一切，捅破天都不怕。例如，《白蛇傳》中的白娘子，本來具備傳統中國女性的一切優點，法海卻說她是妖。法海抓了許仙，愛情被破壞後，白娘子就不惜水漫金山，顯示出她的妖性。

玩怨恨的，是女鬼；為了愛情捅破天的，是女妖。如果說這是女性的一種經典形象，那與此對應的男性的經典形象是什麼呢？

前面我們說了，是無欲的，憨厚、老實、忠誠、可靠的好男人。好男人是妖女的絕配。雖然很多人討厭許仙的懦弱，但對於自我沒有構建起來的妖女而言，她必須找這樣的好男人——他從不與她對抗，從不主動攻擊她。這樣，妖女才能在這個像唐僧一樣無害的男人構建的容器中，修煉成人。也就是說，有了基本的人性和自我。

可是為什麼男人不去做鬼、做妖？為什麼文學作品中經典的中國男性形象，大多是無欲、沒什麼本領的文弱書生呢？為什麼他們就不能是雄糾糾、氣昂昂的雄性？

我的理解是，男人構成了中國社會的權力體系，而體系的設計是只允許皇帝或大家長——這樣的男人可以實現全能自戀，可以為所欲為地活著；其他男人最好都變成體系的磚瓦，必須沒有自我、沒有欲望、面目不清地活著。

過去，中國女人一直被排斥在中國社會權力體系和家族權力體系之外，她們失去了權力體系的保護，但也因而有了空間，可以留住生命力。只是這種生命力不夠人性化，還是原始的全能自戀，於是可以為妖。如果被傷害就有了怨，則變成了鬼。

男人被鎮止性的體系壓制得不能動彈，於是被動，而女人倒可以主動。

例如在《平凡的世界》中，孫少平、孫少安兄弟的愛情故事都是女人主動，而他們被動的。因為作為權力體系的組成部分，他們得考慮各種集體，例如得把家族放到第一位，而不能只考慮個人的欲求。

他們，還有前面提到的張翠山、郭靖與許仙等男人，要做好人乃至聖人，他們追求無欲，而欲求就要透過女人來表達。例如孫少安的欲求，就要透過老婆秀蓮說出來，比如分家、得自己多吃點，而不是太照顧奶奶和妹妹。

這樣看來，**無欲男找女妖有雙重好處：一是妖女可以替他們表達欲望；二是誰追求欲望誰就不是好人，所以「壞」是妖女的，而他們是「好」的。**

雖然妖女承載了「壞」，損失了道德上的「好」，這是一種損失，但在道德上是全然徹底成功的好人，因為徹底失去了欲望和自我，那才是更深重的悲哀。

這一點，在岳飛身上體現得淋漓盡致。接下來，我專門為岳飛的悲劇人生做一次心理分析。

岳飛的自毀

岳飛的故事深刻地烙在我心中。小時候家裡非常窮，我很愛讀書，但家裡可讀的書很少，僅有的兩個大部頭的書是《說岳全傳》和《悲慘世界》。那是愛讀書的哥哥拿賣回收的錢，狠心買下的書。《說岳全傳》只有一本，《悲慘世界》應該是一套四本。結果，哥哥被媽媽罵了一頓。當時真是窮慘了。

讀《悲慘世界》有一種灰色的感覺，那種感覺我到現在還能感受到，說不出地難受。照理說裡面的故事是有光輝的，可我完全感受不到，真的就是覺得太灰了。

讀《說岳全傳》，故事跌宕起伏，沒有《悲慘世界》那麼灰，可的的確確是太慘了。每次讀到岳飛、岳雲被處死的情節心就會痛，而且無比憤懣。實在不能理解，岳飛這麼好的人，還是救國家於危難的人，怎麼會落得這個下場？！

《說岳全傳》我讀了不下一百遍，所以岳飛的故事深入我心，也住進了我的潛意識。

二〇〇六年，我去上海中德班學精神分析。出發前我做了一個夢，夢見我殺了秦檜的乾兒子，而秦檜派出一隊兵馬來捉拿我。那隊兵馬整整齊齊，是一個方塊陣，而且鎧甲鮮明。我不慌不忙，等他們靠近時，我亮出了一個權杖，他們就不能捉拿我了。這個權杖上有幾個字——佛洛依德的使者。

到了上海後，我和李孟潮等人一起聊天，向他們分享了這個夢。當時夢中還有兩句五言詩，和他們分享時，我還能清晰地記得，可惜現在忘了。李孟潮說，這是我的一個大夢。所謂大夢，就是我自己關鍵的、深刻的夢，反映著我最重要的情結。

這個夢不難理解。秦檜的乾兒子就是「忠孝」，因為他用「不忠」的罪名殺了岳飛。當時，我已經接手《廣州日報》的心理專欄一年多。寫專欄時，寫著寫著就發現，我的文章在密集地解構孝順的荒唐之處，並且我在大學裡更喜歡人本主義，但解構孝道時，我使用的主要就是精神分析的視角。

我這樣做的成長背景是：我的父母都是大好人，堪稱孝子，但竟然被我爺爺奶奶以「不孝」的名義進行過無節制的攻擊，而且村裡大喇叭還廣播過，說我父母是「不肖子孫」。這對我父母來說是滅頂之災，父親因此試過臥軌自殺，但最後覺得還有老婆和孩子，不能死，才打消了念頭，而我母親從此得了非常嚴重的抑鬱症。

所以，我把孝道給解構掉，潛意識深處是在為我父母鳴不平。同時，也是在為岳飛鳴不平。

隨著對岳飛的瞭解越來越多，我心中升起了一個願望，想以小說的形式對岳飛做一次心理分析。可以是穿越小說，例如一位精神分析取向的諮詢師，穿越回宋朝，追隨岳飛，不斷和岳飛對話，以此對他做一次心理分析。也可以直接以純小說的形式，讓岳飛做男主角，加進一些玄幻因素，自剖心跡，以這樣的方式完成心理分析。

到目前為止，我還沒有開始這個工作，但以我不斷瞭解到的資訊，還是在增進對岳飛的瞭解，並因此可以做一點初步的分析。

再說說岳飛的母親。她姓姚，被稱為姚太夫人。她最著名的故事，是給兒子的背上刺上了「精忠報國」四個字。不過這是小說裡的情節，是民間傳說，真實歷史中並無記載。

歷史記載，岳飛入獄後，誰都不願意審問他。後來，一個官員不得已做了他的主審官，但看到岳飛背上刺著「精忠報國」四個字後，被深深地觸動了，於是推掉了這一職務，惹得宋高宗震怒。岳家軍都有這類刺字，所以這很可能是岳飛自己主導的一個行為。

民間傳說中把岳母描繪得非常講大義，但其實她是一位普通的母親。岳飛處死了舅舅，因為他貪財且貪生怕死，違反了岳家軍軍規，這讓岳母很不高興。

更讓岳母耿耿於懷的是，楊再興在戰爭中殺死了岳飛的弟弟岳翻，但當楊再興想投降時，岳飛竟然接納了他，從此楊再興成為岳家軍的一員虎將。

這兩件事史書中都有記載，顯示姚太夫人就是一位普通的母親，因為弟弟和兒子之死而悲傷、憤怒，並未做到傳說中的大義凜然。

榮格說，男性重邏輯和秩序，女性重情感和關係。姚太夫人有這種反應，體現的才是真實的人性。岳飛殺了舅舅，又原諒了殺死自己弟弟的敵將楊再興，並且當大兒子岳雲犯下錯誤時，他總是重罰；可岳雲立下軍功時，他又總是隱瞞不報。同時，岳飛沒有私欲，極其清廉。

面對這樣一個大公無私的大英雄、大聖人，女人會有什麼樣的感知？

在民間傳說中，岳飛與妻子李夫人非常恩愛。可真實歷史記載，岳飛和女人的關係卻是讓岳飛蒙羞的。

岳飛有過兩任妻子，第一任妻子是劉氏，岳飛十六歲時娶的。劉氏為他生了岳雲和岳雷。

岳飛二十四歲時，北宋被金國所滅，岳飛上前線殺敵，將母親和孩子託付給了劉氏。可是不知什麼原因，劉氏後來改嫁了兩次。對此，歷史沒有很清晰的記載，很可能是劉氏主動離開了老人和孩子。對此，岳飛深以為恥。

劉氏第二次改嫁的對象是韓世忠的一名校官，韓世忠問岳飛該怎麼辦時，岳飛送去了一些錢財，但拒絕將前妻接回來。同一年，岳飛娶了一位漁家女李氏，這位太太為他生了三個兒子和一個女兒。在岳飛冤獄被處死後，李氏和幾個孩子也被流放了。後來，宋高宗去世，宋孝宗即位後為岳飛平反，李氏和岳飛的後代才得以受到厚待。

雖然岳飛是大英雄，可是一個女人如果跟著這樣一位滅掉了自我和私欲的大英雄，會是什麼感覺？會幸福嗎？會有安全感嗎？

當岳飛表現得完全不以家庭為重時，他的妻子只怕很難有安全感。因為丈夫雖然是大英雄，但在保護自己家庭上缺乏智慧，甚至缺乏意識。

不斷深入地瞭解岳飛後，一天晚上，我做了幾個夢。醒來後對夢進行分析時，有很多理解。於是，我發了如下兩篇微博：

偉大崇高的行為做久了，容易把自己的生活毀掉，也毀掉了「我」。然後，「我」也會反過來想去毀滅他人，並且也是假借偉大崇高的名義。

你破壞了自己，也就沒法愛上他人和世界。如果自己真有了偉大崇高感，那要警醒一下：你被他人或自己放上了祭壇；你雖活著，但已死去，這是對自我的終極破壞。

放到岳飛的身上，這兩段話的意思是，岳飛做到「無我」時，他並非開悟的那種「無我」，而是滅掉了「自我」。這是一種終極自虐，連帶著他也會讓身邊的人受到虐待。

不僅如此，這種自毀帶給了他表面上的崇高感。然後，這種表面崇高感內核裡的自毀，會驅使他做一些危險的事情，將自己帶向毀滅。

具體就是，相當會做人、不居功、不自戀的岳飛，面對皇帝宋高宗時，卻表現得沒那麼有政治手腕。他貿然地建議不能生育的皇帝該怎麼立儲君，並且總是喊著要「迎回二聖」，同時又有冠以自己姓氏的強大軍隊岳家軍……。

如果真迎回了宋徽宗和宋欽宗，那宋高宗怎麼辦？並且，岳飛的名望太高，岳家軍又如此善戰，如果岳飛也學宋太祖趙匡胤，突然「黃袍加身」怎麼辦？並且，岳飛好像連家人都不在乎，怎麼鉗制他？

也許岳飛是打心眼兒裡認為自己無欲無我，但這些都犯了宋高宗的大忌。

一個有自我並將家人安頓好的人，會獲得舒適和幸福。他做事時就會考慮得更周全，也會更有暖意。例如韓世忠，還有同一時期的另一位名將吳階，就與岳飛很不同。

概括來說就是：當岳飛追求崇高時，就容易自毀；當他推動宋高宗去追求崇高時，就讓宋高宗也有了被毀滅的擔心，這反過來給岳飛帶來了殺身之禍。

同樣，當岳飛驅使家人去追求崇高時，家人也會體驗到毀滅感。

所以，自聖這條路不容易走，得是王陽明的境界「天理即人欲」，這樣才可以真正達到「無我」的境地，但如果是透過滅掉欲望、滅掉自我的路徑來追求無欲無我，就很容易是可怕的自毀了。

第5章

全能感常規表現的具體分析

卓越強迫症

在第一章第二節，我講了幾種「症」，如卓越強迫症、強大恐懼症、行動困難症、投入困難症。先來仔細地講一講卓越強迫症。

在「全能感的常規表現」一節中，我講過卓越強迫症的概念，來自一個條件極好卻嚴重自我否定的女孩。她內心深處的想法是「不第一，不配活」——必須在某些方面達到最好，而且還得是原創的，不是學來的，否則就不配活在這個世界上。這是全能自戀的直接表達，必須全能，否則不如去死。

應試教育系統的競爭壓力極大，而且這麼多年來，不管如何反思，國家如何調整政策，這種壓力好像與日俱增，從來沒有減輕過似的。

這是怎麼回事？我一直想解開這個謎。

最初，我找到的答案是，這是權力體系的責任。一位在教育系統工作的朋友說，這種壓力直接來自有些教育部門官員升職的動力。官員考核的指標是升學率，但升學率是你這邊高了，我那邊就低，所以競爭非常激烈。官員的壓力給了校長，校長給了老師，老師給了孩子和家長，家長又給孩子製造壓力……。

我覺得這很有說服力。當時，我還在《廣州日報》做國際新聞。二〇〇五年主持心理專欄後，開始密集地聽到無數中國家庭的故事，逐漸認為家長應該承擔首要責任。中國家長對孩子的期待實在是太可怕了。

幾年後我瞭解到，有一些老師組成的學校系統也是很變態的。他們導致小學一年級學生的壓力，都要勝過上班族，而且還有各種方式控制著家長，讓家長監督孩子。例如，每個家長每天至少收到三條短訊，告知孩子在學校表現如何，特別是成績如何。

再後來，諮詢做久了，我發現大多數來訪者的心裡都藏著卓越強迫症的邏輯——不卓越，不配活。最終我明白了，應試教育體系的壓力，是權力體系、學校、家長，乃至學生自己一起形成的。這是我們的集體之心，我們共同製造了這個怪物。不卓越，不配活。但是，如果只有卓越，那會怎樣？

二〇一六年三月，同時發生兩個熱點事件：

1. 自稱北京大學畢業的一位母親，為女兒安排了變態的作息制度：從早上五點起床，到晚上十一點睡覺，都安排得滿滿的，簡直要將女兒的所有時間都壓榨出來，為了讓女兒更優秀。
2. 北京大學學生吳謝宇弒母。他在二〇一五年七月在家裡將母親殺死，然後用乾燥劑和塑膠薄膜，將母親的屍體變成了乾屍。更令人不寒而慄的是，他在家裡安裝了鏡頭，可以透過他的手機監控家裡。

這兩個故事結合在一起，諷刺意味十足。前面的媽媽，如同一個變態控制狂，要把女兒的時間都控制在自己手裡。這是一個全能自戀的常見表現：我徹底控制著你的一切，讓你完全按照我的想法去活；你必須配合我，那樣你就可以如我所願成為卓越的孩子。

吳謝宇就是一個完美的孩子。他同學給他取的綽號是「宇神」。他不僅成績好，例如GRE成績在全世界排名前三％，體育也好，而且永遠都樂於助人、談笑風生、陽光燦爛。

但最終他的可怕罪行顯示，他外在看起來有多完美，內心就有多變態。我們得問一個問題：如果沒有一顆正常、健康的心，這樣的優秀有什麼意義？

這兩則新聞讓我想起多年前發生在廣州的一起人倫慘劇：一個董姓男大學生極力追求卓越，因此在和父親發生爭執時，他選擇了弒父。

照理說，優秀、有才華、卓越……，這些不是非常好的詞語嗎？為什麼這些故事中都透露著變態的味道？我們來講一個關於嬰兒的故事，看一看卓越強迫症可能是怎麼形成的。

我的一位女性來訪者，她的妹妹和她丈夫的妹妹，差不多同時各自生了一個男孩。她觀察到，她的妹妹和丈夫的妹妹作為新媽媽，對待自己幾個月大的孩子有截然不同的態度。

她的妹妹對孩子總是一副愛搭不理的樣子。孩子總是哭，但一般的哭聲都不能讓媽媽關注他，除非是哭得歇斯底里，甚至上氣不接下氣了，他媽媽才會過去看看他怎麼了。並且，在照料孩子時，她總帶著明顯的不耐煩。我這位來訪者就此和妹妹談過多次，並送過妹妹關於育兒的書籍。妹妹說想改，但一直沒改。

丈夫的妹妹對孩子的方式完全相反，她對孩子的需求非常敏感，孩子的吃喝拉撒睡玩，都會得到及時的回應與滿足。

面對著兩個妹妹不同的養育風格，這位來訪者出現了奇怪的矛盾態度。她是愛與自由的擁護者，所以理性上會認同丈夫妹妹的養育方式，反對自己妹妹的養育方式；但在感受上，她卻常常對丈夫的妹妹充滿憤怒。

「為什麼會憤怒？你的憤怒想說明什麼？」我問她。

她說，一個關鍵原因是嫉妒。她嫉妒丈夫的妹妹是一位好的母親，也嫉妒小侄兒可以得到這麼好的照料，並且她常常想，這太小題大做了吧？幹嘛要那麼在乎一個小嬰兒的事？

她而後又繼續反思，以她的瞭解，兩個妹妹都是自動沿襲了，她們的母親在她們小時候的養育方式。

她的媽媽是疏離的、冷漠的，不太會關注孩子的需求。即便關注到了，也常常像是刻意不滿足孩子的需求似的。她對小時候有很深刻的記憶：小時候，她對著媽媽歇斯底里地哭鬧時，媽媽會非常不耐煩，偶爾會滿足她一下，但多數時候是訓斥，甚至叫來爸爸揍她一頓。

她的婆婆是熱情的、溫暖的，對自己的兒子、兒媳、女兒，以及孫子、外孫都非常用心，會把所有人的需求記在心上，並且是自然而然、心甘情願的。

這兩種養育風格會導致什麼結果？

嬰兒都是全能自戀的，如果得到了好的照料，他的全能自戀在得到滿足的同時，也會被人性化，並會從孤獨的全能自戀，進入真實的關係世界，願意承認自己的無助，而去依戀媽媽。

特別重要的一點是，他會享受平凡而真實的生活。既然他的吃喝拉撒睡玩這些普通的需求，都能得到媽媽的照料，那意味著他可以在這種時候和媽媽建立起聯結。於是，他會覺得他的吃喝拉撒睡玩的需求都是對的，都是可以自如展現在關係中的。

相反，假如孩子的這些正常需求大多沒得到滿足，那麼孩子就會覺得他的這些需求是不應該存在的，就算存在也是一種羞恥，是該被譴責和壓抑的。

更重要的是，他建立關係的努力失敗了，於是他會退行到孤獨的全能自戀中。他會形成一種認識：日常生活是不重要的，全能自戀才是重要的；如果我是全能的，我就可以控制我的生活；如果我是完美的，別人就會喜歡我。

在我看來，卓越強迫症就是這樣發展而來的。小嬰兒和媽媽建立關係失敗了，轉而退行到全能自戀中去安慰自己。

例如我的這位來訪者，她有嚴重的全能感。她經營著一家工廠，她發現自己什麼事都要控制，而且要做就必須做到完美，否則出現再小的漏洞，她都會忍不住攻擊自己。

同時，她不信任別人。她發現根本沒必要請會計，因為會計把帳目交給她後，她還會自己再算三遍。她也不信任丈夫，丈夫是負責管理員工的，而她總是挑剔丈夫。丈夫雖然脾氣好，但偶爾也會忍不住和她大吵。

讀書時，她有卓越強迫症。如果考試失敗，她就會有生不如死的感覺。高考失敗後，她整整三年時間處於崩潰中。

我們對卓越、優秀乃至完美的追求，應該就是這麼回事。它是**源自全能自戀的一個孤獨的遊戲**。這個孤獨的遊戲會導致出現這樣一個問題，哪怕你的成績達到卓越，也仍然會覺得自己不好，因為你的確會缺乏原創力、創造力。

因為**真正的能力是建立在關係中的**。你必須深入關係中，放下種種成見和預判，去碰觸事物本身的道理，尊重事物本身的存在。這樣，你才能和事物建立起關係來，然後捕捉到事物的本質與規律。

並且，你會樂意放下「我」，而去尊重事物的本質與規律，從而才能具備真正的能力與創造力。

所以，對卓越強迫症的治療方法既不是真的卓越，也不是放下追求卓越的心，而是進入深度關係。

強大恐懼症

強大恐懼症是卓越強迫症的對立面。卓越強迫症是「不卓越，不配活」，而強大恐懼症是「不敢強大」。

說到強大恐懼症，我第一時間想到的是一位男士。他在一家外企工作，非常勤懇。他先是管理一個五、六個人的小團隊，這個團隊的屬下都順利晉升後，公司也提拔了他。他的職位升了一級，收入明顯上升，而管理的團隊也擴展到了十幾個人。可是從此以後，他得了抑鬱症，而且越來越嚴重，最終沒法工作，不得不休假。

他只找我做了幾次諮詢，在諮詢中我瞭解到，職位的提升和權力的擴大，讓他感覺自己的位置變高了，而他更習慣在哪兒都比別人低一點的位置。

並且，以前管理小團隊時，他其實是無為而治，因為管理意味著使用權力，也意味著要在自戀維度的高位去發號施令，他完全做不了。他其實只是專注做好自己的技術工作，如果屬下請教他，他會毫不保留地教他們。當屬下把工作做好後，他會向公司誇讚他們。

這種風格做一個基層的小主管是可以的，甚至還是相當不錯的，所以他最初的屬下都順利晉升了。但是，要他去管十幾個人，一下子就複雜很多，簡直是上了一個量級，需要他在領導的高位上，這對他來說挑戰太大了。

升職後，他一直想乾脆退回原來的位置上，不然就做一個技術員也可以。可是他將這個想法和家裡人一溝通，大家都說他怎麼這麼沒有上進心，這是公司和上級器重他，他不能放棄自己，要好好表現。

透過諮詢，他再次堅定了自己的想法，也取得了家人的同意。然後，他向公司提出了降職，甚至成為普通員工的想法。公司上級很驚訝，但這家外企很人性化，也擔憂他的抑鬱症問題，於是就答應讓他回到原來的位置。

結果，他如釋重負，所謂的抑鬱症也大致上好了。

我在導言中講到，人性有兩個基本維度：自戀維度和關係維度。太多人沒有很好地進入關係維度，心智主要滯留在自戀維度上。自戀維度上就是權力維度、力量維度，它的主要特徵是高與低、強與弱。處在高位、感覺強大時，自戀就得到了滿足；處在低位、感覺弱小時，自戀就受損，因此會產生一定程度的羞恥感。

處在低位是羞恥的、不舒服的、自戀受損的，但是這位男士出於種種原因，從小就處在自戀的低位，並圍繞著這個位置，形成了我們社會常見的一種風格——與世無爭。

當把他放到自戀的高位時，他非常不習慣，因為他的與世無爭的自我就瓦解了，失去了自我功能。當重新回到低位時，他的自我重新自動運轉起來，於是自我瓦解導致的抑鬱症也就治癒了。

透過這個故事，我想大家可以看到：**恐懼強大，就是恐懼處在自戀維度的高位上。**

嚴重的強大恐懼症，會表現為遇到任何讓你感覺到強大的東西，你都會本能地排斥和恐懼。

最常見的是金錢恐懼症。金錢是這個俗世上最容易讓你強大的因素之一，雖然它有很多問題。恐懼金錢，不敢成為有錢人，一有錢就出事，想盡快把錢花出去甚至浪費掉，這是常見的金錢恐懼症的表現。

又如權力。有強大恐懼症的人難以掌握權力。權力是和金錢一樣可以讓人強大的因素，但我們前面講的這位男士，升職帶給他強烈的恐懼。

再如表達。我的一位超自戀的來訪者，他特別喜歡演講。在諮詢中，他發現自己潛意識深處藏著一個「演說家」的形象，就是我們常見的領袖雕塑式的形象：昂首挺胸，高舉一隻手，口若懸河，而其他人在台下乖乖地聽著，不能發聲，堪稱是沉默的大多數，只有喝采和掌聲是被允許的。

他是一位企業家，找我諮詢前，他在公司開會時很容易卡殼。在諮詢中，我們發現他卡殼，是因為當員工們打哈欠、走神、私語或看手機時，他會立即失去自信，懷疑自己的演講水準是不是太差了，所以他們才有這種反應。同時，他也會產生全能暴怒，可他知道得控制這份暴怒，因此暴怒立即變成徹底無助，轉過來構成壓制自己的力量，於是思維被打斷了，變成了卡殼。

相反，不能好好表達的人就是不敢強大。比如，我的表達能力還不錯，但我寫作和講課時，都會有控制不住的廢話。其實這也是因為我潛意識裡覺得更直接、更有力、更簡潔的表達，對別人像是一種冒犯。特別是偶爾幾次在大佬雲集的場合，我竟然會突然講不清楚話。

並不是所有企業家都善於掌控權力和表達。比如，一位女企業家每到開年會時，員工們都會起哄說：「老闆，你說說吧。」她都是害羞地、臉有點紅地站起來說：「我們開吃吧。」

再如身體。身體健壯，也是非常直接地表現出強大，而身體虛弱，的確有時是因為恐懼強大。在諮詢和日常生活中，我經常見到家中權力最小的那個人身體最差。如果這個家庭中的人都非常自戀，充滿權力鬥爭，那麼這個人很容易得各種病，非常虛弱。

虛弱雖然是強大恐懼症的結果，但會給這樣的人帶來一些好處。例如，一位女性來訪者的家裡，重男輕女現象很嚴重，而她是家裡權力最小的那個，她的身體非常虛弱，太容易生病，做事太容易效率低下。因此，她的家裡人達成了共識，常常對她不耐煩地說：「算了，算了，你別做這件事了。」於是，她就可以免於被權力大的家人指揮和控制了。

自戀是人的根本屬性，不能坦然自戀、得意忘形的朋友，都要警醒一下：你可能有恐懼強大的問題。

為什麼會這樣？為什麼人的這個根本屬性會被嚴重壓制？

通常有兩個原因：**第一，家人，特別是養育者，不允許你在自戀維度上的位置比他們高；第二，整個家庭都在自戀維度的低位上。**

當然，很多人會發現，自己家好像同時具備這兩者。也就是說，你的家庭在社會上處在低位，你父母乃至你家的大人在外面點頭哈腰、態度溫順，可一轉身回到家裡就是超級自戀的「魔王」。

這兩種原因都不難理解。如果父母從不允許孩子在自戀的高位上，總是對孩子進行無情的打壓，那在多數情況下，孩子的自戀會被摧毀。但也可能孩子最終受不了，轉而非常叛逆，最終把父母給制服了，成了家裡的控制者。

為什麼有些父母一輩子都不當面誇孩子呢？

一部分原因是，他們就是覺得孩子不夠好。也就是說，如果父母是嚴重全能自戀者，那麼不管孩子多麼優秀，都不可能符合父母的全能期待，所以的確不滿意。

還有一部分原因是，父母儘管心裡對孩子有認可和讚嘆，但覺得誇獎孩子就是把孩子置於自戀維度的高位，父母此時就處在了低位，所以他們不能這麼做。

很多俗語就是在表達這個意思，例如「三天不打，上房揭瓦」、「你翅膀硬了啊」。這些話都在表達一個意思：不壓制孩子，孩子就會「飛上房，飛上天」，這是對自戀高位的形象描繪。

有些父母就會納悶：「我對孩子很尊重啊，為什麼孩子還是這麼弱？」原因就是第二種，整個家庭都是處在自戀維度的低位，家中沒有一個大人敢於在社會中搶占高位，都不敢自戀、得意忘形。這樣一來，孩子不僅沒有榜樣可以學，也勢必會從父母那裡接收到一種資訊：搶占自戀高位是危險的。

自戀維度上，人與人在競爭。當缺乏關係維度的感知時，自戀維度上的高與低、強與弱的競爭，就有了你死我活的意味。處在高位時會感覺良好，可是會遭到別人的嫉恨。同時，處在更高位的人可能會因此感到危險，而進行打壓。相反，如果一直處在低位，像是徹底把競爭欲望（自戀）給滅了，表現為徹底順從，那就既沒有嫉妒，也沒有人會懼怕、提防了。

處在低位、與世無爭的人，容易有一種自欺欺人的感覺：我是好人。然而，真相可能很殘酷——你是弱者。

在自戀維度中，高與低、強與弱的競爭，就是這麼殘酷、激烈，但當人能真切地感知到關係維度的情感時，就會真的體驗到平等。那時就會自如地在高低、強弱的位置上做選擇了，就是可以高也可以低，可以強也可以弱。

輔導作業為什麼這麼難？

卓越強迫症和強大恐懼症構成了一對矛盾：想卓越的人拒絕弱小，恐懼強大的人則拒絕強大。兩者都有些痛苦，因為人最好的心靈狀態是「既可以A，也可以負A」，而這兩種問題都是只允許自己處在人性的一側，即「只可以A，不可以負A」。不過，「只可以A，不可以負A」並不是最痛苦的，最痛苦的心靈狀態是「你既不可以A，也不可以負A」。

當一個人向另一個人傳遞「**你既不可以A，又不可以負A**」這樣的資訊時，就對對方構成了「**雙重束縛**」。這是英國精神病學家貝特森（Gregory Bateson）提出的一個概念，他認為雙重束縛是導致精神病的一個原因。

在中國家庭裡，家長輔導孩子做作業，容易變成一件超級痛苦的事。這件事這麼痛苦，就是因為有的家長犯了卓越強迫症。更糟糕的是，有些家長對孩子的做法構成了雙重束縛。

我們來解釋一下這種現象。例如，有的父母被氣出了心臟病，甚至有的媽媽受不了而鬧自殺。上海有一位劉女士，就因為輔導兒子做作業和兒子起了衝突，竟然跑去跳河自殺，所幸被救了上來。

「鬧自殺」這個詞容易讓一些人覺得是在表演，是在鬧，但其實有些父母是當真不想活了。

同樣極端的是，有些孩子被父母逼得自殺了。更極端的是，杭州的一位父親陪兒子做作業時，十五歲的兒子對父親拿起了水果刀。廈門有一個中學生砍傷父親、砍死母親，據說也是因為父母輔導作業時與之起了衝突。

為什麼會可怕到這種份上？

因為**所有的焦慮背後其實都是死亡焦慮**。這是我的一個說法，也是和全能自戀相關的一種解釋。我們已經知道，全能自戀受損時會產生全能暴怒，而極端的全能暴怒就是因為覺得「全能的我」被毀滅了，於是產生了極端的毀滅欲。這種毀滅欲指向別人就會去攻擊、傷害別人，指向自己就會攻擊、傷害自己。

輔導孩子做作業時，父母必然會產生一些焦慮。英國心理學家比昂（Wilfred Ruprecht Bion）說，**關係的實質就是去看誰製造了焦慮，誰承受和化解了焦慮**。焦慮既然是死亡焦慮（死能量），那麼承受和化解焦慮，就是在做把死能量轉化成生能量的工作。

照理說父母應該是心智成熟的一方，應該是承受並化解焦慮的一方，但可惜的是，很多父母其實是巨嬰——生理成年了，心理上還是寶寶。別說化解孩子的焦慮了，連承受自己的焦慮的能力都沒有，於是會使勁向孩子傳遞焦慮。

當父母是製造焦慮的一方，孩子是承受焦慮的一方時，親子關係就倒置了：父母變成了心理上的孩子，而孩子變成了心理上的父母。

網路上流傳的一個影片中，一位父親在給上小學一年級的兒子輔導作業，他問道：「九可以分成？」

「三和六。」兒子回答說。

「九還可以分成？」父親繼續問。

兒子腦子一下子轉不過來，瞬間想不出來。

父親補充暗示說：「六和幾？」

兒子沒有思考這個問題，而是突然轉過來安慰父親說：「沒事，爸爸，給你鼓掌。」邊說邊真的給父親鼓掌，並用討好的眼神看著父親。

接著，他們再對話時，兒子說：「你別吼我了。」

再接著，父親用很威嚴的口氣說：「寫六」，兒子說：「寶貝會寫。」

後來，這位父親在接受採訪時，說他當時的確被氣著了。他說教兒子十以內數字的運算很多次了，還不能很好地記住，所以脾氣再好的人也生氣了，就會吼兒子。這就是兒子在承受和化解父親的焦慮，所以是親子關係的倒置。

父親的發怒，就是全能暴怒一定程度的表達。因此可以分析出，他在教兒子時有全能自戀的期待，希望兒子能迅速掌握他教的知識，否則他就會暴怒。

暴怒（死亡焦慮、死能量）一下子占據了兒子的心靈，於是他小小的心靈就沒有空間去處理「九可以分成幾和幾」這個客觀問題了。

一個小小的細節很能說明問題，也很致命。父親帶著一種不容置疑的威嚴口吻對兒子說「寫六」，這就是在命令、指揮兒子，想在和兒子的關係中占據自戀維度的高位。這時，兒子被置於自戀維度的低位，他並不舒服，也不願意被指揮，所以說「寶貝會寫」。

在這些細節中，父親對兒子玩自戀，結果關係中出現了衝突，消耗了兒子的心靈能量，這可能才是兒子記不住父親教的知識的原因。父親這麼威嚴——這麼自戀不好惹，兒子怕父親，但兒子並不想隨意被父親指揮，所以也許會用記不住來對抗、報復父親的自戀。

這是父母輔導孩子做作業時一個常見的問題。父母在輔導孩子做作業時玩起了自戀，甚至還有了濃濃的全能自戀，希望孩子迅速學會，以此證明自己是個多麼好的老師。而當孩子學不會時，父母不是去承受並化解孩子的焦慮，而是繼續肆意表達憤怒，再次追求自戀。

我們得明白一點，**一個人如果太容易憤怒，就意味著他覺得自己在自戀維度的高位，同時也是有力量的位置。這讓他感覺很好。**

如果父母表達的是暴怒，這就是摧毀性的力量，很容易把孩子的努力摧毀。我聽很多來訪者講過小時候讓他們無比痛苦的事情，有一類是父母監督他們做什麼事，監督時非常嚴肅、苛刻，甚至暴力。結果，父母監督什麼，什麼就被破壞了，他們再也沒法喜歡這件事了。最嚴重的情形是，有些人幾乎所有興趣愛好，乃至學習，都被破壞了。

例如，一個女孩小時候對跳舞、跑步和書法等很感興趣，結果都是在苛刻母親的一番折騰下，被破壞了。

讓她印象最為深刻的是練書法時，母親在旁邊像無情的法官一樣看著她。如果她寫得不合母親的心意，母親就會突然間攻擊她，要麼打掉她的毛筆，要麼把紙拿起來撕掉，同時還吼她，有時甚至會打耳光。然後，她在繼續練字時，注意力根本就不能放到練字上了，而是永遠在戰戰兢兢之中，擔心母親突然間發起攻擊。

如果你是這樣的家長，你就需要幹一件事——斷手斷腳，即捆住你教孩子的欲望。這樣，孩子的學習或愛好，至少不必承受父母扔過來的巨大死能量。並且，家長不用太擔心孩子不上進，因為誰都有原始的全能自戀衍生出來的競爭欲，所以孩子本能上會想把各種事情做好。

很有意思的是，在諮詢中遇過幾位這樣的父母，儘管他們明白這個道理，但還是表示做不到不去管孩子。

這時，我會有些無情地對他們說：「因為你在管孩子時，有難得的自戀被滿足的時刻。你可以肆無忌憚地指揮、控制、攻擊孩子，你太強大、太有權力了。而在現實生活中，你沒有空間可以得到這種滿足。」

這樣的父母，多數是在現實生活中幾乎什麼事都做不好的人。他們不能在人際關係中偶爾享受自戀的高位，甚至都不能在做事時享受到掌控一件事情的感覺。但他們在面對孩子，特別是教孩子時，就可以享受這種感覺了：我如果順利地教會了你，我就覺得：「哇，你看我是多麼偉大的父親（母親）。」如果你沒學會，我就可以暴怒，然後在暴怒時讓你知道：「你看你多麼糟糕！」

甚至有部分父母，他們完全不想控制自己對孩子的破壞性攻擊。當然，還有部分父母是想控制的，但當他們控制自己時，這份全能暴怒就會指向自己——他們想破壞甚至殺死自己。

當父母這樣教孩子時，本質上就給孩子傳遞了卓越強迫症和強大恐懼症這樣的雙重束縛：

我希望你卓越，你必須用卓越來證明我的偉大；

我不希望你強大，在你面前，我才是永遠強大的那一個。

這時孩子就會非常困惑。意識上，他們認為父母在期待自己優秀，可潛意識裡，他們收到的資訊是父母才不希望他們強大，因為強大必然意味著，孩子在和父母的關係中，也可以是強大的那一個。

所以，如果父母真希望孩子卓越，就得用真實行動向孩子傳遞這樣的信息：孩子，我由衷地歡迎你超越我，你的位置有時可以比我高、比我強大。

同時，繼續用行動補充一個更重要的資訊：無論如何，我都愛你。

權威恐懼症

這一章的前三節一直在談卓越強迫症和強大恐懼症，好像傳遞了一種資訊：這兩者是不可能同時出現在一個人身上的。其實不是，在一種情形下，這兩者可以完美結合。

這種情形就是一個人才華卓越、非常能幹，但毫無權力意識，因此他在權力維度上是虛弱的。具體表現就是，這個才華卓越的人很順從，不自戀。

並且，這樣的人常常會嚴重低估自己的才華與貢獻。可以說，他們真的像螺絲釘、老黃牛，保護不了自己的利益，別人可以輕鬆地剝削他們。

這種情況的確存在，也不少見。一種理論認為，**人類的動機分為三種：成就動機、權力動機和親密動機。**用這個理論來看，這類人有很好的成就動機，於是發展出卓越的才華，但權力動機很弱，所以沒有發展出保護自己和支配他人的能力。

不過在諮詢中，我常常看到這兩個動機是混在一起的，甚至被來訪者感知為是一回事。當他們在權力動機上受損時，追求成就的動機同時也被壓制。畢竟追求卓越和追求權力，首先都是自戀維度的表現。

當權力動機嚴重受損時，一個人就可能會有嚴重的權威恐懼症。也就是說，在權威面前非常溫順，也不敢去挑戰權威，容易對權威表現得過於尊重，這種過於尊重的背後有深深的恐懼。

很多諮詢師會發現這樣一種情況：一些來訪者會認同諮詢師，於是生出了想成為心理諮詢師的想法。

我的來訪者中有這種想法的不在少數，但其中一些人在有這種想法後，產生了深深的羞恥感和擔心。因為他們覺得：「武老師的名氣這麼大，是高高在上的權威人士，自己怎麼膽敢生出念頭，想成為和武老師一樣的人，這簡直是不知天高地厚，太丟臉了。並且，武老師會很不高興吧？他應該很不願意別人挑戰他、超越他……」

有些來訪者是剛有這種感覺時，就和我討論了，這意味著他們的權威恐懼症不是太重。他們雖然產生了這種想法，但還是知道這種想法和感知是可以自由、安全地和自己的諮詢師探討的。

一部分來訪者是猶豫很久，等自己學了相當長一段時間心理諮詢後，才向我袒露這樣的想法的。

例如一位女士，當她有了想成為諮詢師的想法時，感到無地自容。她幾乎認定，如果她把這個願望告訴我，我一定會非常不高興。當這樣想時，她覺得我的形象無比高大，而且高不可攀，她自己非常無助而弱小。

不僅如此，等她學了相當長一段時間的心理諮詢後，她在我面前表現得很平庸，很少展出現她在精神分析上的鋒芒，我也真沒發現她的這種鋒芒。後來，她講到她和同學們的互動時，我才知道她在同學圈裡是有名的才女。於是我問她：「為什麼不能在我面前展露你的才華？」

她說：「你一定會不高興的。」然後由這一點開始，我們談到了她其他一些類似的事情，都與權威有關。

例如，有一次，她在公司裡批評了一位主管。主管坦然地接受了，但她心裡很不安，然後還病了一場。

還有一次，她反思自己和母親的關係時，很有感覺，就此寫了一些文字，接著又病了一場。

這表明，她覺得哪怕只是輕輕挑戰權威，都是你死我活的戰爭，並且事情已經嚴重到這個地步——她都不能向權威認同，認同和模仿竟然都是一種冒犯。並且，最初這種感知還是在和母親的關係中形成的。

怎樣的母女關係會讓人產生這種感知呢？和她探討時，我發現，她母親好像對她到底是個什麼樣的孩子根本不感興趣。她母親只在乎女兒怎樣去配合自己的意願，如果女兒不配合，母親就生氣。

可以說，她和母親的關係像是一個單向通道，只能是母親向她傳遞什麼，而她不能向母親傳遞資訊。例如，母親讓她做一件事，如果她沒做，母親會接連不斷地找她，直到她做了才行。哪怕她忙著別的事情，母親也常常視而不見。

在她們談話時，如果她忽略了母親的話語，母親就會很生氣。然而，當她讓母親做什麼時，母親卻總是忽略。她基本上也失去了和母親溝通的意願，因為早就知道母親不在乎她在說什麼。

母親對她倒沒什麼明確的暴力，但這個單向通道的感覺很糟糕。這讓她感覺周圍像有一堵高牆，她怎樣都無法逾越。

面對我這個權威人士的時候，她一樣有這種感覺。這時，這堵高牆就發展成我作為一個高高在上的權威，威嚴地注視著她，也不允許她有爬牆的想法。

她的故事讓我意識到，父母等主要養育者只要一遍遍地拒絕孩子，同時又堅定不移地讓孩子遵從自己，就可以讓孩子產生權威恐懼症。

當缺乏關係維度的情感、平等的感知時，純自戀維度的關係互動就會有這種基本感覺——「誰發出資訊，誰就是在自戀的高位；誰回應資訊，誰就是在自戀的低位」。如果父母一直有這種感知，就會只願意讓孩子配合自己，而拒絕配合孩子。

這位來訪者的權威恐懼還不算太嚴重。後來，她遇到一位對她特別好的主管。這位主管非常賞識她，實際上她的能力也的確非常強，而且主管很有人情味，還鼓勵她挑戰他或其他主管，希望她大膽地表達自己的想法。同時，她也在做諮詢。結果，她對權威的恐懼越來越弱了。

有一天她說：「我終於可以得意一點了，出了錯也不苛責自己了，偶爾還可以挑戰權威，結果我多方面的能力都在提升。」不僅如此，她的職位在上升，收入也在猛增。可以說，她在全方位邁向強大。

她的故事並不特殊，我聽到和看到太多這樣的故事了。這些故事可以得出一個結論：**如果父母等養育者真希望孩子卓越而強大，得允許孩子在和自己的關係中伸展原始的自戀，有時也能挑戰，乃至打敗父母。**而且，這件事很平常，父母並不會因此而受傷。

至少別去破壞孩子在做的事情，這位女士的媽媽做到了這一點。儘管她對孩子自身怎樣不感興趣，但的確沒去有意地破壞孩子在做的事。

有時候這種破壞是無厘頭的。例如二〇一九年六月，重慶一位女子喝酒後在江邊想自殺。員警問她怎麼了，她說女兒很可能會考上北京大學，但女兒平時和她很少溝通，不願意和她討論報考的事，所以她一時想不開。

這件事讓我覺得啼笑皆非，轉到微博上感慨了一下，結果下面很多人講了自己類似的故事。

父母是孩子最初的權威，也是最重要的權威。如果一直逼迫孩子順從，甚至有意破壞孩子在做的事情，會很容易得逞，而這會造成孩子對權威的恐懼和順從，孩子從而會遠離自己。

但是，如果父母願意尊重孩子自身，並且願意讓孩子挑戰自己，那孩子自身的生命力就會得到祝福，而從一開始就是他自己。

投入困難症

專注和投入是很重要的特質，任何一個人在某個領域出類拔萃，一個重要的原因就是他能投入其中。不僅做事情這樣，人際關係也是這樣。

投入非常重要，每個人都知道這個普通的道理，但無數人就是難以投入。這種現象有一個日益流行的診斷，就叫「注意力缺陷障礙」，而我更喜歡乾脆將其稱為「投入困難症」。

有意思的是，有投入困難症的人常有這樣的邏輯：如果我能全力投入，一定可以取得非凡的成就。這個邏輯沒毛病，但它也恰恰是很多人不能投入的關鍵所在。不過，必須引入全能自戀的概念，才能理解這一點。

嚴重滯留在全能自戀中的人，如果一直不投入，就可以一直抱著這樣的假設：「我會有非凡成就的，之所以沒有，不就是因為我沒法投入嗎？!」要維護這樣的假設，必須不投入。如果真投入了，這個假設就面臨著被戳破的危險。

例如，一位網友留言給我說：「如果真的全力投入了，但沒有非凡的成就就慘了……這種心理落差很恐怖。」

「落差」這個詞很有意思，它可以幫助我們進一步理解自戀維度的高低問題。

當一個人受全能自戀驅使時，就會覺得自己在自戀維度的高位，而且是在至高無上的第一名的位置；但當自戀受損，從高位跌下來時，本來覺得自己的位置有多高，跌下來的位置就有多低。

如果自戀維度的最高分是正一百分，最低分是負一百分，那這個落差就是兩百分。如果一個人的自戀程度是正八十分，那麼掉下來時就會到負八十分的位置。

有投入困難症的人容易有「我是完美的」這種自戀想像，但現實會一再教育他們，告訴他們「你並不完美」。

旁觀者看到的是「你並不完美」，而他們的體驗則是從一個極端走向另一個極端。他們會走向完全相反的想像：「我是垃圾，我什麼都不是，我什麼都做不了！」

他們還會攻擊自己：「我過去怎麼那麼恬不知恥、不知天高地厚，竟然妄想自己是完美的。」他們產生了羞恥感，極端時會恨不得殺死自己。

這類故事我聽了太多，而當形成這種認識後，我再觀察周圍，覺得簡直是無處不在。我講一個典型例子吧。

一個女高中生對我說，每次大考成績下來後的幾天裡，她都恨不得去死。

我問她：「每次都這樣嗎？」

她想了想說：「是的。」

那時我對全能自戀的理解還不是很深，但也猜到可能是她的成績不如意而被打擊到了。於是，我問她：「哪怕考第一也想死嗎？」

她說：「是的。」

「有過一次例外嗎？」我再問她。

她先是說沒有。但我再次問她：「你想想呢，也許會有哪怕一次例外呢？」

她想了一會兒後說：「還真是有一次例外。」

我很好奇地問：「那一次例外是怎樣的？」

她說：「那次，我門門功課都是全年級第一名。」

因此，我分析說：「你好像覺得自己是完美的？」

她有些驚訝地反問我：「難道我不是完美的嗎？」

她的這個反問，讓我感到非常震驚。她在讀高中，即將成年，但她好像由衷地覺得自己是完美的。

在現實生活中，她的一些優越條件也助長了她的全能感。她的家境不錯，在學校一直是頂尖，並且長得很美。

她本來沒有投入困難症的問題，她一直學習很用功，因為好成績可以幫她維繫這種完美幻覺。可是，畢竟門門功課都是全年級第一名太難了，她只有一次考試達到了這個水準。那意味著，其他時候哪怕總成績是全年級第一名，但畢竟不是完美的，所以她的完美幻覺被破壞了，那時她就恨不得殺死自己。或者說，她體驗到了全能自我被殺死一次的感覺。

當全能自我不斷被破壞時，她開始產生投入困難症。例如，不能好好學習了，成績一落千丈。同時，她在人際關係上也抱有這種幻覺，所以她也沒法交朋友了。

她曾經被診斷為患有精神疾病，但是當她和父母越來越理解她這種不切實際的完美幻覺，而且她能適當理性地處理學習和人際關係後，她的學習和生活都得以重新恢復，高考時還考上了不錯的學校。

多年後，她還帶著很不錯但不完美的男朋友，特意來見我一次。這時，她雖然還對自己有很高的要求，但畢竟不苛求完美了。

完美是嬰兒時的內在想像，不完美才是現實。**在看似不完美的外部現實中，去構建自己基本滿意的生活，這就是生命的意義所在吧。**

不過，我也認為在最深度的關係裡，例如當你能活在當下時，你會體驗到每一刻的存在天然就是完美的。不過這是極高的精神境界，在這裡我提一下就好。

投入困難症背後的完美幻覺，會藏著一個神級的幻想：既然我是完美的，我稍一努力就該立即得到完美的回應。有這種神級幻想時，一個人就沒法接受哪怕很小的挫折了。

要理解投入困難症，就必須得理解對這樣的人而言，哪怕看起來很小的挫折，都像是致命的打擊，就不會再繼續投入了。這時該怎麼辦？的確，你似乎體驗到被殺死了一次，這份死亡也傳遞給了事情。於是，你把事情也殺死了。

不過，畢竟還有時間這個東西是不是？所以這時候，你可以先靠意志繼續把這件事做下去。這樣一來，這件外部現實中的事就繼續活了下去，而這種外在的「活了下去」，也就有可能反過來傳遞到你內心，恢復你內在的生能量。

「努力總不會錯。」高考前，我在班上講過這樣一句勵志的話。**努力與投入，意味著你不斷花時間和事物建立關係。隨著時間的推移，關係會越來越深厚。所謂的成就，其實就是關係深厚的一種自然的表達而已。**

一位朋友說，她小學時發現自己不聰明，同樣的作業，她花的時間比成績好的同學多三倍。這挫傷了她的自戀，讓她難過，但她隨即想，既然如此是不是也意味著，只要我花三倍的時間就能有同樣的結果？從此以後，她就形成了這樣一種信念——我比別人多努力三倍的時間即可。

這可以稱為「努力哲學」，是一種很棒的人生哲學。

破除「狀態幻覺」

狀態幻覺和投入困難症有相近的邏輯，但還是有所不同。

狀態幻覺也是我提出的一個簡單的概念，意思是一個人不能投入，甚至無法開始做一件事情，原因是他覺得自己的狀態不好。如果自己的狀態好了，事情就可以輕鬆、完美地搞定。

例如，一個男孩最初找我諮詢時，他的問題是睡眠問題。他覺得有嚴重的睡眠障礙，使自己的狀態不好，以致第二天無法好好做事情，從而導致一系列惡果，如工作做不好總是被開除或自己辭職，以及沒法交朋友，也沒法談戀愛。

他認為如果解決了睡眠障礙，第二天就可以有很好的狀態。那樣的話，做事情也好，人際關係也好，就都沒有問題了。

這就是狀態幻覺。實際上，能解決他問題的邏輯和他自以為的邏輯是相反的。他需要努力，盡可能投入工作和關係中，然後才能有比較好的睡眠和狀態；而不是他以為的睡好了有了好狀態，就能投入工作和關係中了。

最終，事情也是這樣解決的。等他逐漸走出孤獨的想像，適當地投入工作和關係中後，諮詢就可以結束了。不過，他所謂的睡眠障礙並沒有得到徹底改善，實際上本來也不嚴重，但他以前認為是問題，現在不再覺得睡眠有大問題了。

狀態好，就能好好投入。這個邏輯很容易迷惑人，因為看上去真像是那麼回事。例如我自己，作為半職業寫字的人，我深深地知道文思泉湧時寫東西多容易，而且寫得酣暢淋漓、愉悅之至，這是寫作帶來的最大享受。

同時，我知道要實現這一點必須做大量努力，不斷瞭解相關資料，與相關主題建立深度關係，靈感才能如泉水一般湧出。

例如，想對一位新聞人物進行分析，我就要做大量的準備工作，盡可能多搜集關鍵資料，深刻而全面地「碰觸」這個人。這樣，我才能積攢足夠多的感覺，寫作時靈感就可以噴湧而出，偶爾甚至能一氣呵成。

根本上，**不是因為「我」厲害，而是因為「我」與事物建立了深度關係。建立深度關係的關鍵是投入**，經過時間與精力的累積，你與這一事物的關係日益深厚，你逐漸掌握了它，與它相遇，而能力是你的存在與它的存在相遇時的副產品。

偶爾我們會有神來之筆，像是一扇門突然打開，你瞬間與一個事物建立了關係，但你不能仰仗神來之筆。我深知，甚至不能追求文字的一氣呵成，因為多數時候不會有這麼充沛的感覺。

事實上，能力差的人常常是太期待神來之筆了。讀大學本科時，我認識一個寫劇本的朋友。他總說：「要是我狀態好了，你看看我能寫出什麼樣的作品吧！絕對是驚世之作！」

然而，他總是狀態不好。原因有很多，如單身難受、有女友但不夠滿意、身體不舒服、經濟拮据等。他偶爾會有神來之筆，突然間，他有了很好的狀態，身心感覺都很好。那時，他的確表現得不同，但也稱不上太出眾。因為即便真有神來之筆，可因為缺乏足夠的積累，他的才能還是太「薄」了。

我見過太多這樣的人，當有充沛的感覺時，他們會綻放出特別的光芒。但因為缺乏積累，那種光芒只能變成小小的一點創造，而不會有厚重的東西。

再講一個故事吧。

一個二十來歲的朋友總是頻繁地換工作，我問他為什麼，他說沒有一個工作讓他滿意。我問他：「什麼樣的工作才能讓你感到滿意？」他說，能讓他全情投入的工作。

這種追求聽上去很好，但再問下去，問題就出來了。他說有太多次，他剛做了一天工作，就感覺自己已經把握了這份工作的本質，然後就覺得對這份工作沒勁。

這太自戀了。他確實是聰明的小夥子，但因為頻繁換工作，導致沒有和任何一份工作建立起深度關係。結果，他沒發展起任何可以稱道的能力，雖然他稱得上是高智商和高情商。

和他的這次談話很有成效，他後來找了一份還可以的工作，連續做了好幾年。

這樣的故事聽多了之後，我的總結是，他們有一種嬰兒式假定：我與世界是一體的，我像神一般，決定著周圍的事物；如果周圍的事物不能被我所左右，那一定是因為我不夠完美，例如我的狀態不夠好。

因這一邏輯，他們花了很大的力氣去調整自己的狀態，還會花很多時間去等待自己狀態好，而不懂得**關鍵是持續投入**，瑣細努力即可逐漸累積出成功。

前面我說到，能力是建立深度關係的副產品，而建立關係時，比努力更重要的一點是，你不是自戀地將自己的意願強加在這一事物之上，而是臣服於這一事物。不是你個人太厲害了，所以掌握了這一事物，而是因為你臣服，你放下了自戀，放下了你的預期和判斷，放空自己，然後你就可以與這一事物相遇了。

我們再想像一下嬰兒。

嬰兒會覺得，「我無所不能，所以我一發意願，周圍世界就會按照我的意願運轉」。當周圍世界沒按照自己的意願運轉時，嬰兒會覺得問題在於自己，自己發意願時狀態不好，例如老打嗝、沒吃飽，就發不好意願。所以，嬰兒會在自己身上使勁，透過「整」自己，想把自己變得完美，然後讓這個世界重新按照自己的意願運轉。

實際上，嬰兒發願能成功，是因為他有一個好的養育者在照料他。這是個殘酷的真相。

有全能自戀心理的成年人，像嬰兒一樣容易陷入等待，而不是持續努力。**他們下意識地認為，努力不重要，重要的是狀態好，所以煩惱、疾病、睡眠等，都可以構成不去行動的理由，也因此導致了拖延，乃至懶惰。**

能持續努力的人則有了相對成熟的心理：我未必能立即掌握一個事物，但只要我持續努力，並且尊重這一事物自身的規律，就會與這一事物建立起很好的關係。

對於嬰兒來講，他們能獲得好的感覺，有好的狀態，是因為媽媽在持續地努力，盡可能地投入和嬰兒的關係中，因此感知到孩子的需求，從而能做到滿足孩子的基本需求。

基本滿足，可以說是六十分的滿足。當一個孩子乃至一個大人獲得六十分的基本滿足後，其實會深深地感知到這已經很好了。非要完美滿足的人，要一百分的人，是因為沒有獲得過六十分的基本滿足，所以停留在全能感中，覺得一百分的滿足是應該實現，且可以實現的，就像這是真理一般，但其實是幻覺。並且，媽媽透過持續努力與孩子建立基本滿足的關係，會被孩子內化到自己心靈深處，於是孩子也就獲得了這份感知。這會是非常好的祝福。

不過，即便在嬰幼兒時沒獲得這樣的祝福，你也可以從現在開始，學習破除狀態幻覺，試著努力，持續地投入你想做的事情上。

大孩子的世界乃至成年人的世界，沒有什麼事是簡單、總能一氣呵成的，都是不斷遇到挫敗、不斷被打斷的過程。一個網友這樣描述道：

所以，我不敢去做想做的事情，因為在想像中，一切都如行雲流水般流暢，而在現實中，是一台當機無數次的老電腦。每一次卡住，對我來說就是面對一次內心的完美崩潰，就像中了一槍又一槍的感覺。太期待神來之筆，曾經覺得那些成功的人，都是能一直擁有神來之筆的幸運兒。

沒錯，成功者會相對擁有更多的神來之筆，但絕不是「一直擁有」，而且神來之筆之所以會有，是因為他們大量投入，從而與事物建立了聯繫。

總結一下，要破除狀態幻覺，需要懂得以下幾點：

1. 能力是建立了深度關係的結果。
2. 建立深度關係需要持續投入。
3. 建立深度關係的關鍵，不是將你的自戀強加於事物之上，而是放下你的自戀想像，尊重事物本身的真實規律。
4. 一個事物能否被我控制，取決於那一刻我的內部狀態，這是嬰兒式全能自戀心理的殘留。

最後補充一句：**你是人，不是神。**

第6章

聖母與巨嬰

聖母與巨嬰的共生

在本章中，我會集中論述一對矛盾：聖母與巨嬰。這對矛盾構成了很多社會現象的基礎，深入瞭解它們，會幫助我們看清很多現象。

當一個人想為所欲為，並期待他人乃至社會無條件滿足自己的一切需求時，這個人就變成了大號嬰兒，可以稱為「巨嬰」。

當一個人覺得自己應該無條件地滿足他人的一切需求時，這個人就是想做全能母親，可以稱為「聖母」。聖母的概念還可以延伸到機構、社會乃至政府。

現在，這兩個概念已經深入人心，成了非常常見的概念，例如我的朋友、社會學家侯虹斌就寫了《聖母病》一書。

巨嬰期待全然地被滿足，聖母則要求自己全然地去滿足，這自然是全能自戀級別的事物，並且巨嬰與聖母總是同時出現。它們既是一對矛盾，也是一個共同體。其中有深刻的邏輯，理解了它，就可以更深入地理解全能自戀。

這個邏輯就是：**全能自戀幾乎總是和共生相映相隨的**。看到了全能自戀，就可以去推斷共生存在；而看到共生，也可以去推斷其中的全能自戀邏輯。

所謂共生，就是兩個人乃至更多人，構成了一個密不可分的共同體，他們缺乏鮮明的個體自我，而形成了一個**集體自我**。

最原始的共生就是嬰兒與母親構成的「母嬰共同體」。

嬰兒處在全能自戀中，同時他們又近乎絕對的無助，所以這時就需要一個敏感的母親，能夠也願意細緻入微地呵護嬰兒。當母親能做到這一點時，嬰兒就會感覺他和媽媽像是構成了一個共同體，這個共同體被稱為「母嬰共同體」。這時，嬰兒的感知是，「我就是媽媽，媽媽就是我」，甚至是「我就是萬物，萬物就是我」。

提出母嬰共同體概念的是精神分析學家瑪格麗特．馬勒（Margaret Mahler）。馬勒認為，嬰兒出生後六個月內的母嬰共同體是正常的、必要的，因此她將這個時期稱為「正常共生期」，但之後的共生就是病態共生了。

正常共生是為了幫助嬰兒獲得對生活的基本掌控，因為他們基本上什麼都做不了，所以他們的需求只能靠和媽媽共生在一起，由媽媽來滿足。

病態共生則是一個人實際上是有能力照顧自己的，但還是要另一個人或機構來過度照顧他。這不僅產生了各種現實問題，也會導致出現各種心理問題，因此是病態的。

「共生」這個詞聽上去比較好聽，其實「寄生」可能意思更貼切，共生關係中真的是一方要寄生在另一方的身上。

在正常情況下，全能自戀和共生必然緊密地聯繫在一起。也就是說，一個人要展現他的全能感時，他的邏輯是：「我發號施令，而你必須完美配合，我的意志要寄生在你的身上。」

並且，即便我能做一些事，我也仍然會要求你去替我做，而且我高高在上，你雖然幫助我、替我做了，但你的地位和姿態都得是低我一等的。這時我才有良好的感覺，全能自戀才能被充分滿足。所以，我們可以看到，全能自戀的滿足得靠共生關係才能實現。

在共生關係中，必然存在著剝削和共生絞殺。這也是精神分析的基本觀點，認為孩子在六歲前與撫養人的關係存在三個層次：

一歲前的嬰兒時期，與撫養人（如母親）的關係是剝削與被剝削的關係。而且，母親最好還得在一定程度上願意被孩子剝削，這對很多母親構成了巨大挑戰。這一點大家也不要理想化，例如，精神分析大家溫尼考特，就專門寫文章論述過母親對孩子的各種恨意。他認為這是很正常的、可以理解的。當然，母親需要容納、處理自己的恨意，而不是宣洩到孩子身上。

一至三歲的幼兒時期，孩子與母親的關係是控制與被控制的關係。孩子不僅要學習吃喝拉撒睡玩的各種基本能力，同時和母親的關係也充滿了對控制權的爭奪。

三至六歲時期，父親開始參與進來。這時，孩子與父母的關係就構成了競爭與合作的關係。

這樣我們就可以理解，所有共生關係，包括母嬰共同體的正常共生和後來的各種病態共生關係，其實都存在著剝削。因此，我們可以得出一個結論：在聖母與巨嬰的關係中，必然存在著剝削。

我們很容易理解巨嬰有對聖母的剝削，畢竟巨嬰想為所欲為，而這一點要透過聖母的配合來實現。同時，我們也要瞭解聖母對巨嬰也存在著剝削。實際上，**依照孩子的心理發展歷程，孩子只是在徹底無助的嬰兒時期，渴望和母親共生在一起，之後當他的能力逐漸發展出來之後，還是渴望施展自己的力量，並追求生活獨立和精神獨立。**病態共生關係之所以得以維繫，在母子關係中，首先是母親渴望和孩子共生在一起。母親在滿足孩子的需求時被剝削了，但反過來，她也剝削了孩子的精神和生命力。

其他病態共生關係也一樣，例如「好人聖母」和「渣男巨嬰」是一對常見的伴侶關係。看起來，「好人聖母」是在被「渣男巨嬰」盤剝，但同時「聖母」在道德上也剝削了「渣男」。此外，壞男人常常是有力量的，他們可以保護女人和家庭。這一點，在「壞女人」和「好男人」的伴侶關係中也一樣存在。

「剝削」是比較普通的詞語，是我們很容易理解的，而更微妙的表達是「共生絞殺」。

共生，意味著兩個人或多個人要變成一個「集體自我」，即「我們」。其實就是有人的自我被滅掉，最終這個集體中只有一個人的自我留了下來，他的自我成了這個集體自我的代表。

這就是大的意義上的共生絞殺——有人的自我被絞殺了，這樣才能維繫著共生關係。

例如母嬰共同體，在正常情況下，需要母親的自我被絞殺一些，而留下嬰兒的自我。這樣一來，母親就像嬰兒的手和腳，收到並回應嬰兒的呼聲。溫尼考特說，在孩子出生前後的一段時間裡，一些母親像是進入了一種特別的狀態，對孩子無比敏感，同時失去了自我。

溫尼考特認為，這段時間不會長，也就幾個月時間。隨著嬰兒自己的能力逐漸發展起來，這些母親就會從這種狀態中撤出，重新恢復自我。這件事也可能反過來發展，即母親去控制、剝削孩子，讓孩子配合自己的意志。例如，嬰兒不想吃奶，而母親非要把乳頭塞到嬰兒嘴裡去餵奶。又如，嬰兒並沒有尿意，但大人非要執著地給孩子把尿。這時就對幼小的孩子構成了共生絞殺。

共生絞殺的最終結果是：有人失去了自我，有人的自我成了共生關係的代言人。共生絞殺的過程，是有人在一個又一個細節中，執著地把自己的意志強加到另一個人身上，於是在這些細節中，另一個人的意志就不斷被滅掉。

從表面上來看，總是巨嬰在剝削聖母，但在細節之中，情況就可能會反過來，變成聖母在不斷地「絞殺」巨嬰。

如果想從整體上評估，在一個病態共生關係中誰在剝削誰，那就要看誰在這個關係中占據主導權。占據主導權的人就是剝削者；而失去了主導權的人，也必然連自己的生活乃至身體、頭腦都不能主導，所以是被剝削者。

聖母和巨嬰的關係，比一般人以為的要複雜很多。同時，必須說明的一點是，不要輕易以為聖母就是女性，巨嬰就是男性。「聖母」只是一種形容，一種比喻，「巨嬰」也一樣。誰在共生關係中處於索取者的位置，誰就是巨嬰；誰處於給予者的位置，誰就是聖母。並且，聖母的概念也可以延伸到公司、機構、社會，乃至政府。

在心靈發展中，最偉大的一件事是獨立自我的誕生。獨立自我意味著一個人的選擇、自由、責任、義務和後果是緊密聯繫在一起的，而從普通關係到社會關係的共生關係，則會把自由與後果剝離開來，導致出現了各種病態現象。在後文中，我會試著一一論述。

巨嬰的戀愛，就像在找媽

「愛情，只發生在兩個有獨立人格的人身上。」也許你聽過這句話。這句話反過來可以這樣推理：不成熟的巨嬰在戀愛時找的不是愛情，而是媽。

找伴侶其實是在找媽，這件事在男人的身上很容易看到。例如「新娘」這個詞，可能大家太習慣於自動理解為妻子、女性伴侶，其實想想，這真可以直接理解為「新的娘」，就是一個「新媽媽」。

在過去中國歷史上，長期存在著童養媳的惡習。所謂童養媳，就是在兒子還很小的時候，就給他找一個比他大幾歲的女孩，買過來陪兒子。未來是媳婦，而現在就是任他剝削、欺負的「聖母」。

我到現在還沒結婚，自然會不斷收到各種勸解，建議我找什麼樣的女人一起生活。不少人給我的建議是，找一個「不必有獨立人格，不必有文化，但能把你照顧得很好的女人」。

可是，這不就是在建議找一個照顧我的媽嗎？對於這種建議，我向來都是不在意的。不過必須承認一點，我家裡多年來都有全職保姆。請保姆是一種交易。我出錢買她們的工作時間，而且雖說是保姆，但大家是平等的，我對她們也充分尊重。

當把妻子變成保姆，或者女人主動將自己變成保姆時，就有了一種危險性：你不僅在勞動、物質上被剝削了，在精神上也被剝削了，因為你有可能被置於關係中低人一等的位置。

在聖母和巨嬰的關係中，如果是巨嬰在物質和勞動上剝削了聖母，但聖母在精神上剝削巨嬰，占據了關係的主導權，這還算公平。最糟糕的是，聖母不僅在事實層面被剝削了，關係中還低人一等。這就真是太慘了。

我在念初二、初三時，就進入了老家農村的相親年齡。於是有段時間，三次有人到我家裡來說親，有的說親對象我還認識，人真不錯。也許是因為父母從來不控制我，所以我那時就有堅定的判斷和信念。我對父母說：「再也不要說親了，我絕對不會接受這種形式的。」

另一句話我沒有和父母說。那時我就立下了一個誓言：結婚必須先有愛情。可能這是個毒誓，畢竟我其實也是個巨嬰，所以雖然戀愛多次，但至今沒結婚。在諮詢和日常生活中，我見過不少男人，他們有和我類似的地方，如一直非常有主見，但和我相反的是，他們對自己比較瞭解，很早就知道該找什麼樣的人結婚。

這些男人選的結婚對象，都是不夠精彩、不夠有魅力、相對內向、願意一心一意相夫教子，絕對以家庭為中心的女人。他們的夫妻關係絕對是失衡的，男人牢牢地控制著主導權。很有意思的是，這樣的男人是容易活得成功和精彩，甚至活力四射的。

如果你用影視小說中的愛情觀來看這樣的男人，就很容易認為，他們會去找同樣有魅力的女人做妻子，實際上不是。他們找的是一個好控制的、沒有自我的聖母。

在一次旅行中，同行人中有一位超級富豪和一位大文人。他們都功成名就、魅力非凡，可他們的夫人都是木訥的，很不善言辭的樣子。有多位女性過來對我說，這也太不般配了。這些女性錯了，這是非常般配的，儘管是富豪、大文人，但他們的內核可能和很多人一樣是巨嬰。

在馮小剛的電影《老炮兒》中，馮小剛飾演的老炮兒是梟雄一般的人物，雄性氣息十足，而他有非常嫵媚的許晴飾演的情人。看起來很般配，但他倆不會走向婚姻，而老炮兒的妻子已過世。電影中沒交代老炮兒的妻子是什麼樣的人，我推斷那該是一個如僵屍般缺少活力、忠誠、好控制，同時有自己執拗個性的女人。為什麼會做出這樣的推斷？既有我現在講的這個理論，也有充分的現實經驗。

我認識幾個這樣的男人，都男人味兒十足，是男人中的王者，他們的妻子都是這種女人。他們對自己的親媽充滿尊敬，就像影視中常出現的那種人，一個殺伐果決、無情凶狠的老大，回到家面對母親時，就是大孝子。然而，面對妻子時，妻子就變成了老媽子這樣的角色。只有這樣一個聖母，他們才覺得安全。無論這個妻子怎麼執拗，他們都可以在金錢、家庭等方面絕對信任她，這樣他們才不擔心自己的「後院」會起火。但是，他們的心和情感又不會放在這樣的妻子身上，所以他們一定會出軌，出軌對象就是有魅力的女人。

男人在戀愛上找媽這件事比較容易看到，但在我們社會，女人其實一樣容易找媽，也就是找有母性的男人。例如在《白蛇傳》中，許仙這一形象既可以理解為像唐僧一樣無害的男人，是理想的乳房的象徵，也可以理解為是一個充滿母性的男人。聖母必然有一個特質——忠誠。所以，巨嬰找聖母一般的伴侶時，對這個特質非常看重。

我見過太多女性在找丈夫時會有一個矛盾：這邊是一個充滿魅力的「雄性動物」，那邊是一個「呆子」。而她們最終選了「呆子」做丈夫。

為什麼？這絕不是出於愛，她們知道自己還是會被「雄性動物」吸引。

她們講述做這個選擇的原因時，會說幾乎同樣的話：「這個男人，他的人生一眼就可以看到頭。」這也是嬰兒式的需求。精神分析理論認為，在良好的養育中，如果媽媽能陪孩子到三歲，那麼孩子就會發展出基本的安全感，同時會有一個基本穩定的自我。這個基本穩定的自我可以支撐他們忍受分離和孤獨，不懼怕挑戰權威，最終走向獨立。

但是，**在自我沒有誕生前，一個人是不能真的承受孤獨的**，身邊得有一個人和他在一起。這既有全能自戀與共生這對矛盾構成的微妙邏輯，也有其他需求。這個需求是最基本的需求，因為這個需求沒被滿足，其他更高級的需求看起來很絢爛，但自己會不敢去追求。

在這一點上，男人相對好一點，可以躲到頭腦和邏輯的世界中變成一個宅男，但女人很難做到。依照榮格的理論，女性是感性和情緒的動物，她們的第一需求往往是關係。

相信太多女性有這樣的經歷：晚上一個人在家會難受，於是渴求伴侶早點回家，甚至會查伴侶的行蹤，如果聯繫不上伴侶，就會有發瘋般的感覺。

如果你的心智是這樣的水準，那麼伴侶的忠誠、穩定、可靠就是頭號重要的要素。我見到一些女性，會因此而捨棄實際上超愛自己、自己也預感到兩個人會幸福的男人，而選擇了如惰性氣體一般的宅男。對此，她們的感知是，他們（宅男）實在太簡單了，所以好控制。

無論你是這樣的男人還是這樣的女人，都可以看到一點：你是很清醒地想在關係中扮演巨嬰或者剝削者。

選擇一個活得不夠精彩的人，其實是在選擇好控制的人，這個人在自戀維度上欲望比較弱，甚至都習慣了在自戀維度的低位待著。這樣一來，你就可以有更大的可能性在自戀的高位待著。

看起來選擇一個這樣的伴侶是不明智的，但其實這是一個對巨嬰非常有利的選擇。

像我這篇文章中說的這些男人和女人，他們都活得精彩而有魅力，他們沒有太克制自己全能自戀的力量，這些力量不斷轉化為各種各樣的生命力。相反，他們的伴侶看起來分享了他們的精彩，但自己的活力卻在日益消退。

畢竟在共生關係中，只有一個人的「我」可以存活，另一個人的「我」則會被絞殺，成為關係中的陪襯。他們的精神面貌直接反映了這一點。

講到這裡，相信有朋友會問：那怎麼辦呢？有解決辦法嗎？有答案嗎？別著急，我們整本書就是答案。我會循序漸進地講下去，後面大家會看到，所謂的答案會自動呈現。

媽寶男的致命衝擊

巨嬰常常是表面上得到了聖母的照顧，實際上卻遭受著聖母的嚴重剝削。這一點，在媽寶男的身上可以看得清清楚楚。

媽寶男應該是現代中國女性最不喜歡的一個群體了，特別是如果自己的伴侶是媽寶男，很容易讓人恨得牙癢癢。

什麼是媽寶男？百度百科的定義很直接：「指聽媽媽的話，總是認為媽媽是對的，以媽媽為中心的男人；也指那些被媽媽寵壞了的孩子。」媽寶男的口頭禪往往是「我媽說……」。

有些明星兒女和媽媽嚴重共生，像是緊密地捆綁在一起。據我所知，這種現象在我們社會並不少見。娛樂圈一些重量級人物，和我探討這個問題時說到，被母親控制著的明星，通常會顯得相當幼稚。有些人脾氣很大，就像我所說的典型的巨嬰。此外，他們還感受到這樣的母親會非常警惕，不允許其他人插手她孩子的事。如果不得已要與她們合作，她們也是百般挑剔。這就是共生關係的特質。

此外，共生關係必然排外，任何要進入共生關係的人，都會被共生關係的掌控者視為入侵者，因為**一個外人的介入，可能會導致「我們」這個集體自我瓦解。**

當一個女人的伴侶是媽寶男時，她會很痛苦，但任何人都需要被理解，媽寶男也不例外。我們可以做簡單的判斷：

當一個人總喜歡說「我媽說」時，必然意味著他和媽媽處在病態共生的關係中，而且媽媽是這個關係的掌控者。我們還可以推論，當一個人總是說「××說」，而且這個人和他生活在一起時，也說明那個人和他可能有共生關係，而且是掌控者。

理解了媽寶男是關係中的被掌控者，就可以繼續推斷：在和媽媽的病態共生關係中，他並不享受，相反地，他會非常痛苦。

一個太痛苦的人，在他編織的關係中，通常誰都不舒服，特別是媽寶男的妻子。作為他的妻子，很容易看到令自己怒火中燒的情況：媽寶男對媽媽很好，但對自己就是另一個樣子，甚至妻子會懷疑他是不是不喜歡自己、厭惡自己。

這是一種分裂的狀態，這種分裂來自媽寶男內心的分裂。他們將媽媽的形象分裂成「好媽媽」和「壞媽媽」，或者說「好女人」和「壞女人」。因為**處在和媽媽的病態共生關係中，他們會把「好媽媽」投射給自己的母親，而把「壞媽媽」的形象投射給妻子、女兒以及其他女人。**

講到這裡，我不禁想起中國歷史上一些有名的大聖人、大孝子。那些有名的孝順故事，其實多是兒子和兒媳孝順母親。例如，在《二十四孝》中，大多數故事講的都是孩子孝順母親的，孝順父親的則占少數。一些大聖人、大孝子也一樣，例如孟子和海瑞，都是出了名的孝順母親，但他們對妻子的態度非常差。

關於孟子有一個著名的故事：一次回到家裡，他看到妻子蹲在地上姿態不雅，就告訴母親他想把妻子休掉，請批准。結果被母親教育了一通，他認識到自己錯了，再也不敢講休妻的事了。

雖然不能輕易用現在的標準去看過去的人，但如果套用當今社會對媽寶男的定義，孟子毫無疑問是媽寶男了，做什麼都得先去和母親商量。相反地，他對妻子非常苛刻，一個姿態不雅就想休妻。

海瑞對母親非常孝順。據史料記載，不管白天還是晚上，他都對母親悉心伺候，可是他對妻子和女兒的態度卻很惡劣。

之所以想到他們的故事，是因為這些大孝子對待母親和妻子的態度，的確是偏執、分裂級別的。他們對母親有多好，對妻子就有多壞。除此以外，還有一點讓他們妻子特別受不了：他們絕不能疏遠媽媽，卻可以毫無理由地疏遠妻子。

好在現在社會不同了。過去，女性被剝奪了各種權利，包括工作權，離開男人就會很慘，但在當代社會，如果媽寶男「病」得程度太嚴重，或者說他們和母親的共生關係病態程度太高，妻子可以主動離開他們。

媽寶男是怎麼煉成的呢？通常是三個連環套般的原因。

第一，在嬰幼兒期，孩子需要和媽媽共生時，這種以孩子為中心的共生並沒有得到滿足。

第二，等孩子大一些了，媽媽反而要和兒子強烈地共生在一起，並且在控制孩子時非常執著，最終導致對兒子的共生絞殺。同時，媽媽也補償性地滿足了一些兒子對親密的渴望。

第三，兒子三歲後，媽媽和兒子的身體還是過度親密，例如睡一張床，甚至睡一個被窩。這導致孩子有嚴重的性羞恥感，即對母親有了性喚起。但這是絕對不應該有的，因此孩子會覺得很羞恥。

我剛學精神分析時，認為第三個原因特別重要，但後來越來越明白，共生絞殺是更嚴重的問題。也就是說，因為媽寶男深刻地感覺到，他們的獨立存在被母親給嚴重絞殺了，並且孩子實際上都是想離開母親，去發展自己的，但這種天然的動力被母親給阻斷了。這些原因綜合在一起，導致他們對母親有巨大的不滿，他們內在會有強烈的破壞欲，想破壞這種病態共生關係。

這些不滿和破壞欲的強烈程度會嚇壞他們，這讓他們害怕和愧疚，為了防禦這種害怕與愧疚，他們更不能在和母親的關係中表現出來，而且還會**啟用「反向形成」的自我防禦機制，朝相反的方向發展。**

反向形成是一種經典的自我防禦機制，可以簡單理解為，**你的體驗在A的位置上，你的行為卻走向了負A。**

媽寶男對母親的愧疚，是破開他們內心謎團的關鍵。我在多個課程中見過，不少男性對母親有深不見底的愧疚，這至少有兩重原因。

第一個原因，他們想離開母親，而這意味著共生關係的死亡。這時，他們擔心母親也會因此而死亡，但他們還是太想離開母親了，因此而愧疚。

第二個原因，在重男輕女的家庭，母親把兒子拉扯大的確非常不易，有時簡直是血淚史。孩子會感知到母親的不易，而且是為了自己，因此覺得虧欠母親。

儘管有如此複雜的心理，但媽寶男在母親面前仍會顯示好的一面；至於相反的一面，主要展現在和妻子的關係中。

例如，他們想疏遠母親但做不到，結果展現在和妻子的關係中了。又如，他們對母親控制自己有深深的反感，但表達不出來，結果妻子稍有控制，他們就會表現出極大的反感。

和母親過度親密導致的性羞恥感，也會展現在和妻子的關係中。我見過太多媽寶男簡直沒法和妻子有性生活，但是不要以為他們沒有性生活，其實他們多數私下與別人有性生活，而且在這些不為人知的性生活中，他們欲望旺盛。

作為女人，如果你判斷你遇到的是超級媽寶男，那麼你得知道這是一個大難題。因為超級媽寶男難以面對對媽媽的內疚，以及內疚背後的複雜心理，所以不願意去探索自己的內心，很不願意去找心理諮詢師。

如果你就是媽寶男，你必須明白你和母親的病態共生關係是該結束的。並且，你對母親的內疚，要比你頭腦以為的複雜得多，需要好好去深入瞭解它們。

如果你還比較年輕，例如二、三十歲，那麼就試著堅決地完成與母親和家庭的分離，去成為你自己。如果你甘願處在媽寶男的位置，這也是一種選擇，但你得意識到，你很可能將和愛情無緣，你的家庭生活也幾乎不可能幸福。

絕配男女

前文提到的「病態共生」是專業的說法，而流行說法中有一個相對應的詞——「相愛相殺」，可以說是病態共生普通版的精準表達。

相愛相殺是你恨一個人，但又離不開他，你們相愛，卻又深度地相互折磨。其實，相愛相殺也是共生絞殺的意思吧。

這些年來，網路上興起了「聲討中國男人」的浪潮，講他們如何不堪、如何對不起伴侶關係和家庭關係。例如，「中年油膩男」、「喪偶式婚姻」、「詐屍式育兒」這些說法。有一段時間，還引起了「中國男人配不上中國女人」的大討論。

與這些說法相對應的是真實的現實，如現在大多數離婚都是女人提出的。我們可以理解為，過去的中國社會因為有嚴重的重男輕女現象，導致男人在婚戀中獲益良多，而這意味著女性被剝削了；但在現代社會，女性有了工作權和其他一系列權利，特別是在話語權上不亞於男人。中國女性的平權意識崛起，說白了是她們集體不想被男性在婚戀中剝削。

這是集體聲討男性的聲音的合理之處，我也真心想對中國男性（包括我自己）說，大家必須改變一系列陳舊的觀念，要跟上新時代的平權意識，要不然真可能會被時代淘汰。

但同時我想說，事情的另一面是，中國男性集體上也是中國女性的絕配。

中國男人配不上中國女人，這個論調喧囂一時，涉及以下幾個方面。

1. 穿著上配不上。中國女人會把自己打扮得精緻、漂亮；中國男人則穿著很隨意，而且難看。
2. 氣質上配不上。中國女人很有美女風采，至少是很有女人味；中國男人則嚴重缺乏雄糾糾、氣昂昂的雄性感。多像岳敏君畫作中的男人，一個個軟塌塌的，似乎沒有陽剛之氣把自己的身體撐起來。
3. 衛生習慣上配不上。女人精心整飭自己的身體；中國男性大多衛生欠佳。他們身上常有難聞的味道，頭髮不打理，牙齒髒髒的，好像一個星期都不刷牙似的……。
4. 不紳士。這主要體現在對女性的不夠尊重上，不像歐美男士對女性有禮儀上的尊重。

還有其他一些方面。乍看真是這麼回事，但如果深入瞭解，就會知道中國男人和中國女人是如何絲絲入扣地絕配。

先說說外貌上的絕配。

很有意思的是，作為心理諮詢師，我聽過很多漂亮女性說：「我不在乎男人的外貌。」特別是不少美女，似乎有把男友或丈夫朝難看的方向養的傾向。她們說起伴侶的「醜」來，津津有味。同時，我見過一些很帥的中國男人，他們找的戀人多是相貌上遠不如自己的。好像鮮花插在牛糞上的事很常見；帥哥和美女的搭配，在生活中遠不如影視中那麼常見。

這源自很簡單的心理：**相貌自戀**。也就是說，一個人長得很好看，且這種好看成了他自我價值感中非常重要的部分，甚至是核心，那麼他就不希望身邊人也是貌美的。他希望身邊的人的相貌遠不如自己，那樣一來，他的美貌就會被襯托得更好。

甚至，假若一個人對自己的相貌很自戀的話，他會非常討厭同樣相貌自戀的人。見到這樣的人，他會恨不得上去揍對方一頓。

在戀愛中，追求自我圓滿的動力，遠勝於所謂的門當戶對，甚至幸福、快樂，都不如追求自我圓滿的動力。所以，有相貌自戀的帥哥、美女，他們反而對戀人的美貌不執著，他們要的是自己身上所欠缺的部分。

中國女人最缺什麼？答案是安全感。

一個典型的中國女人，無論外在看上去如何，都難以避免她內在缺乏安全感。中國男人的種種典型表現，其實都是配合女性的安全感來設計的。很多女人對我說過，她們之所以會選擇一個男人做男朋友，特別是結婚對象，是因為這個男人讓她有一種安全感。

首先，他的性情得是可靠的，性情溫和的母性特質的重要性，勝過積極進取的雄性特質。其次，他構建社會經濟地位的能力，以及願意為女人花錢的動力，遠勝於他將自己整飭得多性感迷人。

法國哲學家波娃（Simone de Beauvoir）寫了《第二性》。這個書名的意思是，男人是第一性，而女人是第二性。男人沒有女人，也可以思考和定義其自身，而女人的存在卻取決於男人如何定義她。用英文來說，男人是 The One（主體），女人則是 The Other（他者）。「他者即地獄」，波娃的畢生情人沙特如是說。他的意思是，**如果一個人不是主體，而是成了圍繞著他人來轉的他者，那他就身處地獄中。**

波娃所談論的歐美社會可能是這種格局：男人是 The One，女人是 The Other。但在中國社會，在我看來，男人和女人都是 The Other，他們都不是他們自身，都被設計成圍繞著別人而轉的「他者」。

網路上流傳著各種關於女人如何選擇男人的段子，這些段子可以用我一位女性來訪者的想像來概括。這位女性自身的經歷精彩無比，卻找了一個很悶的典型中國男人做老公。你看，又是一個絕配的例子。

但她的幻想是，找一個像王子般的男人。這個男人很有地位、很有錢、很有男子氣概，又願意為她做一切，包括做飯、掃地。而讓她一項項選擇的話，她發現會做飯、掃地比有沒有男子氣概重要得多。

所以，她找的真不是雄性的 The One，而是一個缺乏自我的 The Other。或者說，找一個願意照顧她的聖母。

當一位女性認為其幸福取決於找到一個什麼樣的男人時，這就意味著她自己是他者，她必將身處於地獄中。同時，她不可避免地，想把伴侶變成一個圍著自己轉的他者，她也將伴侶拉到地獄中。

所以，我們文中談的這種絕配是一件很悲哀的事。願我們無論男女，都能活出自己。

聖母和巨嬰，哪個更嚴重？

嬰兒覺得自己是全能的神，但同時，嬰兒的基本需求都需要被照顧，這是嬰兒的一個基本特質。這個基本特質放到巨嬰身上，也可以變成巨嬰渴望得到周到的照顧，同時又渴望被視為神。

這一點可以引申出一個方法論：如果你想哄一個巨嬰開心，那麼一個有效的方式就是把對方當嬰兒照顧，同時也當天神崇拜。

網路上各種關於女人（其實是中國女人）該找什麼樣的男人的段子，其核心可以總結為這樣一句話：

> 把女人當嬰兒一樣照顧，照顧到無微不至；把女人當女神一樣崇拜，崇拜到絕不說一個「不」字。

在大名鼎鼎的女作家咪蒙和她前夫的關係中，就是咪蒙在做一個巨嬰，而她的前夫永遠把咪蒙的需求置於一切之上，永遠不會對她說一個「不」字。即便他們有孩子了，前夫也永遠把咪蒙視為更需要照顧的那個人，或者說那個「孩子」。

兩人離婚後，咪蒙公開談及他們的離婚過程，說自己一度很驚訝，一個永遠口口聲聲說愛自己的人，一個永遠表示可以犧牲一切的人，怎麼可以在離婚中爭奪財產？

不過，只是驚訝而已，真在離婚時，兩個人還是很爽快地、基本公平地分了財產，並沒有真的出現嚴重的剝削。但這種驚訝也足以表明，在絕對聖母和絕對巨嬰的關係中，巨嬰會期待著對方徹底無私。而當對方真做到徹底無私時，巨嬰真可能會坦然笑納。

我第一次聽到咪蒙的愛情故事，是一位來訪者講的。那時咪蒙還沒出名，就是作為普通記者寫了自己的故事，被我這位來訪者看到了。

這位來訪者說，她實在太羨慕咪蒙了。她打心眼裡渴望有這樣的關係：兩個人從幼稚園就認識，從那時一個男孩就無條件地喜歡你，圍著你轉，然後兩個人還一起讀了小學、中學，乃至大學；雖然遲遲才確立戀愛關係，但其實從未分開過。而且，最後兩個人即便有了孩子，你永遠都是這個人心中的寶，他永遠都把你放在絕對的第一位……。

渴求這樣的關係，其實就是渴求一生一世的共生關係。而且，自己永遠都在做嬰兒，對方永遠都在做母親。用好聽的語言來說，是聖母一直在提供無條件的愛；用難聽的語言來講，就是巨嬰一直在無情地、心安理得地剝削聖母。

非常有意思的是，我見到的多個這樣的案例中，做聖母的那一方最終腎都會出現問題。

或許原因是，腎是動力的源頭。每個人的生命首先都是想活出自己。當一個人徹底為另一個人而活時，也許他在意識上、頭腦中都會覺得這樣很好、很偉大，但他的身體會逐漸罷工，而腎病就是罷工的一種表達。

巨嬰男無情地盤剝女性，這樣的故事我見過不少。

在諮詢中，我同樣見過許多巨嬰女在無情地剝削聖母男。並且，一方面因為有重男輕女的傳統，很多傳統觀念是在合理化男性剝削女性的；但另一方面，中國家庭中一樣有一些合理化女性剝削男性的觀念，特別是在現代社會日益流行的戀愛觀中，好像女性剝削男性是天經地義的，以愛情的名義。

我常聽到女人說自己有「二十四孝老公」或「二十四孝男友」，就我個人的經歷而言，還真沒聽過有男人說自己有「二十四孝老婆」或「二十四孝女友」。

我講一個故事吧。

一位女士和老公結婚多年，一直覺得老公超愛自己，她幸福極了，宛如在天堂。但突然間，老公堅決提出要離婚，並且沒有一點轉變心意的跡象。

她接受不了，極度痛苦，一開始諮詢時頻繁問我：「為什麼他這麼狠心？他不如別給我天堂般的感覺，這樣我就可以不用體驗現在地獄般的感覺了。」

請她仔細講述他們的生活時，我的的確確能看到，她的丈夫在無微不至地照顧她：處處以她為中心，盡可能滿足她的所有需求，絕不讓她受委屈。她也常常形容老公是「二十四孝老公」。

然而，她丈夫真的是突然間提出離婚的嗎？在探討這個問題時，她才回憶起來，丈夫很多次對她說：「我很累，我們的關係需要改變。」只是她太喜歡被丈夫呵護的感覺了，所以自動忽略了丈夫的這些不滿。然後，這些不滿終於累積到了不可收拾的地步。

他們最終選擇了離婚。這位女士覺得非常遺憾，也無比難過，用了相當長一段時間才走出來。

在巨嬰與聖母的關係中，或者說索取者與付出者的關係中，常存在著這樣的現象：**巨嬰會非常留戀這段關係，也非常願意改變，而且他們即便在目前這種關係中沒有改變的機會，也會吸取教訓，在後來的關係中改變自己；但聖母更容易絕情，一般也不接受心理諮詢，而且在這段關係結束後，他們在新的**

關係中會繼續做聖母。

所以，不要輕易覺得在這種關係中巨嬰是病得嚴重的一方。為什麼會這樣？可以有多重理解。

第一種理解，巨嬰更真實，而聖母活在嚴重的保護殼裡。尋求幫助，如心理諮詢，會讓聖母擔心自己的保護殼被攻擊。

第二種理解，因為一直在付出，沒有得到自己想要的回報，聖母心中會有巨大的不滿。這份不滿會讓他們更加覺得，自己在某種道德制高點上，而深入探討自己的內心時，必然會破壞這份道德感。他們預料到了這一點，所以會抵觸。

第三種理解，聖母並不真的喜歡被剝削，他們可能早就想結束這樣不平等的關係了，只是太難說出口而已。等真說出來了，就不想挽回了。

從心理學的角度去理解各種現象時，不要輕易使用道德的角度，即區分誰好誰壞、誰對誰錯。道德角度的審視總是過於簡單，而當你從中立、客觀的視角審視時，就可以看到複雜很多的現象。

例如，我瞭解的這些「男聖母、女巨嬰」的婚戀關係中，的確存在著巨嬰對聖母的剝削，而且容易發展到嚴重失衡的地步，但真走到分手這一步時，巨嬰並不會執著地要去剝削對方，她們常常輕易就接受了基本公平的協議。不過，這的確需要聖母提出來，或者其他人幫聖母提出來。

可以說，在這種男聖母與女巨嬰的關係中，剝削和被剝削只是心理層面上的需求，而不是物質利益層面上的需求。

不過，心理層面上的剝削和被剝削，也可以發展到很極端的地步。關於這一點，我做一些解釋。

全能自戀可發展出意志自戀和完美自戀。

意志自戀就是，我的意願必須付諸實施，不能被阻攔，特別是作為伴侶或親人的你不能阻攔。

完美自戀就是，一個人明確覺得或隱約覺得自己是完美的。明確有完美自戀的人，常常是對個人形象的自戀；隱約有完美自戀的人，則容易是對道德和能力的自戀。完美自戀意味著，「因為我是完美的，所以在關係中出現的所有問題都是對方的」。

巨嬰容易體現出來的是意志自戀，這容易對關係有直接的殺傷力，因為強求對方遵從我的意志，不然就會暴怒。暴怒無論是指向對方還是自己，都可能會導致破壞。

聖母則容易有完美自戀，即因為自己在不斷付出、犧牲，所以覺得自己在道德上是完美的——在這個關係中，我沒有錯，錯的都是你。

既然巨嬰太多，那麼戀愛關係中出現聖母與巨嬰這種相愛相殺的情況，勢必很常見。那該怎麼辦？答案**不是絕對不去構建這種關係，而是真實——真實地適當滿足彼此，真實地表達不滿，真實地互動。**而且要逐漸認識到，比起滿足對方，比起把對方捧到神的位置，高品質的真實互動更為重要。

不必在細節上特別在乎誰剝削了誰，但也不要淪為對方的「奴僕」。當你覺得自己達到二十四孝的地步時，你得知道你出問題了。同樣，當你覺得你的伴侶達到二十四孝的地步時，你也得知道你出問題了，你們的關係出問題了。

我特別喜歡說：**真愛，從真實開始**。無論如何都要學習真實，以自己的感覺為中心，發展自己的真自我，別在一段關係中太委屈自己的感受，否則最後會發現這是最不值得的。

第7章

溝通中的全能自戀

聽話哲學：你必須聽我的，我絕不聽你的

聽話哲學是中國式教育的核心。之所以加上「哲學」這兩個字，是因為圍繞著「聽話」這兩個字，太多人做了深入探討和思考，於是這變成了像是一種哲學。

聽話哲學也深入太多人的內心。在我的記憶中，中國家長誇孩子時，「聽話」和「乖」這兩個詞簡直不可避免。我自己也不例外，雖然我沒孩子，但養過不少貓，我誇貓時也會脫口而出說「真乖」。

一次去北方講課，接連去了四個城市。我講的都是父母該如何給孩子愛與自由這類話題，但每次結束後，必定至少有一位家長問我：「孩子不聽話，我打他也沒用，老師你教教我怎樣讓孩子聽話？」

我反問他們：「為什麼非得讓孩子聽你的話？」

他們說：「孩子不聽話，那以後殺人放火怎麼辦？」

這種回答我非常熟悉，以前我的理解是，他們認為孩子的本性是壞的，如果不好好管制，長大了就會幹出殺人放火這樣邪惡的事。後來有一天，我想到全能自戀的概念後，覺得可以有另一重理解：你不聽朕的話，就是殺人放火級別的大罪！

我在微博上分享這種感知時，引起很多人共鳴。一位粉絲分享了很讓人無語的事：

小時候，我媽經常打家裡的豬，因為豬不聽話。

如果只是在誇孩子的時候，把「聽話」和「乖」視為其優點，這看起來真不是事，但是聽話哲學很容易導致家長對孩子的暴力，因為在聽話哲學中，藏著這樣一個三部曲：

1. 我是你父親（母親）；
2. 所以，你得聽我的話；
3. 不然，我會懲罰你。

暴力是聽話哲學最容易看到的一個問題，**暴力不僅僅是身體和言語上的，也伴隨著「絞殺」孩子的意志。**

我有一句毒辣的話：**逼孩子聽話相當於給孩子餵毒。**

這聽起來有點驚悚，但在身體層面容易成真。因為當孩子的意志被否定，並被逼迫順從大人時，孩子會產生恨意，或者說死能量。當恨意、死能量轉向自身時，孩子就容易傷害自己的身體，甚至導致生病。例如，奶奶餵一歲大的嬰兒吃副食品時，孩子不配合。結果，奶奶按住孩子的手腳強灌了一碗湯。孩子哭喊不止，接下來三天拒絕進食，就像要絕食一樣。

這是一個可怕的故事。這是一歲大的嬰兒啊，大人制服嬰兒太容易了。這位奶奶的做法堪稱變態，她逼迫嬰兒接受她的意志，就是在逼迫嬰兒聽她的話，而且逼迫程度很高，結果嬰兒直接用絕食的態度來對抗。

這種對待孩子的方式必須改變，如果不改變，就算過了這一關，以後孩子的消化系統也會出問題。

這種事我見過太多了，其中的道理是，當大人用這麼堅決的方式對待幼小的孩子時，孩子容易形成習得性無助。他們會深深地知道自己的反抗是無效的，必須服從，但每一次服從，孩子都覺得自己被殺死了一次，並因此產生濃烈的恨意。因為事情就發生在消化系統上，所以這份恨意就表現在對自己消化系統的攻擊上，最終導致生病。

精神分析將這種現象稱為**「軀體化」（somatization），意思是一種情緒不能在心理層面流動，就會透過軀體來表達。**軀體化是非常常見的自我防禦機制，而醫學上認為的一大類疾病——心身疾病，大多和軀體化有關。

所以要知道，逼孩子聽話相當於給孩子餵毒，這不是比喻，而是一種直接的敘述。

再回到前面那個可怕的故事中。奶奶必須知道自己錯了，必須誠懇地向嬰兒道歉，母親也要向孩子道歉，因為她沒有把孩子保護好，然後要發誓做孩子的保護者。不要以為嬰兒什麼都不懂，其實他們的心是非常通透的。他們也許聽不懂大人的話語，但能感知到大人的心。

聽話意味著你要放下你的意志，按照我說的來。極端的聽話邏輯可以直接概括為：你必須聽我的，我絕不會聽你的。

有時是透過直接的暴力，有時則是透過一系列行為來展現。例如，我多次聽到這樣的故事：

孩子不喜歡吃韭菜，對媽媽說過很多次。媽媽照舊用韭菜做各種料理，直到有一天，孩子受不了了，對媽媽大喊：「我跟你說了多少次，我不吃韭菜！」

媽媽非常震驚地說：「你不是一直喜歡吃韭菜嗎？」

更誇張的是，儘管媽媽很震驚，但接下來還是做了有韭菜的菜。

聽話哲學是非常糟糕的理念。它不僅體現在親子關係中，其實也體現在兩性關係、職場和社會上。當你認定另一個人應該聽你的話時，你就失去了聆聽和瞭解對方的意願和耐心，因而難以和對方交流。

交流和互動意味著，我的資訊和你的資訊可以在彼此間流動。好的交流是，我允許你的資訊在我的心田中駐足，你也允許我的資訊在你的心田停留。然而，在太多關係中，有人只想把自己的資訊傳給對方，對對方的資訊卻充耳不聞。

當你活在這樣的關係中時，會感覺對方就像有一個堅固的殼，擋住了別人傳來的資訊。並且，他還會頑固地表達自己的資訊，如果你聽不到，他就會很生氣。當然，你可能已經發現自己就是這樣的。

這可以用**共生絞殺**來解釋，也可以用權力維度來解釋。權力的一個基本點，就是誰發話、誰聽話。所以，我只想把我的聲音傳遞到你這裡，而你的聲音我不想聽到，我想借此表明一種權力關係：**你必須聽我的，而我可以不聽你的。**

你必須得知道，如果你一直很乖、很聽話，就意味著你一直處在自戀維度的下方，你的自戀被壓制了，你的權力欲、力量也可能一併被壓制了。

做父母的也得知道這一點。當父母對孩子說「翅膀硬了、不聽話了」，這就意味著父母不喜歡孩子變得強大。畢竟，**一個人的成長歷程不就是「翅膀變硬」的過程嗎？**

「萬物生而有翼。」我最喜愛的詩人魯米（編按：Rumi，十三世紀伊斯蘭神祕主義的重要詩人）如是說。然而，有人（包括你的至親）卻希望你如蟲蟻一般匍匐而行。

聽話哲學也會延伸到婚姻關係中。很多人在親密關係中超級有戰鬥力，一點小事都可以讓他們產生強烈的憤怒。他們到底想要什麼？常常也是想要對方聽自己的話，不要挑戰他們的自戀，而是充分滿足、配合。被挑戰後，他們會無情地戰鬥，絕不妥協。因為不這樣做，他們就會掉入自戀的低位，產生卑微感和抑鬱感。

有人經過一、兩次離婚後，終於發現這是自己的頭號需求，於是會非常有意識地找一個各方面不如自己的、沒脾氣的、好控制的、表面上容易滿足的願意配合自己的人。

人最初談戀愛和結婚時，還是容易喜歡條件好的、優秀的、活得精彩的人，可這樣的人有鮮明的或獨立的個性，不會接受自己處在聽話的位置。於是，這樣的兩個人在一起，就會產生嚴重的矛盾。

有的人經過深刻的教訓後明白了這一點，有的人則是一開始就知道這是自己的核心需求，所以他們在找戀人、找生意夥伴等重要的身邊人時，都會去找這樣的人。

有人想兩種好處都占，於是會找一個好控制的人結婚，再找一個活得精彩的人做情人。還有人會找一個精彩的人結婚，然後無情地壓制伴侶，最終把對方變成一個沒有吸引力的人。

聽話哲學盛行時，我們容易看到這樣的局面：虛弱的男人希望女人更虛弱，因為好控制；虛弱的女人也希望男人虛弱一點，因為好控制；虛弱的母親希望孩子虛弱一點，因為好控制；虛弱的孩子一直不被鼓勵發展獨立自我、強健的身體……。如此一來，就構成了一個循環鏈條。

聽話哲學的根本是追求病態共生關係。很多人雖然是成年人了，但內心還是一個嬰兒，因此渴望找到一個媽媽和自己共生在一起。這一點太嚴重時，就容易導致悲劇的發生。接下來，就來談談這一點。

聽話哲學中的「你死我活」

聽話哲學是和病態共生聯繫在一起的。你必須聽我的話，意味著在「我們」這個病態共生關係中，「我」的聲音才可以存在，而「你」必須配合我、聽我的。

如果只是從旁觀的角度來看，我們容易覺得聽話哲學太變態了。但真去處理嚴重的病態共生關係時，你會發現這非常不易。

因為想解開病態共生關係，就意味著**「我們」這個集體自我被瓦解，而掌控這個關係的「我」，會**

因此覺得自己像被殺死一樣，於是產生嚴重的死亡焦慮。這份焦慮太嚴重時，真可能會死人。

簡單的理解就是，聽話哲學有不合理之處：一直被要求聽話的孩子，精神生命會逐漸被扼殺。聽話哲學也有其悲哀的合理之處：如果孩子不聽話，很多中國家長就會覺得生不如死。

> 二〇一四年四月四日，四川廣元發生了一起悲劇，一位媽媽把十六歲的兒子從網咖拉到附近的嘉陵江邊，對孩子說：「你上網，我管不好你了，那我就去死。」接著，她真的跳入了嘉陵江。
>
> 然後，孩子的父親趕過來踢打孩子，可能他覺得孩子得為妻子的死負責。但是，把媽媽的死怪罪到本已內疚至極的孩子身上，是極不應該的，這會讓孩子承受不能承受之重。
>
> 果然，孩子也跳入了嘉陵江，最終和媽媽一起溺死。悲痛到極點的父親也要自殺，所幸被攔住。

這位媽媽為什麼要自殺？有其他原因嗎？比如，太貧窮了，過不下去了，或者夫妻感情不好，抑或是其他更重要的理由？難道僅僅是因為管不了孩子上網嗎？

看了媒體的報導，她的生活還算不錯，夫妻感情尚好。並且，以心理學的理論和我的經驗來看，僅僅是孩子不聽話，就足以構成一些家長活不下去的理由。

我在微博上點評過多起父母虐待孩子事件，例如，一個媽媽在七樓將孩子倒掛在樓外，威脅要把孩子扔下去。這種用死亡威脅孩子的事，在我看來簡直太極端了，但是看網友的評論才知道，這種事竟是尋常事！並且，這麼做的原因很簡單，常常是父母覺得孩子不聽話。

關於這類事，讓我印象最深刻的一件事（估計這輩子都忘不掉），是剛在《廣州日報》寫心理專欄不久時遇到的。那時我收到一個女孩的來信，她說她愛上了一個很好的男人，但父母誓死反對。母親因此患上了心臟病，父親則宣稱：「你們要想結婚，就得踩著我的屍體才能過去。」

這封信讓我十分震驚，我約他們一家三口聊天。結果發現是母親反對女兒的婚姻，父親其實無所謂，女兒和這個男人結婚不結婚他都可以接受。他之所以反對，是因為要和妻子站在同一陣線。或者說，是妻子可怕的情緒綁架了他，讓他不得不反對女兒嫁給這個男人。

那位母親的態度無比堅定，她給我的感覺是，為了不讓女兒和這個「糟糕男人」結婚，她可以付出一切代價。我問她為什麼反對，她講了很多理由，比如下面這兩個。

1. 女兒長這麼漂亮，那個男人不配。但客觀地說，她女兒也就是端莊，絕對稱不上很漂亮。

2. 女兒學歷好，那個男人不配。的確，她女兒是高學歷，但那個男人也有大專學歷，並且男人的收入比她女兒高很多。

這是具體的理由，還有抽象理由，譬如，「我是為了女兒的幸福才反對的，可女兒無比愛那個男人，而且他們是彼此相愛」。這樣談下去，這位母親反對的理由就一一呈現了出來，但它們都不是真實的理由。

最後，她說出了真實的理由，帶著狂暴的憤怒。她說：「女兒原來什麼都聽我的，並且她向我承諾，戀愛前一定會帶那個男人給我看。我答應了，她才繼續發展。可是她背叛了我，竟然是戀愛半年後，我才知道的！」

她說這番話時，那份痛苦和她的憤怒一樣可怕——痛苦的級別到了生死的地步，而憤怒的級別也一樣。女兒什麼都聽她的，對她而言是無比甜蜜的事情，而女兒竟然瞞著她談戀愛。這件事徹底摧毀了這種甜蜜，也導致了她的痛苦與憤怒。

顯然，這位母親與女兒構建了病態共生的關係。女兒徹底順媽媽的意，滿足了媽媽全能自戀的需求，讓母親在這個共生關係裡有一種無所不能感，這份感覺成了她的自我核心感。當女兒突然不聽話時，她的這份無所不能感被顛覆了，她的自我也破碎了，讓她有了被殺死、被毀滅的感覺。

針對這種現象，美國心理學家科胡特創造了一個更有說服力的術語——自體和客體。客體，指的是其他人、其他事物；自體，指的是自己。那麼，什麼是**自體客體**？就是它**是客體，但又像自體的一部分**。

自然而然的養育過程，是最初嬰兒需要將媽媽當成他的自體客體，覺得媽媽和他在身體和心理上是一體的，都是「我」的。如果失去了媽媽，嬰兒就會有可怕的自我瓦解感。

在這位讀者的家庭中，事情反過來了，媽媽把女兒當作了自體客體。通俗的說法，就是當成了自己身體的延伸。而且，既然叫「自體客體」，就意味著我讓你怎樣，你就要怎樣，否則你就成了「異己」。

女孩是二十五歲開始這場戀愛的，母女倆都說，在此之前她們親密無間，像是一個人。但女兒偷偷戀愛這件事，撕裂了這個共生關係，女兒從此就不再是媽媽的自體客體了，媽媽由此有了自我瓦解感。

這份感覺指向自己，自己會想死；指向女兒，會想殺死女兒。但這兩個選擇都不好，那麼最好是把毀滅欲扔到那個「壞男人」身上。所以，她轉而控制女兒，用各種極端的手段，不惜你死我活，就是為了恢復她發號施令，而女兒聽話的病態共生關係，好讓這個共生自我重新復活。

但如此一來，女兒的自我就被摧毀了。這件事也讓女兒心寒，她終於明白，對媽媽而言，「你聽我的話」是最重要的，這勝過她的幸福，甚至生死。

所以，最終這個女孩的選擇是與母親兩敗俱傷：她與心愛的男人分手，讓媽媽想毀滅點什麼的意願實現了，但此後她遠走高飛，以這種方式徹底脫離與媽媽的共生關係。

看似慘烈，但已算是還不錯的結果。有些人就沒這麼幸運了，例如二〇〇九年十一月，上海海事大學女研究生楊元元自殺了，就是因為她的自我被媽媽構建的共生關係殺死了。我這位讀者的媽媽還有很愛女兒的一面，而楊元元的媽媽，我從報導中看不到她對女兒的愛，只看到無情的剝削和利用。

前面提到的四川廣元的家庭慘劇，直接邏輯是：兒子違背母親的意志上網，讓母親的脆弱自我崩潰了。她的自殺，反映了她真的就是那麼痛苦。

但是，這件事更深一層的邏輯是：兒子之所以違背母親的意志上網，重要的一個原因是，他想逃離母親與他共生的願望，而在網路中尋找，一個他的意志說了算的空間。

病態共生的親子關係的確常有這種意味：太聽話，孩子就被殺死了；但若不聽話，父母就想死。

科胡特發明了「不含敵意的堅決」這種說法，講父母如何拒絕孩子的不合理要求，也包括孩子想與父母共生的動力。其意思是，父母堅決拒絕孩子，但並無敵意。我不會說你是錯的，也不會說我因此就不要你了，更不會說，因此我恨不得殺了你！

想脫離聽話哲學的中國孩子，也可用此策略對抗父母：我不聽話，並不意味著我恨你，也不意味著我不愛你；只是，我是我，你是你。堅決對父母的意志說「不」，同時又對父母傳遞愛意。

但這個策略大概只有很成熟的大孩子才能做到吧，對十幾歲的少年來說，這要求太高了。所以，若想真正消除病態共生帶來的家庭悲劇，父母必須覺醒。

上面講的事例都很極端，但聽話哲學的危害，比這些故事廣泛得多。例如，聽話哲學導致了一個非常中國式的現象：中國人普遍沒有青春期。

少年老成化，成人兒童化，這兩者交織在一起，「絞殺」了中國人的青春。這是臺灣學者孫隆基在《中國文化的深層結構》一書中的觀點。我和很多諮詢師同行探討過這一觀點，大家都很贊同。

青春期有兩個關鍵點：一個是活力，特別是性能量的綻放；另一個是自我身分感的形成。青春被絞殺，阻斷了這兩個關鍵點的發展，導致我們不能讓活力與情欲綻放，也不能形成個性自我。

為什麼會這樣？因為青春期既是性能量大爆炸的時期，也是最叛逆的時期——對父母攻擊性最強的時期。持有聽話哲學的父母接受不了這兩個挑戰，所以要壓制孩子的個性發展。

這種壓制不是從青春期才開始的，而是從小就開始了，所以孩子少年老成。所謂老成，就是他自身的活力不肆意流動了，並特別懂得並照顧其他人的情緒，於是變得像老人一樣。

孩子少年老成，其實是對巨嬰父母的一種被迫服從。但是當孩子變成父母後，他們就得到了可以壓制自己孩子服從的絕對資格。這時，全能巨嬰的那種為所欲為的勁道，就可以肆無忌憚地釋放出來了。

在過去，這樣做還有文化的加持。不管你怎麼對孩子，都會被社會說成是教育。哪怕虐待甚至打死孩子，都可以被說成「教育方式不當」。

所以，所謂少年老成和成人兒童化，其實還是一個權力問題。或者說，是自戀維度上的問題。

道歉裡的生死較量

道歉是一件很敏感的事情。一方面，你會看到有人動不動就希望別人道歉；另一方面，你又會看到有人死活不肯道歉。

例如，太多人希望父母能為過去打罵自己而道歉。在《中毒的父母》這本書中，作者明確建議，如果父母嚴重虐待過你，去爭取他們的道歉是有必要的。但是作為中國的諮詢師，我發現對於很多人來說，這是相當不容易的事，所以我很少這樣提議。

不僅如此，在婚姻中也有這種情況。有些來訪者被配偶糟糕地對待，他們如果能得到配偶的明確道歉，也許會撫平受傷的心。更重要的是，這會讓他們的配偶知道自己錯了。

然而，事情真的會發展到這種地步——有人寧願離婚也不道歉。就是這麼真實。如果來訪者願意冒這個險，那麼堅決要求對方道歉，就是一個可以有的選擇。

寧願離婚也不道歉，寧願斷絕關係也不道歉，常常還不足以表達這種心理。有時更準確的表達是：寧死也不道歉。有人會看到自己身邊的人，例如父母、一些權威人物，或者歷史上的一些人物，一輩子都沒道過歉。

先解釋一下其中的原因。這很簡單，**全能神是絕不會錯的，所以道歉就意味著全能神的感覺被顛覆、被破壞、被瓦解、被殺死了。**於是，心智還停留在這種水準的人就很難道歉，更遑論真心道歉了。講一個例子。

二〇二〇年三月，一位母親因為兒子沉迷上網而不寫作業，一時氣不過，產生了跳樓的念頭。經過消防員、鄰居和員警勸說，她主動走下陽臺，哭著說「沒見過這樣的孩子」。在消防員的建議下，孩子向母親跪下來道歉，說自己錯了。

從影片中可以看到，男孩向母親道歉時並不怎麼情願。他保持著一種沉悶的姿態，只是簡單地道了歉。這件事到底是怎麼發展的，媒體並未詳細報導。不過在諮詢中，我有多位來訪者的家長，在輔導孩子作業時容易情緒崩潰，從中可以看到他們共同的邏輯：

1. 我認為這件事很容易；
2. 你應該不難做到；
3. 你怎麼表現得這麼差。

這三步大家很容易想到，關鍵是後面的部分：

4. 你是在故意和我作對；
5. 這是有主觀惡意的；
6. 這種主觀惡意，我如果接受了，會感到很羞恥，我是你的家長，所以絕對不能接受；
7. 我必須回擊、懲罰你的惡意；
8. 所以你必須向我道歉；
9. 否則，你去死，不然我去死。

從上面這對母子的互動可以推測出，在孩子更小的時候，母親常常因為這樣的邏輯去逼迫和攻擊孩子。現在孩子大了一些，對母親的畏懼少了，的確會借著做作業這件事反擊母親。這時，母親不能再懲罰孩子了，也就是把死亡焦慮宣洩到孩子身上，於是當這份死亡焦慮反轉到她自己身上時，她就有點活不下去了。

首先說一下，這個複雜邏輯的前三步是有問題的，而且根源也是全能感：「我認為一件事很容易，你應該不難做到，你怎麼表現得這麼差？」對家長來說有些作業可能很容易，但對孩子來說，如果老師安排的作業是有效用的，必然是有點難度。

這道理家長也是知道的，但他們還是會受不了，這是因為支配他們的是全能自戀的一整套邏輯。他們還是期待自己一教，孩子立即就學會了。這種不需要時間、空間的立即回應，是他們唯一想要的。得不到，他們就會有崩潰感。

有崩潰感還不算，更糟糕的是，他們會持有這種想法——你是在故意和我作對。有些人是下意識地有這種想法，有些人則是明確地這麼認為。當持有這樣的邏輯時，一個人的生活就沒有大事和小事之分了。瑣細的挫敗和大的挫敗，對他們來講都一樣。他們會奮不顧身地和身邊的人戰鬥下去，而且必須得到對方的道歉，因為他們覺得，「你是故意的，你有主觀惡意」。

我們一再講到全能感有四個基本變化：全能自戀、全能暴怒、徹底無助和被害妄想。大事和小事都非得逼別人道歉的，都是有程度不一的被害妄想。

實際上，這是他們**自己內心破壞欲的投射**。當全能感破滅後，他們就產生了破壞欲、毀滅欲，但他們的心智水準不能承受這些，不能說「這些破壞欲、毀滅欲是我產生的，是我的一部分」，而是要割裂出去，然後投射到別人身上，認為別人在破壞和毀滅自己。

總之，我們要明確一件事情：一遇到挫敗就想著別人該道歉的人，都是因為他覺得「你是在故意和我作對，你有惡意」。

這種感知很容易導致衝突極端化，因為對方會覺得非常委屈：「我哪有惡意，哪是故意和你作對？再說，這是我的事，你管得著嗎？」當對方不讓步、不道歉時，這個人就會陷入偏執。

例如，一個女孩考研究所當天早上，父母吵架了，還動了手。她勸父親不要動手，父親暴怒，跳著腳指責她不孝順。而剛剛被父親搧了一個耳光的母親，也轉過來逼著她向父親道歉，不道歉就不讓她出門。不得已，她道了歉，這才趕去考試。

你道歉，我就放過你，這其實還好了。更糟糕的是，你道了歉也不行。有位網友分享了這樣一件事：

> 班上有個男生，如果同學碰了他的身體、私人物品甚至桌椅，他就會立刻揮拳相向。詢問原因，他說覺得自己的生命安全受到了威脅，需要立刻反擊。問他是如何判斷的，他說同學碰了他或他的物品後沒有立刻道歉，但事實證明，即使同學道歉了，他一樣會打人。

這個男生就是缺乏最基本的**邊界感**，直接把「我對你的判斷（推測）」，當成了「這就是你的事實」。接著，去攻擊對方的身體，就好像他可以隨意支配對方的身體一樣。

講到這裡我們大致明白了，為什麼有人一衝突就要逼著別人道歉。然而，這樣的人反過來卻寧死也不道歉，因為他們不能承認，其實故意與別人作對，產生濃濃惡意的是他們自己。

同樣，在集體主義社會中，大多數人是沒有形成個體化自我的。**個體化自我，是抽象層面的「心理自我」**。當形成這種自我時，你會感知到部分和整體有巨大的差別。也就是說，「這件事我做錯了，我承認，我道歉，但我只是這件事做錯了，這並不意味整個的我都是錯的」。

但是，**沒有形成抽象意義的個體化自我時，人的感知是，部分就是整體，每一件事都是我的意志的表達，等於完整的我**。如果向別人道歉、認錯，那我的感知就不是我在這件事上錯了，而是整個的我都錯了。這會導致「我」分崩離析，在心靈上帶來強烈的震撼，常常像是地震般的感覺。

所以在我們的社會，道歉的確很難。有權力加持的人，如父母對孩子、老師對學生、權力體系的人對平民，就會變得更難。相對的，處於弱勢的人在道歉時，也會覺得是被逼迫的、不情願的。

關鍵是，這種邏輯是「你是故意的、惡意的」，如果道歉，就意味著坐實了自己的惡意。相反，若認為別人的錯可能是無心之過，或者就算是有意的，但那也是因為對方有自己的立場，這樣一來，道歉的壓力就沒那麼大了。

我最喜歡講的一個例子是梅爾．吉勃遜演的電影《決戰時刻》。在這部影片中，吉勃遜飾演的男主角是反對戰爭的，他的摯友卻決意發起對英國的獨立戰爭。在最關鍵的會議上，男主角作為當地赫赫有名的傳奇人物，公開表明了他反戰的立場，然而這絲毫無損他們的友誼。

我見過太多人有濃濃的委屈感，簡直覺得這輩子誰都對不起他們似的，特別是他們的伴侶。那是因為他們幾乎徹底活在孤獨的自戀維度，在任何時候，只要自己的意願沒有實現，就會覺得委屈。他們的心智沒有發展到關係維度，就算頭腦上知道有關係存在，其他人是其他人，但在體驗上，他們理解不了為什麼別人就是不配合自己。

相反，當心智水準發展到《決戰時刻》的男主角及其摯友的水準時，就會深刻地理解：你是你，我是我，雖然我們的立場不同，仍然可以有深厚的情感。

最後，我們再回到上述這位母親的故事上。如果你覺得自己是這樣的心智水準，那麼最好別去輔導孩子做作業。就算孩子在這方面徹底自生自滅，好處會遠遠多過你去指導他。

第8章

想像敵意遊戲與絕對禁止

全能自戀的基本邏輯

全能自戀是全能感的第一個變化，是原生狀態，而全能自戀受挫後，就會引出第二個變化——全能暴怒。「全能暴怒」是我對科胡特的理論做了一點術語上的修改。在科胡特的自戀理論體系中，它被稱為「自戀性暴怒」。

網路流行語中有一個相對應的詞語——無能狂怒。這個詞語表達力更強一些，狂怒中的人是因為陷入了無能的境地。如果你經常看新聞，就很容易聞到全能暴怒的味道，從太多惡性新聞事件中，你會感覺到，但凡有一點衝突，就得死個人。意思是，你挑戰了我的全能感，你該死！

例如，二〇一五年五月三日，成都發生一件「路怒」事件。一位男性司機，失控地暴打一位女性司機。這一幕被路人拍了下來，男性司機因此被全國人民聲討。但很快輿論就逆轉了，因為男性司機的行車記錄器顯示，女性司機多次突然變換車道，第一次是無視別人存在，之後的兩次都是惡意超車。如果男性司機的注意力不集中，那麼在躲閃時一次會撞到一個騎自行車的人，另一次會撞到一位路上的行人，她明顯是故意選這個時機來超車的。

這位男性司機也有責任，女性司機第一次突然變換車道時，他被嚇了一跳，處於憤怒狀態，也追了上去。他們在相互報復，但女性司機有錯在先，而且後來兩次超車實在是太過分了。路怒症事件每天都在發生，太多的路怒症是全能暴怒在發揮作用。很多惡性新聞也是全能暴怒所致。

二〇一三年七月，北京大興發生了一件可怕的事，男子韓磊在停車時和推著嬰兒車的孫女士發生了口角，韓磊竟然抓起嬰兒車內的孩子狠狠摔在地上，致嬰兒死亡。

全能暴怒如果只是表達情緒還好，一旦變成行動，就會產生極大的破壞力。相對地，這也很容易激起對方的暴怒，從而讓事情一發不可收拾。

如果是嬰兒處於全能自戀中，那麼問題不大，因為嬰兒沒什麼破壞力；但成年人如果常被全能自戀和全能暴怒支配，一旦失控，就會釋放出破壞力。譬如韓磊，他殺害了一個嬰兒，最終被判死刑。

絕不僅僅是這些惡性事件中的人，才有全能暴怒，實際上，任何容易暴怒的人，都必然是深受全能暴怒控制。全能暴怒的人沉溺於這樣的邏輯：

1. 任何不如意都是在挑戰我的自戀；
2. 任何不如意，不管是主觀還是客觀的，都有主觀惡意動機在；
3. 有主觀惡意動機者必須向我道歉；
4. 否則，我就滅了你，或者滅了我自己。

其中的惡意動機是關鍵，有時它是真實的，有時則僅僅是我們的自戀被挑戰後的想像。在成都路怒症事件中，惡意動機是真實的。很多夫妻吵架，一吵就吵個天翻地覆，最後都必須以一方向另一方道歉來結束，也是這個邏輯在發揮作用。

當有人參與時，你容易覺得其中有主觀惡意動機，有敵對力量在傷害我；但基本上若只有客觀因素在發揮作用時，這個邏輯就顯得很荒誕。例如以下例子。

一名年輕男子早上騎自行車去運動，騎到半路，自行車沒氣了。他第一時間就發怒了，心想肯定是哪個兔崽子在路上撒了圖釘害他，但下車檢查後，卻又找不到車胎被刺破的痕跡。

那就去修車吧。可是他出來得太早，修自行車的店都還沒開門，而且他的車是特別款，一般修車店還修不了，最好是找這個品牌的維修店。於是，他打電話給維修店，但還是因為時間太早，沒人接。接連發生這麼多小小的不順，他突然間感覺自己心中湧起了一股非常暴烈的情緒。他想大吼，想破壞點什麼，但大早上的很安靜，這樣吼會擾民，他也擔心被別人用異樣的眼光看待。所以，他努力壓下這股情緒，但這樣做了以後，他突然間感覺到很絕望，覺得周圍似乎有銅牆鐵壁緊緊困住了他，讓他動彈不得。

他當時還隱隱有一種感覺，這本來是不容易覺知的，但在找我諮詢的過程中，他的這種感覺變得很清晰。當不順的事接二連三出現後，他忍不住想，似乎這些事情背後有一股惡意的、強大的力量，是故意來為難自己的。而且，這股力量極其強大，而他很渺小，對抗不了。這時他就很想攻擊自己，罵自己傻，怪自己為什麼會選這個時候出來運動。

這是他那天早上思考的整個過程，其內在的邏輯是：

1. **任何不如意，都是在挑戰我「世界應當按照我的意願運轉」的自戀**。當這樣想時，就沒有小事了，所有的事都攸關生死，都關乎「我是全能神還是無能渣渣」。於是，哪怕再小的事都不會讓步，再小的事也要爭個頭破血流。

2. **任何不如意，不管是主觀還是客觀的，都有主觀惡意動機**。過去，每當他遇到挫敗時，都會覺得外界有主觀惡意動機。所謂主觀惡意動機，就是沒有什麼不順是客觀因素導致的，都是有主觀惡意在。例如，他很怕當眾演講，因為一旦表達不順暢，就會覺得其他人都幸災樂禍地看著他、嘲笑他。但這一次，因為事件中沒有涉及他人，所以他找不到主觀惡意動機。最初曾猜想是什麼人在地上撒了圖釘，但發現自己的車胎上沒有被刺破的痕跡，所以這個懷疑就不能成立了。最後，他隱隱覺得，這幾件不順利的小事，背後有一股強大的惡意力量，宛如魔鬼。這個魔鬼是他內心很深刻的部分。當演講受挫時，他會覺得觀眾在嘲笑他，其實是他將這個內在的魔鬼投射給了觀眾。當有人可以怪罪時，這個魔鬼不容易看到，但這次誰都不好怪罪了，反而逼出了這個魔鬼。

3. **有主觀惡意動機者，必須向我道歉。**其間他想過，這個自行車品牌的維修店有問題。他一定要找到他們，讓他們向他道歉。但他同時又知道這太無理了，因為他起來得實在太早了。

4. **否則，就是你死我活。**我是神，你有意冒犯了我，你必須道歉，道歉意味著承認你的主觀惡意是錯的。否則，就是你死我活。

這裡所說的「你死我活」是非常真實的。當人處於全能暴怒時，確實很難抑制。對這個男子而言，他感覺到一股強大的惡意力量在針對他，他必須征服它、消滅它。否則，這股力量就會把他擊敗。他被擊敗時，就感覺到自己被鎮壓了，周圍有銅牆鐵壁困住自己，讓自己不能動彈。這還不算，他內心的狂怒還在，而狂怒不能指向外界，所以轉而向內攻擊自己，於是他想弄死自己。

對於容易暴怒的人來說，關鍵在於，他得看到其實沒有誰在惡意針對他，他的暴怒是神一般的自戀受到挑戰而產生的。

以前我認識一位高富帥，他常常會失控打架。問他為什麼總打架，他說每次都是有人看不起他。我驚訝地問：「你條件這麼好，出門都是豪車、名牌衣包，而且又高又帥，誰會看不起你？」對於我這個問題，他也說不出個所以然來。

當越來越懂全能暴怒後，我才突然明白：他的意思是，誰都得聽他的、按他說的來，否則就是看不起他。有了這種視角後，很多事情都得到解釋了。惡性的熱點新聞發生後，常有人評論怎麼一點點事就釀出這麼可怕的結果，是不是有其他沒有被報導出來的原因，例如是不是有重大利益？

想用利益去理解一切，這還是一種理性思維，認為人都是理性的。而如果用全能自戀和全能暴怒去理解，這樣的事情就不難理解了。

認識敵意的想像遊戲

上一節我講了全能暴怒的基本邏輯，這種解釋相信大家都非常熟悉，因為我已經寫了很多關於全能暴怒的典型現象。接下來，我會陸續講一些微妙的現象，幫助大家更詳細、更全面地理解全能暴怒的各種表現。

我先講講「**敵意的想像遊戲**」。所謂敵意的想像遊戲，意思是有人對關係中的敵意非常敏感，**總覺得別人對自己充滿敵意，並因此產生暴怒情緒**。有些人會展現出來這份暴怒，有些人則會憋在心裡，貌似沒有在關係中爆發出來，但一樣會導致出現各種破壞性。

例如，在諮詢中，我看到在人際關係中表現特別糟糕的人，常常就是因為沉溺於這種敵意的想像遊戲，並且對此深信不疑。他們的心理邏輯是這樣的：

1. 你要按我說的來；
2. 否則我憤怒；
3. 我的憤怒攻擊了你，而你必定會還擊我、報復我；

4. 然後我發現，你的種種行為都是在攻擊我；

5. 我很委屈，我沒對你做什麼啊，你為何這麼凶，所以我更憤怒。並且，因為覺得自己是受害者，所以多了一份理直氣壯。然後你一旦憤怒，這份憤怒就變得更可怕，從而導致的破壞性就更大。

這可以稱為「敵意想像五部曲」，是導致這些人的人際關係陷入嚴重困境的直接原因。第一步是全能自戀導致的控制欲。第二步是全能自戀瓦解後產生的全能暴怒。這兩步雖然是問題的源頭，但接下來的第三步和第四步尤其關鍵。在絕大多數情形下，第三步和第四步是他們的內在想像，而非外在現實。現實是，對方並沒有還擊，甚至都不知道他們憤怒了。

舉個例子。一位男士想和一個同事說話，對方沒注意到他，所以沒有回應。他立即暴怒了，恨不得搧對方耳光。整個過程全部發生在他的內心，對方完全沒注意到，然而他卻覺得對方看到了他的憤怒。就好像他是透明的，而別人都有透視眼，能輕易看透他的恐怖內心，因此會報復他。例如，對他越來越冷漠，和別人說話時冷眼看他，甚至只是和別人交談，他也認為可能是在說自己壞話。

於是，他覺得這位同事的還擊過頭了。他有了委屈感，接著對那位同事產生了更強烈的憤怒。然而，這整個過程，那位同事毫無覺察。不過，同事的確會覺得有些東西變得不對勁了，兩個人的距離似乎莫名其妙地變遠了。他一副又脆弱又不好惹的樣子，於是那位同事疏遠了他，這讓他更加確信這個過程是真實的。

可以說，在找我做諮詢前，這位男士簡直是徹底把自己的內在想像過程，當成外在真實發生的事。這是很危險的，這意味著一個人缺乏現實檢驗能力，這是精神疾病的一個關鍵症狀。

不過，他還是有理性思維能力的，所以當我指出他把內在想像等同於外在現實時，他雖然抗拒，但還是接受了這個邏輯。

有著敵意想像五部曲的人，內心只住著自己，沒有別人。所以，他內心想像的整個過程，在旁觀者看來都是想像，但他認定就是真的。從最終結果來看，也有真實性，因為他一直在投射敵意，所以最終大家都會遠離他，但每一個具體過程，基本上只是他的想像。

心中只住著自己的人，會將世界劃成兩部分：他能控制的部分，就是善意的；不能控制的部分，就是敵意的。所以，他不可避免地想控制別人，而一旦控制失敗，就會陷入恐慌與憤怒。敵意想像五部曲的前兩步由此而來。因為他的心中只住著自己，所以他看待別人時，也只能從自己的角度出發。

於是他會形成這樣的邏輯：我對你憤怒，你必會對我憤怒。其中的「你」不是真實的別人，而是自己的一個鏡像：當我對鏡子憤怒時，鏡子裡自然會出現一個同樣憤怒的人。這是第三步的邏輯根本。

這三步很難改變，即便透過諮詢，也要花很長時間才能轉變。轉變的原因是經過長時間諮詢，心裡真的住進了別人，於是不再想去控制，不再因控制失敗而暴怒，也不再因自己憤怒而認為別人也會憤怒。

不過，不要因此而感到絕望。雖然這三步難以快速轉變，但其實第四步才是傷害人際關係的關鍵，而對第四步的覺知可以帶來很大轉變。這裡所說的覺知，解釋起來很簡單：你意識到你是完全活在想像中的，並拿你的想像投射到現實世界，但現實世界根本不是這樣的。舉一個例子。

有一次開課，一個學員站在我旁邊，希望問我一個問題。她是第二個來的，前面已經有一個學員在和我對話了。和前面那個學員談話結束後，第三個、第四個學員搶上來和我說話，而我完全沒注意到她站在旁邊等我。最後，她陷入暴怒——那一刻她恨不得把我殺了。

接著，她離開了課堂。此後，她總覺得我看到了她對我起過殺意，所以我也會對她有敵意。但是還好，她想這可能只是她的想像，於是來找我溝通，這才發現我完全不知道整個過程。

作為老師，也作為武志紅本人，我完全能理解並接受，那一刻她有殺死我的念頭。我對此沒有感到受傷，也不會憤怒。畢竟想法只是想法，不是真實的攻擊性行為。

在和我澄清的過程中，她發現了自己的想像和投射，並看到了我作為另一個人的真實情形——我沒憤怒且沒有受傷。這樣一來，在這一次具體的溝通中，我作為一個善意的存在，就可以住進她心中，而她本來的邏輯——「我對別人有憤怒，別人也必憤怒」，就發生了一點改變。

如果這樣的溝通和澄清多次發生，她的內在就可以發生真正的、踏實的轉變。這個過程經常發生在孩子和父母的互動中，精神分析將其稱為「**去毒化**」過程。

孩子本來因為有比較高的全能感，所以很容易憤怒，又會想像對方和自己一樣有報復心。憤怒和報復心，作為充滿敵意的攻擊性，都算是「毒」，但父母沒有報復他，甚至沒有從他的攻擊中受傷，反而喜歡他的活力，並把這種感覺回饋給了他。於是，孩子的這個敵意想像過程就像被淨化了。

當然，這個過程是發生在比較成熟的父母與孩子之間的。如果父母也像嬰兒一樣，一發現孩子對自己有敵意，就覺得孩子嚴重攻擊了自己，而報復孩子，還逼孩子道歉，那麼這個「去毒化」就不會發生，甚至變成了「增毒化」過程。

這樣一來，孩子的敵意想像會越來越多，最終出現兩種極端結果：第一種，敵意太重克制不住，於是脾氣暴烈，到處攻擊人；第二種，學會了壓抑憤怒，但覺得憤怒是「毒」，所以壓抑得太過於厲害，導致失去了活力。

去毒化過程在現實中也會出現，如果你發現自己有嚴重的敵意想像遊戲，而它又傷害了你的人際關係，那麼就要大膽地與人溝通。這時要選擇對象，先從你認為的善意、真誠且溫暖的人開始，而不要找脆弱的、一樣有敵意想像的人。否則，就算本來沒有敵意，也可能創造出敵意來。

只需要有幾次深刻的澄清，你就會知道，這第四步——別人已經看到你生氣且各種舉動都在對你生氣——的確是想像。意識到這一點後，就意味著你對自己的敵意想像過程有了基本覺知，這是你自我改變的重要基礎。

如果敵意想像的程度很重，並且你不相信別人會說實話，那麼只是偶爾找人澄清，很難帶來真正的覺知，而一旦受傷，對你的衝擊又太大。這時，找一個專業的心理諮詢師就很有必要了。

這個專業人士要懂得和你澄清的重要性，會歡迎你和他做各種澄清，並且會主動和你探討你和他的關係。如果你一試著探討你和他的關係，探討你對他的感知和想像，對方就立即處於防禦狀態，並一直回避，那他就還稱不上是專業人士。

若發現自己有敵意的想像，並且能承受各種澄清，就大膽地和各種人澄清吧。這意味著你將走出你的孤獨想像世界，進入真實的世界。**真實的世界，本身就是有療癒性的。**

轉變你的敵意想像遊戲

全能自戀在不同的人身上，滯留的程度是不一樣的，人性越是成熟的人，滯留在全能自戀中的程度就越輕。

同樣，全能暴怒在不同的人身上，也有不同的滯留程度。當一個人總處在強烈的暴怒中時，這一節也許就不適合他。當一個人總是處在上一節講的敵意想像遊戲中時，這一節可能一樣也不適合他。

但是，如果你發現你有時會陷入敵意想像遊戲的陷阱中，但你一旦認識到這一點，就不會有理直氣壯的憤怒，甚至暴怒，也不會覺得自己滿滿的委屈感是正確的，那麼這一節就比較適合你。

簡單來說，就是你能**清晰地區分自己的內在想像和外部現實**，你知道你對別人的判斷只是你的內在推理，並不等於對方的事實。當有了基本的現實檢驗能力後，你就有可能直接轉變自己的敵意想像遊戲，而不必等待一個更強大的人來做去毒化處理。

敵意就像是我們內心的「毒」，它最初來自自戀受損。當我們的自我不夠強大，或者對人性的黑暗與光明認識不夠中正時，我們會到處甩內心中的「毒」。

如果碰到內心強大而善良的人，他們會幫我們去毒化。但經常是別人被我們甩出去的毒感染，反過來也甩毒給我們，從而導致了各種爭戰。

敵意會激起敵意，但同時善意也會激起善意。我見到很多人，他們出去旅遊或做事，經常能化險為夷，遇見各種貴人，甚至很少有人想傷害他們。對此，我有唯心主義的看法。我認為的確是因為他們內心散發著善意，而周圍的人也回以他們善意。

「敵意激起敵意」，這句話說起來很簡單，但過程非常微妙，我們並不容易覺知到。我講一個自己的例子。有一次，我去北京為騰訊新聞錄製一個節目，錄製時間是下午兩點。為了保險起見，我乘坐早上八點的飛機從廣州起飛，這樣十一點就到了北京機場，然後不到十二點就到了錄製節目的攝影棚。

到了那裡，我有些傻眼。之前我和騰訊新聞合作過，知道他們錄製節目的地方條件不錯，我中午到了可以找個房間休息一會兒。

我是必須要午休的，否則下午會沒精神。但這次的攝影棚是騰訊新聞剛選的，他們也是第一次使用，並不瞭解情況。它比較簡陋，根本沒有可供休息的地方。

並且，我到的時候也沒有工作人員接待我。他們問我需不需要安排旅館的房間，我說不需要，所以這的確不能怪誰。可是，我有了被怠慢的感覺。也就是說，我感到自己的自戀受損了。我認為工作人員至少應該對攝影棚的情況有所瞭解，他們竟然不瞭解，害我早到瞎等。於是，我打電話給負責接待我的工作人員表達不滿。

接待人員是個女孩，還是我的粉絲，聽到我表達不滿有些慌。雖然我表達了不滿也安撫她說「沒事」，但她還是覺得很愧疚。然後，她迅速趕了過來。最後，我們找了一家很安靜的咖啡館，我吃了點東西、喝了杯咖啡後，坐在椅子上閉目養神，還小睡了一會兒。

坐在椅子上，保持身體的中正，感受身體，然後入睡，這是我的絕招。這是主動休息，而普通的睡覺就是被動休息，效果很不一樣。通常，主動休息哪怕只有五分鐘，就可以發揮很好的休息效果。

接待我的女孩很用心，我也不是難纏的客人，所以我們之間並沒有什麼不愉快延續。但是，接下來有一連串小小的不順利的事發生了。譬如叫車困難，計程車司機認錯路，這簡直是不應該發生的。不過，畢竟都是一些小小的不順，我也沒當回事，直到錄製節目前，終於出了一件比較大的事。

當時，要換節目中使用的衣服，而衣服是新的。我穿褲子時，褲子上有一顆釘名牌的釘子沒取下來，我的手用力過猛，劃到了這顆釘子上，一下子手上劃出了一個大口子。剎那間鮮血湧出。

看著鮮血湧出的那一刻，我突然間安靜下來，清晰地感知到：雖然接待人員很用心，但整個過程我一直有強烈的不滿。我表面上是個善解人意、好商量的人，實際上內心有著滿滿的不高興。我相信是我的這些不高興中的敵意，喚起了外界的敵意，導致一路上總是遇到各種小小的不順利的事。這個傷口看似純客觀事件，但也像外界對我的敵意的一種回應。

有了這份覺知後，在工作人員的幫助下，我迅速處理了傷口，然後閉上眼睛安靜了一會兒，去覺知自己心中的敵意。我覺知到這份敵意讓我的身體一直處於微微顫抖的狀態，這就是所謂的氣得發抖，很輕微。如果不是仔細感知，真的感受不到。

我仔細覺知情緒上的敵意、身體上的顫抖、腦海中覺得被怠慢的想法，而它們被覺知到後，就安靜了下來。

然後，我感受雙腳踩在大地上的感覺，感受坐在椅子上的感覺。這樣做是為了讓身體和大地、椅子這些中性的，也就是沒有主觀意志的事物建立起聯繫。做這些工作其實也就花了兩、三分鐘。我感覺體內的躁動消失了，接下來的事情就進行得很順利，不再有小小的不順發生了。

從此以後，我有了明確的認知：**如果接二連三不順，不管是大事還是小事，都需要安靜一下，看看自己是否內心有了敵意，然後去化解它。**

講課時，我會分享這個心得，很多學員回饋很管用，並且大家都反映之前的確沒有覺知過，自己竟然這麼容易不高興，這麼容易有敵意，而敵意的確喚起了外界的敵意。

其實這次我之所以能意識到發生了什麼，和一位來訪者的諮詢有很大關係。就是在本章第一節中，騎自行車去運動的故事。這名來訪者覺得所有不順背後有一個大魔鬼在操縱著，而這魔幻的想像，當時也嚇了他自己一大跳。

覺知能力像是一個放大鏡，甚至是顯微鏡，可以照出你的內心是怎麼發展變化的。我常說一句話：「意識層面微風吹過，潛意識層面波浪滔天。」這就是一個例子，下面講一個更誇張的例子。

當時，我去福建南禪寺接受內觀訓練，訓練時間是十天。我們把手機等交給寺廟管理，每天早上四點三十分起床，晚上十點休息，其間就做一件事——打坐，感受自己的身體，從頭到腳、從腳到頭。在這種環境下，持續地這樣練習，覺知力會提升到很高的地步。

一次閉目打坐時，我右側的大腿疼了一下，像被什麼刺了一下。如果放到平時，我會很自然地抓一下，但根據內觀規定，這時身體要保持不動，繼續打坐，感受身體，所以我克制了想去抓的舉動。幾乎同時，腦海裡出現了一系列無比鮮明的畫面：一隻黃蜂叮了我的大腿一下，將卵注射進去，卵孵化成黃金色的蟲子，蟲子不斷繁殖，我的大腿迅速腐爛……。

這讓我聯想到，平時癢一下就去抓，可能是藏著這份無明的恐懼，但平時是沒有能力覺知到這份恐懼的，只有在內觀的環境下才能做到。

對於前面提到的那位來訪者而言，如果沒有諮詢的環境，他也不會覺知到，自行車壞了會帶給他那麼多敵意的想像。不過，最後要強調一下，敵意會對關係構成傷害，然而**解決辦法絕不是壓制敵意。除了澄清，坦然地表達敵意也很重要。**

例如，一個女孩一直在極力掩飾強烈的嫉妒，但嫉妒還是時不時冒出來，造成很多問題。後來，她學會了去表達——我嫉妒你如何如何，但不再因嫉妒而羞愧。這時，她發現多數人對她的嫉妒很容易接受。這不難理解，畢竟誰心中沒有嫉妒啊。

在親子關係和伴侶關係中，坦然地表達和去毒化同樣重要。覺知自己的憤怒，大大方方地表達憤怒，同時又能包容別人、在溝通中轉換敵意，能做到這些的話就太好了。一直喜歡美劇中常見的情況——犀利地向彼此表達憤怒，但彼此又都能承受、溝通和化解。

我們所說的「不打不相識」，也是憤怒在關係中流動的自然結果吧。

絕對禁止性超我

在雜文《戰士和蒼蠅》中，魯迅有這樣一段經典的描繪：

戰士戰死了的時候，蒼蠅們所首先發見的是他的缺點和傷痕，嘬著，營營地叫著，以為得意，以為比死了的戰士更英雄。但是戰士已經戰死了，不再來揮去他們。於是乎蒼蠅們即更其營營地叫，自以為倒是不朽的聲音，因為它們的完全，遠在戰士之上。

的確的，誰也沒有發見過蒼蠅們的缺點和創傷。

然而，有缺點的戰士終竟是戰士，完美的蒼蠅也終竟不過是蒼蠅。

魯迅這段文字非常有說服力，只怕會讓很多人引以為戒，提醒自己寧願做有缺點的戰士，也別做只會挑剔、嗡嗡叫的蒼蠅。

用本書中的語言來講，就是**別做只活在頭腦想像層面的人，並拿自己看似高明的頭腦去挑別人的毛病；而是勇敢地投入真實的關係世界，哪怕漏洞百出。**

然而這並不容易，尤其是在我們的社會中。有很多諺語警告我們活得謹慎、小心一點，例如：

出頭的椽子先爛；
槍打出頭鳥；
木秀於林，風必摧之；

……

這些諺語很有道理。普通的工作場合和家中也有一種常見的現象：鞭打快牛。意思是，不動彈的懶人可以偷懶；而能幹的、負責的、勤勞的人，責任太多，幹活太多，好處卻不多。總之就是，惰性的、冷漠的、不動彈的像得到了鼓勵；而積極的、熱情的、愛動彈的，卻容易被百般挑剔。

我寫本節內容時，微博上正在熱議一件事，就是Papi醬的孩子跟了父親的姓，於是無數所謂女權主義者群起而攻之，批評她既然支持女權，為何不讓孩子跟自己的姓。

做一個醒目的人，就容易被攻擊，關鍵是被無情地苛責，而你如果不呈現自己、表現自己，就可以免於攻擊。說說我自己的事吧。

我高中畢業時流行留言紀念本，就是弄一個本子，找每個同學給自己留言。女生們給我的留言，很多提到我在語文課上的發言很精彩。

當時我有些震驚，問最好的哥們：「我在語文課上發言很精彩嗎？」他說：「是啊，你經常語出驚人。有時，我還想你小子是不是太愛表現，不過我瞭解你不是這樣的人。」

的的確確，我從未想過要語出驚人。就是當語文老師提問時，我有想法就舉手了，而且也只是如實、直接地表達自己的想法而已，沒想過要給人留下深刻印象，甚至對老師和同學們怎麼反應毫無期待、毫無想法。

大學畢業後，我進了《廣州日報》工作。剛工作沒幾天，就有一次參加夜編中心定稿會的機會，就是決定今晚的報紙上什麼稿件。我們新員工被請過去，其實只是列席，但當一位老總問到「你們有什麼意見？」時，我毫不猶豫地舉起手，表達自己的觀點。

那一刻，我看到了老員工們異樣的眼神。後來有人對我說：「你也太不知天高地厚了，這定稿會沒你新員工說話的份。」

然而，我一直都沒太壓抑自己表達的欲望，所以才有了今天的成果——已經寫了十多本書，還會不斷寫下去，簡直是有無限的表達欲望，似乎有說不完的話。

為什麼在高中的語文課上，大家都不願意回答問題呢？為什麼在定稿會上，新員工不能表達自己的想法呢？為什麼我們的社會隨處可見「沉默的大多數」？一位來訪者的夢，我認為是極好的回答。

她多次夢見一個超大的房子裡，有一隻航母般大的蒼蠅，而她躺在地毯下將自己緊緊地裹住。那隻蒼蠅像是模型，又像是活物，站在她身上，盯著她的頭。她一動都不敢動，覺得一動，蒼蠅就會咬下她的頭。

這個夢很可能是她嬰兒時體驗的直觀表達。超大的房子、航母一樣大的蒼蠅，可能是嬰兒對事物的感知，因為嬰兒的時空感還沒有很好地建立，會根據自己的感覺誇大空間感。

我們得知道，沒有撫養者的幫助，早期的嬰兒是什麼都做不了的，這使他們很容易陷入可怕的無助感中。無助（他的需求滿足不了），他對周圍的事物也就沒有絲毫影響力。

本是自己無助，但嬰兒會將自己動彈不得以及對無助的憤怒，投射成一樣可怕的東西在鎮壓他，讓他動彈不得。

可以設想，這位來訪者在嬰兒時期連吃喝拉撒睡這樣的基本需求，自己都搞不定，外界又有事物侵擾她，可能有一隻蒼蠅曾不斷騷擾她，而她對蒼蠅無能為力。最終，種種無能為力的感覺集中體現到蒼蠅這個活物上，就好像蒼蠅是個巨大無比的惡魔，所有無助都是它攻擊自己所導致。

當然，無助感不只是我們的專利，各種文化背景的人都可能有。譬如美國作家丹尼爾．華勒斯（Daniel Wallace）寫的一本小說《大智若魚》中，一條狗守在鎮上，誰想離開，狗說了算。牠如果反對，就咬下那個人的一根手指。這條狗的意象，在我看來或許和我這位來訪者蒼蠅的意象是一回事。

我覺得這位來訪者的這個夢，像一個寓言一般，深刻刻畫了一種現實：太控制性的家長、老師、老闆、伴侶乃至權力體系，其實多是這樣的蒼蠅。他們聯合在一起，就彷彿一個不斷嗡嗡響的巨大蒼蠅，不間斷地盯著每一個個體的個人意志，說這也不行、那也不行。而無數人感覺到，若用自己的個性行事，會被挑剔死。

小說《一九八四》中的老大哥，以及《魔戒》中的索倫之眼，都是這樣的。我把它稱為「**絕對禁止性超我**」。絕對禁止性超我從何而來？它有幾個源頭：

第一，嬰兒都是全能自戀的，而這種能量一受阻，就立即會從全能神變成全能魔，從「我想為所欲為」，變成「原來我什麼都做不了」。

從這個意義上來說，這個絕對禁止性的超我，可以由嬰兒的全能自戀性本我直接轉變而來。這可以解釋，為什麼很多人孤獨長大，並沒被父母或其他人嚴厲禁止過，卻有一個絕對禁止性的超我。

第二，父母等權威受全能自戀的支配，要孩子完全聽自己的，這就直接構成了孩子的絕對禁止性超我。

第三，社會歷史文化的影響。這是我們的集體之心，活在這樣的社會中，耳濡目染就會形成這樣的絕對禁止性超我。

象徵著絕對禁止性超我的意象，實在是太多太多了。如佛祖的五指山、觀音的緊箍、唐僧的咒語，它們三個一起構成了對齊天大聖孫悟空全能自戀能量的鎮止。也許可以說，佛祖就是父親，直接掌控著孩子的手腳；觀音是母親，控制著孩子的思想；而唐僧則是社會道德，不斷重複觀音早就給孫悟空製造的可怕束縛。

對於哪吒而言，父親李靖是托塔天王，他手裡的「塔」就構成了束縛。「塔」的意象很有意思，白娘子作為蛇妖，也是先被法海的缽給控制，而後被鎮壓在雷峰塔下。

我們需要警惕，自己是不是被絕對禁止性超我限制了，也要警惕自己是不是對別人構成了絕對禁止性超我。在我的微博上，總是能看到有人或善意或敵意地說：「你的專業是心理學，就在這個領域說話了，其他領域你別插足」。這種評論是讓我最不舒服的，因為不管看似善意還是惡意，都是試圖限制我的手腳。

圍繞著蒼蠅這一類似意象，分出兩類極端的人：一類是被蒼蠅（絕對禁止性超我）擊敗的人，一直活在一動都不能動的感覺中，任何規則都可以束縛住他；另一類是絕對抗爭的人，不接受任何規則的限制。

再來說一說創造力。創造力來自自由，自由可導致活力的自然流動，那時手腳的隨意伸展都可以有創造力。而當活在不能動彈的感覺中時，就別說會有什麼創造力了。

不過，恢復創造力也不是一件多麼難的事，因為這是人的天性，只要放開手腳就可以了。願我們也能改變，看到自己心中的「那隻蒼蠅」，並少對別人發出限制性的嗡嗡聲吧。

作為一個被動封閉的宅男，有一天，我在思考自己的人生時感慨萬千，覺得自己活得太萎縮了，由此冒出這樣一句話：「蒼蠅在爭論對錯，而英雄一路前行。」覺得過去最愚蠢的地方，就是一直想做一個正確的人，結果總是待在原地不動。

必須正確了，才能前行。意思是，必須得到自己心中的那個絕對禁止性超我的認可，才能前行。我會在第三部分不斷談到「頭腦暴政」。所謂頭腦暴政，就是把自己的全能頭腦當成主人加評價者的時候，這個喋喋不休的頭腦就是絕對禁止性的蒼蠅。

神聖權威＝絕對禁止

上一節講到「絕對禁止性超我」這個概念，現在我來解釋一下這個概念是怎樣明確提出的。

這個概念早就在我心裡醞釀很久了。前文提到的來訪者的那個關於蒼蠅的夢，我有很大觸動，這是一個重要的意象。到了二〇一五年三月，我碰觸到了心中的一個意象——一個黑色的、猙獰的、散發著金屬光澤、有著似乎無窮力量的惡魔。這個意象在視覺上無比鮮明，也讓我想起那位來訪者的蒼蠅夢。她夢中那隻像航母一樣大的蒼蠅，也是純黑的、散發著金屬光澤，並且有著無窮的力量。

但「絕對禁止性超我」這個概念的明確形成，是在二〇一五年夏天。當時，我在倫敦的塔維斯托克學習精神分析課程。塔維斯托克被譽為「精神分析的聖地」，是客體關係心理學的大本營。那裡有來自世界各地的精神分析師，包括幾位華人分析師。有一次，聽一位從國內去的分析師講述，他如何從一位精神科醫生逐漸走上精神分析的道路，最終取得了國際精神分析師的資格。

就此講一個現象，雖然精神分析老被詬病不科學，很多人認為藥物最科學，但有不少精神科醫生著迷於精神分析，最終成為精神分析師，例如曾奇峰老師。

這條路不容易走，特別是如果想獲得國際精神分析師資格的話。上述這位精神科醫生，是四十歲後才獲得這個資格的。並且，他講述的整個過程有一種聖徒的感覺，不求物質，不求名利，純粹醉心於純粹的學術。說聖徒還不夠，還得說是苦行僧一般，我真是覺得他太苦了。

然而讓我震驚的是，等他講完後，當時一起聽課的十來位同行，都對他這種苦行僧般的經歷給予熱烈的掌聲。分享的時候可以看到，他們一樣聞到了這份苦味，但他們深深地欽佩、認同這一點。

很早之前我就認識到，人類常玩一種遊戲：發現一點點真理，然後圍繞著這個真理蓋了越來越輝煌的聖殿。最後說，聖殿裡的那些柱子和磚瓦都是神聖的。

神聖是什麼意思？既有偉大、美好、正確之意，也有不得冒犯、違反之意。在這個精神分析的聖地，聽著這種苦行僧般的歷程，我想，精神分析也是這麼回事。佛洛依德以及諸位精神分析的大師，發現了一些真理，然而精神分析界圍繞著這些真理，蓋了一座大廈，並想把整座大廈神聖化。例如，現在精神分析治療中的各種規則，都成了神聖不可侵犯的了。

思考到這裡，「絕對禁止性超我」這個詞就從我的腦海中冒了出來。然後自然而然，我開始進一步思考。佛洛依德有一個著名的人格結構理論，認為人的人格有三部分：本我、超我和自我。我分別給它們加上了一個前綴詞，即全能自戀性的本我、絕對禁止性的超我和軟塌塌的自我。

心理發展比較好的人，會發展出佛洛依德所說的本我、超我和自我。並且佛洛依德認為，其中的超我是一個講究規則和秩序的真實父親的內化。然而，當一個人的人格結構是我說的全能自戀性的本我、絕對禁止性的超我和軟塌塌的自我時，就意味著這個人的心靈的確沒有完成對一個真實父親的內化。這時，他的超我就是一個更加抽象的、嚴厲很多倍的東西。我覺得可以理解為我的來訪者的蒼蠅夢，和我的惡魔意象中的那份黑色的、猙獰的力量。

我會不斷就這種人格結構做一些詮釋，現在先簡單講一講。這是真實嬰兒和成年嬰兒（巨嬰）的人格結構。

嬰兒和巨嬰的本我是全能自戀性的，渴望為所欲為，希望自己像神一樣，念頭一動，世界就得立即把這份念頭變成現實。當他們想對別人玩全能自戀時，就構成了對別人的絕對禁止。當父母對幼小的孩子玩全能自戀，要求孩子絕對配合自己的意志時，他們的這份形象就會被孩子內化到心靈中，而化身為絕對禁止性的超我。

很多人會說，我真實的父母不是這樣子的，但怎麼我的心裡也住著一個絕對禁止性的超我呢？出現這種情況很大的一種可能是，嬰兒天然會形成全能自戀性的本我和絕對禁止性的超我，他們實際上需要和真實的父母互動，來提升這種原始的心理矛盾，從而發展到普通級別的本我和超我。**如果缺乏與真實父母或其他撫養者的互動，例如長時間陷入沒有回應的境地，那麼嬰兒的心智就會滯留在全能自戀性的本我和絕對禁止性的超我之中。**

當一個人受絕對禁止性超我的支配時，容易感覺到自己的任何自發性都是錯的，左也不對，右也不對，站在原地也不對。這個人的意志像是已經從自己的心靈世界被移除似的。那該怎麼樣？聽話！只有聽話才是對的。

再說說自我。**自我本來是用來協調本我和超我的。**如果本我和超我的衝突不是太激烈，那麼自我也就還好。具體表現是，這個人外顯的精神面貌和體態是比較協調自在的。但是，在全能自戀性的本我和絕對禁止性的超我的極度矛盾夾擊之下，就只能是軟塌塌的自我。

很多人體驗過這份矛盾。例如，有時你突然生出雄心壯志，目標定得高到嚇人的地步，這就是全能自戀的本我在說話。可是，你立即覺得這太不現實了，是絕對實現不了的，這是絕對禁止性的超我在說話。然後，你感覺到身上的一股勁一下子就沒了，你的身體和意志都塌了下來，這就是軟塌塌的自我了。想瞭解軟塌塌的自我是什麼感覺，可以去看看岳敏君的畫。他畫的大笑的紅人，是經典的軟塌塌的形象。

精神分析的終極治療目標，是**一個人由衷地信任自己的自發性**。這也是精神分析宣導的一種活法。不過，要實現它並不容易，它講的並不是一個人可以為所欲為，而是講一個人原始的、帶著攻擊性的生命力，經由豐富的體驗，最終得以人性化。然後，這個人深切地感知到，他不再懼怕自己的生命力（表達）被殺死，也不再擔心自己的生命力會對別人構成傷害。這種時候，這份生命力才能自然生發，一個人才能做到由衷地信任自己的自發性。

東方社會講究克己復禮，但這也意味著是對一個人的生命力的壓制，這條路沒法達到「由衷地信任自己的自發性」。絕對禁止性的超我既在內心，也會外化到外在現實中。當一些事物和人被嚴重神聖化時，這些事物和人就變成了不能探討的禁忌，成了外化的絕對禁止性超我。

長期以來，我發現每當我在微博上談論一些大人物，例如美國前總統川普和土耳其總統埃爾多安時，都會遭到很多人抨擊和嘲諷。

一開始，我會和他們辯論，其中一些還是我的鐵粉。有一天我突然明白，他們的邏輯可能是這樣的：武老師你探討心理學是可靠的，我接受，但像川普和埃爾多安都是元首啊，你一個小小的心理學者懂什麼，你沒資格去探討。這像是把川普和埃爾多安等領袖人物當成了絕對禁止性超我的化身，他們是神聖不可討論的。

這讓我想到一些人類學家的一個觀察。他們發現在一些原始部落，部落領袖被視為一種無比可怕的力量。人們希望他們保持一動不動，這種靜止的形象賦予了他們一種絕對權威的形象。同時，他們用過的一切物品，就像是有了可怕的毒性似的，部落中的普通人不能使用，否則會遭到詛咒，會死亡。

這真的就像我那位來訪者蒼蠅夢中的蒼蠅，你在牠面前要保持絕對的靜止，不能動彈，否則牠會把你的頭一口咬掉。如果常常處在這種一動不能動的狀態裡，你就可以推測，這意味著你受到了絕對禁止性超我的支配。

也許沒有什麼事物可以神聖到不可以去認識。特別是，圍繞著真理所蓋的那座大廈，當邊邊角角都被神聖化時，那常常意味著，它對人和社會的生命力的自發性流動，已經構成了巨大障礙。這時，這座聖殿就該被拆掉一次，那樣真理之光就可以被釋放出來了。

或者說，我們的生命力自身就是真理。它不能被嚴重壓制，更不用說被絕對禁止。

兩種考官

有一種非常常見的夢，我想你很可能做過。因為在我的來訪者和家人、朋友中，但凡平時會記得自己的夢的，基本上都做過這種夢——考試夢。

經典的考試夢是你去參加考試，結果發現要考的是你很不擅長的科目。你非常焦慮，甚至一道題都答不上來。醒來後，這份焦慮還在，但突然間你想起來，這個科目最後好像考得還行。

例如我自己，過去常夢到的是高中數學考試，嚴重時會從夢中驚醒。但醒過來後會想到，高考時數學滿分是一百二十分，我考了一百一十七分，這個分數相當可以。

但為什麼我還是會夢見考數學，並為此焦慮不已呢？因為我是從高二下半年開始發力，整整學習了一年半的時間，最後高考前才把數學成績給提上去。雖然最後高考的數學成績不錯，但是曾經在相當長的時間內，我遭受著這份焦慮的煎熬。一般來講，考試夢的寓意就是，你面臨著一場考驗，因而焦慮。這種考驗有能力方面的，也有道德方面的。

關於考試夢，還有一點比較有意思。二〇一五年，我的思想體系初步形成後，最後做了一次考試夢。從夢中醒來後，我有一種感覺，這個夢以後可能再也不會做了。然後果真是，這種夢再沒做過。

對此我的理解是，一九九四年我給自己提了一個大問題：人性到底是怎麼回事？二〇一五年，我初步形成了自己的思想體系，就是對這個問題的回答，這個答案過了我自己的關。因此可以說，我是自己的考官，也是自己的考生，我自己在考自己。

這一點我們應該都一樣吧。**每個人除了會有外在現實世界的考官，也會有自己內在的考官**。

考試是一個隱喻：你要伸展自己，你是否被允許伸展？你伸展到什麼樣的標準才會被認可？

考官則有兩種：絕對否定性的死神和滋養性的生命之神。如果你潛意識中覺得考官是前者，那麼任何考試對你而言都可能變得極為艱難；如果是後者，那麼考試會變得容易很多，你會覺得那只是對你能力伸展程度的一次檢驗。

我們社會常見的考官常是前者，是絕對禁止性的超我的化身。這種考官設立了標準，但是這份標準喜怒無常、不可揣度，它簡直就是來為難人的。為了傳遞權力感：一切都是我說了算，你必須圍著我的意志轉，而你的意志必須得被滅掉；你的能力（你在某方面的伸展程度）毫無意義，我毫不關心。

譬如有的考題，會針對一些並不能證明對該學科掌握程度的知識點出題。

我是一九九二年參加高考的，那幾年的政治題中，複選題是讓我們充滿畏懼的部分，錯一半甚至更多是很常見的。高考前最後一次模擬考試，滿分一百分，我考了八十三分，竟然已經是我所在年級中的第一了。

我是經過頓悟，才解決了複選題的困難。我發現我對考試有了嚴重的抵觸情緒，好像無形中，我把考官放到敵人的位置上，而把自己放到了脆弱的、被審判的位置上，因此對考官有著滿滿的敵意。覺知到這一點後我問自己，為什麼要把考官放在和自己敵對的方向和位置上呢？這種敵對的態度會有什麼好處呢？沒有！所以我要放下這份敵意。因此，我發展出一個考試策略——站在考官的角度看問題。也就是說，想像如果我是考官會怎麼出題。

當時，我這個考試策略發展到了一種可怕的地步——我拿到政治試卷，看了幾道複選題後，彷彿就可以感覺到這個出題人是嚴厲或寬鬆的，以此來調整自己答題時的尺度。不過，我這種考試策略本身也成了一種悲劇，這不是對我知識掌握程度的測試，而真的是來為難我，來考驗我對出題人的心理揣測能力的。說白了，像是太監和大臣要揣摩皇帝的心思，也像是孩子要去揣摩專制型父母的心思。

所有孩子都渴望獲得父母的認可，父母就是孩子最初的考官。並且，孩子會把父母的考官形象納入自己的內心，成為他們的「內在考官」。父母是鼓勵或禁制孩子伸展自己的，這至關重要。前者是鼓勵孩子做自己，後者是要孩子按照自己的意願來。

我一直都是「考試機器」，每到大考必然會超常發揮，這要感謝父母給了我相當的自由。從小到大，我在父母那裡沒挨過打、罵，要十元給十二元甚至十五元，人生的大小選擇基本上也是我說了算，所以父母作為我生命最初的考官，在這些方面是祝福性的，而不是禁止性的。

多位來訪者的學習能力極佳，但考試能力極差，他們在考試中都有這樣的時刻：突然間，覺得試卷上是滿滿的惡意，然後心生恐懼，就沒法發揮了，感覺被凍住了。

例如一位女士，在一次職業技能考試中接連幾道題答不出後，整個人馬上就慌了。隨即她發現，自己對考試失去了信心。這時她心裡冒出一句話：「我認了，我輸了！出題人，這次你贏了！」

還有兩個人在這種時候禁不住想到父母凶狠的眼睛，在盯著自己。其中一位女性甚至總結出，每當她考試成績好時，父親都會極不高興；而她考砸了，父親則幸災樂禍。這些家長都是絕對禁止性的考官。這種考官會傳遞出一個訊息：無論你怎樣，我都不認可你。

> 一位男性來訪者說，他上小學時有一次考了九十八分，是全班第一名。他興高采烈地拿給父親看，結果父親說：「你看你這麼馬虎，如果那道題你認真點，就可以考一百分了。」
>
> 他想想，是啊，父親說得對！下次要認真！
>
> 下次，他果真考了一百分回來，再給父親看。不料父親卻說：「別驕傲！」這讓他失望至極。

順便也說一下我的一個焦慮。從二〇〇五年寫心理專欄以來，我有一部分文章是分析新聞人物的，這引起了業內人士的一些不滿，特別是我開始玩微博後，這些文章便引起了一些業內人士的強烈抨擊。為此，我多次和專業人士探討，我分析新聞人物，有沒有違反心理諮詢師的職業道德。最終，我們達成的共識是，這樣做是有爭議的，但沒有違反職業倫理。

現在看其中一些抨擊，特別是帶著強烈情緒色彩、恨不得將我從心理諮詢界掃地出門的，都透露著強烈的絕對禁止性的意味。本來合理的職業道德是七十五分，但他們恨不得把這個分數提高到一百分。這時他們就覺得自己是高高在上的考官，可以給別人頒發道德禁令。

我聽說一位諮詢師給業內人士上職業倫理課時，特別強調佛洛依德違反了很多職業倫理，例如他在寫作中透露了太多來訪者的隱私。那個時代的職業倫理不完善，這就算了，但在這個時代，這是不對的。

這個說法讓我啞然失笑，套用我前面關於真理和大廈的說法，真的可以說是，佛洛依德先發現了一些真理，然後他自己和整個精神分析界不斷圍繞著這些真理，建立了一座大廈。結果最後，有人拿這個大廈的邊邊角角去評判佛洛伊德這位創始人，說他是錯的。

說回考試。談一個小技巧。如果作為考生讓你太焦慮的話，那你可以試試想像一個考官，看看你自然而然想到的考官會是什麼樣的人，將他的形象具體化。

也許你會發現，他是絕對禁止性的，那麼試著轉變這個形象，想像這個人曾經給過你認可，特別是鼓勵你自由伸展的那些時候。如果不行，就試著換掉這個考官，將一個給過你很多理解、接納與支持的人，變成你的考官，然後去感受面對這個考官時，你的感覺如何。

或者你也可以向我學習，去深入認識你心中的考官。也許你會發現，你心中那個絕對禁止性的考官，真的苛刻、虛弱、荒唐且可笑。隨著你對它的認識越來越深，它對你的支配可能就越來越弱。

第9章

極端全能暴怒

嫉恨

攻擊性是精神分析的核心概念，我們可以把攻擊性視為原始的生命力。很多人不喜歡「攻擊性」這個詞，覺得這個詞偏負面，認為「生命力」或「活力」會更好一些，但做諮詢越久，對人性的認識越深，特別是對自戀的認識越深，我就越覺得「攻擊性」這個詞更對。自戀的生命力向外伸展時，必然會呈現出攻擊性。

不過，我們大致可以把攻擊性視為中性的、灰色的原始生命力。它有兩個發展方向：一個方向是生能量；另一個方向是死能量。

當攻擊性得以人性化，或者說被看見、被照亮時，就會變成積極的、彩色乃至白色的活力（生能量），這個方向有創造性、熱情和愛等。

當攻擊性不被看見時，就會變成消極的、黑色的能量（死能量），這個方向上有憤怒、恨意、破壞、毀滅，乃至死亡等。

極致的全能暴怒，會是死能量的絕對化身，而程度不同的全能暴怒，則是程度不同的死能量。在本章中，我來談一談比較極端的全能暴怒。先來談談嫉恨。

我這裡說的嫉恨，對應的英文詞是 envy。精神分析大家、客體關係理論的集大成者梅蘭妮·克萊恩（Melanie Klein）對 envy 進行過深刻的探討。國內學術界一般把 envy 翻譯成「嫉羨」，此前我也一直使用這個術語，但我逐漸認為「嫉恨」一詞，就是對 envy 的精準表達。

我們常說「羨慕嫉妒恨」，可以拆成「羨慕」、「嫉妒」、「嫉恨」三個詞，並且它們之間有著巨大的差別。

羡慕的意思是，我承認你的好東西是你的，我也想要，但並不想搶你的。所以，羡慕的同時還是有一個基本的邊界意識，知道什麼是你的，什麼是我的。

嫉妒就嚴重很多。嫉妒的意思是，你的好東西襯托了我的匱乏、自卑和虛弱，我想奪走你的好東西。

「貪婪」、「羨慕」、「嫉妒」，這些詞聽上去夠陰暗了，但它們還不是最糟糕的，因為它們都還有基本的信心在——我相信我還是可以占據一些好東西的。相比之下，嫉恨就嚴重很多，它有了一個質的變化——我不相信我可以占據好東西、擁有好的品質。

概括一下，嫉恨心理有這樣五部曲。

1. 我不相信好東西會屬於我。
2. 看見別人有好東西我想搶。
3. 但搶了還是不相信它能屬於我。
4. 我乾脆毀了好東西，而且摧毀時有強烈的快感：這個折磨我、引誘我、削弱我的自戀感的好東西，就這樣被我給殺了。哈哈，所以是我可以控制你，而不是你能控制我。
5. 最嚴重時，乾脆同歸於盡。好東西、創造好東西的你，和我一同毀於這股嫉恨之火中。

二〇一七年六月二十二日，杭州一社區發生了一起震驚一時的縱火案，一個叫莫煥晶的保姆在主人家縱火，導致女主人和三個孩子被燒死。驅動這個保姆縱火的可能，就是她的嫉恨心理。

被縱火的這個家庭美好至極，像是具備一切理想條件的好人家。男主人林某某帥、富有、仁義；女主人美貌、善良；三個孩子（兩兒一女）漂亮而可愛。一家人感情至深，他們做童裝，而品牌就取自三個孩子的名字。但這樣一個理想的好人家，就被一個濫賭、偷竊的保姆給毀了。

莫煥晶因為欠下賭債，不敢在家裡待著，而是四處做家政謀生。林某某一家對她非常好，給她的月薪是七千五百元（編按：相當於新台幣約三萬）。她要買房子，林某某一家借給她十萬元。發現她偷了幾十萬的名錶和財物後，林家人仍對她說：「你別這樣，缺錢可以跟我們說。」

你發現了毒蛇，卻沒有立即把毒蛇趕走或殺死，還讓牠和你待在一起，還繼續對牠施以善意……。這真的是一個善意被辜負的可怕故事，而且可怕得登峰造極。

莫煥晶為什麼要縱火？看了各種報導後，我傾向於認為，她很可能是有意策劃的，目的是毀掉這個讓自己嫉恨的經典好人家。套用嫉恨心理的五部曲，她的心理或許是：

1. 我不相信我會有好生活。
2. 看到了別人的好生活，我想搶，所以偷了主人價值三十九萬元的名錶等財物。
3. 偷了還是不相信能屬於我，所以這塊名錶只典當了兩萬元。
4. 乾脆毀了這個好家庭，摧毀時有強烈的快感：這個讓我嫉恨的好人家，就這樣被我毀了，到底是你們對我好、你們的地位高、你們控制著我，還是我控制著你們！
5. 雖然可以料到我最後也是死，但同歸於盡的感覺勝過我一個人因為盜竊，無助而孤獨地被關到監獄裡。我們不如一起去地獄！

普通人的嫉恨非常常見，如各種損人不利己的行為。你摧毀了你喜歡但不屬於你的事物，誰都沒有得到實際的好處，但嫉恨者在這麼做時會有心理快感。

嫉恨者特別容易忘恩負義，因為這些好東西是他想要但又創造不了的。並且，別人給自己時顯得自己低、對方高，這都破壞了他的全能自戀。因此，他會產生全能暴怒，形成巨大的恨意，並指向那些給自己好東西的人。

所以，如果做慈善或幫助人，當發現對方嫉恨心理很重時，不直接饋贈是很睿智的選擇。

如果不是一個具體的人在饋贈，而是一個體系、一個機構，甚至整個社會在幫助，那受助者就可以避免自戀受損了。並且，這時就算他恨一個體系或一個機構，也不容易造成殺傷力。

一些孤兒攻擊甚至殺死養父母，也是因為嫉恨心理的驅使。金庸的小說《天龍八部》中，有關於嫉恨的經典描繪。

丐幫副幫主馬大元的老婆馬夫人，給情郎段正淳講了她小時候的一個故事：鄰居家的一個小姐姐，過年穿著一件漂亮衣服，她羡慕得不得了。於是，她把衣服偷了過來，然後把這件衣服剪爛了。這樣做的時候，她開心得不得了，遠勝過擁有這件好衣服。

她對段正淳也想做同樣的事：她給自己心愛的情郎下了迷藥，讓他失去抵抗能力，然後想一口口咬死他。還好段正淳最後被丐幫前幫主喬峰救了。

可喬峰作為《天龍八部》中的頭號英雄，被馬夫人設的連環計給毀了。為什麼要毀掉這個最具有男子氣概的大英雄？

原因僅僅是，在洛陽牡丹節時的丐幫大會上，她是最出色的女子，所有男人都在向她行注目禮，哪怕是最講道德的君子，都忍不住色瞇瞇地看她，雖然誰都知道她是副幫主的老婆。

然而，作為最出色的男人——丐幫中的王，喬峰竟然都沒正眼看過她一眼。所以，她恨極了他，發誓要毀掉他，並用自己的美色拉攏丐幫多個重要人物，最後得逞。

可以說，嫉恨與絕望是比較表面的東西，骨子裡是一種自戀的極致：我想要你的時候，你沒及時滿足我，這嚴重傷害了我神一般的自戀，嚴重羞辱了我，讓我感到了恨不得去死的羞恥感。所以，我要摧毀你，以此來證明我的力量比你強！

嫉恨該如何被限制和療癒？**首先是恐懼與理性**。

如果完全不擔心會被懲罰，那麼整個世界都可能會變成ＩＳＩＳ一般的世界。然而，因為有法律在，而別人也會報復自己，或者至少會遠離自己，所以很多人即便有嚴重的嫉恨心理，也知道克制。

再來就是界限。

當有清晰的「我的」、「你的」這種界限時，嫉恨者就會知道不能去掠奪並破壞別人。並且因為有界限在，他們的嫉恨喚起感也會低很多。

至於療癒，我們先談談小嬰兒的嫉恨如何被療癒。

我們在前面談到過，**嫉恨的關鍵是「我不相信我能擁有好東西」**。成年人的「好東西」五花八門，而小嬰兒最初的好東西很簡單，就是媽媽的乳汁。當他確信自己能基本穩定地得到好乳汁時，嫉恨就沒有了。這裡所說的乳汁既是指乳汁本身，也是照料的一個比喻。

什麼是好乳汁呢？就是嬰兒能得到及時的哺育和照料，而且哺育者是心甘情願的——克萊恩特別強調這一點。如果嚴重缺乏照料，或照料者在照料嬰兒時對嬰兒表達憎恨與攻擊，那就是毒乳汁了。

當嬰兒確信好乳汁能流到自己的身體裡，自己也因此能成為一個好嬰兒時，緊張的貪婪就變成了放

鬆的享受，嫉恨就變成了感恩。享受與感恩的心理形成後，小嬰兒就有了這種感覺：我確信可以吸收好東西來滋養自己，我會因此變得更好。

一個人能否不斷創造好事物，能否不斷讓自己變得更好，這是一個基礎心理。

反社會人格

上一節我講了嫉恨，它就是傳說中的「損人不利己」。這一節，我來談一談反社會人格，它的特點可以概括為「把自己的快樂建立在別人的痛苦之上」。

一談到反社會人格，我就會想起一次經歷。當時，我去廣州市一所監獄講課，聽眾有上千名犯人。他們坐得整整齊齊，顯得非常有秩序。其間，每當我講到一些悲慘的故事時，會場必然會有很多人發出開心的笑聲。

那真是開心的笑聲，我第一次聽到時，甚至有點被感染。幾次後，我發現這種笑聲都是當我講到悲慘情節時發出的。我才反應過來，這就是傳說中的反社會人格吧？

作為心理諮詢師，我在諮詢室裡基本上是不會接觸到反社會人格的，因為他們對別人沒有共情能力，對自己也沒有反思能力。他們可以說是沒有超我的，所以不大可能來到諮詢室。如果來了，那也是被家人、公司或相關機構逼著來的。

但在生活中，我覺得自己接觸過一些反社會人格的人。真的像傳說中那樣，他們一開始魅力非凡。例如，有次我接觸到一位外國男士，有點帥，情緒非常有感染力，極其會說話，簡直迷倒了在場的所有人，我甚至都忍不住想用「完美」這個詞來形容他。但沒幾天，我聽到他有嚴重的暴力傾向，堪稱恐怖。

當你看到了A，就意味著你看到了負A。這是我的一個心理哲學觀，在這位男士的身上又一次得到了驗證。一個看似完美而迷人的人，有魔鬼般的另一面，而且後者更真實。

「反社會人格」是一個非常流行的詞語，社會上有些可怕新聞的主角，常常就是反社會人格，所以這個詞大家很熟悉，不過我還是做一下定義。

所謂反社會，指的就是反社會規範，也就是以破壞社會規則為樂。更為重要的是，他們的情緒情感有嚴重反人性的部分。他們傷害別人時會開心，因此可能會無緣無故地主動傷害他人。

從診斷上講，如果一個人具備以下八條中的三條，就可以診斷為反社會人格障礙。

1. 早年開始顯露人格偏異，一般在青春期時明朗化。
2. 嚴重的人格障礙，性格的某些方面非常突出和過分畸形發展，不符合社會規範。
3. 人格偏異非常頑固，整個成年期都會延續，到晚年才可能漸趨緩和。藥物治療和一般教育措施收效甚微，矯正困難。
4. 社會和人際關係適應不良，常有較嚴重的反社會行為，屢教屢犯，並以損人不利己的結局告終。
5. 對自己的人格障礙缺乏「自知之明」，因此不能從失敗的生活經驗中吸取教訓。有時雖能察覺自己的人格問題帶來的困難，卻始終不能以正確的認識來有效地改正。
6. 表現為持久的人格不協調，但是並未達到精神病或神經症的程度。
7. 智商和認知能力較好，無精神症狀，主要以情感、意志和行為等人格嚴重偏離為特徵。

8. 追求新奇和心理刺激，常是人格障礙患者的一種驅動力，也是經常導致其反社會行為的變態心理動因。

有學者將以上八條概括為「七無」，即無社會責任感、無道德觀念、無恐懼心理、無罪惡感、無自制力、無真實或真正情感、無悔改心。

講到這裡，我也說一句有點「反社會」的話。這八條診斷標準，聽上去實在是正確而無趣，它符合學術規範，也是一種社會規範，但不生動，不能令人立即就明白，所以我介紹另一種個性化的診斷標準，是美國精神病學家賀維．克勒利（Hervey Cleckley）總結的十六條標準：

1. 表面迷人和良好的智力。
2. 沒有妄想或其他荒謬的思維障礙。
3. 沒有其他精神病、神經症的症狀。
4. 不可靠，沒有責任感。
5. 不真實，不忠誠。
6. 沒有悔過或自責的心理。
7. 反社會行為缺乏充分的動機。
8. 判斷力差，不能從過去的經驗中吸取教訓。
9. 病理性自我中心，與不能真正地愛和依戀別人。
10. 缺乏主要的情感反應。

11. 缺乏洞察力。
12. 在一般的人際關係中不協調。
13. 無論是否飲過酒，都出現古怪而令人討厭的行為。
14. 很少有自殺行為。
15. 隨意而不正當的性生活。
16. 對生活沒有計劃和長遠打算。

這十六條特徵被稱為「Cleckley 標準」。反社會人格的人，表達力和舉手投足都有一種極致的流暢感，因此他們具有特殊的魅力。

在諮詢中，我看到有的來訪者非常排斥矛盾，他們難以處理自己心中同時有兩股，甚至多股力量，而且還是矛盾的。他們希望這些力量能統合到一起，成為一股不受阻礙的、無比流暢的能量。

在反社會人格這方面，他們簡直是時時刻刻都很流暢，哪怕嚴重作惡如虐殺動物，甚至殺人，他們也一樣不猶豫。在你沒有見到他們極端作惡，只看到他們普通狀態下的流暢時，你也許會羨慕，也容易被迷住；但當你看見他們作惡時的那份流暢，絕對會不寒而慄。可以說，他們這時就像是被全能暴怒徹底支配的人。也可以說，他們這時宛如死神，徹底被毀滅性力量給占據了。

寫這篇文章時，我看到更誇張的新聞，講日本一名女子木島佳苗一年內交往了三十餘位男子，斂財一億日元，半年內謀殺了其中三位。同時，她還完成了烘焙培訓大大小小的考試，更新了兩千多條關於養狗和烘焙的博客。不僅如此，她被關進監獄後還戀愛、結婚了，而她的丈夫認定她是被冤枉的。

必須要說明的一點是，木島佳苗長得既胖又醜，所以做到這一切，只得用魅惑力來形容了。

我推測木島佳苗很可能是反社會人格。按理來說，交往三十來名男士，還要騙他們的錢財，並害死了其中三位，這些事普通人沒辦法做到，更不用說流暢地做到了。因為普通人有情感，但嚴重的反社會人格卻無情。如果他們同時還有好的頭腦，就可以流暢地去做這一切了。

為什麼要把反社會人格和全能暴怒聯繫到一起呢？

這是因為在我的理解中，**反社會人格有超高的全能自戀和全能暴怒，同時無情且沒有超我，這樣他們在宣洩、釋放全能暴怒時會非常容易，所以他們很有危險性。**

他們很容易被得罪，也很容易進行報復。同時，因為他們把自己置於極高的自戀高位，而把別人視為非人，所以在報復時很容易失控。

你肯定不希望生活中遇到這樣的人，更不希望和他們建立密切關係，那太容易成為你的噩夢了。但你可以透過電影、電視、小說和新聞採訪瞭解這些人，很多影視作品中有對反社會人格的經典刻畫。

例如電影《復仇》，講的是一名老兵和一個不良少年的衝突。衝突的緣起，是老兵和不良少年相遇時，他們言語上有摩擦。老兵只是輕輕地嘲諷了不良少年一下：「你的獵槍漏油了，我在一千公尺外就能聞到，更別說獵物了。」

這種淡淡的嘲諷在生活中很常見，可以視為良師益友般的忠告，就算有衝突性，也可以成為人際關係的潤滑劑。但對這個不良少年來講，他感覺被冒犯了，也就是他的全能神的感覺被冒犯了，所以他要發出雷霆之怒。於是他當著老兵的面，開槍殺了老兵摯愛的狗。

之後，老兵雖然很痛苦，但只是想得到不良少年的道歉而已。結果，不良少年及其家人根本不這麼做。衝突不斷升級，最終老兵狠狠地懲罰了他們。

一個人能反思，能承認自己做錯了，並因此進行真誠的道歉，這是健康人格的基本特徵。假若一個人不能進行反思，永遠不承認自己做錯了，更不用說真誠地道歉，那就意味著這個人的人格結構中少了超我這一部分。

超我是用來壓制本我的，一個人的內在需要有這樣的心理結構，來對自己進行管理。當沒有內在的超我時，就得有一個外在的超我來管制他，例如監獄。

當心靈嚴重地滯留在全能自戀中時，你容易感知到自己的內在有各種極端的矛盾在撕扯，你會很不舒服。這時你可能會希望做一些極端的事，讓自己感覺暢快一些。我前面提到過的一個說法，也許可以有警醒作用：

當一個人嚴重地追求全能自戀，並想肆無忌憚地表達全能暴怒時，他的歸宿很可能是監獄、醫院和墳墓。

要麼得有監獄這樣的地方困住全能暴怒的力量，要麼全能暴怒直接把自己給葬送了。

惡性自戀

如果一個人只是想活在超高自戀的感覺中還好，一旦他為了追求自己的超高自戀，而頻頻去傷害別人，就變成了**惡性自戀**。

反社會人格自然是一種惡性自戀，他們永遠在追求「把自己的快樂建立在別人的痛苦之上」。

惡性自戀還有更廣泛的範圍，它甚至更容易發生在最親近的關係中，例如親密關係和親子關係。在這樣的關係中，當一個人為了維護自己的超高自戀而頻頻去傷害別人時，就變成了惡性自戀。這樣的關係因為有一定的特殊性，所以它的惡性不容易被識別出來，特別是不容易被當事人識別出來。於是，作惡者理直氣壯地作惡，而受害者也會越陷越深。

二〇一九年年底，我的母校北京大學爆出一件可怕的事情。女大學生包麗被男友牟林翰嚴重地PUA，最終選擇自殺。雖然當時被救，但進入腦死亡狀態，半年後仍去世了。他們的聊天紀錄顯示，牟林翰一直無情地批評、否定和攻擊包麗，並且誘導她做各種自我傷害的事，以此來證明她對牟林翰的「愛」。

最令人髮指的是，他讓包麗為他懷孩子，然後把孩子打掉，留下病歷作為證據和紀念。包麗不忍傷害孩子，牟林翰則表示「退讓一步」，讓包麗去做絕育手術。不僅要留下病歷，還要留下切除的輸卵管。牟林翰的做法，用「渣」來形容已遠遠不夠，這妥妥是惡魔的行徑。

這些做法中惡性自戀的意味非常重。他不斷暗示包麗要「用盡一切力氣」，為他「放下一切尊嚴」、「給出全部的愛」，他發脾氣時，包麗要懂得服軟，用一切辦法讓他相信包麗是愛他的……。

牟林翰的這種邏輯在情感關係中很常見，美國心理學家蘇珊·佛沃（Susan Forward）將其稱為**「情感勒索」，就是用情感之名，索取自己想要的價值**。

這些價值中有實際的價值，例如物質財富，也有自戀的價值，例如牟林翰要確保自己在關係中一直處於自戀的高位。

一個人如果常常令自己陷入被勒索的位置，那麼他這一生會傷痕累累，可以說是不斷切割自己的一生，代價慘重。

一個人如果總是對別人進行過度的情感勒索，而且常常不惜幹出嚴重傷害別人的事情，那麼這個人也容易變成「一身黑」，即自己越來越惡毒。但是，這些事情主要發生在私密關係中，所以沒有被曝光時，他因為有超高自戀導致的自欺欺人，會覺得自己還挺好。然而一旦被曝光，他就會自我證明他有多可怕。

很有意思的是，處於這種局面時，**最初選擇曝光的，往往是實施情感勒索的人。因為曝光也是他勒索對方的手段，對方的軟弱、容易認錯，讓他覺得這是可行的，同時因為自戀導致的自欺，他沒有料到曝光會給他帶來什麼。**

例如，二〇一九年爆出的韓國明星夫婦具惠善和安宰賢的離婚案，這件事長時間占據微博熱搜第一名。這件事討論度高的原因，不是他們有多出名，而是實在太離奇。

事情的基本脈絡是安宰賢向具惠善提出離婚，這件事讓具惠善非常受不了，她選擇頻繁向公眾曝光安宰賢的醜事。說曝光都不準確，因為有些事情是她編造的，所以其實是在抹黑安宰賢。

譬如，她說安宰賢經常出軌，還對她說不喜歡她的乳頭。這個小小的細節很吸大眾的眼球，而安宰賢從此有了一個綽號——乳頭鑒定師，公眾形象遭到重創。

在具惠善的描述中，安宰賢像一個什麼家務都不做、為所欲為、愛出軌的超級渣男。

最初，安宰賢保持沉默，後來實在受不了了，同時也是因為具惠善虛構的出軌關係，傷害了其他明星，所以他開始反擊。反擊的方式很簡單，就是曝光他們的聊天紀錄。

在現代社會，各種聊天紀錄太方便留存下來，同時有各種圖像和影片。這些都是無比真實的東西，並且各方人士都有留存，所以一旦曝光，真實性一目了然，特別是當一方做事非常過分時。

具惠善與安宰賢的聊天紀錄顯示，具惠善有可怕的控制欲，「具惠善控制欲」也從此替代他們的名字，成為熱搜的關鍵字。

除了控制欲，還有謊言。例如，具惠善把安宰賢說成不做家務的巨嬰，但其實具惠善在這件事上有汙點。有充分的證據顯示，在戀愛期間，她騙安宰賢說自己會做家務，實際上她不怎麼做家務，這樣說只是為了勾引到安宰賢。至於出軌，沒有任何證據顯示安宰賢出軌。而且看聊天紀錄和照片，安宰賢像是一個老實得不得了的人。

可以說，具惠善與安宰賢的關係模式，和牟林翰與包麗有點像，都是一方在嚴重控制、ＰＵＡ另一方。只不過安宰賢受不了了，選擇分手，而包麗則一直陷在這個關係中，被以愛情之名給謀殺了。

包麗的悲劇讓我感慨「自我，大於關係」，我希望這是新時代的新普世價值。一個關係如果讓你非常不舒服，你不必待在這個關係裡。**好的關係該是滋養彼此的，而不是嚴重剝削你，讓你難受的。**

再使用「人性座標體系」來詮釋一下「情感勒索」。人性座標體系的縱軸為自戀維度，也可稱為「力量維度」、「權力維度」，橫軸是關係維度，也可稱為「情感維度」、「道德維度」。

人需要從自戀維度發展到關係維度。在關係維度非常單薄之前，人必然活在高自戀中。做事的時候，也許出發點是「我是在追求情感、純情與愛」，像是在尋找平等的關係維度的東西，但稍一受挫，就會訴諸自戀的邏輯。

什麼是自戀的邏輯？情感維度是橫軸，講平等；自戀維度是縱軸，講上下、高低與強弱。說白了，情感維度受傷而訴諸自戀維度，就是把別人踩在腳下。他要在高位，把對方變成低位。真的這麼做時，其實就是在做傷害關係、傷害對方的壞事。

這時，他也會感知到自己做了不好的事——對此我的假設是，人和生靈都有基本的良知，這一點我們不能左右。這種「我做了不好的事」會繼續破壞他的自戀，因為除了力量維度的自戀，還有一個更大的自戀是「我是對的」。這個時候要繼續做點事來維護這種自戀，方法就是抹黑對方，把對方說成是道德錯誤的。

可是當你肆意抹黑對方時，又在傷害對方和關係，於是自己變得更「黑」了。如此循環下去，壞事就會做得越來越多。如果不能回頭，就會變成惡性循環，最終做出嚴重違背倫理道德的事情。

到了這種地步，如果對方一還擊，自己真是會「瞬間瓦解」，因為實在太站不住腳了。

壓抑的人和高自戀的人在一起，會產生這樣的互動：壓抑的人覺得哪怕自己只有一分錯誤，都要反思；相反，高自戀的人哪怕覺得自己只有一分理、九分錯，他們也會把這一分理嚴重放大。

高自戀的人還有一種本事——胡攪蠻纏，他們會把各種事攪到一起來說，事件一站不住腳，就趕緊換到事件二，再不行就換到事件三……，這種策略很容易讓壓抑的人認輸。有時候認輸是策略，因為沒必要整天這麼糾纏，有時候認輸則是壓抑的人真覺得自己錯了。這兩者都會增強高自戀的人「我有理」的感覺，而後者，即覺得自己也有錯，特別容易破壞壓抑的人的自戀。

私密關係因為容易是封閉的，所以會形成一個循環：明明無理的人，總覺得自己有理；本來有理的人，可以自卑到覺得自己哪裡都錯了。

當把事情鬧大，希望協力廠商來評理時：協力廠商如果徹底站在你的角度，那你就會贏；徹底站在對方的角度，對方就會贏；如果站在一個中立的立場，成為「基本公平的神聖協力廠商」，那就是總搞破壞的那個人是作惡者。

現在的網路有時就像是「基本公平的神聖的協力廠商」，太自戀的人，選擇在網路上曝光別人時，得先問問自己：我是不是其實已經一身黑了？

有人對協力廠商的評判極其敏感，但實際上，就算協力廠商或對方沒評判你，你的內在一樣會有感知。所以，別隨意做破壞性行為，更別做得太過分、做太多。

第10章

懂事、脆弱與生命力缺失

全能自戀與徹底無助

全能自戀與徹底無助是嬰兒早期的一對矛盾。如果需求被滿足，嬰兒就有無所不能的全能神感；如果沒有得到滿足，幾乎徹底依賴撫養者的嬰兒，就會陷入徹底無助中。

這樣一對矛盾心理，在成年人的世界也很常見。**如果一個人容易在全能自戀與徹底無助中不斷轉換，就會出現各種嚴重的心理問題。例如，邊緣型人格障礙、躁狂抑鬱症等。**

特別是躁狂抑鬱症，全能自戀和徹底無助這對矛盾表現得非常經典——躁狂時處在全能自戀中，覺得自己無所不能；抑鬱時則處在徹底無助中。

躁狂抑鬱症患者會非常喜歡自己躁狂的狀態，但他們的家人會很擔心。

例如，一位大企業家處在躁狂狀態時，因為真覺得自己無所不能，所以會做很多重大的決定，例如一下子投資十億元，從而導致過不少損失。

後來，他的家人學了一個方法。當他躁狂發作時，就帶他到澳門賭場去賭博。那時他仍覺得自己無所不能，可是輸了幾輪後，他就清醒了。這幾輪有時代價很大，但還是比動不動就在經營企業上做重大決定好。說清醒其實也不對，因為賭輸後他會陷入徹底無助中，呈現出嚴重抑鬱的樣子。那時他覺得自己什麼都不對，什麼都做不了，差勁至極。這種自我感知並非真相。

一種常被報導的現象「長途火車綜合症」，也有這種徹底無助的意味。例如，有一年春節期間，一男子坐火車十三個小時後精神失常，有了暫時的被迫害妄想，覺得滿車廂的人都想害他。這是因為狹窄的空間讓當事人產生一動都不能動的無助，長時間的徹底無助，最終逼出了被迫害妄想。

無助感的對立面是掌控感。在寬敞的空間裡，一個人可以控制自己和外部事物，就不容易有這種徹底無助感。

講到這裡我要強調一下，全能自戀、全能暴怒、徹底無助和被害妄想，這四者很容易連在一起，因為它們本來就是全能感的四種基本變化。

如果你的觀察力夠好，就會發現這四個變化會同時在一個人身上看到。不過更容易看到的是，這些矛盾會表現在不同的人身上。例如，全能自戀和徹底無助這一對矛盾，常常可以在親子關係和伴侶關係中看到。兩個人構建了一個超自戀和一個超無助的關係，結果扮演自戀的越來越累，扮演無助的越來越無能，甚至出現了僵屍化。也就是說，全然陷入徹底無助中，一點活力都沒有了。來講幾個故事。

故事一：一個女孩很希望考第一名，但她從來都沒辦法做充分的準備。

希望考高分是源自全能自戀。不能做充分的準備，是因為準備時遇到隨便一個問題，都會喚起她的徹底無助感。為了逃避無助，所以不能準備，結果只能想像自己會考高分了。

甚至她的準備方法也非常奇怪。譬如，做過去的試卷時，她會直接對著答案抄寫。這樣做的好處是滿足了自戀——每道題都會，不必經歷思考和挫敗，壞處是留不下深刻印象，根本沒用。

故事二：一個女高中生，每次成績公布後的兩三天，哪怕她的總成績是第一，也會陷入嚴重的抑鬱中，想自殺。只有一種情形她才能滿意：每門功課的成績都是全年級第一名。就是要絕對完美才行，否則她就會陷入徹底無助。

故事三：一名男士在準備一個資格考試，但考試資料看了沒幾頁，他就睏得不得了了。恍惚中，他看到一雙巨手在幫他解決所有難題。

故事三中的這雙巨手是全能媽媽的縮影，而他之所以被動，是因為很容易陷入嬰兒式的徹底無助中。這樣的事在現實中真的發生過，網友「肇事辜兒」曾在我微博下講述自己的故事：

我哥上初二的時候，老師要求晚上在家自修到十點。他到點就睏，於是想出一個招，在他睡著以後，由我媽拿著課本在他耳邊念，這樣他就能學習和休息兩不誤了。

故事四：一對夫妻，女人像是無所不能的，男人則被動、退縮。女人無所不能，是全能自戀；男人被動、退縮，是無助依賴。

在故事四中，一方面，男人扮嬰兒依賴媽媽；另一方面，女人的全能感也在捍衛自己的自戀，且為了捍衛自戀會將無助投射給男人，例如攻擊、貶低與否定男人。這是一個複雜的遊戲，真不知道誰對誰錯，誰占了誰便宜。

這些文字和故事「擊中」了很多人，那麼該怎麼破解？

原則是覺知自己對全能自戀的渴求，以及對徹底無助的恐懼與抵觸，從力所能及的事開始，一步步做好自己該做的事，不輕易言退。不追求完美，也不被無助征服。最終，你會與事情建立深刻的聯繫，享受這個不完美的過程，並體驗到真實自信。

當我這樣講時，有人問：難道這就是傳說中的，「有失敗感時就去打掃房間」嗎？

這是很常見的辦法，能起到一定效果。例如，有些母親總在廚房待著，這是她的領地，不許任何人在這裡指手畫腳，這讓她躲避了在客廳的無助。

說到這裡我想起一個經典的故事：一戶人家突然來了幾個客人。男主人猛地奔向一條多年未修的凳子，修起凳子來。這是因為面對客人，男主人感到無助，不知道怎麼招待才好，但他可以修凳子。在修凳子時，他的控制感可以部分恢復。

徹底無助的心理可以解釋一個常見的中國式育兒方式——過度保護。首先得強調一下，過度保護其實也是過度限制。

中國的大人，特別是隔代撫養孩子的老人，恨不得讓孩子生活在能免除一切危險的真空中。這是一種深刻的投射。這些大人或老人在嬰兒時，經常處在徹底無助的狀態中。例如，有大人在但大人不管他們，他們處於孤獨中，身邊根本沒有大人照顧。沒有大人的照顧，嬰兒解決不了自己的大多數正常需求，於是常陷入徹底無助中。

並且，本來是徹底無助——自己無力解決問題，但嬰兒會將它投射成外界有一個大魔鬼在鎮壓自己，讓自己動彈不得。當需求得不到回應時，嬰兒會從全能自戀狀態變成自戀暴怒狀態，常常恨不得毀掉一切。這會嚇到嬰兒自己，於是嬰兒會將這種毀滅欲投射出去，結果變成外界有一個魔鬼要來毀滅自己，於是嬰兒嚇得一動不動。

對此，我多位來訪者這樣表達過類似的心理：「我感覺自己是沒有皮膚的，血和肉直接裸露在外，任何風吹過來，不管冷、暖，抑或是恰恰好，我都會疼痛。」

那怎麼辦？真正的解決辦法是，有一個大人很好地回應、照顧一個嬰兒就可以了。但有些老人會這樣想：最好把嬰兒徹底關閉在一個真空中，不要對他有任何侵擾。

也就是說，這些老人在嬰兒期可能太孤獨了，這讓他們形成了這種感知——任何刺激都是攻擊，所以最好切斷所有刺激。於是，他們這樣對待自己的孫子或孫女。**他們自己的內在嬰兒是渴望避免一切刺激的，但投射到真實的嬰兒身上，就扼殺了嬰兒的活力。**

例如，他們不讓小孩子玩水，不讓孩子光腳在地上跑。這都是在說，小孩子是非常脆弱的，他們很容易被外界攻擊而病倒，甚至死掉。

如果是媽媽的話，則容易極力想給孩子創造完美的養育環境。但我們仔細觀察就會發現，這個完美的養育環境在剔除掉所有不利因素後，就很像一個真空環境。這樣做的媽媽，她們在嬰兒期要麼是常被傷害，要麼是嚴重被忽視。一位網友分享了兩個故事：

1. 我們社區有個奶奶，我帶寶寶下去玩了一個小時，就聽到她說了幾十遍「不可以」和「危險」。哪怕是孩子摸一下健身器材，她都不允許。我看她那神經兮兮的樣子，覺得她更像僵屍。

2. 有個朋友的媽媽就是這樣。她的孩子對著電視裡奧運會比賽的選手，不停地說：「別跑別跑，小心摔著」，跟他奶奶告誡他的語氣一模一樣。

當大人們這樣做時，看起來是過度保護，其實是過度限制，這也構成了對孩子活力的絕對禁止。孩子貌似被保護起來了，但同時，他們的一切活力都被禁止了。

夢魘是怎麼回事？

有一種徹底無助現象，我猜你應該遇到過，那就是夢魘，也被稱為「鬼壓身」。

典型的夢魘是你突然間從睡眠中驚醒時，發現身體一動都不能動，心跳卻非常快。有時，你被驚醒前是有可怕的噩夢的，有時連夢都沒有。你的心跳和呼吸顯示你遭遇了重度驚嚇，然而更可怕的是，你的身體竟然一動都不能動，連逃都不能逃。

最可怕的是，這時有人會覺得周圍有可怕的東西存在，例如鬼影，甚至是極為鮮明、真實的形象。記得一本小說中講到一個人陷入夢魘時看到一個老頭，拿著一個瓶子往他腳上倒水。

你感到極度恐懼，有一個魔鬼般的東西被你看到了，但你的身體竟然動彈不得。這種體驗在我看來就是徹底無助的核心體驗。在平時，因為有頭腦的防禦機制在，你陷入嚴重無助時，看不到這麼極致的體驗，但突然醒來時，頭腦還沒起作用，這份體驗就會無比鮮明。你會清晰地感受到，所謂徹底無助是什麼樣的感覺。

我曾經有過三十來次的夢魘，大多是突然間醒來，連夢都沒有，發現心臟在狂跳，身體完全不能動彈，就像被什麼東西壓住了一樣。這真是很符合鬼壓身的說法。少數幾次甚至覺得床都飄浮到半空中，而且在劇烈顛簸。

這些體驗太可怕了，所以當身體能動彈時，我會趕緊打開燈，站起來走走，喝點水壓壓驚，並且要到陽臺這樣寬闊的地方去吸口新鮮空氣。

經歷過三十來次的夢魘，我才終於有了夢境，這相當於有了破案的線索。依靠這些線索和心理學知識，我很快地發現，每次夢魘發生都是我想和當時的女友提分手的時候，但是我提不出來，甚至這種想法只是一閃念，都沒明確地進入意識。

接著我理解到，和女友分手就相當於和媽媽分離，而這是我不允許自己意識到的。一旦產生這種意識，我就會有非常恐怖的體驗發生，這種體驗就變成了夢魘。

當認識到這些後，我就再也沒有遭受過夢魘的襲擊了。所以，夢魘真的不是心口壓了一些東西這麼簡單。前面我講過夢魘的基本邏輯，現在我再概括一下：

小嬰兒一發出能量，就是全能自戀級別的，當得到積極回應時，嬰兒就會覺得自己像神一般厲害；當這份能量沒有得到積極回應時，就變成了全能暴怒，而陷入全能暴怒的「我」就如同魔鬼或死神一般。

誰都希望「我」是好人，「我」可不能這麼恐怖，所以要把這份恐怖的黑暗力量，從我身上去除，再投射到外部世界。於是，這時就像外部世界有一個魔鬼在壓制自己，這是被害妄想。被壓制的自己徹底不能動彈，所以是徹底無助。

徹底無助的自己，至少是個好人。雖然有點無力，但至少還是個「人」。基於這個邏輯，我有一個說法：不能讓小嬰兒常處於孤獨中，因為這會讓小嬰兒覺得如同身在地獄，周圍是魔鬼環伺著。這太可怕了。這個邏輯在成年人看來像是形容，但在嬰兒的感知和想像中，就像真的一樣。

在前文中，我幾次講到一個關於蒼蠅意象的案例。前文也講到了，這就是一位來訪者常做的夢：她夢到自己在一個無比巨大的房間裡，她躺在地毯下，在她身上站著一隻像航母一樣大的蒼蠅，她被嚇得一動都不敢動，生怕一動，蒼蠅就會一口把她的頭咬下。

關於這個夢，我的分析是她在嬰兒時期常處於孤獨中，有了恐怖體驗，而一次可能正好有一隻蒼蠅在騷擾她。這嚇到了她，於是她把一切恐怖體驗都聚焦在蒼蠅身上，就好像這隻蒼蠅是個無比恐怖的魔鬼，一切恐怖都是牠製造的。但其實這些恐怖體驗的源頭，是這個來訪者自己的全能暴怒。

再講一個案例。一位女士，無助是她最基本的生命體驗。每天，甚至是時時刻刻，她都可能感到無助。她很容易進入徹底無助中。例如，一次她和自己的女兒還有很多行李，擠在轎車的後排座上，這次行程有點長，她們就這樣難受地坐了幾個小時。突然間，她陷入徹底無助的可怕體驗中，然後動彈不得，任由自己和孩子處在難受的狀態中，無法做任何事來改善局面。

她也多次體驗到夢魘。夢魘中，她總是看到一個鬼影在靠近自己，這讓她無比恐懼。有夢魘時，人是從睡夢中醒過來了，意識很清醒，這和夢中是不一樣的，所以這時看到的鬼影也罷，鬼也罷，可怕的人也罷，在視覺上都是清晰可見的，這尤其可怕。這些其實都是幻覺，因為當身體能動彈後，這些可怕的形象就都不見了。

她一直認為這個鬼影和她無關，和她嬰幼兒時遭遇的虐待有關。她透過一些跡象和證據推斷，小時候，媽媽和奶奶對她很不好，有時會嚴重忽略她，逼迫她做一些不符合年齡的動作，這構成了虐待。這些虐待體驗可能是這個鬼影的來源，即當撫養者沒有照顧好她，而是虐待她時，她覺得他們像鬼一樣可怕。這種推理很正常，精神分析也認為，人們心中的鬼的意象，就是來自「壞媽媽」和「壞孩子」。當撫養者能積極、及時地回應嬰兒時，就是「好媽媽」，這時孩子就會是「好孩子」。當做不到這一點，甚至主動傷害嬰兒時，撫養者就成了「壞媽媽」，孩子就變成了「壞孩子」。嬰兒沒法處理這種壞，就把它們從意識中徹底切掉，於是就變成了可怕的、非人的鬼。

這時，有一個重要的工作需要做，就是讓這個在嬰幼兒時被切掉的體驗，重新回到她的心靈中。於是，這位女士再次講起夢魘。她講起夢魘的鬼影時，我說，這個鬼影可能也是你自己。當時她剛好遇到挫折，所以她產生了巨大憤怒，但她只會無助，憤怒表達不出來。所以我對她說：「這份表達不出來的憤怒，可能就是這個鬼影。它靠近你，也許是想和你重新融合到一起。」

這樣的解釋不要輕易做，因為當來訪者嚴重防禦某種體驗時，諮詢師要尊重這一點。要在適當的時候才去做這種解釋，這樣不至於引起來訪者自我的崩塌。

這次就是一個例子。再次諮詢時，她罕見地一開始不怎麼說話，明顯是對我不滿。等開口講話時，她就攻擊我，說上次的那個解釋對她有傷害，她接受不了。她不認為那個鬼影也可能是自己，她認為那就是壞撫養者，很可能就是沒照顧好她、脾氣又特別壞的奶奶。

對我發了一通脾氣後，她安靜了一會兒，然後說，她其實也想到了，那個鬼影是自己的一部分，但是她實在不願意接受這一點，所以有所抗拒。可實際上，當真的想到這個鬼影和自己合二為一時，她不僅覺得自己變壞了一些，也覺得自己更有力量了。

這種事情在諮詢中常常可以遇到。例如，一位男士會在腦海裡產生各種各樣鬼的意象。找我諮詢前，他對這些鬼的意象無比恐懼，但在諮詢中，當他能擁抱這些鬼的意象，與它們合二為一時，他發現自己真的變得更有力量了，脾氣也大了。對此他的理解是，當需要發脾氣時，他就想，不是我要發脾氣，是我內在的那個「鬼」要發脾氣，這是可以的。

一個太孤獨或真的受到太多虐待的嬰兒，會滯留在高級別的全能感中，而其中的全能暴怒常常會嚇到他。他既擔心自己真可能像是全能的魔鬼，可以摧毀掉自己、所愛的人，甚至世界，也覺得這個破壞性的全能魔鬼實在太壞、太邪惡了。他們不想接受這一點，認為這些因素是「非我」，所以要從自己身上切割、扔掉。

太相信這種邏輯時，必然會感到徹底無助。陷入徹底無助的人，雖然很無力，但覺得自己是好人。還因為如此無力，所以是缺乏威脅性的，也因此不容易遭到攻擊。然而問題是，陷入徹底無助就意味著，全能自戀和全能暴怒中藏著的力量也消失了。

所以，**徹底無助的人需要重新擁抱這些被切割了的力量**，這也是我寫這些文字的目的。

小偷意象

在諮詢中，我聽不少來訪者講到關於小偷的意象。在夢中、入睡前或孤獨的時候，他們會覺得有一個小偷藏在自己身邊，像是在尋找時機破門而入，攻擊自己，而且自己不能對抗這個小偷，甚至即便周圍有親朋好友陪著，也仍然會覺得他們聯手起來都打不過小偷。

在講解小偷意象前，我先講一個心理學的方法論，就是信任感覺加上容忍模糊。

人的內心是非常有意思的，它晦暗不明又無比複雜，有些東西看上去不是那麼有邏輯，卻讓你非常有感覺。這種時候，要克制自己非要在邏輯上把它理順，或者變得更積極、正確的努力。因為這意味著，你是在拿邏輯去套感受，或者說拿思維去套體驗，這容易導致誤解，以及對感受的扭曲與切割。

小偷意象就是一個例子，特別是對我自己而言。

聽到幾位來訪者講到小偷意象時，我就覺得納悶。這哪裡是小偷啊，分明就是蠻不講理的恐怖強盜啊！小偷是偷偷摸摸的，而小偷意象中的小偷雖然在躲藏，但卻如此凶悍有力，強盜的部分遠勝偷竊。

不過，我自己一直遵循著**「容忍模糊、不急著給予理性解釋」的原則**，所以沒在自己的意識上，把小偷意象修改為強盜意象。現在，隨著對人性的瞭解越來越多，我才對這個小偷意象有了越來越多的理解。的的確確，它的關鍵就在於「偷」。

我們已經知道，嬰兒與母親的關係存在著嚴重的剝削與被剝削。當一個人的心靈嚴重滯留在嬰兒早期的狀態，受嚴重的全能自戀心理驅使時，他會覺得自己掙錢養活自己，是無比悲慘的事情，必須去拿別人的才對。

嬰兒認為這才是正常的。畢竟整個世界都是「我」的，我自然可以隨意支配和使用一切。怎麼了，你們竟然不贊同，好，那我就去偷，悄悄地把屬於你們的東西奪過來，據為己有。

但是，人畢竟會長大。別說成年人，一個大孩子都會知道這是在偷別人的東西，是不合理的，正常社會是不能接受的。於是，一個人意識上會向成年人的心智發展，希望自己講道理、講規則，自己養活自己。

這樣一來，就把「偷別人的東西據為己有」的原始心理，壓抑到潛意識裡了。當它從潛意識中冒出來時，就變成小偷意象。當嚴重地受到小偷意象驅使時，人就會覺得自己掙錢養活自己太苦了，簡直悲慘至極；但如果是拿別人的東西，感覺才對。

在正常社會中，偷竊、搶奪別人的財物是不被允許的。如果一個人非要在正常社會偷別人的東西，還不加掩飾，就顯得非常不對了。

二〇二〇年四月，一位廣西男子周某出獄了，他的驚人言論和此前的誇張行為立即引爆網路，讓他紅極一時。

他是因為偷東西而屢屢入獄的，在一次接受採訪時，他說了一句很驚人的話：「打工不可能打工的，這輩子都不可能打工的。」不打工怎麼辦？那就去偷。他執著地去偷，也不怕為此進監獄，因為進監獄就像回家一樣，監獄比家好。

普通人說這種話應該至少是感到不好意思的，但周某極為坦蕩，因此像是有了一種魅力，加上外貌有點像切．格瓦拉，因此被戲稱為「竊．格瓦拉」。竊．格瓦拉一度爆紅，傳說有經紀公司用一千五百萬元和他簽約，後來該經紀公司和追捧周某的自媒體受到有關部門的管制。看起來這對周某起到了治療作用，他幡然醒悟，說了一番很平實、很感人的話：

以前做過很多不好的事情，偷過別人的東西，在這裡跟大家道歉，對不起了。在網路上看到有人在說我、罵我，有些年輕人在模仿我。你們不用模仿我，做好你們自己的事情，好好生活。我就想做個普通人，在家種地，照顧父母，在家裡養一些雞鴨，讓家裡的生活過得好一些。

周某的這種轉變像是嬰幼兒的成長過程。一方面，發現繼續偷會被懲罰；另一方面，自己的能力越來越強，能基本自立了。兩個因素綜合到一起，讓周某從竊．格瓦拉變成了普通人。

我們得知道嬰兒有一個致命的矛盾：一方面，嬰兒活在全能自戀中，覺得自己的一切需求都可以被一個全能母親滿足；另一方面，早期嬰兒幾乎活在徹底無助之中，任何刺激對他們來講，如果沒有撫養者幫助都是過度的，超出了他們的自我發展水準。

這種矛盾也會延伸到一些成年人身上。他們不去積極努力，因為心中幻想著自己只是高高在上地發出需求，就可以立即、完美地得到無條件的滿足。同時，當他們真去努力時，就發現自己好像什麼都做不了，而其實是因為他們的要求太高。

這樣的成年人會像周某一樣不願意打工，因為打工有一種卑微感，畢竟還有主管管著。同時，打工也太辛苦了，會破壞「念頭一動就被無限滿足」的嬰兒式期待。並且，寧願偷也不願自己去爭取，也是因為嬰兒覺得自己不能創造也不願創造，而創造物完全在母親身上，自己什麼都創造不了。

小偷意象中的一個關鍵因素是「戲弄」，更深層次的含義是，你能創造又有什麼了不起呢？你辛辛苦苦地去創造，花了很大力氣，但你一不小心，我就可以把你創造的東西偷過來。哈哈哈，看你這個自大的傢伙，現在傻眼了吧？！

一位男性來訪者說，他小時候聽父母老誇獎一個鄰居家的孩子，說那個孩子懂事，成績又好。有一次，父母又在這樣做時，他有些惱怒，但突然間有了一個想像：這孩子樣樣都好，可突然間暴病身亡了，啊哈哈哈，這太諷刺、太搞笑了。這個想像讓他樂不可支，他笑得死去活來，而父母被他笑傻了，不知道他在幹嘛。

這是普通生活中的一個細節，而打砸搶在我看來也是出於同樣的心理。不僅是偷，還要去毀滅。不僅是因為自己需要這些東西，也是因為拿了、毀了別人的創造物，就羞辱了那些辛辛苦苦的傢伙。

在這個維度上，還有更嚴重的事情。例如，項羽火燒阿房宮，也是在表達對這個輝煌之物的創造者的羞辱、蔑視和戲弄。

這樣的戲弄是會帶來一些快感，但同時，在普通狀態下，他們也懼怕自己的這種破壞性。例如前面講到的那位男性來訪者，他對自己的這種心理感到非常恐懼，覺得自己是個怪物。

並且，他們都有很強的自卑感。哪怕是到了周某這種級別，也一樣會有這種自卑感。如果真讓他去創造，他會覺得自己什麼都創造不了。這也是嫉恨心理的核心——覺得自己什麼好東西都擁有不了。

這必然是受全能感支配的結果：他們會希望一出手就非凡，一動念頭就能得到完美回應。他們不僅渴望外部世界這樣滿足自己，同時也這樣要求自己。最嚴重的時候，他們會覺得只有一百分才是對的，九十九分都不合心意。當拿到九十九分時，他們會生出全能暴怒，想去毀滅。這是他們擁有不了、創造不了東西的重要原因。

可以說，**小偷意象中一個關鍵詞是「匱乏感」，即深刻地覺得自己什麼都擁有不了、創造不了，所以只能去「偷」**。但是，當人基本能滿足自己，對生活也有基本掌控時，就會發現其實六十分已經非常好了。這個時候全能感會被馴服很多，小偷意象也會得到轉化。

屍體意象：沒有生命力的情感

「戀屍癖」是一個有點驚悚的詞語，狹義的解釋是，有一些心理過於病態的人，只能和屍體發生關係。屍體的特點並非死亡，而是徹底不能動彈，徹底任人擺布。

嚴格意義上的戀屍癖自然不多見，而**寬泛意義上的戀屍癖很常見，即希望在關係中自己是絕對的掌控者，對方是絕對的被掌控者，任自己擺布。**

「戀屍癖」這個詞太難聽了，相信很多人難以接受自己會有這個傾向。同樣，已淪為精神屍體的人，也難以面對這個現實。但這個邏輯不妨聽聽：「戀屍癖」這種驚悚的詞語，也可以幫助自己「醒」過來。用我們課程的術語可以說，有戀屍癖的人是想在關係中尋找徹徹底底的全能自戀，而當這一點實現時，對方就陷入徹底無助狀態，因此失去了生命力。

講一個故事吧，是一位媽媽講給我聽的一個很普通的故事。

她的兒子要讀小學一年級了，開學前有一個體驗日，她帶著兒子和比兒子大三歲的女兒一起去學校。到了學校後，她發現兒子很膽怯。兒子看到一個鄰居家的小女孩，想和她打招呼，用手碰她，但她一回頭，他立即退後了兩步，說不出話來。

因為這種膽怯，他想黏著媽媽，而媽媽則希望兒子能獨立，能承受這點小小的挫折，所以半鼓勵、半逼迫兒子找小夥伴去玩。離開媽媽後，兒子很茫然，然後看到了姐姐。姐姐很放鬆、很瀟灑地和幾個小夥伴一起玩，於是他找到姐姐，要黏著她。

姐姐一開始很樂意帶弟弟，但不久後有些不耐煩，想把他推開。這時，弟弟嘴一撇要哭了，於是她只好允許弟弟黏她。這時，媽媽發現兒子沒那麼茫然了，但他開始有些霸道，對和姐姐一起玩的小夥伴有些敵意，排斥他們接近姐姐和他。

她講完這個故事，我感慨道：「你看，這也是你和你丈夫的關係。」

她是一個女強人，非常能幹，丈夫則有些無能和懦弱。她很多次想和丈夫離婚，但一直沒下定決心，不過越看丈夫越不順眼，實在不明白丈夫對她來講有什麼意義。她女兒對她兒子的意義，就是她丈夫對她的意義。**說好聽一點，這個意義是陪伴；說難聽一點，這個意義是陪襯。**

將這兩點聯繫到一起，她若有所悟，然後說，特別是事業早期，要談生意的話，她不能一個人去，因為會很慌，必須拉著丈夫一起去。丈夫雖然不能在談生意上發揮什麼作用，但只要他在，她就可以心安很多，就能有較好的狀態面對生意夥伴。

談生意只是一個縮影、一個隱喻，也是他們二十多年婚姻的縮影。也就是說，在他們二十多年的婚姻中，她丈夫一直在扮演這種角色——她的陪襯。用最簡單的術語講，丈夫滿足了她對安全感的需求；用稍複雜一點的術語講，丈夫給她提供了控制感。

獨自一個人的時候，面對外部世界她會慌張，有失控感、無力感，不知怎樣去掌控外部世界；但對丈夫，她有絕對的掌控感，這部分是現實。她主要是要面對自己的想像，但想像的掌控感也能帶給她很多力量，所以當有失控感和無力感出現時，看到丈夫這個穩定而可控的客體在身邊，她就心安了。

只是，她的心安同時伴隨著丈夫的不耐煩和丈夫的失去自我。在這個過程中，她的能力和自我不斷被激發、被滋養，而丈夫因只是她的陪襯，卻越來越萎縮。

很多中國人的婚姻就是這樣的搭配。一個人只是另一個人的陪襯，這個陪襯很難被看到、被尊重；相反地，還會被蔑視，而另一方很難意識到這個陪襯究竟有何意義。

當然，陪襯也有他們自身的問題。他們通常會是比較封閉的那一個，缺乏足夠的動力衝向外部世界。於是，有一部分借助伴侶的動力，多少打開了一些，但從整體上來看，他們會越來越失去自我，越來越封閉。

這種婚姻**從表面上看，做陪襯的那個人是婚姻的拖累者，他看起來該為家庭的很多問題負責。不過從深層來看，做陪襯的這個人很慘，因為他失去了自己。而那個掌控者是很累、很委屈，但他發展了自己，這是巨大的好處。**

人們本能上知道這是好處，並且是很大的好處，所以會去做這種看起來不夠合理的選擇。

這位女士的條件一直很好，當初不乏優秀的追求者。她之所以選擇丈夫這樣的男人，有一種感覺極為關鍵。她說，當時覺得他好安全、好可靠，他的人生一眼就能望到頭。

第一次聽到有人講這種擇偶原因時，我很震驚，但後來發現，竟然有非常多的人出於這個原因而選擇伴侶。並且，多位女性說了和這位女士一模一樣的話——他的人生一眼就能望到頭。

男人做類似選擇時常常使用的語言是：她很單純、很聽話、很乖。

如果你是因這樣的心聲而選擇伴侶，那意味著你的安全感很低，你很懼怕失控，所以要找一個像惰性氣體一樣的伴侶。他的不活躍，讓你覺得好控制，給了你一種穩定感。的確，他們之中的很多人說，他們同時有更喜歡的對象可以選擇。相比起伴侶來，他們更喜歡的對象更有激情，但也更難把控。一位女士就此說：「你真沒法預料，和這個男人在一起第二天會發生什麼。」

這一邏輯開始是這樣的，以後也會延續。做了這種選擇的人，勢必會傾向於壓制伴侶的自由選擇。伴侶的選擇只要和你想像的不同，你就會不安，甚至因失控而導致出現崩潰感。

可是和他們在一起，你可能又會覺得乏味，於是抱怨對方沒活力。你必須清楚你做了什麼選擇。

這種邏輯發展到最嚴重的地步，就是所謂的戀屍癖。它的核心邏輯是：**你必須和我想像的樣子完全**

一致，有任何不一致我都會暴怒。如果持有這一邏輯，最後你會發現，只有把對方弄成僵屍一般的存在，才能符合你的要求。

戀屍癖，在超級強人身上最容易見到。這是由權力的屬性所決定的。權力是什麼？著名小說《一九八四》中，審判官對男主角說：權力就是我可以將腳踩你的臉上，而你不能反抗。

像希特勒這樣的大獨裁者，他希望在他的世界裡，只有他一個人是人，其他人都是他實現目標或欲望的對象與工具。他會幻想在他能控制的世界裡，其他人都會百分之百地、不折不扣地執行他的意志。這就好比他是一個下棋的人，其他人都是棋子，他命令棋子怎麼動，棋子就怎麼動。如果棋子忽然自己動了一下，他就會暴跳如雷，哪怕這個棋子走的這一步是正確的。

心理學家佛洛姆（Erich Fromm）認為，希特勒等納粹高層有「戀屍癖」，他們對健康的、有同情心的、積極樂觀的、熱情開朗的「人」不感興趣。他們希望人像屍體一樣，不怕疼痛，百分之百服從命令，並且在被指揮送死的時候一點都不害怕，一點都不猶豫。

正是因為是這種人格，希特勒在眾多追求他的女子中選擇了愛娃。一個熟知希特勒與愛娃關係內幕的人說：「對於他來說，愛娃不過是個可愛的小玩意。她缺乏邏輯性，頭腦愚笨，只是長得漂亮而已，但是或許正因如此，希特勒才能在她身上找到一直以來都在追尋的寧靜與放鬆。」

希特勒在追尋什麼樣的寧靜和放鬆呢？我認為，就是在私密的世界裡，仍然是只有他一人具備意志，而他最親密的女人只是一個沒有意志的棋子，必須是他讓她動，她才動。如果這個女人的個性獨立，知道自己要什麼，會不懈地追求，那麼希特勒就會失去他追尋的寧靜和放鬆。要找到這種寧靜和放鬆，就只有去找這種極其依賴他、極其沒有主見的女人。愛娃不是以她的魅力戰勝了其他競爭者，而是她的依賴個性對希特勒有「致命的誘惑」。

控制欲極強的人極少喜歡和他有同樣個性的人，哪怕那個人是最親密的人。政壇上有能力的人如此，生活中的強者也是如此。我知道的一個港資公司的高層經理，他最討厭下屬主動提建議。如果有人這樣做就會被開除，不管建議多麼合理。

因為是這種個性，強者認識現實的能力被打了大折扣。德國一位心理學家將強者形容為「穴居人」，他認為強者的控制範圍像是一個洞穴。在這個洞穴裡，完全是他說了算，他運籌帷幄、算無遺策，他的臣民沒有一點機會表達自己的意志。

但是，他的洞見力僅限於這個洞穴。對於洞穴外的世界，他只能看到被洞穴限制住的有限天空，所以一旦要和洞穴外面的世界建立聯繫，他就會搞不清楚狀況。

最嚴重的戀屍癖，就連心理治療師也沒轍。一般意義上的，即在關係中過於控制對方的人，得知道自己是在幹什麼。

重要的是要尊重對方本來的樣子，並且鼓勵對方做自己，同時收斂自己意志的過度擴張。若做不到，就找諮詢師幫忙吧。

千人一面

徹底無助，相當於一個人精神生命的死亡，只是肉身生命還活著。這是極端的狀態，而無助則是一個譜系。

或者說，無助是自戀維度上的表現，可以視為低自戀狀態。所以，儘管我老講自戀，看似很多問題都和高自戀聯繫在一起，但並不是想說自戀是壞的。畢竟對個體而言，無助的低自戀狀態，可能還是比自大的高自戀狀態，殺傷力要更大一些。

在無助這個譜系上，我談一談一種現象——**千人一面**。

在現代社會，這種現象要好多了，但在過去的很多時候，我們社會有嚴重的千人一面現象——就是大家的精神面貌差不多，穿的衣服很像，想法也像是被高度統一了。

在千人一面的社會，人容易變成這樣：我不知道我想要什麼，即便知道也不敢去要，而是大家要什麼，我也要什麼，大家什麼樣，我也什麼樣，於是大家活成了一個樣。最好在該結婚的時候結婚，不能離婚。該要孩子的時候要孩子，不能當頂客族……。

同時，我們又想攀比，於是變成「我要的要比別人多一點，以此來證明自己卓越」。但這種卓越缺乏個性，又是同質化的渴望，於是大家都擠在一條路上，構成了各種獨木橋，例如高考獨木橋。

在這個邏輯下，人會懼怕個性化的追求，因為它意味著你成為自己，意味著脫離集體，這會給你帶來很深的恐懼。

集體主義自然有它的價值在，然而同時我們也得知道，當一個人喪失了他的個性時，也是在相當程度上減損了自己的精神生命，這是巨大的損失。

這個邏輯的一個深層原因，就是活在一元世界裡的巨嬰，只能接受和自己一樣的人，誰和自己的聲音不一致，誰就是非我，就是異類，甚至是惡魔，就該去死。似乎和別人不一樣是一種罪過。

我一個好友在該結婚的時候結婚了，該生孩子的時候生了孩子，他建議我也這麼做。我問他為什麼非得這麼過呢？他說，因為大家都這麼過啊。對於他的這個回答，我一直難以理解。

做了諮詢師後，我才真正理解。很多來訪者說過，離婚對他們而言就是一種失敗，就意味著他們和別人不一樣了，他們不正常了，因此面對別的正常人時，就覺得低人一等，無比羞恥，並且覺得別人在嘲笑自己。實際上，現在社會寬容了很多，而且離婚是很常見的現象。這種嘲笑即便有也不會太多，所以這主要是他們的內部感知。

這種心理的核心是怕被拋棄。群體是一個樣子的，如果自己和群體不一樣，他們就會認為融不進群體是因為自己是特別的，於是特別就成了一種羞恥，而不是酷。

一位女士考上了MBA，班上的同學多數比她年輕，她融不進年輕同學的圈子。她隨即有了羞恥感，覺得自己年齡太大了，這個外在條件導致她融不進群體，而處於可怕的孤獨中。其實她孤獨的原因是她一直都是孤獨的，當年輕的同學們邀請她時，她總是抗拒，但這種微妙的內在心理不容易覺知，而年齡大是很容易歸罪的。

孤獨的嬰兒都是破碎的，他們都想融到關係、人群中，其實就是想找到和他們共生的媽媽，而共生心理又會讓他們想，「我要和你們一樣，你們也要和我一個樣」，這樣關係才能建立。如果誰有了個性，共生就被破壞了。所以要槍打出頭鳥，誰特別想搶風頭，就滅了誰。

這種心理導致我們很容易跟風。小時候我一直納悶，為什麼我老家賣西瓜的一定是賺一年，然後賠一年，總是這個規律：賣西瓜賺了，大家都去種西瓜，結果西瓜多了，就賠了。賠了，大多數人不種了，結果種西瓜的成了少數，於是賺了。賺了，大家又去跟風，然後又賠了……

諸如此類，各產業都見得到跟風的氣息。盛行個人主義的社會會鄙視這種跟風，但在千人一面的社會，跟風像是一種必然。

共生心理是導致千人一面的一個關鍵原因，而另外一個關鍵原因是原始嫉妒。

一般意義上的嫉妒是出現在男女關係中的，而原始嫉妒（獨占心理）也就是我們常說的紅眼病，它的真實心理是——我要占有一切好，誰任何一點比我好，我都眼紅，羨慕嫉妒恨。

在電視劇《花千骨》熱播時，我看了開頭幾集，又看了結尾幾集，中間腦補了一下。覺得這部電視劇製作精良，演員的情感表達也不錯，但受不了戲劇中常見的一種邏輯——所有男人都愛女主角，所有女人都愛男主角。說所有過分了一點，但差不多是這種感覺。我還是喜歡電視劇《冰與火之歌》中那種複雜的情感世界，沒有誰是絕對的中心。

「所有男人都愛我，所有女人都嫉妒我，我是這麼純潔、善良。」《花千骨》整個劇講的就是這麼一句話。前半句是原始嫉妒心理——我獨占所有的好，每方面都勝於他人。這種心理忌諱直接表達，你想獨占一切，自然會招致普遍反感。例如，花千骨的一個敵人霓漫天直接表達想要什麼，於是招致所有人反感她。花千骨則是我不爭，你看我善良到極致，自動就成了世界的中心，這條善良地成為世界中心的路就安全了很多。

這個路數失敗後，花千骨本色暴露，成為為所欲為又無所不能的妖神，原始占有欲遠勝過霓漫天。原始嫉妒在母嬰共同體中也有微妙的表達，嬰兒覺得母嬰共同體中所有的好都要歸於他。譬如花千骨，一出生母親就死了，她還長得這麼好，那自然歸功於她的天命，而不是歸功於她平庸的父親。

繼續說說嫉妒，常見的嫉妒可分為三種：

第一種，三角關係中的性嫉妒。

第二種，原始嫉妒。

第三種，我不能好，你也不能好的嫉妒。我壓抑了自己不去爭搶，而你竟然去大膽地競爭、去追求，我恨死你了，也恨自己為什麼不去競爭！

第三種嫉妒，在我看來是千人一面和槍打出頭鳥的深層原因，並且也是由原始嫉妒演化而來的。有原始嫉妒的人，別人比自己好，就會恨不得對方去死。這種心理投射到別人身上，就變成了——「如果我比別人好，別人會恨不得我死，所以我出於恐懼不能去競爭，怕被別人恨」。但同理，你也不能競爭，否則我恨死你。

第三種嫉妒導致我們壓抑地活著，克制著自己的競爭欲望，伸展不開手腳，也看不得別人好。相當於閹割了自己，自然也忍不住想去閹割別人，所以有了這樣的哲學——木秀於林，風必摧之。我們只接受一個人無私地去競爭，所以社會上常見這種邏輯：要競爭時，偽裝成是為別人服務。

解決第三種嫉妒的方法，就是好好發展自己，大膽地追求自己想要的，讓生命充分伸展，同時祝福別人的發展。不敢伸展又暗地裡競爭，這會顯得非常猥瑣。

有位來訪者是企業家，他就想獨占所有的好，恨不得公司裡的每方面都是他最強，但同時，他又是一個嚴重壓縮自己的人。當他逐漸品嘗到伸展開手腳的美妙後，他的原始嫉妒輕了很多，可以由衷地去祝福別人了。

一位媽媽說，她六歲的女兒告訴她：「我小時候覺得我是最好的，別人比我好，我會哭的。但現在，別人比我好，我不會哭了，因為我覺得我就是最好的。」

這是一條真理，**你真覺得自己是好的，之後你就能接受別人的好了。**

第三種嫉妒會引出「誰窮誰正確，誰弱誰有理」的邏輯：我不發展自己，把自己弄在一個很低的弱勢位置上，但處在這個位置上反而有了道德優越感，然後就可以看一切都不順眼了。畢竟，我壓抑了自己，不出風頭，成了一個高尚的人，你看你們那些白富美、高富帥，都是些自私、占有欲強的壞人。

這也是我們文化的一個特點，我們儘管也崇拜強者，但普遍認為他們是壞人，是掠奪了別人資源才能成為強者的。至於弱勢者，因為壓縮了自己的能量，顯示了自己的無私，就可以因此鄙視所有人了。

弄明白這些後，不知道你會不會出一身冷汗。畢竟，**先閹割自己，然後因此有了道德感，再去閹割別人，弄得大家都是毫無特色的千人一面**，這個遊戲多麼低劣啊。

懂事，可能是深度無助

我們社會所贊許的「懂事」，可能是一種陷阱——一種讓人主動滅掉自己活力的陷阱。當真是這種情況時，這種懂事就會是一種深度無助。

二〇一五年，我看到這樣一則新聞：河北保定的李老漢推著一輛推車，載著偏癱的老伴徒步去海南，日前已抵達武漢。保定到武漢的直線距離，大約一千公里。去海南，是李老漢要為老伴圓夢。

他們有兩個女兒，但老漢不想麻煩女兒。他說孩子都有自己的生活，不想麻煩她們。並且，為了不被外界干擾，老人沒有買手機。他們與女兒的約定是，只要不打電話，那就是平安。

這個故事仔細看，能看到老人的自立與愛，但我怎麼看都看到了一種極致的辛酸，所以在微博上，我發了這樣一段感慨：

> 好慘烈的孤獨。將盡可能不去打攪別人表達到了極致。在這份極致中，透露著極致的辛酸與孤寂。

老人的自立精神，也正好呼應了我的另一條微博：

努力才能成功！這句話聽著沒錯，但當中有時會有這樣的邏輯：一切極致都必須是我努力得來的，這些都是我掙來的。這種邏輯中有深深的自戀。其實，世上的確有掉下來砸到你頭上的好處。更重要的是，很多好處可以透過和人建立關係合作而來。悶頭努力的人，需要看看自己是否活得又苦又自閉。

老人的準備很齊全，行李中洗漱用品、防潮布、鋪蓋等一應俱全，他很有決心，也很細心。但從他的故事中，聞到了苦澀味的不只我一人。

這讓我想起多位來訪者的故事。他們的外在條件，如相貌和智力、家庭背景、學歷與工作能力等都相當好，甚至有的人條件極好，他們的人生卻總是透露著「我很可憐」的味道。並且，他們有一個特點：永遠都在孤獨地努力中。努力、孤獨和苦結合在一起，就有了一種特殊的味道。這種味道在我的老家農村總是能聞到，在我父母、哥哥姐姐的身上能聞到，在我自己的身上一樣也能聞到。我想，無數中國人也會在自己的家鄉、自己的父母，乃至自己的身上，聞到這種味道。這種味道可以稱為「苦情」，說得好聽一點，叫「懂事」。

在生活中，我算是一個超懂事的人。記得汶川地震後，我去災區做援助。一次在一所學校，一個中學生對我說：「老師，我發現你是一個超級小心的人。」

我問他是怎麼發現的。他說：「你塊頭不小，在教室裡走路還挺快，可是你什麼都不會碰到。你肯定在使勁控制自己，並且這麼自然，這是你的風格了。」

這個中學生真是人性觀察的高手。我這種深入血肉的超級小心，是從小形成的。小時候我總是被誇懂事，算是乖孩子。**乖孩子是不能提要求、不能發出聲音的**，但是健康的孩子必然是有活力的，而活力的展現方式，就是發出他高興與不高興的聲音，提出他合理或不合理的要求。

不過，我這種乖並不是被父母意識上要求的結果。我沒挨過一次打罵，也沒被要求聽話，但我仍然發展成一個乖孩子，這是怎麼回事？

媽媽說，我很小的時候總是哭，一哭就必須讓人抱，一放下就哭，哭到一歲四個月，突然就不哭了，以後再沒怎麼哭過。相對應的是我記事很早，最早的記憶只有約一歲大，但從記事起就一直是小大人，偶爾才有做小孩的感覺。

我原來一直不明白，照理說我得到的照顧還可以啊。因為爺爺奶奶死活都不給我家帶孩子，我出生後，媽媽乾脆不工作，做起了全職媽媽。這在農村是絕無僅有的事。

再加上我沒挨過打罵，沒被否定過，好像是我得到了基本的愛與自由，但怎麼就那麼乖呢？

直到二〇一二年的一天，我做了三個很有深意的夢，才明白是怎麼回事。原來的哭，是對媽媽喊「看著我，關注我」，和我呼應。媽媽雖然盡全力想照顧好我，可是她有嚴重的抑鬱症，沒法做到這一點。

一歲四個月時，我突然不哭了，是絕望了，再也不發出這個意願了。從此而形成的小大人風格中的懂事，是來自這樣一種很深的絕望。

初戀的時候，有三年，我每天晚上都做噩夢。夢裡在找女友，但永遠也找不到。這一千多個噩夢，就是要發出愛的意願，卻覺得不可能的絕望的體現，可見絕望有多深。但應該不是最深的那種絕望，畢竟我一直敢追求，沒被絕望擊倒，對愛一直有渴望。我聽到太多人說，絕對不要和最愛的人結婚，甚至不和他們戀愛，看看就行了。這是被絕望擊倒了，在這方面陷入徹底無助了。

在一次課程上，我明白了媽媽是怎麼回事。她有嚴重的抑鬱症，原因是被爺爺奶奶（主要是奶奶）

攻擊，被村裡人扣上了不孝的帽子、被歧視。父親和她都不能抗爭，最終她幾乎失去了活下去的動力。她是掙扎地活著，掙扎著照顧我們。在這種情形下，她沒把氣發到孩子身上，已經很偉大了，更何況把我照顧得還可以。因此，我對媽媽沒有怨氣，但愛與流動，或者說活力，的確沒得到。

精神分析說，抑鬱症常是向外的憤怒轉成向內攻擊自己，對我媽媽來說的確如此。每次一出事，她都是氣得躺在炕上不能動彈，這是陷入徹底無助的表現。我爸爸的反應也很嚴重，他三十歲時，因和爺爺奶奶發生衝突，氣只能吞著，結果滿口牙全掉了。每想起這件事我就想哭，這真是「打落牙齒和血吞」。

我父親的家族很變態：大伯父早夭，大伯母被奶奶折磨死，現在家族根本不談他們一家人；二伯父被送人了；我爸爸是老三，遭到嚴重歧視。幸好我們家族沒住在一個大院裡，否則媽媽可能也會被折磨死。但叔叔和姑姑卻受到爺爺奶奶的溺愛。

我名字中的「紅」，是因為我出生前後，爸爸夢見他在地裡撿了一塊紅寶石。他們覺得意寓特別好，就取了這個名字。我出生後家境的確開始好轉，所以父母一直對我懷有感激，覺得好家境是我帶來的，其實是他們拼命努力，終於有了家底。

下面說說在我在課堂上講的那個練習：「成為你的父母」。我在其他文章中講過這個練習，開課時也常使用這個練習。它非常有力量，堪稱「可怕」的練習。

多數人能在這個練習中迅速體驗到父母的一些核心體驗，因此對父母有了更深入的理解。練習的方法簡單講，就是找一個安靜的地方，讓自己閉上眼睛，安靜下來，想像母親出現在自己身體左側一步遠的距離，尊重第一時間呈現的樣子，然後讓畫面越來越清晰。接著，左跨一步，想像自己進入母親的身體，成為母親。再睜開眼睛，用她說話的方式說話，用她走路的方式走路……。如果是父親，就變成想像父親在自己身體右側一步遠，接下來也是右跨一步進入父親的身體。其他人也一樣。

這個練習讓我無比直觀、真切地體驗到了父母的體驗，我立即發現，我的父母也都是掙扎著活著的，沒有活力、不敢有奢望、對我完全沒有期望，我的一切對他們來說都是一個又一個驚喜。

也不是完全沒期望，偶爾他們會對我說，而我的潛意識也深刻地捕捉到了他們內心的這句話——「別出事，別惹事」。原因是，被扣上不孝的帽子，並被村裡大喇叭廣播過的他們，覺得出了事沒辦法擺平，甚至會導致自己活不下去，這就是被無助感給徹底控制了。

這句話很深地影響到我，我總處在一種淡淡的、莫名的恐懼中，但幸好這不是全部。並且，父母沒對我進行過任何懲罰，所以我還是有一種反抗精神。這種反抗精神，對準的是影響中國幾千年的孝道，我是要為父母討回公道。假若完全不能明白這一點，我或許會成為反孝道的哲學家，還好心理學之路讓我逐漸變得平和一些。

孝道這件事會把父母弄到全能自戀的位置，而父母真無情地對待孩子時，孩子就會淪落到徹底無助的位置。

後來，我越來越深地去理解了我的家族故事。最終明白，我父母最大的錯誤，可能就是冒犯了奶奶的自戀，而她為了捍衛自己的神級自戀，就對自己的孩子發起了毀滅性攻擊。

如果我父母至少有一個人是高自戀的，那情況也許就會不一樣，但我父母本來就都是懂事的孩子。本來我外公外婆的家庭算是比較健康的，我母親的懂事級別本來還好，但是作為懂事的好人，當面對我奶奶的凶猛攻擊時，她沒辦法進行有效的自我保護，沒辦法狠起來，只能使用好人的邏輯，結果讓事態越來越失衡。

所以教育孩子時，得讓孩子學會**尊重自己的自戀，首先照顧好自己，而不是變得太懂事，以至於總**

是圍著別人的感覺轉。總是懂別人，卻不尊重自己了。

作為成年人，我們也得知道，總懂別人的事，總為別人考慮，也不是什麼好事情，因為這可能意味著我們有了一個巨大的喪失——我們丟失了自己。

平息眾怒與鞭打快牛

我們在前文講失控與歸罪時，講的主要是個體會使用的邏輯，本節我講一下在大的群體中會發生的類似事情。先講一個在《三國演義》中的情節。

曹操率軍和孫策、劉備一起攻打稱帝的袁術，但糧草不夠了，本來預計吃十天的軍糧，只能吃三天。糧草官過來問曹操該怎麼辦，曹操說，那就大斛改小斛。

糧草官說，這不是剋扣軍糧嗎？士兵吃不飽，豈不是怨聲載道？曹操說，我有解決的辦法。

果真，幾天後士兵怨氣沖天，有騷亂的跡象。這時，糧草官過來問計。曹操說：「計策就是借你的人頭一用，至於你的老婆和孩子，放心，我會好好補償的。」然後立即斬下糧草官的人頭示眾，並說是糧草官剋扣了軍糧，害大家餓肚子。

軍隊的騷亂情緒被安撫了，然後士兵帶著怒火迅速攻下了袁術的城池。

曹操是地道的奸雄，深通人心。不能撤軍，仗必須要打下去，糧食只有這些了，必須減少每頓飯的量才能堅持下去。這時，軍隊有不滿是必然的。不僅是餓肚子，也是失控，所以這時必須找一個外在的「魔鬼」去歸罪。這樣就可以平息眾怒，安撫人心。

平息眾怒，安撫人心，這是常見的權力手腕。**群情激憤往往意味著一個群體處於失控狀態，這時整**

個群體的破壞力會很強，並且他們必然會將內心的魔鬼投射到外部世界，所以找一個「替罪羊」讓群體去歸罪、去恨，是一種很有效的策略。

和個體一樣，群體也有整體心理發展水準的問題。巨嬰越多，這種歸罪的傾向越強，就會越急不可耐。因為巨嬰的時間感和空間感比較差，一旦失控，他們就希望立即找到一個外在的魔鬼去歸罪。

在我們的社會中，不僅個體會這樣，體系也容易使用這種策略。所以碰到問題，一種中國式的智慧是躲一下，別惹禍上身。如果你和這個大問題有關，就可能成為被怪罪的對象。

倒地老人訛詐扶助者，只是此邏輯的一種表現而已。類似的表現非常多，比方官僚作風重的企業，「老油條」們都會懂得「事不關己高高掛起」、「不求有功但求無過」，不要總想著去衝殺、去解決問題、去當英雄。因為你越是這麼做，越容易成為主管和群眾的替罪羔羊。

回顧一下自戀性暴怒的四部曲，只是當主語是群體時，「我」就變成了「我們」：

1. 任何不如意，都是在挑戰我（我們）的自戀。
2. 任何不如意，不管是主觀還是客觀的，都有主觀惡意動機在。
3. 有主觀惡意動機者，必須向我（我們）道歉。
4. 否則，我（我們）就滅了你（本來這應該還有一句話——「或者滅了我自己」，但當群體處於暴怒時，群體不會去想「滅了我們自己」）。

所以關鍵是，當發生騷動時，群體會認為有「一個有主觀惡意動機的魔鬼」在。這個魔鬼就像死神，來要自己的命，我們必須找到它、歸罪它，甚至殺掉它，這樣就可以免受它繼續侵襲了。

因此，曹操推出糧草官，就可以讓士兵們怪罪糧草官，認為他是讓自己餓肚子的惡魔。殺了他，士兵們失控帶來的恐懼、憤怒與無助就可以平息了。

在類似的邏輯下，還會導致一個現象，就是**鞭打快牛。問題出現時，要找能幹的人負責解決問題，而當出現麻煩時，也會犧牲他們。**

這是因為能幹的人通常心理發展水準也高，當局面失控時，他們能更好地解決問題。不僅如此，當要啟動歸罪邏輯時，他們就算被歸罪，也仍然因為人格成熟和考慮太多而傾向於去承受；但人格不成熟的巨嬰，你如果要歸罪於他們，他們會爆發出更嚴重的破壞性。

這是醫病糾紛一度盛行的重要原因。不僅是醫病糾紛的人不成熟、偏執，社會體系也有意無意地在偏袒鬧事的人，而過於苛責醫護人員這些社會中堅力量。

此外，此邏輯也延伸到社會很多地方，例如鼓勵舉報，於是變成偏執的舉報者和體系一起，對學校、媒體和商家進行聯合「絞殺」。

具體表現就是，一有偏執的舉報者，相關機構就要找被舉報者的責任。而且不分青紅皂白，讓被舉報者想辦法安撫舉報者。**這種現象背後的邏輯是：社會要和諧、穩定，就得找中堅力量來背鍋。**

這種做法有現實上的合理性，很多舉報者都是一副死豬不怕開水燙的架勢，他們有偏執的個性，而且非常善於戰鬥，不達目的不甘休，甚至還有一副「哪怕世界毀滅了也得按我的來」的架勢，所以真是不好對付。

但被舉報者常常是比較理性的，他們考慮得相對周全，所以可以用「壓制」被舉報者的利益的方法，安撫偏執的舉報者。然而，被舉報者常常是社會的中堅力量，偶爾這麼做還好，一旦成為一個社會常見的邏輯，就非常可怕。這一點目前最集中的表現就是醫病糾紛。

醫病糾紛有各種複雜的原因，所以醫病糾紛剛一發生時，醫院方和相關部門竟然一直不去保護醫護人員的安全和利益，而是容易偏袒和縱容鬧事的偏執狂。

這個邏輯的形成不只是社會體系的問題，很多人都有責任。二〇二〇年元旦期間，我和幾個老傳媒人聊天，大家一致認為，在相當長一段時間裡，我們都錯了。那時，但凡發生醫病糾紛、校園糾紛，或其他類似事件，**媒體就明顯有一種傾向——龐大的醫療機構或相關機構在傷害弱勢群體**。我們反思，這種傾向鼓勵了醫病糾紛。

平息眾怒和鞭打快牛在短期內很好使，但也很容易收穫惡果。例如，摔倒的老人訛詐扶助者，會導致社會道德嚴重下滑，並且我們也可以看到，當不再一味偏袒老人時，這種事情就明顯減少了。然而，在醫病糾紛這個問題上，這個邏輯仍然存在，這也導致醫病糾紛非常頻繁發生。

廣東佛山一名男子殺死多個家人。被抓後他透露，他之所以殺死哥哥等人，是因為父親病逝前，他們沒有對父親盡心盡力，所以他恨他們。他講了很多細節，似乎這個說法真可以成立似的。

只是我在諮詢中也聽了太多類似的故事，最終發現他們這樣做的基本邏輯是，失控後要怪罪別人：失控，特別是可怕的失控，一定是有一個惡意力量在作祟，必須找到它、幹掉它，否則它還會如死神一樣繼續發起攻擊。

但這個死神其實是由他們自己的全能自戀轉變而成的。全能自戀讓他們想徹底控制事情。而當失控發生後，這份全能感受到挫敗，特別是親人死亡，再也沒法挽回了，這是對全能感摧毀性的打擊，所以要找到到底是誰幹的。

倒地老人最容易怪罪的是，事發時離他最近的人。同樣，親人離世後最容易被怪罪的，恰恰是照顧親人最多的那個人。

這也是醫病糾紛的邏輯。這個邏輯也是覺得醫療中的各種失控，都有主觀惡意力量在和自己作對，而醫療產業化和相對惡劣的醫患關係，讓病人與家屬很容易責怪醫生，特別是第一線的醫生和護士。所以，和容易暴怒、自我破碎的人打交道確實不容易，你很容易被他們怪罪。

在寫本節的內容期間，我休息時做了一個夢。我在夢中說出了這樣一句話：「你是好人，那麼你得讓著我，讓我吃一口；你是壞人，你這麼可怕，我吃了你！」

這是對極端巨嬰心理的總結，碰見好人，他們想去剝削；而剝削被拒時，他們就想報復和破壞。個體的這種邏輯很難避免，但社會體系應該在這種時候秉持基本公平、正義的原則，不能為了安撫巨嬰而犧牲中堅力量，否則就是在鼓勵逆向淘汰。

警惕「張憲忠崇拜」

博主「押沙龍」曾寫過一篇文章《〈水滸傳〉：中國文化的一場噩夢》。這篇文章主要講述，在《水滸傳》這本「中國四大名著」之一的小說裡，充滿了毫無人性的殘酷虐殺，而且幹這些事的，就是梁山泊一〇八條好漢。

例如楊雄殺妻，還有李逵凌遲黃文炳。這兩個情節好歹還有敵對關係，但其他一些情節真的是令人難以接受。

例如，梁山好漢設計逼霹靂火秦明入夥的故事。宋江策劃了連環毒計，派人化裝成秦明，帶軍隊去殺人放火，「殺死的男子婦人，不計其數」。官府真以為是秦明幹的，於是下令殺了他全家。秦明還不知情，等回到城門口一看，迎接他的是妻子的頭顱，被士兵高高挑在城頭上。

這種滅門大恨，宋江竟然輕鬆就承認了，而秦明也只是抱怨了幾句。接著，宋江為秦明安排了一門親事，做主把花榮的妹妹許配給了他，還稱「甚是賢慧」。自此，秦明開心地歸順了。在全家被殺的第二天，他就幫宋江攻打了清風寨。

還有一個殘酷的例子。也是為了逼另一位好漢朱仝入夥，李逵將朱仝帶的小衙內——我記得是朱仝長官家的兒子，朱仝非常喜愛的——一斧子劈下去，「頭劈成兩半個」。後來還騙朱仝說，他只是給小衙內餵了麻藥，讓他暈過去了。

關於李逵的變態情節非常之多。說實話，我以前只留意了李逵如此變態，而忽略了梁山好漢除了魯智深外的集體變態。

押沙龍說，作者施耐庵是寫作的天才。他把故事寫得如此血腥、如此變態，還細緻入微，明顯是他喜歡這麼寫，然而讀者竟然就像失去了判斷力一樣，跟著他的寫作讀下去，竟然還對梁山好漢滿懷喜愛。

押沙龍的這篇文章讓我羞愧，我禁不住想，以前我是怎麼讀這本書的？我是怎麼把做出這些變態行為的屠夫當作好漢，甚至英雄的？

我把這篇文章轉到了朋友圈，並和精神分析師張沛超做了簡單的探討。

張沛超有一個術語「兵馬俑人格」，類似「僵屍人格」，而他認為是比「僵屍人格」更可怕的變態人格。他說，這些好漢是「清一色的人格障礙」，並且多數是反社會人格。我則引申說，可能這是僵屍人格在剛醒過來時，先變成了反社會人格。

有戀屍癖，想把別人弄成屍體。也有人是僵屍人格，即看似是自己主動變成了沒有活力的活死人。在我看來，這是徹底無助的一個表現。

當僵屍人格太多時，他們會崇拜大開殺戒的反社會人格。我將此稱之為「張獻忠崇拜」。之所以稱為「張獻忠崇拜」，是因為我看了幾本關於張獻忠的文獻後，覺得他的反社會到了登峰造極的地步。他只想搞破壞，還特別善於搞破壞，而且把屠殺弄得花樣百出，堪稱反社會人格中的王。因此我想，對反社會人格的崇拜，不如就叫「張獻忠崇拜」。

拿這個理論一套自己，我先要汗顏。我小時候看了幾遍《水滸傳》，竟然完全沒覺得梁山好漢們變態，還真對他們有崇拜。那是不是可以說，我也有這種「張獻忠崇拜」呢？

也許你會覺得自己沒有，但抱歉，我得說還真未必。我拿一件事來做個測試吧。

二〇一九年五月，江西上饒市第五小學發生了一起慘案。一名男子王某建，認為自己讀小學三年級的女兒，被同班一個小男孩欺負，於是衝進女兒的教室，當著全班學生的面捅死了那個小男孩。

慘案發生後，傳出消息說這個小男孩是校園一霸，他霸凌小女孩至少一年了。校園霸凌案是社會的一個傷疤，不但因為容易發生，而且《未成年人保護法》變成了「未成年犯罪保護法」。不但保護不了被霸凌的孩子，相反，倒是可以保護霸凌者免受刑事懲罰。可能是有這個大背景的原因，於是這起慘案發生後，兇手王某建竟然在網路上得到了一致同情，我認識的不少大V（編按：指在社交平台上有眾多粉絲的用戶），他們平時以有判斷力和良心著稱，此時也一樣對他表達了同情和支持。

這種聲音逐漸成了主流，雖然我第一時間持相反的意見，但我其實是膽小的人，不敢把自己的意見發表出來，怕被圍攻。但隨著得到的資訊越來越多，顯示王某建可能精神有問題，小男孩霸凌小女孩一事未必成立。例如，一個確定無疑的事實是，兩個孩子二〇一九年三月才成為同桌，怎麼有辦法霸凌一年呢？

此外，各方面資訊都顯示，在慘案發生的前一天，小男孩的父母和老師們才從王某建那裡得到資訊，說兩個孩子之間有衝突。這件事的結果就是王某建殺人罪名成立，半年後被執行死刑。

這件事我相信很多人當時關注過，那我要問一句：「事情剛發生時，你是站到王某建這一邊嗎？」如果是，那真可以反思一下，你有沒有「張獻忠崇拜」。

再談談反社會人格的心理邏輯。

對有反社會人格的人而言，世界分為兩部分——「我」和「非我」。要麼你屬於「我」，你是我自己人；要麼你就是「非我」，也就是「非人」——我完全感受不到你和我是同樣的生靈。相反，我覺得你是我的敵人，並且既然你是「非人」，那我攻擊你時就毫無心理障礙。

這也有不同的發展程度。你可以有一個範圍很大的共同體，如我們都是中國人，都是炎黃子孫。也可以有一個小範圍的共同體，如我們是家人，我們是同學。但**反社會人格的人就只有一個簡單的劃分：你聽我的，就是我的人，我就對你好點；你不聽我的，就是「非我」，就是「非人」，就是敵人，我滅掉你就沒有一點內疚。**

二〇一三年，廈門男子陳水總在當地製造公車縱火案，燒死四十七人，重傷幾十人。然而，僅僅因為有報導稱，陳水總多次找相關部門但遇到阻礙，於是網路上竟然對他發起一片同情之聲，甚至把他視為英雄。

這件事使我非常震驚，讓我徹底醒過來，「張獻忠崇拜」這個概念的雛形，就是這樣誕生的。

這太可怕了！他在公車上縱火，受害者全是無辜民眾，他怎麼會得到同情和崇拜？

可能太多人覺得自己也是社會權力體系的受害者，是無助者，所以對陳水總有了怪異的同情。但是，陳水總的心理令人納悶，既然他對權力部門不滿，為何不將憤怒對準它們，反而對準公眾？

從綜合報導中可看出，他不僅找權力部門的碴，也找身邊人的碴，他和周圍的人都格格不入。作為很可能的反社會人格障礙，他是一種典型：他還沒能力分化出善與惡，只能區分出「我」與「非我」，他是將「非我」之外的整個外部世界視為敵人，所以其行為也是恨不得毀了整個世界。

其實，陳水總連仇恨有關部門的理由都沒有。他多次領低收入戶的補助，生活無憂，他肇事的起源是有關部門拒絕修改他身分證上的年齡，而他這樣做是為了立即拿到一份一年後就可到手的養老保險。

有人以為權力體系迫害了他，其實陳水總仇恨的是整個外部世界，包括你在內。

這是一種**純內在的病態**，外在世界就算再好，例如有極度發達的福利政策，都不能避免陳水總的破壞行為。因為他要的不只是低收入戶補助和養老金，而是希望世界按照他的意願運轉。

社會權力體系的公信力容易有問題，民間的社會想像系統也有問題——總有強烈的被迫害感，有任何悲劇發生，最容易讓人接受的解釋就是，這是權貴幹的。意思是，一個掌控一切的迫害性系統製造了一切問題，而受害者都很可憐、很正確。發生陳水總這種事件後，只要你在網路上持有這種觀點，就很容易贏得一片贊同聲。**這種集體無意識同樣可怕。**

陳水總是反社會人格，張獻忠、李自成也是，《水滸傳》裡那一〇八將中的多數人也是。把公車縱火案美化，最終就可能引出對張獻忠與李自成的大屠殺的支持。

概括來說，「張獻忠崇拜」出現的原因，是太多人是沉默的大多數。太多人覺得自己陷入嚴重的無助中，甚至淪為僵屍人格，處在自戀維度的最低位。這時，當發現有人走向無助的相反一面，就是毀滅性的全能暴怒時，覺得這個人處在自戀維度的高位，因此對他有了認同，甚至崇拜。

然而，你怎麼能崇拜一個沒有人性的反社會者呢？你得警惕這一點。

脆弱的真相是暴怒

接下來，我們來談一談脆弱。脆弱和無助是近義詞，當人處在脆弱中時，容易認定有一個力量攻擊了自己，讓自己變得脆弱。

但是，如果你在人際交往中非常脆弱，那麼仔細觀察自己，會發現隱藏著暴怒的邏輯：

1. 我對你表達了渴望，如果你滿足了我的渴望，這很好。
2. 如果沒有滿足，我的渴望立即就變成了激烈的暴怒。
3. 激烈的暴怒向外表達，就變成顯而易見的破壞力，即暴脾氣。
4. 作為脆弱的人，我不敢向外對你表達我的暴怒，於是暴怒的能量變成向內攻擊自己——看你這個傻子（或蠢貨，或不知天高地厚等），你怎麼這麼不要臉！

所以，暴怒，準確地說是**全能暴怒，才是脆弱的真實表達**。暴怒指向外界，就變成了壞脾氣；指向內在，就變成了對自己的破壞，也就是脆弱。

一位女性來訪者在一次諮詢中看到一個意象——一個被割了很多傷口、鮮血淋漓的嬰兒。在現實生活中，她是一個很脆弱的人。

脆弱的人，容易看上去脾氣很好，其實只是太脆弱而已，他們和壞脾氣之人的內在邏輯是一樣的。

譬如這位女性在諮詢中向我提出一個請求，我沒有答應她的請求，她的內心立即就生出狂怒，但她怕這份狂怒破壞關係，所以立即壓抑了下去，但轉而變成對她自身的猛烈攻擊——她開始恨自己為什麼向我提出這個請求。

她從記事起，要麼是孤獨沒人理，要麼是被大人訓斥。被大人訓斥就像被砍一刀似的，但比這個給她更多傷害的，是她向外界發出請求但沒人回應。這些請求的能量都變成了暴怒，轉過來進行自我攻擊，所以她感覺滿身都是傷。

從小到大都孤獨的人，都內傷滿滿。可以說暴怒的人和脆弱的人都是一根筋。他們發出渴望時的能量，只能走一條非常狹窄的獨木橋。要麼立即被實現，這時就體驗到了生命力；要麼被拒絕，這時就變成死亡的力量，即破壞欲或毀滅欲。

我們的高考獨木橋也來自這種焦慮：我（或我的孩子）付出了努力，就必須得有效果，否則，就有毀滅欲（死亡能量）出來。但高考失敗看起來主要是考生自己的事，沒有一個明顯的敵人可以去恨、去攻擊，毀滅欲難以向外，考生只好反過來攻擊自身。高考失敗後的自我憎惡，乃至自殺，多是由此而來。很多父母雖然知道孩子高考失敗需要安撫，但他們做不到，就是控制不住地要攻擊孩子，也是因為他們安撫不了自己的毀滅欲。

想毀滅自己的考生、想毀滅孩子的父母，都是巨嬰。

嬰兒的世界，一發出需求就渴求立即實現，否則嬰兒就失控，並體驗到徹底無助。好在嬰兒的主要需求是吃喝拉撒睡玩，如果有一個敏感的好媽媽及時回應，那麼嬰兒就可以得到基本滿足。

但對大孩子以及成年人來說，任何重要需求的滿足，其實都需要時間和空間，以及努力才能得到滿足。如果一個人逐漸體驗到他的世界基本是可以掌控的，他的願望基本是可以實現的，這就意味著他的生本能戰勝了死本能。

脆弱的人和暴怒的人，他們的世界都是缺乏這種基本掌控感的。

一男子想達到一個目標卻失敗了，絕望之際，他感覺周圍的世界有銅牆鐵壁在阻攔他，且銅牆鐵壁後有一個惡意的力量（死神）在和他作對，他憤怒地拿頭撞牆。這樣做的隱喻是，我要把這個和我作對的死神給撞死。這就是一個直線式的能量，要麼實現從而生，要麼受阻從而死。不能繞彎，不能掉頭。

但有一次他撞牆時大哭，哭泣中他突然明白，可以繞過銅牆鐵壁，用其他辦法實現目標，只是需要更多時間、更多努力。從那以後，他的這種暴怒與自傷就好了很多，並且這份暴怒中藏著的能量因此理順後，變成了極其飽滿的熱情。

前面談了脆弱，接著我來談一談「強烈的指責」。在不少家庭裡，或者說在親子關係和兩性關係中，很容易見到強烈的指責。哪怕只有一個人陷入強烈的指責，會變得很難與別人溝通，於是關係中的雙方可能會越來越少溝通。

喜歡強烈指責別人的人，有人是在家庭內和家庭外都是這樣，但我見到的太多人，是在家庭外的社會關係中非常好說話，回到家裡就變得非常喜歡強力指責家人。部分重要原因是，在社會上，這樣的人知道自己沒辦法占據自戀維度的高位，於是甘於處在低位，就變得好商量，甚至好欺負。但是等回到家後，面對伴侶和孩子，他們的高自戀渴望就湧出來了，他們變得很不好說話，並且很容易進行強烈的指責。

指責、批評和攻擊，容易給人一種感覺——「你看，我是強有力的」，這常常是為了避免自己陷入無助中。

對於強烈的指責，我們也是可以分析的，它藏著如下邏輯鏈條：

1. 你本來的狀態A是不對的。

2. 你應該進入狀態B中。
3. 你進入狀態B，我認為是很容易的。
4. 但你就是不進入狀態B，故意在狀態A待著，所以你是存心和我作對。
5. 所以你對我是有敵意的，我因此要指責你。
6. 你必須道歉，不能辯解，所有辯解都是狡辯。
7. 如果你不道歉、不改變，我們就沒完。

當一個人進入這個邏輯鏈條時，就看不到以下幾點事實了：

1. 任何人本來的狀態A都非常有道理。
2. 任何人從他本來熟悉的狀態A，進入不熟悉的狀態B，都不容易。
3. 別人待在自己的狀態裡，並不是要和你作對。

強烈指責，本質上是一個人活在一元世界裡，只能看到自己，難以看到別人邏輯的合理性，也難以看到別人並不是針對他才做或不做什麼的。並且，他改變自己有多難，別人改變自己也就有多難，如果他希望別人改變，那就是難上加難。

例如，一對情侶，男方常常不能第一時間給予女方熱烈的回應，但偶爾能做到。女方因此對男方有意見，多次激烈地指責他，認為男方明明有時能做到，為什麼那麼多時候沒有去做！她認為男方是故意的，至少潛意識裡是故意的。女方有強大的分析能力，總能分析出男方這次沒有熱情回應她可能是因為某一次的不爽，所以這次故意報復、冷落她。

本質上，這種邏輯可以回到全能自戀、全能暴怒、徹底無助和被害妄想的四個變化上。我希望你熱情滿滿地回應我，這是全能自戀。當沒有實現，就有了全能暴怒。有了全能暴怒必須得表達，一表達就成了強烈指責，但如果不表達就成了徹底無助。並且，我會認為沒得到積極的回應，是因為對方有主觀惡意動機。

我們得知道，強烈指責是一個「找魔鬼」或「找死神」的遊戲。我的挫敗是誰導致的？是誰破壞的？但是，當自己對別人進行強烈指責時，其實「我」就是那個破壞者，因為否定對方的本來狀態，就是在殺死對方的本來狀態。

一個人不能把自己舉到空中，也不能透過自己的努力就化解全能感導致的這個邏輯鏈條。**所有活在一元世界（自戀維度上）裡的人，都需要進化自己的心靈，發展到二元世界。**

在一元世界時，當有讓人挫敗的事發生，就容易有失控，然後弄出一堆想像，但是當進入二元世界時，就會真切地感知到，「噢，原來我是我，別人是別人，別人怎麼做有他的道理，並不是在和我作對」。這時，強烈指責就會自動化解。

脆弱也是。脆弱的一個重要原因是，活在一元世界裡很容易產生各種負面情緒，特別是暴怒，當暴怒向內時就導致了脆弱。但是，當進入二元世界，能對別人乃至整個世界的運行邏輯接納和理解時，暴怒就會不翼而飛，暴怒引起的脆弱也就自然而然消失了。

所以，**關鍵是心靈的進化，而不是找到一個又一個解決問題的具體方法。**

第11章

被害妄想

被害感

被迫害妄想是一種經典的精神疾病的症狀，它的具體表現是，一個人覺得自己的一切不幸，都是由一個人或一個強力機構系統迫害所造成的。系統性是這個症狀的關鍵，也就是說，這個人或機構構建了一個迫害系統，導致我生命中的所有不幸。

當一個人陷入被迫害妄想，又沒有自知力和現實檢驗能力時，心理諮詢對他就沒有幫助了，必須要借助藥物治療，而且一般也需要住院治療。現實檢驗能力，就是要知道自己的這些妄想是內在想像，不等於外部現實。所謂自知力，就是知道「我」有了問題。

作為諮詢師，我很少在諮詢室內遇到有被迫害妄想的來訪者。因為他們既然缺乏自知力，就不會主動來找諮詢師。當然，如果真來了，我也很難幫上忙。

不過，我也遇過少數有被迫害妄想的來訪者，他們都是由家人帶來的。例如，一個年輕人被家人帶來做諮詢。第一眼看到他，我就警覺到他的問題可能很重，因為他看上去有些怪異。怪異，是精神疾病患者的一個常見表現。

諮詢開始後，他不怎麼願意講話。我問他是怎麼想到來找我的，他說是家人要他來的，他並不想來，他認為自己很好。

我問他：「你覺得自己的好，可以達到多少分？」

他不假思索地說：「可以到九十九分。」

我回應他說：「既然你給自己的狀況打這麼高的分數，那你應該是認為自己不需要找諮詢師，也不需要改變。但是你既然來了，願意談談那不怎麼好的一分嗎？」

他猶豫了一下說好吧，然後講了他的一些情況。整體上來說，我覺得他講的邏輯性還蠻強的，有一定說服力，好像他的確過得還可以。然而，他臉上偶爾會展露出那種怪異的表情，還是讓我有所警覺。後來，他講到一件事。他說一次回家，他打開冰箱想喝水，有一瓶礦泉水是他早就打開過的，所以他拿出這瓶水想喝，但他覺得，現在這瓶水的水線和他記憶中的好像不一樣。不過他只是猶豫了一下，還是喝了一口，可是覺得水的味道隱隱有點不對，於是就不再喝了。

這是一件很小的事情，但他講述的方式讓我推測，這可能是被迫害妄想。他懷疑有人打開過他的水，而且在水裡撒了什麼東西，所以有了怪味。他可能很嚴重地懷疑是這樣，但我是陌生人，他對我也有懷疑——懷疑我是迫害系統中的一員，所以不會向我袒露他的想法。

和他談完後，我和他的家人聊了一會兒。我問他們他是不是去醫院做過診斷。我也講了他喝水這件事，說他可能有被迫害妄想。他的家人表示，他們帶他去過醫院，被診斷為偏執型精神分裂症，但他們不願意相信，所以帶他到我這裡，希望我能有其他判斷。

我向他們坦然相告，這不是我能解決的，還是應該帶他去醫院接受精神科的治療。

這是我在諮詢中遇到的被迫害妄想的個案。相比在諮詢室中，我反而在生活中見過更多這樣的個案。並且，我也見到儘管有人有被迫害妄想和幻覺，但因為有現實檢驗能力，即知道這是想像，不是真的，同時也有自知力，然後在醫院精神科同時接受藥物治療和心理諮詢，很快恢復了正常。

儘管我在諮詢中很少遇到狹義的被迫害妄想，但是在長程諮詢中，太多來訪者呈現出程度不一的被害感，有時也像是有了短暫的被迫害妄想，這就相當常見了。同時，我觀察自己，會看到我心中也有被害感。

被害感，或者說被害妄想，很容易跟徹底無助連在一起，這兩者往往是成正比的。一個人越是無助，他的被害感就越強。這個邏輯我們不難理解，一個徹底無助的人，覺得他掌控不了自己的人生，而是由一個外在的力量在掌控著他。並且，既然他過得這麼不順，自然這個外在掌控性的力量就是充滿敵意的。

如果你看到一個非常無助的人，就基本可以推斷他必然會有被害妄想。所以，當這個人向你講述一個壞人怎樣傷害他時，你得有警惕心。這當然有可能是真的，但也有可能是他想像的，有時這兩者同時存在。

例如，一位女士在諮詢中表示非常不喜歡自己的工作，想動用一切資源換工作。

首先得說一下，她現在的工作相當不錯，屬於被人羨慕的那種。那麼發生了什麼事情，讓她想換工作呢？原因是，她覺得直屬主管太過分了，總是針對她、打壓她、無情地讓她工作，不體恤也不誇獎她，她受不了了。

然而與她仔細一聊就會發現，首先，這位主管是一視同仁，就是他對所有人都一樣，並沒有針對她。並且，因為主管知道她有些脆弱，所以實際上在安排任務時，還特意給她找了幫手。

她雖然是一個小主管，但一直無助的她指揮不了下屬，所以這些幫手對她幫助不大，她要一個人做至少兩個人的工作。然而，這畢竟不是直屬主管的錯誤，而是她的問題。

接著就會發現，她一開始談到主管時，好像對方就是一個徹底大權在握、站在權力金字塔頂端的人，也就是一個全能神般的人。這也不是事實。她的直屬主管也只是一個中階主管，要接受上司的指揮，也有很多無奈。

更重要的一點是，除了面對下屬時她有權力，面對客戶時，她其實也有非常大的權力，因為她所在的機構相當強勢，但是她面對客戶時，會覺得自己尤其無助。

總之，在工作中她有太多無助，於是相對應地，就有了強烈的被害感。她把這份被害感投射到直屬主管身上，就好像他是一個恐怖的魔鬼，而她完全應對不了，所以想逃走，想換工作。

但是，當看清楚這些具體的因素，也就是她的主管也有上司，她的主管對所有人一視同仁，而且還考慮到她的脆弱，給她加派了幫手，同時她不能對下屬和客戶合理使用自己的權力時，她的被害感就消失了大半，於是不再想換工作了。

接下來，她試著對下屬和客戶凶了一些。這樣做之後，她發現工作並不太難。這時，她對主管的抵觸乃至恨意，就徹底消散了。

說到對下屬和客戶凶了一些，其實非常不易。經過相當長時間的諮詢後，她才逐漸能做到這一點。

這位女士故事中的邏輯，我在諮詢和生活中見了太多，覺得可以總結成幾條規律：

一個人越是無助，就越容易有被害感；

一個人越是有掌控感，就越不容易有被害感；

一個無助而封閉的人，因為封閉，讓自己躲開了很多刺激，所以這些被害感也不容易見到，但是無助而封閉的人剛走向開放時，會產生各種被害感；

還有一點很重要，就是當產生被害感時，一個人會變得非常憤怒，非常沒有耐心，會想著立即去做一些強而有力的事，攻擊傷害他的力量。

最後這一條，我要多做一點解釋。**很多人有濃得化不開的恨意，就是因為把自己放到了被害者的位置上。**

首先，被害者的位置給了這樣的人一種強烈的羞恥感，就是「我怎麼這麼差啊，我竟然聽任別人凌辱我」，因此有強烈的恨意，還想復仇。

其次，被害感也給了被害者一種道德感，「我是受傷害的那個，所以我是有道德的、對的」，這種道德感會讓自己表達恨意時更加堅決。

然而，當被害者作為旁觀者去審視時，會發現很可能這個邏輯中的基本點並不成立——「我是無助的受害者，有一個強大的加害者在迫害我」。就像我前面舉的這位女士的例子，關鍵是她自己太無助了，於是很容易投射出一個迫害者來。

當然，這世界上的確存在各種迫害，但通常被害感或被害妄想是徹底無助的一種必然展現，它們簡直像是雙胞胎。

如果你常陷入無助，常感到失控，那麼就需要提醒自己，**你的被害感很可能是自己內心的事**。當你能走出無助，基本掌控自己的人生時，你的被害感會消失大半，看待世界的角度也會變得很不同。

成功中的陰謀論

所謂成功陰謀論，就是你認為成功人士的成功，都是陰謀籌畫的結果，都是騙來的。

這種陰謀論，對個人發展來講有很大的危害性。當你真心認為時，就意味著成功是黑暗的、邪惡的。那麼，你還敢走向成功嗎？

也許你會說：「這是我還沒有走向成功時，出於對成功人士的羨慕嫉妒恨，而自欺欺人、編織的一種自我安慰的說法。等我成功了，我就會放棄這種說法。」然而，很可能這種邏輯本身，就會嚴重阻礙你走向成功。

作為心理學界收入最高的人之一，我常常聽到關於我的一種說法：武志紅特別善於行銷，特別善於「找角度」，並且寫文章時語不驚人死不休……。甚至有人分析我，認為我從一開始就找到了兩個寫作的角度：一個是成為你自己，另一個是原生家庭論。然後，我就持之以恆地從這兩個角度入手，寫了幾百萬字。

我要真是這樣寫作的，大概早被累死了。

因為在我寫作時，必須有一種寫作的快感。這份寫作的快感，只有忠於我內心、忠於我的感覺時才會產生，這種時候寫作會變得容易很多。哪怕一天都在打字，因為有這種內在的享受，所以一天結束時，我也會有一種很飽滿的感覺，像是得到滋養一樣。

如果真像有人猜測的那樣，我是先算計好方向，預料到「成為你自己」和「原生家庭論」這兩點，會「收割」一大批粉絲，然後絞盡腦汁去思考、去寫，那麼這件事就算帶來巨大的收益，我也不會開心。當然，更重要的是，這樣做極有可能帶來不了收益。

多年來我見過形形色色的人，有很多人真的是絞盡腦汁地在尋找成功的道路，可始終不得法。現在想來，可能他們真的是想錯了，他們認為重要的是找到成功的道路，但更重要的其實是找到自己熱愛的事物，並投入其中，與這個事物建立起深度關係。

深度關係會讓你進入很不一樣的境界，然後加上長年累月的積累，最終自然收穫了所謂的成功。

二〇〇八年，我有一個重要的領悟。當時我在《廣州日報》社主持心理專欄已有三年，《為何家會傷人》一書已經一炮走紅，算是累積了一些名氣。那時有各種各樣的人找到我，想和我合作，我也開始思考怎樣能更好。

當時，我上了一個心理學的課程。在課堂上，透過一個練習，我領悟到利益和所謂的成功，都是我專業能力的副產品，所以最重要的是繼續提升我的專業能力。如此，成功和利益會繼續自然而然地湧來。

對我而言，我的專業能力有三點：心理諮詢、寫作和思考。做好這三點就可以了。有了這個領悟後，我更加專注在我的核心專業能力上。果不其然，利益和成功也不斷累積，並且有時會呈現爆炸般增長的態勢。

有了一些影響力後，我也得以見到各行各業的精英人士，特別是企業家。然後，我逐漸總結出一個規律：他們普遍非常真誠，對自己所屬行業有非凡的熱情和洞察力，說起話來也多是開門見山。

為什麼會這樣？因為他們普遍意識到最寶貴的是時間，所以不要浪費時間繞圈子，真誠和開門見山最好。和他們談話時，我也覺得很暢快，因為不用擔心會傷害他們，所以我的感知和分析能力，也會提升到一個比較高的水準。

時間是他們能意識到的重要因素，而我能觀察到的，是他們的真誠和非凡的熱情。這意味著他們在自己所擅長的領域，是拿出真實自我的。**所謂真實自我，就是發自內心的、帶著體驗和情緒情感的那個自我，而不僅僅是頭腦層面的自我**，僅僅是頭腦層面的自我的話，可以稱為「虛假自我」。

可以說，他們成功的關鍵在於真實。真實意味著他們的真實自我與他們所投入的領域，建立了深度關係，於是有了非凡的成果，成就和利益這些副產品自然就會湧來。當然，他們當中有人是非常精明的，他們對自己所做的事既有真實投入和熱愛，同時看到自己所做的事會帶來巨大利益。

羅伊・馬丁納（Roy Martina）在《改變，從心開始》一書中，講了一個很有意思的觀點：當你的個人潛意識和集體潛意識合二為一時，成功就可以容易很多。

這個觀點我蠻贊同。我父母深受不孝之名的折磨，所以我有要解構孝道的潛意識。這也正好是目前我們這個文化的集體潛意識，我越是深入自己的內心，就越能碰觸到集體潛意識。要做到這一點，首先得真實。不真實，就不能進入自己的潛意識，也就不能撬動集體潛意識了。

深入瞭解這些精英人士後還可以看到，他們的人生和他們的事業呈現一種演化的態勢。他們抓住了一些本質，深入其中，然後和這個事物的關係不斷深化。同時，各種資源也匯入其中，他們投入的事業就像一個複雜的生態系統，一樣在成長、演化。

這不是一種簡單的增長，而會是一種超級有生命力和韌勁的狀態，整個過程中也必然會出現各種爆炸性增長。依照前面提到的馬丁納的那個說法，這應該是集體潛意識被撬動後，集體的力量在匯入的結果。

在不斷見識這些精英人士的同時，我也不斷遇到想走套路追求成功的人，其中不少人想和我合作。有些時候，他們簡直是一撥一撥地湧來。他們說自己掌握了一套成功的方法，例如怎麼讓我的自媒體爆發性發展，其中很多人提到了病毒式行銷。

其中少數幾位偶爾會打動我，但多數時候我對他們出於本能地抗拒，因為他們有一個顯而易見的漏洞。我問他們：「你們認為自己掌握了這個套路，但你們有成功經驗嗎？你們為什麼不拿這一套東西先幫助自己成功呢？為什麼想和我合作？」這幾個問題問倒了不少人，也有人會給出一番解釋，但明顯缺乏邏輯性和說服力。

現在我可以總結，行銷是重要的，但絕對是次要的，特別是假如你想獲得一種能持續很長時間，乃至一生的成功時，那根本沒有套路可言。如果有，那就是投入真心，構建深度關係。

蠻有意思的一點是，我說的這些精英，如果你在網路上搜索他們的名字，會看到上面基本上是罵聲一片。其中一致的腔調是，這些人都不過如此，他們的成功是鑽了空、善於行銷的結果。

這樣的腔調本身也是一種自戀：「你們成功人士有什麼了不起，我看你們的時候，可以有俯視的姿態，而且我懷疑你們都是騙子。」經過這麼一番自欺欺人的工作，可以讓自己在任何時候都保持一種優越感。

生命是用來體驗的。真要活好自己，就要拿出真實的肉身和真我，去和世界碰撞。碰撞太深的人，會有一種驕傲的坦蕩和深厚的謙虛。

但是，這會是一個自戀不斷破損的過程，太多人為了維護自戀不敢投入真實關係中，而是停留在頭腦想像中。然後看世界的時候，有一種俯視一切的視角，這種感覺好爽。然而，一進入真實生活就會陷入無能。

在真實世界中感覺到無能，又想安撫自己的時候，就容易衍生出這樣一套邏輯：

一切成功與強大，都是因為陰謀；

陰謀家在控制著這個世界，甚至我的普通人生；

我雖然無能，但我善良；

陰謀家雖然能力強，但他們都是害人精，都是魔鬼；

所以，誰弱誰有理，誰窮誰正確；

相反，強就是惡，強就是錯；

……

這些邏輯十足危險，也有害，會把你自己「釘」在虛弱的位置上，讓你不能伸展自己。我們得警惕這些邏輯。

戲劇三角：加害者、受害者和拯救者

當人有被害感時，就意味著他覺得陷入了受害的位置，有人、機構或某種力量在迫害自己。並且，如果這個人覺得自己非常無力——陷入徹底無助中，就會渴望有一個拯救者幫助自己。

這樣一來，這個人的心靈世界中就有了三種角色：**迫害者、受害者和拯救者**。「迫害者」這個詞有點特殊，可以換成「加害者」，這樣含義就普通一些，涵蓋範圍也更廣泛一些。

心理學家卡普曼（Stephen Karpman）對加害者、受害者和拯救者的三角關係模式，進行了系統性的探討，因此人們把這個模式稱為「卡普曼戲劇三角」（Karpman Drama Triangle）。

加害者會貶低別人，把別人看得比較低下。也就是說，自己只想占據自戀的高位，而試圖把別人弄到自戀的低位，還會去掠奪、剝削別人。

拯救者也會把別人看得低下，但是自己會去幫助弱者，並且敢於和加害者作戰。

受害者認為自己的能力低，習慣了處在自戀的低位，有時尋求自己被迫害，有時則尋求被拯救。

在人際關係中，我們很容易看到不同的人在扮演不同的角色。同時我們也可以看到，加害者、受害者和拯救者這三個角色，可以存在一個人的內在心靈中。於是，一個人在不同的處境中，就可能會轉變成不同角色。

卡普曼戲劇三角不僅可以幫助我們理解普通的人際關係，也可以幫助戲劇創造者去安排角色。一般而言，在一個戲劇中總是有這三個角色。

面具化的戲劇容易把這三個角色固定下來，例如拯救者就是高尚、完美無缺的；受害者就是弱小無助的；加害者就是徹底黑暗、沒有一點好的。

但是，一個複雜的、好的戲劇則會讓觀眾看到，**人是在這三個角色中不斷變換的**。

例如，在克里斯多福．諾蘭執導的《蝙蝠俠：黑暗騎士》中，高譚市的檢察官哈維．丹特和蝙蝠俠是城市的拯救者，黑幫分子和小丑是加害者，而民眾是受害者。這是故事一開始的局面。

隨著劇情的進展，事情變得複雜起來。小丑發動各種恐怖襲擊，一個目的是要逼蝙蝠俠現身，而民眾竟然也有人想犧牲蝙蝠俠。這個時候，自以為是受害者的民眾，就直接變身為加害者了。

後來，哈維．丹特深愛的女人瑞秋遇害後，這位光明騎士立即就從拯救者的角色，滑落到受害者的角色，他徹底不能接受這個轉變。於是他變成了加害者，開始對各種人發起攻擊，也包括蝙蝠俠。

如果故事只是這樣發展，那麼從來不殺一個人、無私、無畏的蝙蝠俠，就成了高尚的英雄，也就是純粹拯救者的角色了。但是這只是事情的表層，在蝙蝠俠的內心世界也住著一個黑暗的形象。

例如，在蝙蝠俠三部曲的第一部中，諾蘭勾畫了一個經典的伊底帕斯情結的故事情節。

蝙蝠俠本名叫布魯斯．韋恩，他和瑞秋是青梅竹馬的朋友。兩個人五、六歲時，在韋恩家的豪宅裡玩耍，瑞秋找到了一個長矛的矛頭，布魯斯把它搶了過來，然後兩個人追逐嬉戲。突然間，布魯斯掉進一個隱蔽的深洞裡，這個洞裡有很多黑色的蝙蝠飛出。布魯斯的父親作為高譚市的首富，堪稱一位模範父親。他把兒子救了出來，還非常會安撫兒子。

當天，他們去看了一場戲劇，戲劇中有蝙蝠的形象。布魯斯不舒服，被父親看到了。父親沒說兒子不舒服，而是對妻子說自己不舒服，他想回家。結果，他們在劇院門口遇到搶劫。布魯斯的父母被一個流浪漢槍殺，布魯斯目睹了這可怕的一幕。

在這樣的故事情節中，布魯斯看上去是純粹的受害者。後來，他也多次有噩夢和幻覺，但如果你看他的那些噩夢和幻覺就會發現，那個殺害他父母的流浪漢的形象，竟然從未出現在他的幻夢中，只有蝙蝠在翻飛，而蝙蝠不就是布魯斯後來選擇的形象嗎？

對此你可以理解為，布魯斯想用這種方式，來戰勝對流浪漢、蝙蝠所代表的黑暗意象，但布魯斯這像是一種深深的認同，就像是他內心中住著黑暗的蝙蝠，這才是他最難以面對的部分。

諾蘭系統性地學過精神分析，在我看來，這是諾蘭有意設計的一個伊底帕斯情結的故事。最初找到的矛頭，象徵著雄性的生殖器，也象徵著攻擊性，而布魯斯掉進的深洞（潛意識），那些飛出的蝙蝠，象徵著蝙蝠俠潛意識深處的黑暗。

什麼樣的黑暗呢？就是布魯斯作為一個男孩，他有佛洛依德所說的伊底帕斯情節，也就是戀母弒父的想像。這是他自己內心的黑暗。所以可以說，蝙蝠俠後來想戰勝的不是外在的敵人，而是他自己內心的黑暗。他看似一個受害者，而他知道自己內心深處有加害者的部分，也許它更為根本。布魯斯窺見到了這個部分，並想馴服它。

在加害者、受害者和拯救者這個三個角色中，我們更容易喜歡哪個角色？而更容易抵觸哪個角色？拯救者看起來是最容易被喜歡的，因為善良又有力量。

那麼，加害者和受害者如果要二選一，你更願意選哪個角色？

首先，雖然看起來大家更願意選擇拯救者，但真去做拯救者的時候，你可能會發現太累也太難了。並且，如果你這輩子一直都扮演某種拯救者的角色，你會發現，也許你在深深地抵觸它，因為它好像占據了你自己，讓你的自我像是消失了。

例如，一個女孩是名校大學畢業生，各方面條件也不錯，但是她竟然工作幾年後，還只做著一個月三千元（編按：相當於台幣一萬初）收入的工作。在諮詢中我發現，她非常恐懼成為家族的拯救者。她的父親是超級巨嬰，總是肆無忌憚、理直氣壯地索取，母親則是超級聖母，乾枯、疲累至極。她有哥哥姐姐，而父母一再對他們說：「將來你們誰最有出息，這個家就靠誰了。」這句話非常可怕，意味著這個家庭誰最有出息，誰就得做整個家庭的拯救者，不僅要把父母背上，還要背上兄弟姐妹，太沉重了。

這是一種很深的動力，束縛著他們的幾個孩子。結果，哥哥姐姐讀書和工作都非常一般，唯獨她考上了名校。這讓她一直恐懼，害怕背上全家這個重擔，所以畢業後她一直不能發展自己，做著一個月三千元收入的工作，只能勉強養活自己。她甚至把自己弄到了無助受害的位置上，等著別人來拯救。

所以，**拯救者這個角色儘管看似善良又有力量，相當於在自戀維度和關係維度上都占據了正向、光明的那一邊，但這很可能意味著失去了自己**。

那麼加害者和受害者的兩個位置，哪個更好？

受害者的位置看起來很不好，畢竟處在自戀維度的低位，而且還是被索取、掠奪的那一個，但是**受害者可以有一種安慰——我是好人**。不僅他們會覺得自己是好人，旁觀者也會這麼看。

此外，在自戀維度上占據高位，例如有權力、有力量或有成就，都是不容易的，但是把自己弄到自戀維度的低位，再加上一副受害者的樣子，就可以搶占道德的高位了。雖然失去了力量優勢，卻具有道德優勢，而且這一招誰都可以掌握。

至於加害者，加害者占據了力量上的好處，還可以去剝削別人，好處自然很多，但是他們不僅會被旁觀者視為壞人，自己也會良心不安。於是，他們很容易使勁在道德上、說法上下功夫，自欺欺人地說自己是好人，甚至是受害者。

記得最初看犯罪心理學的書時，一個說法讓我感到震撼：一位採訪了很多無比凶殘、作惡多端的罪犯的記者說，**所有旁觀者眼裡的壞人，都認為自己是好人。**

在生活中，我見過很多從不吃虧的人，顯而易見，他們是卡普曼戲劇三角中的加害者，但是他們常有超級理直氣壯的感覺。在發起攻擊、剝削行為之前，他們會有一套邏輯，覺得自己其實是受害者。然而，你真的和他們聊下去，就會發現他們當然知道自己在攻擊、掠奪和剝削別人，但他們需要一套自欺欺人的說法來騙自己，以覺得自己是好人。

在各種自戀中，一種基本自戀是「我覺得我是好的」，但是在真正意義上做到好人非常不易，因為它有點違背自戀維度的自戀。實際上，人們更容易去維護自戀維度的自戀。也就是，當被置於自戀低位時會感到羞恥和憤怒，並會做各種事情，以把自戀受損的感覺轉嫁出去。

但是，當一個人真這麼做時，很容易發展出惡行。

替死鬼心理

「替死鬼心理」是我提出的一個說法。現在大家應該都習慣了，我在不斷製造一些不嚴謹，但又非常好理解的術語。

替死鬼心理來自我們文化中關於替死鬼的傳說。依照我們的傳說，因為上吊、溺水、中毒、難產而死的人，他們的鬼魂會駐留在人間，必須找一個替死者，讓對方以同樣的方式死亡，自己的靈魂才能超生。

這種傳說中藏著一個深層的邏輯——「我必須把我所承受的苦難傳遞給另一個人，讓那個人和我遭受一模一樣的苦，那樣我才得以安寧」。這種心理就可以稱為「替死鬼心理」。最初提出替死鬼心理的概念，是直接受到兩起凶案的影響。

這兩起凶案都發生在二〇〇六年。先講一個當時轟動一時的凶案。黑龍江佳木斯男子宮潤伯，在一年多時間裡，誘騙、猥褻十一名兒童，並把其中六名兒童殺死肢解。

在宮潤伯的案件曝光前不久，一位做司法鑒定的朋友找我，告訴我一起他們覺得難以理解的凶案：一位三十多歲的男子殺了工友的妻子後自首。

他先是想自殺，但不想孤獨地死去，於是決定在臨死前找一個墊背的。這種想法是很多絕望凶徒的邏輯。從關係維度去理解，他們不想孤獨地死去；從自戀維度去理解，他們也覺得這樣自殺是虛弱的行為，是低自戀的表現，這會讓他們感到自己處在自戀維度最低的位置，因此有羞恥感。所以要殺死其他人，以證明自己並不是最虛弱無助的那個，還有人在自己的腳底下。

在這種心理的驅使下，他們會無差別地去殺人，而且會選最方便也最容易去傷害的對象，例如一些成年凶徒會選擇對幼稚園的孩子下手。

這位三十多歲的凶徒趁一位工友不在家時去了他家，隨便找了一個藉口和工友的妻子吵起來，借著怒氣把她殺死。

這是值得分析的細節。既然想無差別殺人，那麼為什麼不直接動手，還要找個藉口吵架？找藉口是為了給自己一個安慰：「是她不對，她惹了我，所以我才動手的。」這是為了維護「我是對的、我是好的」的自戀感。

殺了工友的妻子後，這個凶徒把工友家的現金搜羅一空，然後去做了桑拿浴。享受得差不多了，他心滿意足地打電話自首，並對員警說，不要隨便開一輛破車過來，要來就開本田轎車來。

警方滿足了他的要求，開著本田轎車來到桑拿中心，他束手就擒。他的行為令警方不解，因此安排了司法鑒定，結果顯示他作案時精神正常，是完全行為責任人。

以上行為讓人難以理解，而他還有更令人不解的部分。這位男子有一個小他十幾歲的女友，他很愛她。他每個月有兩千元左右的收入，自己只留一百元，其他全給了女友。決定殺人前，他還特地去了女友在外地的老家，把自己所有存款和現金給了她，然後返回廣州，闖進工友家，製造了這起慘案。

隨便找一個理由殺死一個和自己無冤無仇的女人，又極大地自我犧牲，去供養另一個女人，他這是在幹什麼？

用卡普曼戲劇三角來分析，可以說：面對小女友時，他想做拯救者；在面對工友無辜的妻子時，他成了加害者。而他之所以做加害者，是因為他的人生過得非常無力且失敗，他覺得自己是受害者。

還可以做進一步具體分析。

這名男子很小的時候，父親就因病去世了。此後，母親改嫁了三次，而他和三任繼父的關係都很一般。這樣的成長背景讓他很渴望建立自己的小家庭，但結婚幾年後他患上腎病，因而性無能，妻子因此向他提出了離婚。

離婚發生在他殺人前一年，這一打擊令他對生活徹底失去了信心。他經常有自殺的念頭，也經常會在心中掀起強烈的暴力欲望。可以推理出：他潛意識中暴力欲望的對象是前妻和母親，但這太容易破壞自己的道德自戀了，顯得自己是徹底的壞人。於是，他去尋找母親和前妻的替身——另一個女人，也就是工友的妻子。

再回到一開始提到的宮潤伯的案例。宮潤伯也是在找墊背的，只是他的目標是那些無辜的孩子。這兩個凶徒的選擇不同，是因為他們有不同的人生背景。

據報導，宮潤伯曾入獄多年，在監獄中屢屢被同監的犯人性侵犯，這給他帶來了很大的心理創傷。顯然，他對十一名兒童進行性侵犯，就是替死鬼心理在作祟——「我要將我所承受的同樣苦難傳遞給別人，這樣我就好受多了」。

我看過一些關於美國連環殺手的研究，一些連環殺手會明確說出，他們這樣做就是為了讓別人品嘗自己曾遭遇過的痛苦。他們要將那些可怕的痛苦從身上分裂切割出去，切割的方式就是變身為加害者，讓受害者嘗到和自己一模一樣的痛苦味道。

相比西方社會，當我們受到傷害時，似乎少有人直接還擊加害者，更常見的選擇，是加害比自己更弱小的人。儘管冤冤相報不值得提倡，但起碼冤冤相報是將仇恨限制在加害者和受害者之間。相比之下，替死鬼心理所帶來的危害就大多了，這種心理會導致仇恨向外擴散。假若替死鬼心理非常流行，那很小的罪惡就會導致對社會極大的衝擊。

例如，如果宮潤伯是直接報復性侵他的人，那麼仇恨就會限於他和加害者之間，而不會傷及無辜，造成整個城市的恐慌。

替死鬼心理之所以盛行，還可能是因為對強者的崇拜，即相比對加害者的憤怒，受害者可能更痛恨自己的弱小。相比要還擊加害者的欲望，他更渴望成為一個和加害者一模一樣的強者。要實現這一點，他更想像傷害他的人那樣，去傷害更弱者。

這種心理被稱為「**向強者認同**」，同時還有「**向弱者轉嫁**」。

一個家族的暴力史之所以會不斷延續，便是因為這種心理。父親對兒子施加暴力，兒子反而會認同父親，並渴望比父親更暴力，於是家族暴力不斷延續下去。

這也是社會暴力不斷傳播並延續的重要原因。例如，我們會看到那些製造最多殺戮的人，反而普遍被當作英雄來崇拜。

替死鬼心理很常見，我前面講了兩個很極端的凶案，還可以講一些非常普通的例子。

想像一個糟糕的、充滿家暴的家庭，其中的父親，對兒子不爽時就有暴力傾向，他的暴力行為是用腳踹。他就是對腳踹很有感覺，很少會使用其他暴力方式，如搧耳光。相反，他的太太也對兒子有暴力傾向，但不會用腳踹，而總是搧耳光。

他們為什麼要這麼做？為什麼會固執地使用特定的方式施展暴力？因為他們在自己小時候，遭受過同樣的暴力對待。這位父親在原生家庭中，總是被自己的父親用腳踹，這位母親則常被自己的父母搧耳光。

人都是活在體驗和感覺之中的，也會一再去構建重要體驗的重複，這就稱為「強迫性重複」，所以強迫性重複就如同命運一般。

這位父親一再重複「父親踹兒子」的行為，和這位母親一再重複「父母搧孩子耳光」的行為，都是強迫性重複。這種重複都是在玩替死鬼心理的遊戲，父母怎麼傷害自己，他們就怎麼傷害自己的孩子。透過這麼做，他們覺得自己是強者，是在自戀維度的高位，自己的孩子則被置於低位。

當人去追求「向強者認同」和「向弱者轉嫁」的遊戲時，自己就變成了黑暗力量的傳遞者和製造者了。美國心理學家史考特・派克（M. Scott Peck）在他的《邪惡心理學》這本書中論述，**「轉嫁痛苦」就是邪惡最常見的源頭。**

徹底無助和被害妄想，是讓人很難面對的東西。當我們不想深入面對它們時，就會讓它們沉入潛意識，於是容易被這些黑暗所支配。相反，當我們深入認識、直面它們時，就有可能化解它們。

捉住重要關係中的「鬼」

還有另一種心理，當在關係中感受到對方製造的黑暗時，有人會自欺欺人地忽略這些黑暗，從而讓自己沉溺在其中。

在普通的人際關係中還好，但在親子、兩性和好友等重要關係中，很容易出現這種情況：當對方製造了人格上的碾壓時，自己意識不到，而是把這份體驗壓抑到潛意識中，於是有了一些莫名其妙的恐懼，還會進入夢中，成為夢中鬼的意象。

鬼，常是不能意識到的壞客體與壞自體的映射。壞客體，如壞父母（準確意思是父母身上壞的部分）、壞戀人。壞自體，即壞自我。

並且，鬼有可怕的攻擊性，那就意味著，所謂的壞客體之鬼，就是壞客體對我們的攻擊性。壞自體之鬼，即我們自己對別人的攻擊性。

直面這些鬼意象，意識到重要關係中客體和自體中的壞，會幫助我們看清楚真相。

過去，我曾多次開設「自我覺醒之路」的工作坊。每次上課我都會安排一個作業：夢見一個鬼，醒來後如果沒有被嚇崩潰，就試著保持身體不動，直面這個鬼，進行自由聯想，看看這個鬼會讓你想到什麼。

部分學員會順利地完成這個作業。有一次，一女學員說夢見一個女鬼。這個女鬼是誰？她第一時間聯想到的竟是一位密友。這位密友最近和她接觸很多，想和她構建更密切的關係，但她總覺得哪裡不對勁，而夢清晰地揭示了答案：這位密友在嫉恨她！

實際上，這位學員已經知道密友在嫉恨她，但她是一個脾氣特別好的女人，好到有點像僵屍的感覺了。她嚴重遮蓋自己的攻擊性，也遮蓋對攻擊性的覺知，結果導致一直忽視這個基本事實——這個密友在交往中大量地攻擊她。

另一名女學員夢見父母去世了，心痛至極，但突然驚覺家裡像是在鬧鬼，一幕幕驚心動魄，最後她發現父母都在世，父母和其他家人一起演了一齣戲騙她。

從這個夢中醒來，她大哭。和我聊這個夢時，我能清晰地感覺到她身上的那份痛楚。讓她進行自由聯想，她立即想到這個夢可能和兩件事有關。

第一件事，她最親的奶奶去世，父母瞞了她幾個月。她是奶奶帶大的，所以和奶奶的感情很深。奶奶的身體每況愈下，她擔心奶奶不和她打招呼就走了，所以叮囑過父母，要是奶奶情況不對，必須打電話給她。雖然她在國外工作，但只要一有消息，可以立即飛回家。

父母都知道她多麼看重奶奶，答應了這個要求，但是他們做了相反的事——隱瞞了奶奶去世這件事，這是欺騙。

第二件事，她出國時本來可以將一隻心愛的小狗帶走，但還是留了下來。這是為了讓小狗多陪父母散步，因為如果沒有遛狗的必要，他們可以一整天都不出門。

每次打電話回家，她都會問狗狗好不好，父母都說很好。直到有一天她哥哥接了電話，憤怒地說：我實在受不了了，必須告訴你真相，狗狗幾個月前就死了。

父母為什麼騙她？她說父母的理由是為她好，這是真誠的，但她感覺父母已像是沒有心的人，不能體會奶奶和小狗在她情感中的重要性。而且他們認為知道怎麼做對女兒好，所以隨意處置了這樣的訊息。

「父母是沒有心的人」這句話，用純感覺性的語言來講，可以這樣說——父母雖然活著，但部分已死去，他們是活死人、是僵屍，是半活著的鬼魂。所以，我忍不住對她感慨道：「你的父母就是像僵屍鬼一樣，在你的生活中出沒。他們雖然活著，但像已經死去的鬼魂。」

僵屍與墳墓是夢中很常見的意象，它們可以非常直接地理解為，你周圍的人如同僵屍，你的家庭如同墳墓。

例如，一位來訪者夢見一個墓地，有十來個墳墓，每個墳墓裡都有一個小小的爐子，爐子裡有熔岩一樣的東西，爐子和爐子間有通道，但是被切斷了。

看著這個通道，她在夢中想，如果能把它們打通，讓爐子和爐子之間的熔岩流動起來，這些墳墓就會活起來，這塊墓地就會充滿生機。

醒來後她很快想到，這就是她對自己家族的感覺。家族裡的每個家庭都死氣沉沉的，只有一點點勁，而這點勁都是由孩子提供的。過去她的確想過，如果這些孩子之間多一些聯繫，也許家族間的走動就會多一些，但是孩子們之間的聯繫逐漸變得越來越少了。

有時候我們會透過觀察外部事物反觀自己。在諮詢和課堂上，我常問：「你這輩子記憶最深刻的幾個細節是怎樣的？特別是，如果有一個最觸動你，那麼這個細節是怎樣的？」

每個人記憶最深刻的畫面，都會是這個人一生的隱喻。所以，仔細去覺知這些畫面，對於認識自己會很有幫助。

女子M一次看電視節目，其中一個鏡頭讓她有了觸電般的感覺。這個鏡頭是一條魚躲在珊瑚礁裡。牠已在這裡躲了很多年，應該是受到了什麼驚嚇，永遠處於發抖的狀態，節目戲稱這條魚為「發抖魚」。

為什麼會被觸動？她說那一刻像照鏡子一樣，她看著那條永遠在瑟瑟發抖的魚，立即明白她就是這樣一條魚。三十多年的人生裡，她一直都處於瑟瑟發抖的狀態，甚至沒有停歇過片刻。

她的人生是怎樣的？為什麼總是處於發抖中？原因很簡單，她的媽媽一直在極力地貶低、攻擊她。小時候，媽媽每天都會找她談話，深挖她不道德的地方。長大後變成，就算媽媽不找她，她也會天天去找媽媽談話。而媽媽一如既往地攻擊、貶低她，她則為自己辯解。

媽媽就是在攻擊她，並且充滿惡意，過去她一直勸自己，媽媽都是為了她好才這麼做。這樣一來，她就忽視了自己人生最基本的一個事實。然後，經由看到「發抖魚」的鏡頭，她一下子明白了，這就是她的人生。由此，她抓到了一個「鬼」——媽媽一直在鍥而不捨地攻擊、貶低她。

雖然媽媽的攻擊如此強烈而可怕，但是私人領域的情感關係和社會領域的權力關係不同，後者可以有赤裸裸的、意識上的欺騙、剝削和碾壓，只要自己不笨，這部分就容易認識到。但前者中出現的碾壓，常常不是物質利益上的，而是心理能量上的，是為了捍衛自己人格的完整，於是需要將自己的「鬼」甩到親人身上。

有時候，鬼就是你自身。

無數人做過被追殺的夢，一個人、獸、怪物或其他可怕的東西，在極力追趕自己，怎麼逃都逃不過，並且跑得很無力，而追殺者越來越近……。我小時候做過這樣的夢，印象特別深。追殺者就要抓到我了，我突然想這是夢啊，我怕什麼。但這種夢的常見結果是被嚇醒。

這種夢有什麼寓意？追殺夢的核心結構就是追殺者和被追殺者，也可以說是迫害者和被迫害者、攻擊者和被攻擊者。**夢中的所有部分都是自己，所以被追殺者、被迫害者與被攻擊者是自己，追殺者、迫**

害者與攻擊者也是自己。

但在夢中，我們覺得被攻擊的是自己，而發起攻擊的則是敵人或怪物。這是因為做被害者是有道德優越感的，雖然這時的自己像是虛弱的，卻是道德正確的好人。至於迫害者，看似有力量，但它是壞的、道德不正確的。

如果常做這樣的夢，那就意味著，你**嚴重壓抑了自己的攻擊性**。

什麼是攻擊性？我在前面多次談到，生命力是天然帶著攻擊性的。如果你嚴重壓抑了自己的攻擊性，那就意味著，你的生命力是嚴重萎縮的。

追殺夢中，追殺者一直在追趕被追殺者，而作為被追殺者的自己，一直在苦苦奔逃。也許夢中的追殺者想呼喊的是：「別跑了，請回頭看看我，抱抱我，我就是你啊！」

在講全能暴怒、徹底無助和被害妄想時，我們講到太多黑暗，可能會給大家一種感覺：這些人性中的黑暗太糟糕、太可怕了，該把它們清除掉。但其實**它們就是生命力自身，就是活力、熱情和愛恨的源頭，我們既不可能滅掉它們，也不能去滅掉**。因為這樣做時，它們只會進一步藏身於潛意識的黑暗中而已。

我們真正要做的是理解、接納並轉化它們，讓它們從孤獨想像走出來，而這需要我們活在關係的現實世界中。

第12章

失控、歸罪和歸因的分析

失控與歸罪

本章主題「失控與歸罪」，可以視為弱一點的徹底無助和被害妄想。失控即「我」控制不了自己的事情，歸罪即「你」這個壞人導致了這一切。

當使用歸罪邏輯時，「我」還是好的、有力量的，壞的是「你」，就算沒力量，也是「你」導致的。這種邏輯就保護了失控發生時「我」的自戀。

講一些現象吧。在一次諮詢中，一位來訪者說，她爸爸永遠都在怪罪別人，也就是她和她媽媽。例如，一次爸爸飯沒做好，卻怪罪她說：「誰讓你在這裡礙手礙腳，害我飯都做不好！」

這個說法我覺得很誇張，影視編劇們都未必能想到，於是發了一條微博，詢問大家遭遇過的誇張歸罪事件，結果引起很多人吐槽，多數是說被歸罪的，也有勇敢的網友說自己是如何歸罪別人的。

列舉一些讓我印象深的例子。

1. 前男友英語四級沒過，他父母打電話罵了我一頓。

2. 哈哈，早就發現我媽是這樣。她從廚房端菜到客廳，如果灑了一點湯，她就說「都是你站在這裡，擠得我過不去」，實際上我站在窗戶旁，離她還有好遠呢。

3. 我媽還有更誇張的，比如她永遠是用什麼找不到什麼，然後就催我幫她找，但是她找過的地方絕對不許我再找，否則就暴跳如雷，意思是我再找一遍就是懷疑她的能力，就是不尊重她。但很多時候明明那個東西就在她找過的地方，比如包包裡。有一次登機行李過安檢時，她說找不到行李箱的鑰匙。我跟她說肯定還在手提包裡，再仔細找找。她就爆怒了，大吵大鬧說她明明找過了，我憑什麼質疑。我想拿過來幫她找，她也不給，最後還是安檢人員說拿手提包來，我幫你用X光掃掃吧，結果人家掃了一下說就在手提包裡。我媽這才沒話說。

4. 老公說：都是因為你不獨立，讓我不能安心在外面打拼，害得我們開不上豪車，住不上別墅。

5. 小時候我家不見了隻雞、鴨、狗等其他東西，我爸都歸罪於我媽，會用那麼晚不回籠、不放好、找不到等各種理由。我越長大越發現老爸是個「老小孩」、「老巨嬰」，但也是個很感性、有義氣、有責任感的爸爸，人無完人。現在家裡一開始吵架，我們小孩就打哈哈，我媽就懶得理我爸，我爸發完脾氣又來哈哈笑，挺有趣的。

6. 我家這樣的事比較多，最為誇張的是我十二歲生日那天，我媽吃飯時給我做「開示」，我爸停在走廊裡的自行車被偷，外面下大雨，誰也沒看到或聽到動靜。於是他就怪我：「今天生日就是晦氣！都怪你，不然車怎麼會被偷？」於是我被打罵了一頓……現在想想，好可笑！

7. 一次在火車上，一個奶奶弄撒了一包花生米，然後就罵小孫子：「不讓你買這個，非得買……」，然後氣急敗壞地走掉，也不收拾了，孩子媽媽趕緊安慰嚇哭的孩子。

8. 好多啊，時常發生。我媽晨跑因為太冷，回來氣得摔了全家的盤子，說是因為氣我八點還沒起床。自己沒給手機充電，說「要你有什麼用！不幫我盯著！」而且每次都特別生氣，是會崩潰說髒話的那種。

9. 小時候父母愛打麻將，週末他們去打麻將時我就去書店。他們那天輸了的話，就說因為我去「輸」店了。

10. 有一次我吃飯時筷子掉了，我媽說，看你這麼毛手毛腳的，難怪數學學不好。問題是，我數學挺好的。

11. 我的背上長了一個大包，裡面像是有膿，給媽媽看，她不知道是什麼，就罵我良心不好，才會長這種東西。
12. 我是為了你才不離婚，不然我早就過上了……的生活。多年後她似乎懺悔低語：是因為我害怕，因為我膽小，才不離婚的。

也有人坦然講述自己的歸罪心理：

1. 我是這樣一個自我破碎的人，比如英語考試沒考過，同學考過了，我會埋怨同學們太吵，搞得我沒法安靜學習。其實是自己不夠努力，卻把做不好事的原因歸罪他人。以前我基本上都把犯的錯歸罪於外在事物，我也應該為自己犯的錯負責。
2. 我不小心撞到櫃子，就把櫃子「打了一頓」。

這些歸罪別人的例子都有這樣的共同點：自己遭遇了或大或小的挫敗，立即找一個身邊的人去怪罪，覺得挫敗是此人所導致。

為什麼會這樣？什麼樣的人容易這樣做？在我的理解中，有完整自我的人很少或不會這麼做，而自我未成形或自我破碎的人，勢必會這麼做。

所謂「自我完整」的人，是不管遇到什麼挫敗都能維持一種感覺——「我」在這兒。也就是說，自我基本上能一直存在，而不會被挫敗所瓦解。

這樣的人相信自己有能力面對生活的挑戰。如果出現挫折，也能客觀對待，既不容易歸罪別人，也不容易怪罪自己，並且懂得安撫自己的挫敗感，同時會去尋找資源幫助自己。

所謂「自我未成形或自我破碎」的人，他們一遇到挫敗就會覺得「我」被「瓦解」了，也就是被「殺死」了。這時的挫敗感太強，所以要甩出去。

同時，巨嬰有著嬰兒的原始心理。嬰兒必須和媽媽等撫養者共生在一起，事情得由撫養者替他們解決，因此他們也必然會產生這樣的心理：事情都是撫養者導致的。巨嬰也一樣。

並且，嬰兒或巨嬰因受全能自戀的支配，會追求每一件事情都必須符合他們的想像，這樣他們才有掌控感，一旦事情不符合想像，他們就會有崩潰感。這種崩潰感會引起不完整自我的瓦解。為了避免自我瓦解，他們會把引發自己崩潰的責任推卸到外部世界。

這些例子中，重要的不僅僅是怪罪，而是任何一件小事他們都要去怪罪。他們下意識認為，每一件小事都應該符合想法，也就是意志；如果不符合就有崩潰感，就要去怪罪。

所以，自我未成形或自我破碎之人是不可能真正認錯的，他們必須將任何挫敗都歸罪於人，否則會導致自我崩塌與粉碎。這是很多人要面子的關鍵原因。

所謂面子，就是不管發生什麼事情，你都不能說我不好。這背後也是全能自戀的基本邏輯——「我」是可以全知全能、全好不壞的，一點點挫敗都會破壞這種絕對完美的感覺。

再說說歸罪與歸因。

歸因是我抱著一種基本中立客觀的態度，去反思挫敗產生的邏輯，我可能會錯，你也可能會錯，也可能只是意外。並且我只是在找原因，而不是去找出罪人。

歸罪則是首先找出罪人。如果罪人是自己，那自己罪該萬死，如果是別人，那他罪大惡極！所以歸罪不僅要找出罪人，還要狠狠懲罰罪人。

為什麼要找罪人？罪人的底層邏輯是什麼？罪人的意思是，他是有主觀惡意動機的。

這個主觀惡意動機有時也的確存在，它來自全能暴怒。全能暴怒是主觀惡意動機的根本所在，當把這一點投射給別人，也會覺得別人和自己一樣有這份破壞欲。

面對任何大大小小的失控，自我未成形或破碎的巨嬰，都會下意識地認定，其背後必定有一個主觀惡意對抗自己的力量，必須找到它去歸罪、去攻擊，否則寢食難安。你可以想像，如果你身邊有一個魔鬼出沒，而你沒找到它，是很恐怖的。

因此，東西丟了找不到，是巨嬰們最恐懼的事情之一。他們必須找到那個「魔鬼」，而孩子是他們此時最容易認定的賊，所以很多人童年時遭遇過可怕的被冤枉的經歷：大人丟了錢，認定是你偷的；你不承認，他們就往死裡打罵你；你懼怕，承認了，他們或者收手或者更狠地打你，然後這點錢在別的地方找到了。

必須找一個對象去歸罪，這是巨嬰心中嬰兒的一面，但他們也有成年人的一面，他們頭腦中知道不是誰都能被歸罪的，強而有力的不能去惹，於是好脾氣的伴侶、孩子與下屬最容易被歸罪。

歸罪事件中，眾所周知的典型事件，應該就是頻繁發生的老人訛詐扶助者事件。

倒地老人為何訛詐扶助者？

倒地老人訛詐扶助者事件，已成了我們社會的一道道德傷疤。這類事件中，最慘的甚至有人因此被訛詐幾十萬元，最終自殺。這類事件時有所聞。他們到底是怎麼了？

最流行的解釋是「不是老人變壞了，而是壞人變老了」，意思是這些老人原來就品行不佳，老了亦然。對此說法我不以為然。這個最流行的解釋是急於給這種不可思議的道德傷疤，找到一個最明顯的解釋。

在思考這類事件的心理邏輯時，我是循序漸進的。最初我也覺得這些事件可能是經濟訛詐，後來還有過一個有點複雜的觀點，但我漸漸認為這是老人們在失控時啟動了歸罪邏輯，誰靠他們最近，他們就會本能地第一時間去怪誰。

在這個思考過程中，我家加菲貓阿白的故事對我有一定的啟發。

我養過多隻加菲貓，最初是兩隻，阿白和藍藍都是母貓，都生過小貓。一天，阿白帶著牠的一窩小貓在書房門口玩，突然來了一陣風，風吹動書房的門，門夾住了一隻小貓，小貓慘叫，藍藍恰好路過，小貓的媽媽阿白衝出去，對著藍藍狂追猛打，剎那間貓毛飛散，戰況相當激烈。

接下來，阿白死死守住門口，藍藍只要一接近，牠就衝上去打牠。必須說明一下，平時兩隻總追著玩，阿白從來都是被藍藍欺負的。

或許，阿白認為藍藍應該為發生的一切負責，牠不知是風惹了這一切，也不怪人類——牠怪不起。牠只能怪多少能怪得起的。

在我看來，那些老人和他們的家人，與加菲貓阿白的想法相當，他們也認為老人摔倒時誰最靠近，誰就該為此負責。

這些事件中有些確實是經濟訛詐，但另外一部分，老人們是真的這麼認為的。記得在兩起類似的事件中，老人醒來後第一時間就是怪身邊的人：你怎麼撞我呢！其中一個是員警，恰好有影片做證，才洗清了冤屈。

這種加菲貓水準的思維，其實就是嬰兒水準的思維。嬰兒的世界出現失控時，他們第一時間會去責怪父母等養育者，特別是媽媽。

一個網友在我微博上講了她家孩子的故事：

我家娃娃也這樣，自己打翻牛奶，必定發火。雖然再幫她加到快溢出來了，她依然哭嚎著怪大人加得不夠。我對她說「知道你是打翻牛奶心裡才難過」，她馬上安靜了，點頭。我擁抱她表示大人打翻東西也會難受，她難受很正常，但發火沒用，我們努力補救加牛奶就好了。

小嬰兒和成年巨嬰的這種心理，概括起來就是，要為自己世界的失控找一個看得見的可控原因，然後攻擊對方，以為他們改變了，自己就好了。這不僅是倒地老人訛詐扶助者的心理原因，也是很多家庭中親人相殘的重要原因。

我見過很多這類事，有家人意外去世了，接下來整個家庭會發起亂戰，彼此怪罪，要對方為這位親人的意外離世負責，可是在旁觀者看來，事情明顯是意外，誰都怪不得。這些活著的家屬，有人意識上也明白這一點，但他們會想起過去很多衝突，於是怪罪彼此。

父母虐待孩子、妻子侮辱丈夫、丈夫羞辱妻子，常常也可從中看到這一邏輯：不是我控制不了的命運讓我受傷，而是你這個我能控制、我的頭腦能理解、我能怪罪的傢伙讓我受傷。

對於嬰兒水準的心理發展水準，最可怕的是失控，失控會讓他們立即陷入未知，且未知中他們會隱隱感覺到攻擊性的「魔鬼」在身邊出沒，於是立即找到一個可歸罪的對象，那樣一來，世界就好像恢復了秩序。

相反，容忍模糊與未知，最終找到一個邏輯上和證據上都成立的原因，這是高級心理發展水準，但很多案件中的法官甚至不具備這種思維水準。例如以下法官的判詞：

> 如果被告是見義勇為做好事，更符合實際的做法應是抓住撞倒原告的人，而不僅僅是好心相扶；如果被告是做好事，根據社會情理，在原告的家人到達後，其完全可以言明事實經過，並讓原告的家人將原告送往醫院，然後自行離開，但被告未做此等選擇，其行為顯然與情理相悖。……

這類事件引發很多波瀾，真相究竟如何，媒體報導也是一波三折。從事實的角度來講，法官判案問題不大，但法官的判詞水準實在太低，這是引爆輿論反轉的一個關鍵點。

再看一個案例。北京發生的一起人倫慘案中，因十三歲女兒賭氣說明星就是比父母好，父親將女兒砍死。這起慘案中有一個細節，女兒說鉛筆刀找不到了，她必須找到才去上學，但就是找不到，結果她生氣地摔了一地的東西。這麼一個小小的意外，其實已讓這個心理脆弱的女孩崩潰了。

我在諮詢和生活中也聽說過這種事。我的一個朋友，如有任何一個物品突然找不到，她會花很大力氣去找，若還是找不到，就覺得整個世界崩潰了。

一位網友在我的博客上留言，詳細講述了她的類似故事：

> 畢業前我在家做畢業論文設計，憋了一個星期，每天只睡兩、三個小時，也不出去，也不按時吃飯，精神狀態特別不好。我想著出去轉轉，然後那天下雨了。
>
> 我想出去，但是因為我好長時間沒有在家生活了，不知道我媽把傘放在哪裡，一直找不到。不知

道怎麼了，我就崩潰了，在家大哭，我家的狗都從睡夢中驚醒，跑出來看我在幹麻。

後來老媽下班回來，看見我抱著包包坐在客廳大哭，再加上我找不到傘，打了二十多通電話給我媽，把她嚇壞了，以為我被搶劫了。問了半天，才知道我根本沒有出去，對此表示萬分困惑以及無語。

現在想想也覺得有點好笑，但是那個當下我真心哭得天崩地裂呀。

太容易崩潰的人很容易找個人去歸罪，因為一旦歸罪於這個人，自己的世界似乎就可以恢復秩序了。

那些丟幾塊錢就可以把孩子往死裡打的大人，關鍵並不在於錢的多少，而是這個意外讓他們心理崩潰了，要立即找一個人去怪罪，而孩子力氣小、各方面都依賴大人，是最可以被怪罪的。

倒地老人訛詐扶助者這類事件，我們容易視為道德問題，但真相或許是社會中「成年嬰兒」太多了。

如果這個推論成立，那麼遇到這類事件時，你可以堅定地告訴對方：我知道你遇到了不幸，你感覺失控，你很憤怒，你想立即找到人為此事負責，但我們必須講證據是不是？

知名的心理學家朱建軍講了一個有意思的故事：

有一次，有輛小巴被別車擦撞。肇事車跑了。小巴司機連忙攔下我的車，說是我做的。我的車上剛好有處陳舊破損、位置接近的刮痕。當時還有路人證明，說就是我，我百口莫辯，但我還是心平氣和地說明情況。對方則不依不饒，情緒激烈。

我想他是誤會了，所以努力說明，但他不給我機會說話，強調他窮，修車要花錢。我說我能理解你的沮喪、無助，也知道你生活不易，但是我們還是要看看證據。他大吼。

我只好不說話，打電話報警。警察來了，他仍舊怒氣衝衝。警察實際測量後，排除了我的嫌疑。我以為他會很不滿，但他一下子就平和了下來，並對我說：我知道可能不是你，但我追不上別的車了。

朱建軍遭遇的這件事有了雙重含義：既有透過怪罪一個人來處理失控感的心理因素，也有對方是有意訛詐的成分。

社會上的很多衝突中，都有這種雙重因素，這時特別重要的是，作為裁判的司法體系怎麼做。在老人訛詐扶助者這類事件中，當事人是嬰兒心理發展水準，這不是大問題，真正糟糕的是大家都將錯就錯，當事人是，其家人是，法官是，員警也是。

因此，絕不能用所謂的常理來判決這類官司，必須用法律，但法律也得是成熟的。例如，機車撞了嚴重違歸的行人，但卻只要為行人負責，這樣的法律也算是嬰兒思維的延伸吧。

失控中的魔鬼

生活中你可能見過這類人，他們幾乎從不喝酒，表面上像是因為健康問題，仔細一聊會發現，他們非常討厭一種喝酒後的失控感，哪怕僅僅是微醺的感覺。要回答這個問題，我得講一小段影片。

那是關於一條小狗的影片，狗非常小，感覺剛睜開眼沒多久。影片中，牠打了兩次嗝，然後開始叫，叫的樣子像是覺得周圍有個敵人，牠是在對著那個敵人叫。

這是怎麼回事？我的推測是，小狗先打了一次嗝，這是個意外，牠感覺到失控，於是想控制這件事，但接著又打了一次嗝，這破壞了牠的控制努力。既然「我」控制不了打嗝，那就應該是「我」之外的另一個力量在控制「我」，所以牠是在朝著那個力量吠叫。並且，因為打嗝這件事是有點不舒服的，所以控制這件事的那個力量是惡意的。

當然，這只是我的推斷。做出這樣的推斷也得益於諮詢。在諮詢中，從一些心理發展水準不夠高的來訪者身上，可以看到這樣的邏輯。

非常有意思的是，影片最後，小狗轉過身像是想咬自己的尾巴。似乎牠開始懷疑也許這另一個力量就在體內，比方說牠的尾巴。雖然尾巴是牠身體的一部分，但是因為長在身體末端，所以牠在試著把這條尾巴切割到「我」的範疇之外，懷疑尾巴是失控的惡意的源頭。

如果你觀察小狗、小貓和小嬰兒，會發現這種事很常見。

控制和失控還和善惡聯繫在一起。最初，我看善惡就是從普通意義上去理解，但隨著對控制和失控的理解越來越多，某一天我想到，對一個生命來講，善和惡會有這樣一種邏輯：我能控制的範圍就是善，不能控制的範圍就是惡。

比如打嗝這件事，如果我能控制住，那這就是一個有趣的、好玩的、善良的事，但當我不能控制時，它就變成一種惡意的事。並且，接下來這個小嬰兒或者小動物就會使用**分裂（或叫切割）的心理機制**，既然「我不能控制打嗝這件事」，那應該是有另外一個力量在控制它，這時分裂就發生了。

最初小狗的分裂是「在我身體之外的一個敵意的力量在和我作對」，或者說分裂成「我和我不能控制的另外一部分」，而且這另外一部分是惡意的，是壞的。

當打嗝繼續，無法控制時，分裂變得更嚴重，牠開始去看是不是自己的尾巴導致這樣的事發生，這就意味著牠把自己的尾巴也切割到「我」之外。並且，因為牠覺得自己被攻擊了，必須找到這個攻擊的力量，與之作戰。

因為小嬰兒不能表達，所以我們未必能很清晰地理解到底發生什麼事，但在大一點的孩子身上就比較清晰。比如說前面提到的網友，說她的孩子把牛奶打翻了，結果反而過來攻擊她。

最初受全能自戀支配時，人會認為自己能控制一切，更何況只是倒牛奶這件小事。但孩子控制不住，而且在他的世界裡就只有他和媽媽兩個人，既然他控制不住倒牛奶這件事，那就應該是媽媽在控制著了。牛奶被打翻了，失控發生了，他會認為媽媽變成壞的了，相當於壞媽媽打翻了這個牛奶，所以他要去攻擊媽媽。

小孩子把媽媽視為壞人，看起來這是一件不好的事，但對一個孩子來講，這其實是好事，因為他歸罪於媽媽要勝過歸罪於一個不可知的力量，例如在控制著他的魔鬼。

如果嬰兒覺得是「壞媽媽」導致了失控，那意味著一種修復的可能。當這件事情修復後，他會覺得「我是好的」、「媽媽是好的」。這樣一來，這個孩子的世界就發生了重要的轉化。

嬰兒的世界很簡單，主要是吃喝拉撒睡玩，如果媽媽很用心的話，可以在很大程度上幫助孩子實現對這些事的基本掌控。

但如果是一個成年人，父母控制不了，也滿足不了他，因為涉及結婚、生孩子、找工作等各種各樣的事情。實際上，即便只是學習這件事，父母就已經沒辦法幫孩子完成了。

這時候要引申一下我前面講的善惡觀。

當嬰兒的世界處在一種基本可控的狀態之內，他會覺得自己活在一個善意滿滿的世界裡，也因此對世界有基本的信任和依戀。

如果嬰兒的世界接二連三地失控，那麼他必然會覺得，有一個世界從他這裡切割出去了，而且這個切割出去的世界是由一個「魔鬼」導致的。這時他們會怕黑、怕鬼。

比如說，我的一個朋友在她的孩子一歲半之前連著幾次搬家，結果她發現孩子開始害怕黑影。

這可以理解為，連著幾次搬家對小孩子來講刺激太大了，他經常處在失控當中，他也像前面我講的那隻小狗一樣，在尋找到底是什麼樣的敵人導致這些失控發生。黑暗像是一個看不清、摸不著的力量，而且黑暗之中似乎藏著他看不見的東西，所以他會覺得有一個鬼藏在其中，導致失控。他沒辦法理解是因為搬家導致這一系列失控，所以他去歸罪於一個鬼。成年人怕鬼實際上也是這樣形成的，我們可以用怕鬼的程度，來衡量一個成年人在小時候面臨的失控有多少。

不要讓幼小的孩子總處在失控中，因為他會將太多事情切割到「我」之外。最嚴重的是，孩子處在一種全然的封閉狀態，好像對一切都沒有興趣，這是將世界都切割到「我」之外了，也就是他覺得整個世界都像魔鬼一樣。

反過來可以看到，養育者把孩子養育得多好，意味著嬰兒可以在多大程度上，把養育者納入「我」之內、「好」或「善」之內。一個健康的孩子是充滿活力的，他會對周圍世界充滿好奇和探索欲望，因為之前吃喝拉撒睡玩都被照顧得很好，所以他會覺得雖然有些事暫時處於失控中，但是經過努力，就會重新恢復到控制之中。

同樣地，對一個相對封閉的孩子來講，他可能只對很少的事感興趣，其實這意味著，只有很少的事他才能控制。

對孩子來講，他越小，養育者對他的照顧就越重要，**所謂的控制就是養育者把他照顧得非常好，能及時回應他**。及時的回應非常重要，你回應得越快，就意味著他在越快的時間之內解決失控的這件事，讓他的世界重新恢復控制。

隨著孩子逐漸長大，另外一件事情就變得很重要，他要嘗試用他自己的力量去完成一些事，因為他已經明白，媽媽是媽媽，他是他，他需要「品嘗」自己的力量。這時他逐漸會覺得「我完成了這件事」、「我可以控制這件事」，這被稱為「**自我效能感**」，這種感覺對孩子來講是非常寶貴的。

我們再做一下引申：一個被照顧得很好的孩子，會覺得自己活在善意滿滿的世界；一個被照顧得很不好的孩子，會覺得自己活在一個惡意滿滿的世界。前者會覺得他活在「天使環繞」的世界裡，後者會覺得他活在「魔鬼環繞」的世界裡。這不是比喻，而是幼小的孩子的感知和想像。

所以我們要知道，在孩子越小、越容易失控的時候，成年人對他的照顧和幫助非常重要。以前我們講失控與歸罪的時候，主要使用的是成年人的例子，基本邏輯是失控會讓一個人陷入徹底無助的狀態，這是非常糟糕的體驗，所以要透過怪罪別人，把無助感甩出去，也讓自己獲得一點控制感。

現在我們知道，一失控就歸罪的成年人，其實是因為心理發展水準還處在嬰兒水準，一陷入失控就會覺得，這是一個魔鬼般的惡意力量導致了失控，所以要去和這個惡意力量作戰。

關於幼小孩子的失控，我先分析到這裡。接下來，我會繼續闡述類似心理在成年人身上的展現。成年人能用語言清晰地表達出來發生了什麼事、他是怎麼想的。當我們用成年人的語言來解釋時，就會更加清晰地理解，一個人面臨失控時到底發生了什麼。

魔鬼在自己心中

我講一個一位成年來訪者的故事，暫且稱他為周先生。

一天晚上，為了提神，他喝了兩杯很濃的咖啡，結果睡不著了。當凌晨一點多還無法入睡時，他心中出現了一種深深的懊惱和自我攻擊，怪自己為什麼蠢到要喝咖啡，還喝兩杯。第二天他有重要的事情，照以往的經驗，如果晚上睡不好，他會頭疼頭暈，第二天的狀態會很糟糕，重要的事情就處理不好。他很擔心，所以開始嘗試各種辦法，想讓自己睡著。

結果他發現自己的努力都失敗了，兩點多睡不著，三點多還是睡不著，到了四點仍睡不著時，他就出現了強烈的自我攻擊、自我詛咒。

他對自己說：「看，你連睡覺都管理不好，你明知道自己的身體很敏感，還喝了兩杯濃咖啡，結果搞得一晚上這個樣子，你管理不好喝咖啡，管理不好睡眠，你的自我管理能力真是太差了，你活該有很多事情做不好，你非常非常糟糕，非常非常差勁。」

同時，他還自怨自艾：「為什麼只有我這麼倒楣！這個世界上現在只有我睡不著，正常人都在安然入睡，進入甜美的夢鄉。為什麼只有我這麼差勁？！」

在這種自我攻擊和自我詛咒的狀態下，一直到五點多他才終於入睡。周先生的失眠和上一節講的小狗不能控制自己打嗝的事，存在類似的邏輯。

這兩種心理還是有不同的，因為這隻小狗或者是有類似心理的嬰兒，他們是在怪罪外部世界；周先生則是怪罪自己。這當然是一個巨大的進步。因為當你怪罪外部世界時，通常意味著，你認為這件事是你無論如何都控制不了的。

相反，如果你認為這是自己（暫時）控制不了的事，這時雖然你會自我攻擊、自我譴責、自我詛咒，但你給自己留了一個空間，會想去做做嘗試，試圖改變。

自我攻擊、自我詛咒同時意味著一種可能性，你可以重新馴服這件事。比如對周先生來講，他本來把不能控制睡眠的自己，視為不可饒恕的壞自我，接下來，他試著重新馴服它，把它納入自我。

假如他馴服了睡眠，他會徹底明白，這個失控不再是外部的一部分，而是自我的一部分，最終將這部分失控的壞事重新納入自我，意味著一次整合發生了。

不過有意思的是，在這個過程中，它的**關鍵不是征服，而是接納**。如果你抱著戰鬥的姿態，你覺得失眠是一件很壞的事——它在攻擊我，我一定要戰鬥到底，一定要把它徹底馴服。當你這樣做的時候，有可能會奏效，但更可能是無效的。

相反，如果你接納了失眠，不和它較勁，允許它發生，同時做一些有效的事，這個時候失眠就會被馴服。

有一個療法叫**森田療法**（編按：由日本精神醫學家森田正馬所創，又被稱為「臥床療法」），它的**核心理念是「順其自然，為所當為」**。當有些壞事發生，你的情緒、情感或者生理狀態有些失控時，該怎麼辦？你就讓所謂壞的、失控的情緒或者生理過程去進行，然後去做那些你可以做的事。比如，該工作就工作、該吃飯就吃飯，經常這樣去執行就會奏效。

與森田療法相對應的是「我可以控制我自己」的想法。我認為這種想法是從全能自戀中來，在沒有經過反思時，它是無意識的，讓我們自動認為「這是我的身體，我可以控制我的身體」、「那是我的想法，我可以控制我的想法」。

嬰兒有無邊無際的全能自戀的想像，但我們知道這是一種妄想。而讓很多成年人難以想像的是，連控制自己的身體、控制自己的頭腦，也是不可能的想像。

真正控制我們身體的，比如說控制腸胃蠕動的是植物性神經系統，我們的意識，很難直接有效地去影響我們的植物性神經系統。

關於想法，其實任何一個念頭都是一個獨立生命，它的出生、發展、衰老和死亡會有一個過程，如果你認為「我可以控制我的想法」，那就大錯特錯。相反，當你試圖控制你的想法時，意味著你給這個生命注入了更多能量，它會更加茁壯。

我們不要小瞧「接納」這個詞。**接納意味著你接受這件不如意的事發生，不再把它視為一個充滿惡意的和自己作對的魔鬼，你可以把它視為一個中性的，甚至好的東西，讓它發生就好了。這意味著一種整合正在發生。**

在周先生失眠的故事裡，他有一個「正常人都可以享受甜美的睡眠，為什麼我就不行」的想像，當他發現「我連正常人都不如」時，他就恨不得殺了自己。

首先，所謂「正常人都有甜美的睡眠」，其實是一個錯誤的觀念，事實是大多數人都有各種各樣的睡眠問題，能夠經常享受到甜美睡眠的人是少數，所以這個所謂「正常人的標準」，實際上是一個很高的標準。

周先生小學和中學時曾獨自睡一個房間，每晚睡覺對他而言都是種折磨，他會看看床底下，看看周圍那些黑暗的地方，他很害怕熄燈。

他覺得在床底下可能有魔，黑暗處可能有鬼，所以他要先去偵察一下，必須確認是安全的才能入睡。

他講到這裡時，我說：「周先生，這個鬼是什麼呢？其實就是你自己啊。你是一個這麼容易暴怒的人，當世界不能按照你的意願運轉時，你想把世界給毀了，或者想把自己給毀了。這個最具破壞性的力量不是外部世界的惡魔，而是你自己。」

他聽到這個解釋後，一下子安靜下來。他發現過去一直被他視為外部世界的「鬼」，原來是他自身的一部分，這個時候，所謂的外在的「鬼」就好像重新回到他身上。

從根本上來講，**成長就是這樣一個歷程：最初因為能力的限制、思維的限制，人不斷地使用分裂和切割的機制，把身上各種各樣不舒服的東西、控制不了的事情，都切割成外部世界的、壞的、邪惡的；但隨著成長，你逐漸發現原來這些看似是外在世界的邪惡、黑暗、失控，其實是自身的一部分。**

最初你會認為失控是惡的，控制失控的力量是惡的，而且在你身體之外。但隨著你的瞭解越來越深，就會發現原來沒有這個所謂的惡，它其實就是你自身切割出去的一個東西。

這意味著光明重新照到了失控的黑暗力量之上，最終，你可能會覺知到外部世界的惡，其實就是內心切割和分裂的結果，是內在的惡向外投射的結果。在這樣的認識的過程之中，我們的內心不斷地從分裂走向整合，最終我們會知道外部世界和內在世界是一回事。

不管我們是否意識到，我們其實都走在這條路上。

走出歸罪的泥潭

心智不成熟的人比比皆是，包括我們自己。失控也很容易發生，因此歸罪也很常見。我們需要注意到歸罪的邏輯，同時學習不去真的怪罪別人，而當被嚴重怪罪時，自己也能看透這一點，然後走出來。

講一個我印象深刻的故事。

一位女士，在一次分手後陷入痛不欲生的狀態中，嚴重失眠，得服用藥物才能入睡，有自殺傾向，有時也會去找前男友鬧個天翻地覆。

她的狀態相當嚴重，但和她的諮詢卻像是有了奇效。她的情況迅速得到改善，精神狀態很快恢復了，生活重新有了基本掌控感。

當諮詢要結束時，我問她，諮詢中什麼地方幫到了她。她說分手雖然難受，但更嚴重的是，前男友強大的語言能力讓她相信，在這段戀愛關係中他是好男人，而她是壞女人，都是她的貪得無厭破壞了這段關係。她也覺得自己在戀愛中的確是索求無度，有些過分。

然而諮詢說明了他們都有責任，而且的確不合適，她看到自己的問題，也更懂得前男友是怎麼回事。這些理解讓她放下了對自己的過度怪罪，她的狀態就得以恢復了。

類似的邏輯在分手中很常見。例如，一位女士離婚後非常痛苦，在諮詢中顯示出她的核心邏輯：「我覺得我是非常好的女人，怎麼就遭遇了離婚這麼丟臉的事呢？我這麼好的女人，他怎麼會想離開我？」

不過，這位女士最初狀態尚可，因為她啟用了怪罪對方的策略，這在一定程度上保護了自己的自戀。

離婚後最怕的是丟人，這種邏輯在生活中也很常見。我看到太多朋友離婚後不願意讓別人知道。這本來沒什麼，但他們竟然可以把這件事瞞上好幾年，甚至十多年。這嚴重影響了他們重新建構生活，因為他們花了太大的精力去隱瞞事實。

他們不願意讓別人知道的原因很簡單，就是認為離婚是一件丟臉的事，不能讓其他人看自己笑話。所謂的丟臉，就是破壞了自戀。

活在自戀維度的人，必然會遇到一種局面，就是自戀太容易被打擊，這時候人就容易啟動歸罪的邏輯。儘管歸罪於別人很常見，但歸罪於自己一樣常見。當歸罪於自己時，就構成了**自我攻擊**。

在諮詢中可以看到一個規律：痛苦最強的來訪者，都伴有嚴重的自我攻擊。這時，諮詢最容易奏效的一步，就是讓來訪者看到自我攻擊並非真理。一旦停止「一切都是我帶來的」這種自戀性的自我攻擊，來訪者的痛苦就可能大幅減輕。理解別人和自己，也可減輕自我攻擊。

很多人失眠是因為晚上頭腦會特別清醒，會想很多事。這種情形下，最常想的是某某事沒做好是因為我有多不好、為什麼我這麼不好……這些想法就是自我攻擊。

在第三部分「頭腦暴政」中我會講到，這種自我攻擊是全能頭腦作為發令官，在攻擊作為執行者的體驗者。**一旦人將頭腦等同為自我，就會覺得做到完美是可以的，然後一看那個身體力行的自己，就覺得太差了，因此會發起抨擊，希望體驗自我能做到頭腦自我的那些要求。**

然而，就像好父母看著蹣跚學步的孩子一樣，不僅接納孩子會犯錯，而且還覺得這很可愛。當孩子陷入自我攻擊中時，還要去安撫孩子。要用這樣的態度對待自己，做自己的「好父母」，給自己好的養育。

相反，糟糕的父母總是在無情地打擊孩子，他們很容易使用對孩子而言最有殺傷力的一句話——就是因為你不好！

孩子本來就是自戀的，會認為一切好事自己負責，一切壞事也都是自己招來的。如果孩子遇到挫敗和傷害，例如，失戀、被老師冤枉、被霸凌、被性騷擾甚至侵犯等，父母卻說就是因為你不好，才招致了這一切，這種說法會嚴重加深孩子的自我攻擊，甚至會構成摧毀性的影響。

再說說道歉。太容易道歉的人要問問自己，你的道歉是不是一種太輕易使用的自我攻擊？

《自控力》這本書中講到，有人遇到挫敗後能很快恢復自控力，有人則不行，一個關鍵差別就是，**自控力高的人會自我安撫。**

我在諮詢中也會看到，很多人遇到挫敗後會對自己進行無情的抨擊。有時候這能感知到，有時候是無意識的。儘管你意識不到，這份暗暗進行的自我攻擊，仍然會導致你變得有些癱軟無力，難以行動。

同時，你也要警惕總是被歸罪。很多人在親密關係中呈現一種矛盾：對另一個人抨擊、鄙視、看不起，但就是離不開對方。因為對方有一個巨大的價值——可以被歸罪。想想也蠻可悲的，所謂的「親密關係」，竟然最重要的一個功能是一個人去承載另一個人的歸罪，以這種方式滋養了另一個人的自戀。

前文提到過歸因和歸罪。它們看起來有點像，卻是兩種截然不同的邏輯。歸因是一個人能跳出只有「我」的一元世界，也能跳出只有「我」和「你」的二元世界，而能以中立客觀的第三者視角，從事情的「它」這個角度看問題。

這樣一來，一個進行歸因的人，就能如實地看到自己、對方，以及事情本身，因此可以做到以事實為中心。

歸罪則是活在自戀中，還是從自己出發去看自己、對方和事情，乃至一切。當自戀得到滿足時會有正面情緒產生，但自戀被挫傷時，就會有負面情緒產生。

不管是歸罪他人，還是歸罪自己，歸罪都是為了要一個結果——自戀，即「當阻礙我的敵意力量被揪出並滅掉後，事情可以重新按照我的意志來運轉」。

歸因的邏輯很不同。做了歸因後，有時會發現事情需要改變，於是去改變；有時發現事情這樣進行就好，那就尊重它；它不符合我的意願，那我就去改變我的意願。並且，進行歸因的人不會沉溺於過去，不會糾結在已經改變不了的事情上。

總之，進行歸因時會對「我」、「你」和事情的「它」運行的邏輯，給予接納和尊重，而不是苛求一切都得按照自己的意願來。

歸因和歸罪是心靈不同發展層級的表現，相差很遠，太容易歸罪的人，甚至都難以理解歸因的邏輯到底是怎麼回事。

我們還可以看到，太容易歸罪的人往往缺乏智慧，因為他們不能進行客觀、中立的觀察和反思。**一個人能觀察和自我反思，其實是因為內化了一面鏡子，而這個內化的鏡子，是最初能向他提供善意或至少中立觀察的人**。

孩子，特別是嬰兒的世界很容易「坍塌」，這時父母的共情很重要，有時只要說出孩子的所感所想，孩子就會平靜下來。同樣重要的是父母的情緒包容力，即父母不會跟著孩子的崩潰而崩潰，並要求或攻擊孩子，而是父母一直穩穩地陪在孩子身邊。當父母能做到這些時，他們就是我說的這面鏡子，當孩子內化進去後，就會歸因了。

從根本上講，不能歸因而總是去歸罪的人，是很容易被死亡感侵襲的。當失控發生，他們會覺得「我」要死了，於是要趕緊找到那個攻擊「我」的敵意力量，控制並滅掉它。但是，當一個人的自我能穩穩地存在時，就有了一個可以歸因的空間。

PART 2

人性座標體系

人性座標體系是什麼？

人性可以分為兩個維度：自戀維度為縱軸，關係維度為橫軸。
兩個維度都展開，方能開拓一個人的心靈空間，
才能活出自己，體驗到生命的美好。

擁抱想像，進入真實

第二部分要講一個看起來很大的詞——**「人性座標體系」，它可以非常直觀地用一個座標圖來顯示，這個座標圖的縱軸為自戀維度，橫軸為關係維度。**

縱軸的自戀維度，還可以稱為「力量維度」或「權力維度」。

橫軸的關係維度，還可以稱為「情感維度」或「道德維度」。

這個「人性座標體系」是我在思考自戀維度與關係維度時，形成的一個形象化的、直觀的思考。這個形象化的思考非常有用，能夠解釋很多細膩的現象。

試舉一例。我現在住的房子在比較高的樓層，而且視野非常開闊，當我第一次向我的精神分析師說到這間公寓時，他說：嗯，你喜歡俯視一切的感覺，處在高位讓你有些興奮，而你抗拒處在低位的感覺。

當時聽到他這麼說，我心想，這是什麼生硬、牽

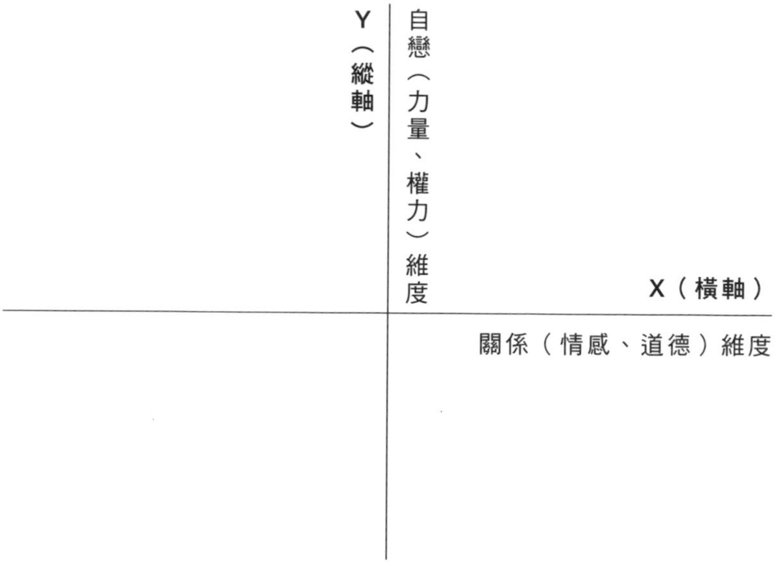

自戀（力量、權力）維度

Y（縱軸）

X（橫軸）

關係（情感、道德）維度

強的解釋。雖然我的公寓面積不小，不過我當然更想住別墅，可是買不起呀！

但是當這樣反駁他時，我心中另一份真實的感覺出來了：的的確確，如果完全可以自由選擇的話，我的夢想之地是在城市的最高層，最好是有天台的，能看東南西北方向所有風景，而且還可以種樹……。

隨著時間的推移，我越來越理解他這個解釋的意思。

此外，他還常做的一個解釋：處在被分析的位置上，你有一種羞恥感，因為我作為精神分析師像是高高在上，而被分析的你是處在低位的。

我最初也抗拒他的這個解釋，但後來逐漸發現，我真的對關係中的位置高低非常敏感，和我在房子上的選擇一樣。

如果你在談話中有顯現出一點「抬槓」的味道，喜歡據理力爭，那麼你也可以反思，可能你也對關係中的位置高低非常敏感。

概括來說，自戀維度作為縱軸，它的基本特徵就是高低，由此還引出強弱這個要素。高低對應的是權力，而強弱對應的是力量。**如果你的心靈對權力的高低、力量的強弱高度敏感，那就可以說是自戀維度的特徵**。

關係維度作為橫軸，基本特徵是道德的善惡、情感的愛恨，同時特別根本的是，橫軸是平等的。當你能充分活在關係中，你會真切體驗到平等，真正接受平等的觀念。

平等感如同大地一般，當你有深切的平等感時，就不再懼怕從高處往低處的墜落了，因為你知道，你將墜落在寬廣的大地上。

第13章

人性座標體系

只有第一名才有意義嗎？

在講有點複雜的理論之前，我先講一個故事。

有一次在老家，一位男子帶著他家兩個孩子來見我，一個孫女、一個外孫，說要沾沾我這個「文曲星」的光，其實是想讓我教育一下這兩個小輩，讓他們好好學習。

這兩個孩子都在讀小學，男孩的學習狀態很有問題，在班上一直排名倒數，還多次最後一名。女孩這裡卻有一個非常明顯而詭異的矛盾：女孩的成績非常好，一直是班上前五名，前不久剛考了第二名，可是爺爺對她仍然非常不滿，批評她不是第一。

這位爺爺是村子裡很有分量的人，很能賺錢，也很會為人處事，照理說是很明事理的人，但怎麼會抱有這麼不合理的信念？雖然他沒讀什麼書，但總知道第一名只有一個，前幾名已經算很不錯的吧。

一開始我和他就這一點展開了爭論。他說他的確認為只有第一名才值得被認可，第二名沒有意義。然後還舉例說：村子裡的大學生不少，但只有你過得最好，因為你是第一名。

我反駁說，村子裡優秀的大學生過得好的為數不少，再說我在小學時一樣是前五名，最差的一次還考過第十四名，到最後才考到班上第一名。他立即抓住我這句話說：你看，就是因為你是第一名呀！

作為諮詢師，我一般不讓自己陷入這種無效的「針尖對麥芒」的爭論中，當出現這種明顯荒謬，但對方又挺有辯論能力的情況時，我會跳出來尋找一下別的方向。

我看到女孩的神情都有些不忿，於是和女孩聊了一會兒，發現她並不接受爺爺的觀點，認為不合理。她能有這樣的認識很好，不過我接著又問她一句：你雖然覺得爺爺這個觀點不合理，但他強烈堅持這個觀點時，你會受到影響嗎？

看到她點頭，我問了她一個開放性問題：你以後可以想想，既然爺爺的這種觀點有點極端、不合理，那麼你可以怎樣少受爺爺的影響呢？

她的爺爺態度比較好，我和他的孫女這樣講話，他倒沒情緒。接著我和他的外孫聊了一會兒，再加上爺爺的補充，我發現這個男孩有自暴自棄的邏輯。

他的成績一直很差，但有過明顯的進步，例如，有一次考了班上倒數二十多名，他覺得自己進步不小，還有點開心，但回到家裡，仍然被父母和爺爺一頓痛批。

這是大人們非常糟糕的做法。合理的做法是，看到孩子有巨大的進步，由衷地認可他的進步，這樣孩子也會感到自己被認可了，才有更大的動力積極學習。

但是，看來他們真的深信「只有第一名才有意義」。當持有這個邏輯時，倒數二十幾名和倒數第一名，意義是一樣的，畢竟都離第一名太遠，像是遙不可及的距離一般。他們好像都不知道進步需要臺階，需要一個臺階一個臺階地走，而是認為人可以一步走到第一名的位置。

我跟這個孩子說，你可能陷入了自暴自棄，我告訴你這是怎麼回事。自暴自棄的邏輯就是，我考十分你們罵我，考六十分你們還罵我，考九十分你們繼續罵我，可是，一百分太難達到，那麼十分、六十分和九十分都沒意義，我不如考零分！

這個道理不難懂，我看男孩像是接受了，就此我也懷疑，這個男孩可能知道自己持有這一邏輯。我接著對他說，你怎麼樣他們都不滿意，但你應該知道，分數越高，你自己越開心啊！你可以為自己考試。和他們的談話就到了這裡，也沒指望會發生什麼。不過幾個月後，我聽說男孩的成績竟然提高到班上前幾名。這太誇張了，既說明他的內心發生了改變，也可能驗證了以前考倒數第一名，甚至是考零分，就是故意氣家長的，他本來的學習能力並沒那麼差。

當「人性座標體系」這張圖在我頭腦中形成後，有一天，我想到「只有第一名才有意義」這個故事，突然產生本質性的理解，腦海裡還跳出一句話：

> 任何一個維度上都可以擠滿所有天使，如果你發現這個維度是遞進的。

簡單解釋就是，哪怕只是從零到一，從數學上也是可以無限切割的。

> 但是，如果一個維度上只有零分和一百分，那就意味著這個維度上只有兩個位置。

老家這位很有分量的爺爺，看來就有這樣的心智。這是全能自戀的心理在作祟，**受全能自戀的心理控制，你會覺得要麼完美如神，要麼什麼都不是。只有這兩種可能，沒有什麼中間位置**。用人性座標體系的圖來解釋，就是說關係維度的空間徹底沒展開，只有自戀維度存在。當只有自戀維度存在時，心靈的衡量標準就變了，雖然頭腦中你會知道有中間的分數和位置存在，但在你的感知中，只有占據著最高位置的第一名才有意義。

聽上去有點難以理解是嗎？畢竟依照數學並不是這樣啊。但我們思考一個社會現象就可以理解這一點。自戀維度也是權力維度，而權力體系中，第一名即皇帝，他可以控制整個體系，可以決定其他任何人的生死。可以說，當人的心靈只能感知到自戀維度時，必然會對力量強弱和權力高低極度敏感，這份敏感的背後是生死焦慮。最深的含義是，只有第一名才可以把握自己的生死，同時第一名可以支配其他人的生死。

這會引發一個嚴重的問題：大家都想去爭奪第一名的位置，這個位置是可以換人的，於是坐在這個位置上的人，一樣會有嚴重的死亡焦慮。

這份感知不僅僅是最典型的權力體系才有，它會延伸到所有競爭中，只要關係維度沒展開，自戀維度的競爭就會導致這份巨大的焦慮。落實到學習中就會變成，你既想要第一名的位置，又懼怕這個位置。

當你不是第一名時，必然會產生強烈的羞恥感。羞恥感的基本意思是：「我以為自己是全能的，實際上我怎麼這麼差，然後這麼差的我，竟然還幻想自己是無比厲害的，哇，真是不知天高地厚！」嚴重的羞恥感會讓一個人恨不得殺死自己，這體現為苛刻的自我抨擊。同時，看著那個在滿分位置的人，你會羨慕嫉妒恨，本來恨不得殺死自己的心理，變成了恨死他。當這份體驗刻骨銘心時，你會懼怕第一名的位置，因為怕被嫉恨。

這時，本來的零分和滿分這兩個位置也不存在了。你感覺哪個位置都不能占，這會帶來嚴重的內耗。

我見過太多這樣的人，他們表面上自我貶低，還很坦然，但仔細聊下去會發現，他們無比渴望比誰都強、比誰都厲害，卻不敢暴露這一點，**不敢坦坦蕩蕩地追求強大，甚至連努力都不敢**。

當然，任何一個群體總是會有一個「老大」的，有時候非常簡單，例如一個小家庭或一個大家族。這就引出一個根本性的質疑：家長真的希望孩子考第一名嗎？當孩子考第一名時，他們會不會覺得孩子勝過了自己，而他在家庭乃至家族裡「老大」的位置，就被孩子破壞了？當誇獎孩子時，甚至會覺得孩子被捧高了，位置高過了自己，因此不舒服嗎？

你也可以問問自己，你敢品嘗第一名的感覺嗎？你在家裡是否過度去追求「老大」的位置？你能允許比你弱的孩子或其他家人處在這個位置嗎？

何謂人性座標體系？

在本章第一節中，我先講了一個故事，而沒有先講人性座標體系的理論，因為理論是晦澀的，容易被抗拒。

為什麼理論容易被抗拒，哪怕這個理論已經非常直觀了？因為講理論時容易喚起自戀維度的體驗。講理論的人像是處於高高在上的位置，而聽理論的人像是處在低位。理論的晦澀也會喚起這種感覺，講理論的那麼厲害、有力量，而我竟然聽不懂，這也喚起了「我很虛弱」的感知。

如果理論講得非常透徹清晰，也可能會引起一種不安：哇，你太厲害了，你怎麼會想到這個，我都想不到。哎呀，我真是不如你。

這份「我不如你」的羞恥感很不好，並且容易轉成「嗯，你看你講的是什麼玩意，根本就是混亂的吧！」有了這樣的念頭，就更容易聽不懂了。相反，如果是講故事，再偶爾講一下道理，就會好很多。這就是引起共鳴，而不會產生自戀受損了。

不知這樣的解釋能否卸下你的一些防禦，讓你更願意聽聽理論。

先繼續細化人性座標體系。發展出這個座標圖，是因為我希望依此來標記人具體的行為、心靈與人格狀態，或一份關係的性質。

縱軸的自戀維度處在上半部分時，是高位的、強大的；處在下半部分時，是低位的、虛弱的。

橫軸的關係維度處在右側時是善良的，有愛意；處在左側時是凶惡的，有恨意。

Y（縱軸）
自戀（力量、權力）維度

第二象限　第一象限

X（橫軸）
關係（情感、道德）維度

第三象限　第四象限

由此我們還可以區分四個象限：

處在第一象限時，是既強大，又有善意和愛意。

處在第二象限時，是強大的，但有惡意和恨意。

處在第三象限時，是既虛弱，又有惡意和恨意。

處在第四象限時，是虛弱的，但有善意和愛意。

人性非常難以量化，而且人非常複雜，並不容易精準地把一個人標記在座標體系的某個位置，但**我們可以借助這個座標體系，試著對具體的行為、一個人的人格乃至關係，做大概的區分和認識**。

不過這並非這部分的重點，重點是我試圖講清楚自戀維度和關係維度的主要區別，並試著去探討，人該如何從孤獨的自戀維度進入情感的關係維度。

這就引出一個關鍵問題——心靈空間。

特別說明一下，雖然我使用了「惡意」、「恨意」這樣的字眼，但並不是在說這個座標體系的某些位置是好的、對的、應該存在的，某些位置乃至象限是壞的、錯的、不該存在的。**人性的圓滿要比人性的好壞更重要，我個人認為，人要試圖擁抱人性座標體系的所有位置**。

說到這裡，我還要做一個假設：假設座標體系的正負分的滿分都是一百分，那麼這個座標體系的範圍其實達不到「一百、一百」這樣的位置。人性所能達到的位置，是以座標體系的中心，半徑為一百分所畫的一個圓，人性的極致只能達到圓的邊緣，而不能超出。

這背後的假設是，人在某一個方向能伸展的程度是有限的。當一個人自戀程度達到滿分，權力在最高位或者能力最強時，那他的情感和道德就會是零分。相反，一個極度重感情的人，能力發展也會受損。我繼續做一些基本的解釋和引申吧。

第一，一個人的心靈發展空間是其自戀維度和關係維度撐開的程度。

第二，對關係過於敏感，並在關係上花了太多精力的人，可能會損害自己的自戀維度，具體表現就是能力、力量和權力受損。

第三，天才們必然是伸展開了自戀維度，但如果關係維度上伸展程度太差，就容易是變態或渾蛋。

第四，極端情況下，關係維度完全沒撐開，變成零分，這時自戀維度就變成絕對的陡峭，這時人的感知是，他在任何關係中都只有高低、強弱這種自戀的東西，並且力量強的、權力大的可以左右低位者的生死，於是能力強弱就變成了生死問題。

我舉一個例子。一位女士在公司會議上批評了一位主管，程度並不嚴重，對方也接納，她卻病了一場。類似情況在她身上屢屢發生，根本上是擔心自己會被主管，即高位的人報復，乃至「殺死」，同時擔心自己的批評會導致對方「死亡」。

第五，想像一個人對自戀維度的感知發展到了八十分，而對關係維度的感知發展到了十分，這時他的心靈空間仍非常陡峭，但已經有了空間，他的自由度會大很多，焦慮程度也會降低。

第六，想像完美情形出現，一個人完整感知過，自戀維度達到滿分，而關係維度的感知也達到滿分，這時他的心靈空間就構成了一個完美的圓形，這就是榮格所說的一種曼陀羅吧。這就有了最大的心靈空間。

第七，在普通關係裡，我們容易找心靈空間和自己接近的人，但在戀愛時卻容易選擇在自己對立面的人。也就是，設想你的基本人格狀態在某一個位置上，那麼由這個位置拉一條通過零座標的直線，相對應的那個位置的人，就是最容易吸引你的人，和這樣一個人相處你會痛苦，但會特別有感覺。有感覺意味著你們構成了某種圓滿。

以上這些講的是我認為可能的規律。

接下來要澄清的一點是，**自戀維度是天然就有的，關係維度是孩童時期得到比較好的照料和有品質的情感，才可以進入的。**有高自戀的成年人也可能進入深度關係，但難度會比孩童大很多。

沒有在孩童時期充分進入關係維度的人，心靈主要停留在自戀維度上，對情感維度的感知沒有很好地發展起來。表現在這個座標體系上，就是這樣的人對力量強弱和權力地位的高低非常敏感。當處在高位時就感覺高人一等，同時又會擔心處在低位的人，對自己的羨慕嫉妒恨。相反，當處在低位時，一方面避開了嫉妒，甚至因此會產生一些虛假的道德感；另一方面會因為自己低人一等，而產生深深的羞恥，羞恥感來自「我怎麼這麼差勁」。

為什麼說是虛假的道德感？因為**真正的道德感來自真切的情感，是橫軸的關係維度上才能體驗到的東西。太多人無法進入這種境界，於是產生「我不和你爭，所以我有道德」的感覺。**

這是道德感的一種幻覺，可以稱之為「道德陷阱」或「道德幻覺」，有時我也會稱為「道德遊戲」。它的核心是，你以為自己追求的是關係維度上的愛恨與道德，但其實你玩的還是權力遊戲，即給自己積攢道德資本，以試圖擁有更大的權力。

道德陷阱無法帶來真正的道德，無法滋養彼此，還會導致一個惡果——讓自己主動變得虛弱。

關係維度和自戀維度的得失，會產生兩類不同的感受。

自戀維度上，當自戀被滿足時，你會體驗到興奮、刺激和自大；當自戀受損時，你會體驗到羞恥。並且，自戀維度上不管是滿足還是不滿足，都會有焦慮感。

關係維度上，當情感被滿足時，你會感到深深的滿足和幸福；當情感被破壞時，你體驗到的是悲傷。

你可以拿這一點來衡量自己的心靈或一份關係。

如果你一生中總是在體驗自大與羞恥，就意味著你還嚴重停留在自戀維度；如果你的體驗中很多是幸福與悲傷，就意味著你在相當程度上進入了關係維度。

當一份情感關係建立時，如果你體驗到的主要是興奮和刺激，那滿足的也是你的自戀；如果你的體驗主要是幸福，那滿足的就是你對情感的渴求。

這個道理可以繼續延伸。如果一份親密關係失去時，你體驗到的是羞恥，是面子受損，怕別人議論，那也是自戀維度的東西；如果你體驗到的是深深的悲傷，那就是關係維度的表現。

親子之間也一樣，如果講的是愛與平等，這就是情感；如果強調的是「順」，是孩子得聽父母的話，幫父母完成自己的心願，這就是自戀的邏輯。的確，太多時候，重要關係不等於情感關係；太多時候，我們構建關係是為了自戀。當然，特別重要的一點是，如果你的心靈主要就在自戀維度上，那也別批評、譴責自己，就從這裡出發就好。

心靈空間的層級

本章的一個重點是**心靈空間**。第一節中，我講到一些家長對孩子的極度苛刻，認為孩子必須是第一名才行。當家長強烈地把這種觀念灌輸給孩子，會導致孩子在親子關係中覺得嚴重沒有空間，如果孩子認同了這種極度苛刻的觀點，自己的心靈也會變得嚴重沒有空間。

「只有第一名才配活著」，這是苛刻要求，也可以說是絕對化要求，是嚴重的沒有空間。不過這並不是最嚴重的，在這個故事中更糟糕的一種狀態是：你必須成為第一名，但實際上我並不是真的希望你是第一名，因為我才是那個永遠占據第一名的人。這種矛盾會給孩子帶來混亂，孩子意識上聽到的家長

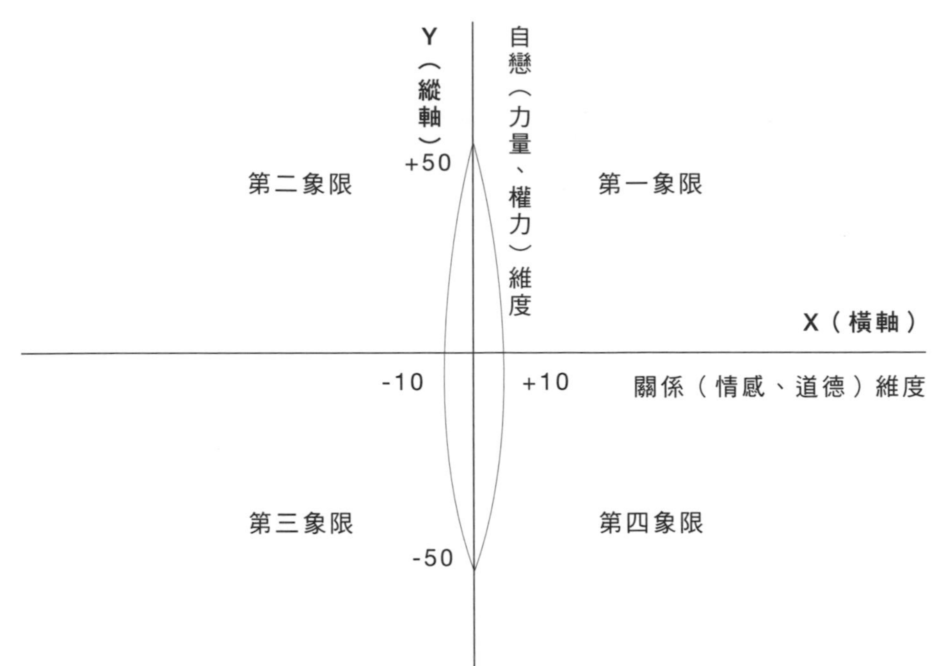

的意思是——你必須成為第一名，但潛意識中接收到的卻是——我並不想你卓越。

英國心理學家葛雷戈里．貝特森稱這種矛盾為「雙重束縛」，他認為這是導致精神分裂症的一個重要原因。對於這一點，現在學術界有不同看法，並沒有成為共識，但貝特森提出的「**雙重束縛**」，成為了一個廣為人知的概念。

雙重束縛可以由非常複雜的邏輯來詮釋，但也可以是非常簡單的邏輯：**你不可以是A，也不可以是負A。**

在親子關係和情侶關係等重要關係中，當一個人持續地向另一個人傳遞一種「你不可以是A」的訊息時，如果對方很在乎這段關係，會在相當程度上尊重這個訊息。

但是，如果這個人同時扔過來另一個訊息——「你也不可以是負A」，就會讓對方非常抓狂。用「心靈空間」這個概念來詮釋，意思就是：你既不可以在A的位置或方向上待著，也不可以在負A的位置或方向上待著。這樣我們就看到了心靈空間的兩種層級：

1. 苛刻要求：你必須是A。
2. 雙重束縛：你既不能是A，又不能是負A。

雙重束縛很常見。例如，春節回家前你打電話給父母，問他們有什麼想讓你帶的。你不缺錢，又特別有孝心，但怕買錯了東西，而且由衷地希望能買到父母喜歡的。但是，父母會說「我們什麼都不需要，你別帶東西回來」，如果你真信了，沒帶什麼東西回去，父母可能會非常失望。

這就是一個雙重束縛的例子。實際上父母想要什麼？他們通常還是希望你能帶不錯的禮物回去，但他們不能說出來。類似的情況，我在馬伊琍上《圓桌派》的那期節目中看到一個典型表現。

她說自己小時候總是不高興，父母說她太倔強。有一次，父母帶她去買皮鞋。在一家鞋店，父母不斷問她，這個好看嗎，那個好看嗎，她明明喜歡上其中一雙，但就是不說，只是搖頭。

然後，他們就離開這家店去了下一家。這個時候她已經不開心了——你們怎麼沒猜出我想要哪雙鞋？到了下一家店，也有類似款式，但她還是不說，只是搖頭，結果最後什麼都沒買就回去了。同時，她的這份不開心越來越重，最後感染得大家都不開心。

她到底想要什麼？她希望怎樣？節目中的另一位嘉賓、大收藏家馬未都情商很高，他猜出了馬伊琍希望怎樣。他說：就算你猜出來也沒用，她還是會否認。這句話說中了馬伊琍的心思，她回應說：我希望他們把那雙鞋子買下來，硬塞到我手裡，這樣我雖然表面上不情願，但心裡特別開心。

這是個典型的例子。這種例子在在情侶關係中也常見。很多男人覺得苦惱，因為太難猜中女人的心思。我更不是此中高手，或者說，在這方面我的水準很低，但我能分析這種故事中的邏輯：

1. 我有需要，希望被你滿足，而且最好是我不用說，你就能滿足我，這樣我和你的關係是完美的、符合全能自戀的；

2. 如果是我表達出來，我就處於自戀維度中的低位，就是我在求你了，如果還被你拒絕，那我會覺得羞恥至極，所以我不能說；

3. 如果是你猜到我的需要，主動滿足我，我不僅需求被滿足，同時是你求我接受禮物，所以我的道德資本沒受損，在自戀維度中也還在高位。

總之，當事情這樣發展時，我不僅得到了實際好處，我的自戀也沒有受損。

自戀是雙重束縛的關鍵，發出雙重束縛訊息的人，既想得到實際好處又想維護自戀。也許你會有疑問：想要得到實際好處會和維護自戀有衝突嗎？當你有這個疑問時，說明你的自戀程度還沒那麼高，對此不敏感。但我向你要好處，這本身就構成了多重自戀受損：

第一，我不完美了，我竟然還需要向外要東西。

第二，我竟然得向你要東西，你給了我，我豈不是欠你的？

這個心理問題該怎麼解決？最好的解決辦法是，一個人在需求最少的嬰幼兒時期得到了這種感覺：撫養者心甘情願地照顧、滿足他，還從這種照顧、滿足中得到了快樂。

這可能會讓一些人感到絕望，畢竟我不是嬰幼兒了，那我該怎麼辦？或者我身邊有一個這樣的人，但我真的很愛他，想對他好，想幫他從裡面走出來，那該怎麼辦？

原理其實是一樣的。我雖然做不到既滿足你的實際好處，又照顧你的自戀需求，但我本質上是心甘情願地想對你好，而且這樣做時我很開心。

還有一種情形比雙重束縛更嚴重，就是你怎麼做都不對——意思是你不能在任何一個位置上。要講清楚這一點，我們得明白一個根本問題：**絕對完美只存在於你徹底不動時。**用人性座標體系來講，就是你待在中心的原點上永遠一動不動，這才是絕對完美。只要你動了，就必然會有矛盾和殘缺發生。

這是抽象的表達，具體的表達是：**你絕不可能同時擁有所有好處**。但是，嚴重滯留在全能自戀中的人會有一種幻想，甚至都不叫幻想，而是一種深深的、自己從來沒有質疑過的信念——我可以同時擁有所有好處。

例如，一位男士患上了嚴重的抑鬱，需要請假，而他所在的單位絕對會批他的假。但他遲遲不請假，因為他擔心自己一請假，同事和主管會不高興，會認為他不是一個好員工。

這樣聽著他應該是一個勤奮工作的員工，但其實不是。他在工作中並不投入，因為他覺得投入沒有用，即使投入了薪資也不多。但他又對自己不投入很生氣，因此看不起自己。

正常情況下，一個人會發展出自己的各種傾向。所謂「傾向」，就是心理動力指向的方向，你做了選擇，也學會接受相應的損失。你越是行動派就越懂得必須選定方向；沒有透過豐富行動充分進入現實世界的人，就會受全能自戀的想像控制，而想得到各種好處。最嚴重的就是想同時擁有所有好處。

這一點在我身上也有展現。長期以來，我主要是個宅男作家，到了最近幾年才開始做各種事情，公司也越做越大。有一次我做了個夢，我竟然從家鄉東、南、西、北角的四個村莊同時出發。醒來後我不禁感慨，這可真是妄想症啊！

之所以這樣，是因為宅男作家是透過頭腦和想像工作，做生意開公司對我來講是新事物。因此在最初開始投入這些事情時，我這方面的全能自戀被啟動，幻想可以同時擁有開公司的所有好處。

人生必然是有得就有失。這句大道理我們得尊重。

和雙重束縛相對應的療癒性狀態是：你既可以是A，也可以是負A。

這看起來和同時擁有所有好處有點像，但其實不同，因為「同時擁有所有好處」是內在的一種想像性信念，真正持有這種信念的人，真實感知是「我不能待在任何一個位置上」。

或者說這兩者的關鍵區別是**時間概念**。**當有時間概念時，你可以有「我既可以在這時待在A的位置，也可以那時待在負A的位置」這種合理的信念**。反之，就會妄想：「我同時待在所有位置，同時擁有所有好處」。最後總結一下，我們這篇文章談了心靈空間的四種層級：

1. 你不能待在任何位置；
2. 你既不能是A，也不能是負A；
3. 你必須是A；
4. 你既可以是A，也可以是負A。

願你可以不斷升級你的心靈空間，活得越來越自在。

第 14 章

情感勒索

警惕情感勒索

人的心智需要從自戀維度發展到關係維度；從只能感知到自己，發展到能很好地感知到別人；從只在乎力量的強弱、權力的高低，發展到真正在乎情感，並體驗到情感的基本特質——平等。

注意，我強調了一下「真正在乎情感」。因為一個人即便心智沒有很好地發展到關係維度，也一樣可以極度在乎關係，並且覺得自己是性情中人，甚至可以為情感而要生要死。但這時他的一切表現其實還是在追求自戀，並因此具有巨大的迷惑性。

這是生而為人的悲哀之處。你並不能因為想愛就能去愛，你的心智得從自戀維度進化到關係維度，這樣你才能體驗到愛，進而明白什麼是情感，並且真正活在其中。

在此之前，我們需要警惕這一點，概括來說就是，一個人把本來是自戀維度的心靈內容，當成了關係維度的東西，結果就變成以關係維度之名，行自戀維度之實。

美國心理學家蘇珊．佛沃提出了**「情感勒索」**的概念，這和我想表達的是同一個意思，即用情感之名勒索好處，或是實際的好處，或是自戀意義上的好處。

自戀是人的根本屬性。因此，人很容易去維護自戀，而排斥損害自戀的訊息。人性非常複雜，但有些東西理解起來可以很簡單。例如，人要排斥的損害自戀的訊息無非就兩種：我不行、我不好。

用人性座標體系的示意圖來理解，「我不行」就是縱軸的自戀維度的表達，即權力維度和力量維度的表達。當在這個維度上得分太低，一個人就會有「我不行」的感知。相應地，「我不好」就是橫軸的關係維度的表達，即道德維度和情感維度的表達。當你做了破壞關係的事，就會有「我不好」的感知。

這個邏輯反推一下，就可以看到自戀也無非就兩種：我是行的、我是好的，或者說是我很行、我很好。**自戀是一個人得以成長的原始推動力，但同時成長又是反自戀的**。你越成熟，就越不那麼執著於自戀，也就越容易接受你有「不行」、「不好」的時候。相反，如果一個人沒有成長好，特別是抽象意義上的自我沒有形成的話，那麼這個人就會特別維護自己的自戀，因此會嚴重排斥「我不行」、「我不好」這兩種訊息。

並且，這種排斥不只發生在自己內部，也必然會展現到關係中。這個人會把自己不想要的這兩種損害自戀的訊息，投射到別人身上，**把「我不行」、「我不好」的感知變成「你不行」、「你不好」**。

舉個例子。有一次和一對夫妻見面，妻子極其自信，丈夫極其謙遜。極其自信的人是在享受「我很行」的力量自戀，極其謙遜的人是在追求「我很好」的道德自戀。

從一開始，這位妻子就一直在糾正丈夫幾乎所有的細節，例如，你坐姿不端正、你對武老師熱情點、你看你筷子放的地方都不好……。我說得一點都不誇張，她真的是在糾正丈夫的幾乎所有細節，好像丈夫不是一個成年人，而是一個孩子。當然，即便對孩子，大人也不該這麼做，因為這意味著對孩子的共生絞殺，而且是密不透風的級別。

丈夫的這些細節真的需要糾正嗎？仔細追究的話，他的這些細節可能是有點小問題，例如，不夠優雅。但首先，這是他自己的事情。其次，這些也都是無所謂的細節。換成別人，比如換成我，肯定會拒絕這位女士的控制，但她丈夫好像非常習慣了，雖然也會有反對，但程度都很輕，並且只是偶爾才表達一下。於是，這位妻子一直理直氣壯、極度自信地管教著丈夫。

這個過程中，這位女士持續地享受著「我很行」的力量自戀，同時持續對丈夫說著「你真差，你樣樣都差」，而丈夫也明顯被這些訊息洗腦了，覺得自己的確不怎麼樣，到處都有問題。

很多時候，我們管教別人就是在玩這個遊戲，把「我不行」的訊息扔到別人身上，變成「你不行」。理解了這點就會看到，妻子儘管對這樣的丈夫百般不滿，但她離不開這樣的男人，因為她得有這樣一個人去承載她投射的「你不行」的訊息。但凡對方比較自戀，在乎自己的尊嚴，她的這個投射就進行不下去了。

不僅如此，當這位妻子這樣做時，旁觀者很容易對她產生反感，因為看到她在苛刻地攻擊丈夫。實際上，她也知道這是在攻擊丈夫。這意味著她在破壞對方、在破壞關係，所以她很容易就有了「我不好」的感覺。這種感覺她一樣也會拒絕接受。**享受著「我很行，你不行」感覺的人，通常沒辦法很好地去享受「我很好，你很壞」的感覺**。魚和熊掌不可兼得。

當然，很多人想要這兩種好處都占，那就會導致很嚴重的後果。要麼會嚴重破壞關係，要麼自己得心理變態，因為你必須把太多傷害自戀的訊息掩蓋，這會嚴重破壞你心靈的完整性。

我們很容易看到這類新聞。有人明明在關係中是深度的剝削者，占盡了自戀維度上的好處，也包括現實中的好處，但當對方做了令他們不滿的事情後，他們反而會倒打一耙，在網路上攻擊對方，並造謠對方是壞人。

但現代社會太容易留下各種證據，當對方選擇反擊，可以輕鬆證明他們是何等不堪。於是，最初被他們欺騙的公眾，轉而站到了對立面。更重要的是，一旦訴諸法律這個基本公平的神聖協力廠商規則，他們就會大敗虧輸。

這個時候，他們**如果受不了自戀全面受損，就可能會做出嚴重的自傷行為，甚至是自殺，以此來顯示他們多想做一個好人**。

有兩起類似事件使我印象深刻。一起是一所中學的一位男生偷拍女廁所被發現，被叫去談話後就自殺了。更轟動的類似事件是韓國首爾市前市長，捲入性騷擾醜聞後，也選擇了自殺。

偷拍和性騷擾可以理解為男性在對女性玩自戀的遊戲，然而當這個破壞關係的行為被曝光時，他們透過自殺來證明自己是想做一個好人的。

到底是「我不好」的壞人滋味更難受，還是「我不行」的弱者滋味更難受呢？這真的很難說。相對而言，應該是「我不行」更難以承受。因為縱軸的自戀維度其實是關於生死的。

關係維度沒展開的人，會形成一個非常陡峭的心靈狀態。他們會覺得，力量強的在自戀維度上處於高位，而處於低位的自己被對方掌握著生死。他們會對自己處於低位的「我不行」的感覺，產生深深的羞恥感，這時他們就會有一種底層邏輯——你力量比我強，你掌握著我的生死，我怎麼這麼虛弱呢！我真差勁！

為了把「我不行」帶來的羞恥感扔出去，他們可能會去攻擊對方，以此顯示「我比你有力量」。一旦這麼做，真正傷害對方的核心自戀利益或現實利益時，關係就被破壞了。與此同時，作為一個破壞者，在這樣做的時候，必然要承受「我不好」的不道德感。

經常發起破壞行為的人深知這一點。所以，他們容易一開始就去攻擊對方的道德，試圖將對方描繪成「你不好」。這種「抹黑行為」也許會奏效，特別是在一開始的時候。但是當做得太過分時，自己的破壞性一目了然時，這種行為就無法奏效了。

總之，你為了占據「我很行」的力量自戀感，而攻擊破壞別人時，就不要指望還能輕易占據「我很好」的道德自戀感了。不道德不僅僅是一種評價，還是不可避免的事。就算對方不評價你，公眾不評判你，你內心深處仍然有感知——你幹了一件壞事。

不過，太自戀而本質脆弱的人，可能為了排斥「我不好」的感覺，而持續做出更嚴重的破壞性行為，即更嚴重地抹黑對方。結果，「我不好」的感知越來越嚴重，關係也容易走到不可收拾的地步。

所以，人要少做真正的破壞性行為，少作惡。

接納自戀與自私

既然自戀是人的根本屬性，也很容易衍生出自私來，那麼我們就得尊重這個事實。

我在諮詢和生活中，總會看到有人納悶，為什麼自己總是對人性理解得不夠、不充分？仔細一聊就會發現，很多人在考量自己和別人的人性時，把自戀維度的內容給遮蓋了，試圖想像單個人以及人和人之間的關係，都是只有關係維度的東西，並且只有關係維度的正向內容，例如，只有愛沒有恨。

當這樣想時，就意味著一個人嚴重地活在想像中。**要想活得清楚明白，就需要充分地把自戀乃至自私計算進來。**

說到自私，先講一個反例。我在大學時認識一個很聰明的人，他對哲學上了癮，大二、大三時就覺得自己洞見了人性的根本——人是自私的。圍繞著這一點，他形成了自己的一套世界觀。首先，他要身體力行地追求自私，要毫不猶豫地、無情地利用、剝削別人。

這樣做就顯得太幼稚。畢竟，你不僅深信自私論，還公然叫囂要去剝削、利用別人，那別人自然會對你心生警惕，這不是把自己置於危險中了嗎？果然，畢業後沒幾年，據說他做生意也是公然宣稱「自私論」，最初還好，但後來被一位農民騙了很多錢，此後一蹶不振，開始遁世了。

他這是把人性理解得太簡單了，並且這份理解還迅速形成了一套哲學觀，同時他又是名校大學畢業，智商頗高，可能因此他覺得自己在自私自利的無情世界中，能占據上風。然而，如此自戀的他，竟然被農民騙了，這嚴重破壞了他的自戀，於是遁世，躲到一個人的小世界中，繼續以此維繫自戀。

這個故事說到這裡，我再從另一個方向講講關於自戀自私的故事。

我曾經在微博上看到一個很熱門的影片，講的是一位離鄉五年、身價上億的集團公司老總，故意裝成乞丐回到故鄉。面對這位乞丐，親友們冷嘲熱諷。後來他重新打扮，顯示了自己富豪的身分後，親友們對他變得熱情親近起來。這位老闆製作這個影片，是想嘲弄嫌貧愛富的人性。

我看了這個影片後，講了我的觀點——**別和人性較勁**。

我講了孟嘗君的故事。孟嘗君是「戰國四公子」之一。他是齊國的貴族，曾為齊國的宰相，並有三千門客。國君罷免了他的相位後，三千門客散盡，只剩下馮諼等少數幾位門客留下。後來，經過馮諼的謀劃，孟嘗君的相位得以恢復，門客們又紛紛來投靠。孟嘗君想羞辱他們，馮諼勸他說：天下熙熙，皆為利來；天下攘攘，皆為利往。富貴多士，貧賤寡友，這是規律，尊重它，別和它較勁。

尊重規律，而不是活在自戀想像中，這就是智慧。

我在諮詢中見到一些活得極其痛苦的來訪者，後來發現他們之所以活得如此痛苦，是因為他們對自己和他人的人性抱著一種理想化的期待，就是我前面講的那種——希望自己和他人只有人性的光明面，沒有黑暗面。結果，當黑暗面呈現時，他們就會痛苦不堪。

當他們拿這一點要求自己時，就構成了對自己的一種「暴政」，這本身就會導致自我否認，這是一種痛苦。當他們拿這一點去要求別人時，別人也感覺到這要求太高、太苛刻，於是想遠離他們。他們因此陷入孤獨，導致一系列的痛苦。

要想免於這些痛苦，他們就必須學習，看到他人，特別是自己身上的自戀自私之處，從而活在現實中，而不是自戀想像中，因此變得清醒，同時也變得寬容很多。

當我們對人性抱有太理想化的期待時，有一種理解可以打破這份期待：太理想化必然意味著，你期待關係中的一方去做「聖母」，而發出這種期待的人其實是「巨嬰」。也就是說，**對人性抱持太理想化的期待，其實是全能自戀的嬰兒，渴望找到絕對完美而無私的、永不乾涸的「超級乳房」**。

當你把這份期待放到自己身上，就是在要求自己做超級聖母，這是把自己置於被剝削的位置。這對自己不公平，也意味著否認了自己的自戀自私。

當你把這份期待放到別人身上，就是在要求別人做超級聖母，把別人置於被剝削的位置。這對對方不公平，意味著否認了他的自戀自私，或者說否認了他這個人。

這種感覺我非常熟悉。我常遇到一些人，上來就對我誇讚不已，這時我會很不自在，因為我能分明感覺到他們誇讚的是他們想像中的人，而不是我。

的的確確，我也希望自己是一個很行、很好的人。特別是我意識上雖然抵觸，但潛意識中在努力追求「我很好」，所以儘管不自在，但在早些年我會感覺難以推開這些誇讚。之後，他們之中若某些人向我提出要求，我一樣感覺難以推開。

剛開始有些名氣時，這種事我基本上都推不開。後來逐漸意識到這樣不行，於是靠頭腦層面的思考，逼迫自己推開。一直到現在，我才終於能心安理得地推開這些東西。

在人性座標體系上，自戀維度有正向和負向，關係維度也是。但人不僅要接受「我很好」、「我很行」，也要接受「我不好」、「我不行」的一面，這才意味著人性的完整、圓滿和自由。

允許「我不行」，就是允許自己在關係維度中去表達恨和攻擊性，也包括去捍衛自己；允許「我不行」，就是允許自己承認自身的有限性，允許自己散漫和偷懶等。

這些道理看起來很簡單，但對於一些活在過度理想化中的人而言，剛開始這樣做時會有「山崩地裂」的感覺。例如，一位一直對工作抱有高度熱情的女士，她盡自己所能把帶領的團隊弄得像家一樣，她也掏心掏肺把屬下當作家人對待，就這樣在一家公司待了十幾年。

然而，某一天她突然發現，團隊中有屬下對自己不滿，老闆也沒有像她想像中的那樣重視她，這讓她十分崩潰。不僅如此，她很快發現，團隊中對她不滿的人好像占了多數。這個發現讓她進一步崩潰，感覺自己要瘋了，她接受不了這個事實，而且對自己竟然才發現這個事實，產生了深深的羞恥感，覺得自己太愚蠢了。

經過諮詢，她很快接受了這個事實，也從嚴重的自我攻擊中走了出來。然後她發現，現在的這種感覺簡直太好了。以前把下屬當家人對待時，她在投入超級熱情的同時其實非常操勞、辛苦，神經永遠繃得很緊。現在不再把下屬當家人，不再把公司當家，充分計算了每個人的自私自戀，也包括自己的各種利益，這樣的適度無情，是最舒服的工作狀態。她發現自己的頭腦變得非常清楚，觀察力也上升了至少兩個檔次。

她的經歷和幾個類似的故事讓我不禁感慨：**一個成熟的個體，必須把利益、自私和自戀充分地計算進去，這樣人的頭腦才能清楚**；相反，當考慮的都是所謂的情懷時，其實很容易活在自戀想像中，並且容易有激烈、激奮的情緒。期待太高，一旦落空就相當於從陡峭的懸崖上跌落，會產生強烈的失望、憤怒乃至破壞欲。

當一個人徹底自私、動不動就暴怒時，就是活在自我中心的自戀中。這種時候他首先沒有計算別人的自私，也沒有觀察到自己的自私，就是強行要求世界配合自己的自私。

當有了情懷時，的確是脫離了這種原始的自戀自私。然而，你以為情懷是關係維度的表達，是愛，甚至大愛，但事實上，情懷是心智主要停留在自戀維度的產物，還是在追求自戀維度的高位，並以此去搶占關係中的制高點。

當人既能活在關係維度，又能充分看到自戀維度，就能計算自己和別人在自戀維度上的追求，就有可能同時尊重自己、他人和社會的利益，從而可以清醒地活在現實世界中。

平等感

平等不能是自戀、權力和力量維度上的平等，而是關係、情感和道德維度上的平等。

以我提出的人性座標體系來講，這一點一目了然。縱軸的自戀、權力和力量維度，天然就是有高低、強弱之分的，這是它的特性；而橫軸的關係、情感和道德維度，天然就是平等的。

平等是人類的一種根本性的訴求。但是，不能把對平等的追求變成自戀維度的平等。在自戀維度上追求平等，就違反了自戀維度的天然屬性，它導致的結果，就是一個集體乃至整個社會中的人平庸化。一個集體和社會該鼓勵人們在自戀維度上的競爭和參差多態，每個人都可以肆意伸展自己的個性、特點和能力，當然，要有一個前提——在沒有主動傷害別人的情形下。

平等是關係、情感維度的平等。好的關係或者說好的情感，是救贖。**當你真正體驗到關係層面的情感時，會深深地感知到人和人是平等的，進入深度關係中的我、你和他是平等的。**

當自戀維度的肆意伸展和情感維度的平等感結合到一起時，人和人就會變得非常不同、差異巨大，但每個人對自己都會接納，都有充分的自尊。

用這個邏輯來看一下「均貧富」，可以看出這種理想主義是想在自戀維度上強行平均，讓每個人的力量、權力都是一樣的，是一種不可能的理想主義。當真在一定時間內實現時，一個社會會被剪得光禿禿的，人不僅會失去自己的個性，也會失去能力和活力。

剛才講的是集體層面的差異與平等，接著講講個體上的。一個人的心智如果主要停留在自戀維度，而關係維度沒有展開，會導致這個人產生一種感知——陡峭感。這點前面也提過，也就是這個人會覺得自己像是在懸崖上，甚至是在鋼索上，一不小心就會跌入萬丈深淵。

這是因為這個人心智空間中的自戀維度有了伸展，他強烈地在追求卓越的同時，又無比擔心卑微，他在自戀維度上的感知範圍是很高的正分和很低的負分，例如，是正八十分和負八十分，但是他在關係維度的感知沒有伸展開；例如，他的感知只有正十分和負十分，這就構成了一個非常狹窄而陡峭的心智空間。

這樣講也許你覺得有些抽象，甚至覺得和自己無關，那我講一些常見的夢，可能你就會更好理解。有兩種夢是很對立的，即飛翔夢和墜落夢。有人常做飛翔夢，夢中的自己很輕鬆愜意地飛，快落地時輕輕在地上一使勁，就會再次飛得高高地，甚至當身體快落到地上時，可以像鳥一樣飛起來。

飛翔夢可以理解為一個人允許自己追求自戀維度的高位，而且還相當成功，可以很自然地伸展自己的自戀、權力和力量，這是向上的力量，這種感覺進入夢中，就變成了飛翔。

墜落夢則相反。經典的墜落夢是你不能表達自戀、伸展力量和追求權力的高位，並且一表達就會受挫，例如，做不成事或被懲罰。於是，你的體驗會是你一離開原地就墜落，並且會墜入無底深淵。**自戀維度中，除了力量的強弱和權力的高低，還有一個隱藏的感知，就是生死感**。當自戀得以伸展時，你不僅感覺良好，還覺得「我」存在著、「我」活著；當自戀不能伸展時，你感覺到「我」被憋死了，甚至被殺死了，所以墜入無底深淵，簡直等同於死亡。

不過，嚴格來講並非徹底是死亡，它主要是黑暗。當覺知無底深淵時，你會發現黑暗的深淵中藏著各種奇形怪狀、醜陋的東西。

以上可以總結為：當人能坦然追求自戀的高位時，就容易有飛翔夢；當人不敢追求自戀的高位時，就容易有墜落夢。並且我們必須理解一個前提：這一切其實都是先發生在關係裡，例如，最初必然要發生在親子關係之中。所以，一個人能坦然追求自戀的高位，是因為父母等撫養者允許、鼓勵你這麼做；一個人總是伸展自戀失敗，是因為撫養者反對，甚至禁止、懲罰你這麼做。

基本健康的親子關係會是一個巨大的饋贈。當父母對孩子充滿情感時，他們和孩子之間會自然而然地形成平等感，既不會在孩子面前太追求權力感，例如要求孩子必須聽話，也不會把孩子縱容到無法無天的地步（那是父母把自己放在了自戀的低位，把孩子放到了自戀的高位）。

如果一個人的心智空間非常陡峭，會導致一種情形：一個人不管是處在自戀的高位還是低位，不管是總做飛翔夢還是總做墜落夢，都會活得很累。陡峭的心智空間猶如陡峭的山峰，你就算爬到高位也會擔心掉下去，因此不僅要使勁向上爬，也要防止掉下去，還要提防別人超越自己；處在深淵中的人，其實也會不甘心，時刻渴望向上爬，不然就想把這座陡峭的山峰給毀了——我不能向上爬，你也別想著安享高位。

由此可以說，情感是救贖，關係維度就是大地。當一個人活在深切的情感中，就意味著這個人不會太擔心從高峰跌落，因為即使跌落，他也會感知到下面有一個寬廣、厚實、可靠的大地在承接著自己。

有一個故事我曾多次提到。

> 我的一位來訪者做了一個融和了墜落和飛翔的夢，那個夢被她稱為「粉紅色的天鵝夢」。
>
> 她夢見自己是一隻鳥，但不會飛，和很多同類擠在一塊岩石上，雙爪拼命地抓緊岩石，生怕被擠下去。然而，她被擠到了邊緣，越來越難抓住，突然間，她被擠了下去，從高高的岩石上墜落。

墜落中，她一開始無比恐懼，但突然間想到自己是有翅膀的。於是，她試著展翅飛翔，試了一會兒後，果真飛了起來。那塊岩石本來在一個洞穴裡，她衝出洞穴，外面是湖泊，湖泊外是大地，這時有陽光照耀在她身上，她發現自己是一隻粉紅色的天鵝……。

這個夢實在令人印象深刻，也給了她非常大的啟發和勇氣。後來，當生命陷入黑暗無助時，她就會想起這個夢。

這個夢也啟發了我。之後我在講課和諮詢時，開始使用這樣一個比喻：我們的自我有時會失效，這時我們會無比恐懼，擔心失控，擔心自己會墜入無限深淵；但是當你允許自己墜落，你會墜落在寬廣的大地上。

這個比喻我使用了一段時間後就放下了，因為我逐漸明白，能允許甚至享受墜落，要建立在一個前提上——一個人的心智能充分感受到情感的存在。我現在明確認識到，一個人的心智得在關係維度上伸展開，關係維度的情感才是這樣的大地。

當我們的心靈主要停留在自戀維度時，怎麼做都不對，怎麼做都不可能是答案。**心靈必須進化，進入關係維度，體驗到什麼是情感，才能得到救贖**。所以，這也是為什麼我在前面寫全能自戀的四種變化時，很少講該如何做才能解決問題。

有一個說法是：這一個維度產生的問題，並不能在這個維度得到解決，你必須升維，更高一個維度的東西才是答案。**關係維度就是自戀維度的答案**。

這可能就是為什麼人類的想像多是圍繞著關係和情感，特別是幾乎所有小說、戲劇和影視，都得講講愛情。不過，人的心智很容易從關係維度中後退，想退回孤獨的自戀想像中，想在那裡尋求答案。

例如，人們容易覺得一切都是能力問題。所以情感上一受傷，就會說「別人靠不住，只能靠自己」，然後使勁提升能力。可能你會說我就是活在關係中，我就是在追求情感！的確，人們都是活在關係中，但你的心智未必發展到了關係維度。

又如，當你渴望的關係結束時，如果你體驗到的是羞恥，那意味著你的心智其實是在自戀維度；如果你體驗到的是悲傷、是思念，那意味著你的心智是在關係維度。你可以根據你的體驗中的羞恥和悲傷的成分，去觀察自己的心智主要是在什麼層面，也可以以此去觀察其他人。

同時，如果關係中好的感覺是刺激、興奮和驕傲，就意味著你進入關係追求的是自戀。當你體驗到的是滿足、喜悅和平靜時，才是在關係維度。

關係維度是救贖、是答案，但對大多數人而言，它不那麼容易找到。

道德資本

顧名思義，道德資本就是一個人不斷去做一些看起來很有道德的事，為自己積攢道德資本，然後以此換取權力，讓自己處在道德優越的位置上。如果你對人性座標體系越來越熟悉，那麼看到這樣一番話，可能立即會意識到，道德資本也是在做「以關係維度之名，追求自戀維度之實」的事。

不過，典型的積攢道德資本的遊戲會比較複雜。首先是一個人不斷自我犧牲，因此覺得自己在積攢道德資本。所謂「**自我犧牲**」，就是放棄對力量、權力和自戀的高位追求，讓自己主動處於自戀維度的低位，並且的的確確損失了現實意義或自戀意義上的好處。

這裡面隱藏的邏輯是：既然人天性都是追求自戀高位的，而我主動追求自戀維度的低位，我認為自

己是善良的、有道德的。

然而，他的心智主要仍是在自戀維度上的。當他因自我犧牲積攢了相當的道德資本後，就有了道德優越感，覺得自己高人一等。

當一個人有了這種道德資本時，對於在乎他的人，就構成了一種巨大的壓力。面對這樣的人，別人容易產生內疚感，覺得虧欠了他似的。可是這種道德資本對於不夠在乎他，或儘管和他很親近，但其實沒有什麼共情能力的人，就可能不僅沒發揮作用，還起了反效果，讓人更不願意靠近他。

講了一些基本觀點後，再來講一個故事吧。

一次，一位朋友找我，想讓我推薦諮詢師，因為她覺得她的媽媽得了嚴重的抑鬱症，她認為諮詢能有所幫助。

我問她，你媽媽願意找諮詢師嗎？她說不願意，並且她一提要找諮詢師的事，媽媽就會很生氣。我請她簡單講講她媽媽的故事。她說，她媽媽主要是對她爸爸有怨氣。她媽媽認為自己一生忠誠、勤儉、任勞任怨，丈夫卻多次出軌，簡直狼心狗肺，辜負了自己這輩子的付出。媽媽後悔這樣做，很恨爸爸。

然而在我這位朋友看來，媽媽這樣做都是自願的，別人沒有逼她，而且很多人都曾勸她不要對老公那麼好，但她沒有改變，就這樣過了一生。現在，她爸媽都七十多歲了，一見面要麼彼此不理會，要麼像仇人一樣，當然主要是媽媽恨爸爸。

聽她簡單講完她媽媽的故事後，我對她說：你還是放棄為媽媽找諮詢師的想法吧。為什麼？她有些驚訝地問道。我回答：首先，根據經驗，年紀太大的老人，諮詢效果普遍不好，因為老人家的觀念容易固化。

其次，也是更重要的，諮詢是讓一個人來面對自己的，它建立在一個前提之上——一個人願意承認「我」有問題，「我」願意改變。可是你媽媽已經七十多歲了，一直以來，她的生命邏輯就是恨你爸爸，認為「他」有問題，「他」應該改變。在這種情況下，如果諮詢讓你媽媽最終看到「我」有問題，該是何等殘酷的事。並且，如果在生命的這個階段改變自己重大的認識，對她而言太衝擊了。此外，你爸爸的確出軌多次，你媽媽的恨意也是他應該承受的。

她聽了後覺得很有道理，放棄了為媽媽找心理諮詢師的想法。

差不多在同時期，我的一位男性朋友找我聊天，說他過得太委屈、太痛苦。他是我所說的那種最典型的「中國式好男人」，一生都在為別人考慮，不能堅持去做自己想做的事。

他先是為了父母而結婚。結婚時懵懵懂懂，婚後不久深刻意識到彼此不合適，給雙方都帶來了巨大痛苦。於是他想離婚，但妻子不願意。最初，妻子不同意的程度不算太高，他如果堅決一點還是可以離的，但他卻打消了念頭。

這是**好人的一個常見邏輯：如果堅持做我想做的事，對別人，特別是對親近的人會造成傷害，那就不能做。因為傷害別人意味著我是壞人，好人特有的那種道德資本就受損了。**

當這段婚姻湊合著過下去時，他變得越來越痛苦，離婚的意願也越來越強。這時他發現，原本比較好說話的妻子，反對離婚的意願也變強了，逐漸開始用自我傷害的行為，威脅他不要離婚，最後甚至用自殺和孩子來威脅他。他一直沒離成。在這個過程中，他變得日益消瘦，身心俱疲，猶如生活在地獄。

這是我比較好的朋友，所以我很早就推薦他去找諮詢師，後來也多次向他推薦諮詢師。然而我也發現，他對找諮詢師的抗拒越來越強。

後來，我終於意識到，對於濫好人而言，隨著年齡的增長會出現一個問題：濫好人不斷累積出越來越高的道德資本，可是這個道德資本是透過自我犧牲、自虐換來的，沒有任何實際好處。因此，他變得越來越難面對這件事。

如果深入諮詢，不僅要接受諮詢的基本前提，自己也會逐漸認識到——的確，自己的人生，特別是成年後的人生，首先得自己負責。他的外在劇情只是自己內心戲的外化。

如果這個心理遊戲被戳破，道德資本就會被證實是一場虛無，除了自我安慰外，什麼好處都沒有，還會惹得別人想遠離自己，這也是導致自虐的關鍵。

這兩個故事讓我形成一個觀點：如果以好人自居的人有意做諮詢，那得早一點開始，四十歲之前開始是有必要的，二十、三十歲開始更好。如果等到五十、六十歲，甚至年紀更大時，人就寧願理直氣壯地去恨別人，而不願面對內心的真相了。

從理論上講，我們可以意識到，這個遊戲披著追求情感的外衣，其實還是自戀維度的孤獨遊戲，透過自毀、自傷、自我貶低而換來的道德資本，不是情感，也不能滋養關係。

處理好關係不容易，所以很多人會透過追求道德感來維護關係，但這會引出關於道德的各種問題，接下來我會集中談談這個問題。

苦情戲

苦情，或者說賣慘，是我們身邊很常見的一種現象。我們比較少講幸福快樂，而是不斷地強調，某個人很努力、很付出、很無我、很苦。不少來訪者發現，自己的某個家人有強烈的賣慘傾向。他們熱衷付出，不為自己花錢，但正如前面所說，他們用這種主動追求自戀低位的表現來換取道德資本。

苦情戲或賣慘追求的好處是「我這麼好」。這麼好的「我」有了道德資本後，你得回報我一些東西，例如親近、認可，至少請不要攻擊、否定我。他們渴望的回報中，糟糕的是希望別人聽他們的話，更糟糕的是，他們變成了「好人」，並且傳遞出——我這麼好，所以我沒問題，我們關係中的一切問題，都是因為你這個有欲望、會享受的壞人。

經常上演苦情戲的人，很容易和幸福快樂無緣。理解苦情戲的時候，不要只看賣慘的那一方，我們可以從關係的角度去看這件事。當一個人上演苦情戲時，不只是演給自己和對方，也是在演給協力廠商觀眾看。當然，有很多人是有意識地在演苦情戲。例如，不少公務人員表現得艱苦樸素，實際上財富累積如山。

自己追求苦情是一回事，而逼迫別人去演苦情戲就是另一回事。我信奉的一個哲學是：只要一個人沒有主動傷害別人，他就擁有自由。這句話的對立面就是苦情文化：只要一個人沒主動傷害自己，他就不是可被稱道的好人。所以「過度犧牲」這個詞都不夠準確，更準確的表達是，你要主動「虐待」自己。明明可以活得更好，但不行，這證明不了你的誠意，你必須親手毀掉你的好生活，讓自己活得苦不堪言，還要說你甘願如此，樂在其中。

自戀是人的天然本性，當主動消除自戀，轉而去追求苦難時，既像巨嬰在對聖母說：「我要求不高，很好養。」也像是聖母對巨嬰說：「我一點自私都沒有，我的眼裡只有你的需求。」

進一步要說的是：自己追求苦情戲是自虐，而給別人製造苦情戲陷阱，就是施虐。

在製造苦情戲陷阱時，裡面藏著這種邏輯：我照顧不好你，無意照顧你，甚至還想虐待你。但這顯得我很不好，那麼我去宣揚一種苦情戲，誘導你自虐，並讓你認為事情就該這樣。這時就不是我照顧不好你，不是我無意照顧你，不是我虐待你，而是你主動尋求的。

在社會層面，當苦情文化被視為真理時，本來該擔負責任的一方，就可以免責了。

二〇一九年有部熱播劇《都挺好》，電視劇修改了原著小說的結局。原著中，女主角蘇明玉放下了某種執著，不再糾纏與患了阿茲海默症的父親的關係，而選擇與之拉開距離，比如過年時分開過。

但在電視劇中，結局變成從小被忽視、虐待的女主角，承擔了為父親養老的責任，還是以過度犧牲的方式。她明明可以請看護，卻辭掉工作，專門照顧患病的父親。以這種方式表達對父親的愛以及原諒，這就變成了自虐。曾奇峰老師說過一句經典的話：常常不是金錢汙染了感情，而是感情汙染了金錢。這個邏輯套到這個結局中，就可以說是這種苦情戲的親情汙染了常識，汙染了基本邏輯。

我們不要只盯著社會，也要反過來看看自己。你照顧自己所愛的人了嗎？**特別是，你照顧好自己了嗎？**

雖然自戀會帶出來很多問題，但是，**自戀是生命力得以生發的自然方向，如果你一直排斥這個方向，很容易讓自己活得很苦，而且是沒必要的苦。**苦這個字可能不足以令人警醒，那你可以記住：這是自虐，是在製造死能量。也許這樣的說法，會讓陷入苦情戲的人清醒一點。

泛道德化

讀研究所時，我初步形成了一些認識：

1. 每個人的世界都可以分成私人領域和社會領域。私人領域的核心是親密關係，如親子關係和情感關係；社會領域的核心是工作關係。

2. 私人領域的規則是珍惜，社會領域的規則是權力。

3. 珍惜規則是：我如此深愛你，我愛著你本來的樣子，如你所是，因此不願把我的意願加在你的身上，去改造你，變成如我所願。

4. 權力規則是：你要按照我的意願來。

5. 私人領域太多使用權力規則，或社會領域過度強調珍惜規則，都是一種「汙染」，會讓這個領域的事情變得混亂。

現在看，我是根據直覺形成了這樣一個簡單的思維，而後不斷發展，最終就變成了現在的人性座標體系。在這個過程中我又想到一個規則——道德規則。

本來，道德規則應該可以等同為情感規則，但隨著思考越來越多，我發現圍繞著道德有越來越多的陷阱。因此，我覺得道德規則是一個虛假的死胡同，個人、集體和社會太容易被引誘進這個死胡同。而剛進去的時候，還會覺得是一條金光閃閃的康莊大道呢。

現在該給道德陷阱或道德規則下一個簡單的定義了。前面兩節談的其實也是道德陷阱。道德的本意有利他之意，而道德陷阱或我在這裡所說的道德規則，就是**以利他之名去爭奪權力**。

可以說，道德規則就是披著珍惜規則的外衣，行使追求權力之實。

真正的權力規則和珍惜規則實踐起來都很不容易。要想掌握權力上的制高點，一個人就需要發展自己，哪怕成為權謀高手，也是很難的事。至於珍惜規則，只有在一個人的心智發展到關係維度後，才可以具備，自然也不容易，而且真正去處理好自己在乎的關係，在哪裡都是一個難題。

但是，實踐道德規則就可以非常容易。如果一個人既不知道如何愛別人、如何維護關係，又覺得發展不了自己的能力和權謀，那麼他其實是有個辦法去搶占關係中的制高點的，那就是去訴諸道德。例如，透過自我犧牲去積攢道德資本。更簡便的方式，就是去抓別人的道德漏洞。

當道德規則在一個領域或社會中廣泛展開時，就會出現一個現象——**泛道德化**。就是大家言必稱道德，但集體的氛圍變得越來越緊張，相互抹黑和攻擊越來越嚴重。於是，一個整天講道德的領域或社會，反而呈現出爭鬥的局面，甚至還朝失控的方向發展。

發展到特別嚴重的情形時，就變成這個領域或社會像是有了一個絕對禁止性的超我，猶如電影《魔戒》中刻畫的索倫之眼一樣，盯著每一個人，而大家都感覺好像被禁錮住了，怎麼做都不對。

歐美社會現在就進入了這種狀態，他們在嚴格地追求政治正確。**所謂政治正確，就是道德的一個表達，它要求容納一切，不得有任何歧視。如果你表達了某種歧視，哪怕它很輕微，也可能會遭受嚴重的懲罰。**

社交媒體上也存在這種傾向，太多人盯著別人的生活，特別是名人，拿道德放大鏡去巡視、偵查、批判，還要舉報。我們得認識到，日益發達的網路改變了很多力量對比，過去的一些制度、道德，乃至正義邏輯，也許都要重新思考一下。

以前的社會嚴重體系化，大平台、超級個體擁有巨大影響力，與普通人構成鮮明對比，所以一旦發生衝突，相關力量在做裁判時，向普通人傾斜是一種很好的制衡。

但現在網路高度發達，普通人可以迅速聚集在一起，對超級個體乃至大平台構成強大衝擊，力量對比因此發生巨大變化。協力廠商力量在做裁判時，尺度得有所改變。

政治正確在西方之所以日益嚴重，在我看來是拜網路所賜，普通人可以使用嘴炮上的超級道德感，在網路的空間內迅速獲得權力，而且可以征伐其他人。於是，**政治正確越來越成為攻擊和打壓別人的新權力。**

當今社會太容易盯著一個人的私生活，而且有一個基本假設：一個人的私生活不道德，就該被狠狠譴責、狠狠懲罰，在其他方面也得付出代價。這就是泛道德化的邏輯，意思是：你不道德，所以你是徹底的壞人。當此人忍不住反擊時，甚至會遭受圍攻。

泛道德化的含義要比我前面論述得更廣泛。我認為在心理諮詢領域，現在也有泛道德化的傾向。各種各樣約束諮詢師的規則不斷被升高，而關於諮詢倫理的探討也越來越多，逐漸有了這樣的言論：

佛洛依德如果生活在現在，那麼他很多地方違反了心理諮詢的倫理，例如寫作上不夠保密。一位知名精神分析師寫過一句非常絕對而富有道德的話：作為精神分析師，除了你的來訪者，不能分析任何一個活著的人。這句話很煽情，也得到很多認同。我多次和同行探討這一點，我們都覺得這句話太過了。

這位知名分析師是我很欽佩的人，不過我個人認為，泛道德化很容易是平庸的人追求的東西。前面我一再論述，在自戀維度上發展力量和權力不易，發展出關係維度的珍惜也不易，但誰都可以很容易地去講道德。最容易的是拿著道德放大鏡去看別人。

活力的流動是一切事物美好的源頭，泛道德化會切斷活力。

政治哲學家海耶克（F.A. Hayek）有一句名言：**通往地獄的道路，通常是由人們善良的意願鋪就的。**泛道德化，就是這樣一種存在。

第15章

走出孤獨

走出心靈僻徑

我們來談談孤獨。圍繞孤獨有很多話題，而我特別想說的，也是我在簽名時常寫的一句話——孤獨不是生命的初衷。

在講心靈僻徑之前，我想到美國神話學家喬瑟夫．坎伯（Joseph Campbell）的一段話：

人類思想上對於生命的期待，很少符合生命的現實。我們不願承認，那衝撞的、自我保護的、有惡臭的、肉食的和淫蕩的瘋狂，正是有機體的本質。相反，我們傾向於掩飾、漂白和重新解讀，把所有軟膏裡的蒼蠅和菜湯裡的頭髮，都想像成某個令人不悅的傢伙的過錯。

坎伯這段話的意思其實非常清晰，但有些朋友可能還是難以理解，那我可以說一下反例。我在諮詢和生活中見過這樣一類人，男女都有，但相對而言，女孩要多一些。他們的眼神純淨而夢幻，如果正好還長得好看，那真是具有一種殺傷力。

然而，深度諮詢中會發現，他們真的是活在夢幻中，沒進入現實。他們夢幻著的世界是純淨、沒有雜質的。

可是，雜質是什麼？**雜質其實就是真實的生命力，如自戀、性和攻擊性。**當把生命力本身視為雜質而剔除時，他們也就變得虛弱了。

年輕的時候，這種特質很吸引人，但隨著時間的推移，當他們到了三、四十歲，甚至年紀更大時，這種夢幻而純淨的特質，就會和現實越來越格格不入，他們會變得焦躁、失落起來，因此會對現實日益不滿，認為現實怎麼這麼齷齪。

說到這裡，也許你可以多理解一些坎伯的意思了，或許還可以進一步理解引言標題中的那句話：擁抱想像，進入真實。

當一個人執著地活在自己的想像中，並且把自己對他人和世界的想像當成外部世界的真實，就意味著他們陷入了偏執狀態。

你能活在現實世界還是活在想像世界，這是衡量心理健康的一個重要標準。這方面的專業詞彙是「**現實檢驗能力**」。簡單來講，就是能區分自己的內在想像和外在現實。

如果說，偏執於自己的意願是活在想像中的話，那麼，還有一種更為嚴重的活在想像中的情形——心靈僻徑。

心靈僻徑的常見表現是：你追求純心靈的生活，而排斥世俗中的一切。例如交際，你受不了酒肉朋友，也受不了關係中的相互利用。又如欲望，你視自己的一切欲望為敵人，你覺得性是骯髒的、拒絕別人是惡的、向別人提任何請求都非常困難。

又比方說身體，你也會忽視身體，譬如不怎麼鍛煉身體，而寧願將時間都花在增強你的大腦上，如學習和思考。

「心靈僻徑」這個詞複雜了一點，它還可以換成另一個常用的詞，即「孤僻」。不過心靈僻徑這個詞確實很形象——你孤獨地走在追求純心靈需求的僻徑上。

心靈僻徑是歐洲一位心理學家提出的詞彙。前面我們談到，走在這條小路上的典型表現是，你似乎只剩下純心靈的需求，而很不在乎人際交往和身體欲望的需求。

心靈可以非常迷人，所以如果你愛讀書又愛思考，你可能會收穫很多心靈上的知識，於是心靈僻徑也變得看上去不錯，甚至遠勝於平常路。

但是，如果你走在這條路上，我相信你應該深有體會，你並不會很享受。也許身體上的需求，如吃喝玩樂，你還能掩飾，貌似真不在乎，但人際關係上的需求，你會深切感受到無法不需要它。你可以自欺欺人地說我享受孤獨，我不需要朋友和戀愛，我一個人待著就挺好，但孤寂的滋味，在很多時候簡直像可以殺死你。

為什麼會這樣？所謂聖賢不都是鄙視世俗欲求、追求心靈的嗎？要回答這個問題，我們需要談談心靈僻徑是如何形成的。

幼小的孩子，例如嬰兒，他的需求無非是吃喝拉撒睡玩，而他自己不能滿足自己這些需求，他需要養育者，特別是媽媽的細心照顧，這些需求才能得到充分的滿足。養育者在照顧幼小的孩子時，構成了兩個因素：

1. 孩子的各種普通需求被滿足，於是孩子覺得這些需求是對的，是可以存在、可以被滿足的，而且被滿足的感覺非常好。
2. 養育者在照料孩子時，構成了最初的人際關係，這種人際關係上的需求被滿足，其實和吃喝拉撒睡玩這些實際需求被滿足同等重要。我們會感覺有人一直陪伴在身邊，他如此重視自己，會無條件、及時地滿足自己……，這種被愛的感覺非常美妙。

也就是說，如生命初期那樣，如果我們得到的照料比較好，就會深切體驗到，普通需求和人際需求被滿足是非常棒的事。於是，我們會自然而然重視自己的這兩種需求。

但是，如果在生命初期這兩種需求總是得不到滿足，我們會常常處於失望中，失望太多就會變成絕望。絕望的滋味很不好受，於是我們乾脆滅掉自己的渴望，這樣我們會好受一些。

滅掉了自己的普通需求與人際需求的孩子，心裡會有這樣的邏輯：這些需求是不好的，也是低俗的，所以我要追求高階的心靈需求。由此，就形成了心靈僻徑。

心靈需求當然是非常棒的東西，但它最好是和普通需求與人際需求結合在一起，也就是這三者我們都要追求，這樣才是飽滿的生活。如果將心靈需求與普通需求和人際需求割裂開來，視後兩者為低俗，很容易導致你活在孤獨的想像世界中。

你對人、世界和你自己有各種認識，但這些認識都沒有經過現實的檢驗，於是，它們主要就是純想像性的。你勢必還會試著將這些想像帶到現實世界中，這時你就會屢屢受挫。

受挫是一個機會，可以說明你認識到你的想像世界可能是有問題的。受挫可以讓你警醒，幫助你走出心靈僻徑，去深入認識現實世界。

然後，如果你還是非常重視心靈需求，你可以將你對現實世界的深刻體驗作為素材，重新思考心靈是怎麼回事。這時你的思考素材就是真實不虛的，它更有穿透力，甚至真正有價值。而缺乏對現實世界深刻體驗的思考，很可能是幻夢一場，甚至毫無價值。

不僅走在心靈僻徑中的人需要從想像世界中走出，其他所謂的正常人，一樣需要將自己的心展現到現實世界中，拿自己的心在現實世界中淬煉。當我們這樣做時，我們需要有點偏執狂的感覺，同時又要懂得放棄。

人生就是這樣：我們從自己的心出發，發出屬於自己意志的意願，帶著點偏執勁去追求，不輕易放棄。**你越是在一個事物上花費時間與精力，就越能與這個事物建立深切的關係，所謂成功與幸福也就自**

然到來；但當自己的意願受到重挫時，我們需要衡量，看看繼續下去是否值得，如果不值得則需要學習放棄，放棄這個意願後，我們再發起新的意願。

由此，我們的心就不斷地展現到現實世界中，而我們又把現實世界中學到的東西，重新吸納到心中。透過這樣的過程，我們得以改變世界，我們的心也被世界改變。

關於這一點，我一言以蔽之：「以征服之心開始，以皈依之心結束。」你一開始帶著滿滿的自戀，把你的生命力和內在想像展開在外部世界之中，勇敢地去深度碰撞，然後逐漸發現，除了你的內在想像，還有外部世界存在。

一開始你帶著滿滿的驕傲，覺得「我」是多麼了不起的存在，「我」擁有世界上最好的靈魂，「我」如何如何……，但隨著對外部世界的瞭解越來越多，你和外部世界的關係也越來越深，你會深深地碰觸到存在本身，那時你會發現，它好像遠遠超越你的「我」，那時你會對這份存在臣服，產生皈依感。

要走完這趟旅程，就要走上心靈的開闊大道，而不是一直徘徊在孤獨的心靈僻徑中。

人類最本質的需求

我們公司有一個品牌叫「看見心理」，這個名字來自我的一個觀點：**人類最本質的需求是被看見。**

這句話可以有很詩意的表達。例如，我最喜愛的詩人魯米一再說，世間萬事萬物互為鏡子，例如下面這段詩句：

每一秒鐘，他都會對著鏡子鞠躬。
如果有一秒鐘，他能從鏡子中看出
裡面有什麼，
那他將會爆炸。
他的想像，他的所有知識，乃至他自己，
都將消失。他將會新生。

這幾句詩有著深刻的意思。在我的理解中，它是在說一個人和整個世界都是互為鏡子的。這個意思太深邃，在此不再展開論述，而「人類最本質的需求是被看見」，這句話還可以有一些非常普通、非常生活化的表達。

例如，沒有人能真正守住一個祕密。既然最本質的需求是被看見，那麼如果一個祕密只屬於我自己，就意味著它徹底不被看見了。這違反了最本質的需求，所以人做不到。

任何人做了一件驚天動地的事情後，都會渴望別人知道是自己幹的，如果沒有人能猜到，就會非常難受。

美國一個連環殺手第一次作案後，第二天讀報紙時發現，沒有針對這件事的報導，他大失所望。於是，再次作案後他會寫信給媒體或打電話，用隱密的方式給記者們提供線索。他還會在現場主動留下線索，好讓「愚蠢的員警」多少能有一點破案的希望。當員警查看他的作案現場時，他甚至會躲在附近觀看，那時殺人所帶來的快感會達到最高峰。

並且，這不是某個連環殺手的獨特做法，而是大多數連環殺手的共同做法。

在看電視和電影時，我們也常看到一種畫面：蒙面殺手在將一個人徹底殺死之前，會把面具摘下，讓對方看到是「我」殺死了你。

不過，也有不少蒙面殺手不會這麼幹。其中的區別是，後一種蒙面殺手是在替別人殺人，前一種蒙面殺手是為了復仇。

替別人殺人，要麼是聽命於某個人，要麼是為了從某個人那裡賺錢，那麼這個蒙面殺手有一個必然的交代對象，他的行為自然會有人知道，所以就不必摘下面具給遇害者看了。

但復仇不同，復仇行為既是做給自己看的，也是做給對手看的，如果對手還不知道是誰幹的就死了，復仇行為就失去了一半的意義。所以，復仇的蒙面殺手一定會有極強烈的衝動，要把面具摘下給對手看。

想到這一點後，我問自己：你究竟能獨自保住任何一個祕密嗎？

答案是：不能！我經過長長的反思後，發現我幾乎所有隱密的事都至少與一個人分享過，而那些最隱密的事，即便還沒有和誰分享，我卻常有遏制不住的衝動，想說給某個特定的人或隨便哪個人聽。

一切都是關係，關係就是一切。這句話的意思是，**我們的一切行為都必須放到一個關係中去理解，沒有所謂的「絕對孤獨」這回事**。

我們常說「享受孤獨」，但這永遠只是一個片段。有時我們會在孤獨中沉思，在孤獨中汲取力量，在孤獨中成長，但最後，我們必然會渴望將自己在孤獨中所獲得的一切，說給別人聽。

電影《花樣年華》中，周慕雲一直對他與蘇麗珍的婚外情守口如瓶，但最終他還是將這個故事，傾訴給了吳哥窟的一個樹洞。

或許，傾訴是人類的一個根本特質。

因而，聽故事者一直是人類的一個特殊職業，可以說神父、巫師乃至現在的心理醫生，都是靠人類的傾訴本能維生的。

不過，越想傾訴，越渴望傾聽自己傾訴的人保密。小說《牛虻》中，那個把牛虻傾訴出的革命祕密告訴政府的神父，便成了被唾棄的對象，而保密也成了心理醫生最重要的職業道德。

然而，大多數心理醫生都有感覺，當心中鬱積了太多祕密後，就會湧動著一種特殊的煩躁。這時，心理學界慣常的說法是「職業枯竭」。對於心理醫生的這種職業枯竭，比較容易的理解是，心理醫生心中有了太多的心理「垃圾」，這嚴重影響了他們內心的和諧。

但是，在真正深通人性的心理醫生那裡，或許是不存在什麼「垃圾」的。因而，職業枯竭更本質的道理或許是，即便心理醫生也做不到絕對保密，他必須把他所聽到的故事至少找一個人傾訴。

所以，心理醫生會有自己的心理醫生，也會有水準更高的導師專門為自己督導。至於那些水準最高、聲譽最隆的導師，其實也會透過授課、寫書等途徑，將自己心中隱藏的祕密提煉、昇華後，再巧妙地訴說出去。

你也可以問問自己，你曾獨自保住過任何一個祕密嗎？

人類最本質的需求是被看見，這句話還可以引出這樣一個觀點：我渴望我的痛苦被你看見，但你就是看不見，於是我把我的痛苦放大N倍，這樣你就可以看見了吧！

我見過不少這樣的故事。例如，一位女士在結婚幾年後，感覺越來越無聊和痛苦，覺得她老公雖然很好，但實在是缺少生機。她把這種感覺告訴媽媽，她媽媽說：你老公有什麼不好？你就是沒事找事，你這叫什麼痛苦！

照理說，她是可以和老公商議離婚的，老公不會為難她，她卻奇怪地做不出這種選擇，於是和老公越過越痛苦，然後一次又一次去找媽媽訴說，希望媽媽看到自己的痛苦。

聽她講這些故事時，我問她，你為什麼非得和你媽媽訴說？你就不能乾脆地把婚離了？

這個看似簡單的問題讓她愣住了，她想了一會兒後說，她覺得自己從小就一直渴望被媽媽看見，而媽媽總是看不見她。她的婚姻痛苦是她生命中最重要的感受，她尤其希望媽媽能看見，但媽媽還是看不見。於是她有一種衝動，想把自己的痛苦放大很多倍，覺得這樣媽媽總該看到了吧。然而不幸的是，媽媽似乎對她就是沒有看見的能力或意願。

這是一位做事比較乾脆俐落的女士，當意識到自己這種註定得不到被媽媽看見的悲劇性渴求後，她放下了這份渴求。過了一段時間後，她終於離婚了。

但這並不意味著她不再渴望被看見了，畢竟，她的這個需求被我看到了，而她也有了一個人生智慧：不要非執著在無望的媽媽身上，雖然這是最原始的渴望——每個孩子都渴望被媽媽看見，但她可以去找能看見她的人。

關係，就是一切

關於關係，我多次說過這樣一句煽情的話：**關係就是一切，一切都是為了關係。**

我講幾個我和我的諮詢師之間發生的故事，來闡述一下關係的意義。

二〇一六年，在一次諮詢中，我和我的諮詢師談到我在社交中的緊張。談的內容平淡無奇——我在社交中的緊張，是因為覺得別人不喜歡自己，而之所以這樣，其實是我自己不喜歡自己。

但談著談著我出現了一個特別的體驗：我的身體在消融，世界在消融，而諮詢師在視訊畫面中也在消融，最後只剩下一張非常模糊的臉的輪廓，而且還是變形的。

我把這個體驗告訴諮詢師。他解釋說：你的自我消失了，你覺得我們融合在一起了。不，我說，不是這樣，是我覺得我確定你在，我確定你對我感興趣，我確定你是用心地理解我，哪怕你的理解並不準確，但我越來越確定了這一點。因為確定了你和我在一起，所以我終於可以在你面前一點勁都不使了。

一點勁都不使的結果，就是身體全然放鬆。

在講睡眠與頭腦暴政時我講過，如果身體和頭腦都一點勁都不使，那麼放鬆就可以發生，睡眠才可以變得很深。如果身體和頭腦都在使勁，那麼就很難進入深度睡眠，嚴重的話會失眠。

至於我自己，雖然很少失眠，但睡眠比較淺，於是每天早上醒來都記得昨晚做過的夢。記住做過的夢有各種好處，但我還是希望自己能進入深度睡眠，但並沒有如願。

以前腦袋裡知道，現在體驗上知道，我缺的就是這種感覺：**有一個人確定地在我旁邊，他基本上是善意的，他基本上是有力量的。**

有了這份感覺我才能卸下自我防禦，而將自我保護意識變成交由對方保護自己，睡眠才能變得很深。確實我有這樣的體驗，當和喜歡的人共度一段很棒的時間後，可以頭一挨枕頭就睡著，一覺到天亮，而且少夢。

很多西方哲學家說過類似這樣的一句話：你在，所以我存在。其中的「你」本來指的是上帝，但心理學認為這句話可以放到關係中。所以，不要以為你可以獨自存在。**孤獨，會製造最大的黑暗。**

在和我的諮詢師進行諮詢的過程中，有很多印象無比鮮明的治療時刻，最清晰的是這樣一個故事。

一次，為了開我的工作坊，需要取消一次諮詢。我提前一天寄信給我的諮詢師，但他沒看到我的郵件，結果在我的工作坊上課時段，他撥通了我的視訊電話，我沒接，而是掛掉了他的電話，然後傳了訊息說：這次諮詢取消了，我昨天給您寄了信。

因為是在課堂間，沒干擾到我的工作坊，所以我覺得一點情緒都沒有。到了下一次諮詢時，我又有一件事，想取消但又猶豫，結果直到最後時刻，我還是沒通知他，而他按時撥通我的視訊電話後，我才突然回過神來，告訴他這次諮詢取消了。

再下一次諮詢，我們談到了這兩次諮詢取消，特別是第二次取消諮詢和第一次的事件有沒有關係。這是諮詢中的一個套路：一切行為都有原因，譬如可能是我第一次有情緒升起，比如憤怒，導致我第二次又透過臨時取消諮詢表達憤怒。

談到這裡時，我體會了一下說，這應該沒關係吧，第一次諮詢取消，你雖然沒看到我的郵件，但打給我時正好是上課時段，沒對我造成影響，所以我沒有情緒。再說，我本來就是一個容易理解別人的人。

在視訊中，我的諮詢師盯著我的眼睛，安靜而定定地說：「的確，你看上去像是一個善解人意的人，但也許你對我很憤怒，你會怪我為什麼沒看到你的信件。」

聽他這麼說，我的體內忽然升起一股巨大的怒火，這絕非暗示的結果，這股怒火好像在我體內已儲存了太多年。帶著這股怒火，我看著他說：「是，我很憤怒！你××的就不能讓我省省心，先看到我的信，讓我不做無用功！」

這是我在諮詢中第一次對他爆粗口，一句粗口說得很爽，但其實仍然有克制，徹底不壓抑的表達該是這樣：「你××的就不能讓老子省省心，老子的信件你不該看不到，白白浪費了老子的努力。」我爆粗口時，他的表情沒有任何變化，還是一如既往地看著我。

這時，我突然像出現幻覺一般，覺得體內出現了一頭黑色的豹子，牠先是在我體內咆哮、奔走，接著衝出我的身體，在我書房的地板、書桌和天花板上咆哮、奔走……。

與此同時，我的體內有一股強大的能量升起，我的各種感官知覺，彷彿一下子被升高了很多倍，世界變得清晰無比，我也無比清晰地感覺到，我在這裡，我活著，我存在著。

這種敏銳的感官和清晰無比的存在感持續了四、五天，真的是非常美好的體驗。

很多精神分析學家都說：**攻擊性即生命力。當我們能在關係中展現自己的攻擊性時，生命力就可以流動起來。**

譬如精神分析師溫尼考特說：好的養育是需要一個不報復的人，因此可以滋養出「世界準備好接納我的本能排山倒海湧出」的感覺。

這種養育並不容易，我們在嬰幼兒時很容易得到相反的兩種感覺：

1. 如果你表達攻擊性，你會被報復、被懲罰，作為一個脆弱的嬰幼兒，你擔心自己輕易被摧毀。
2. 如果你表達攻擊性，你會傷害到所愛的人，他承受不起。

在我的這次諮詢中，我表現了攻擊性，而諮詢師既沒報復我，也沒有被我摧毀，他仍是定定地和我在一起，這兩點確定後，我的帶著攻擊性的原始生命力猛烈地噴湧而出，化為了這頭黑色的豹子。

明白這一點之後，你就可以理解為什麼我們在關係中有各種失序與任性，特別是在親密關係中，因為**我們本能上都在尋求這種感覺——可以在一個關係中表達自己的攻擊性。這樣一來，你才是真實的自己，然後關係才可能是真實的。**

另一個我想分享的故事是這樣的：

一天上午，我要去和一個朋友談合作，這已經是第三次談了。結果前一天晚上我嚴重失眠，起床前只睡了一、兩個小時。

失眠時，我開始盤點自己的人生，盤點所有重要關係，然後我發現在所有關係中，我都不尊重自己的價值。例如，我似乎沒有一點要維護自己名聲的想法，有時隨意地被別人「使用」，結果導致一些粉絲受傷。在商業合作中，大家都是衝著我的影響力而來，但我下意識地不把自己的影響力當回事，在合作中會忽略它的價值。

總結到最後，我大致已決定，這個合作可以取消了。在去談合作的路上，我打了一個攻擊力十足的電話給另一個夥伴，毫不客氣地講了對他的各種不滿，並對其劣勢進行了全面剖析。當攻擊力自然流淌時，智商也會被升到很高的地步，所以會極具說服力。

我講完後，他明顯有點難受，但他說：「武老師，你就該這樣講話，這樣我們才能合作。」他是真誠的，而他雖然這樣認可了我，我卻仍然有一絲不安。意識上，我覺得這份不安是因為攻擊了他，而感到內疚或擔心被報復。

當天下午和我的諮詢師談話時，我談到了這份不安，他試著對我的這份不安進行各種詮釋。

在聽我的諮詢師做詮釋，並和他就此探討時，我的腦海裡不斷浮現出另一件事。我決定把這件事告訴我的治療師。

我一直覺得那是我這輩子幹過的最厲害的事，它發生在我小學四年級升五年級時，當時我十一歲，為了保護一下其他當事人，我就不詳細講了。這件事中我表現出超高的情商和智商，堪稱果斷而堅決。然而很有意思的是，這份果斷、堅決以及高情商，並沒有成為我性格中的穩定特質，它只是在這個時候出現過一次。之後當遇到緊急情況時，它也會出現一下，但後來的幾次，遠沒有那一次表現得這麼好，那一次堪稱完美。

在把這個故事講給我的治療師時，我一直在反思：為什麼會這樣？

這時我心裡自動冒出一句話：「我的光輝必須經由你的看見，才能存在於我身。」

做那件事之前，我沒有和父母商量，做之後也沒有告訴他們。因為我的父母都算是膽小怕事的人，我做的事算是在惹事，他們肯定會擔心、不高興，甚至加以阻攔。結果，因為沒有在關係中被父母看見，這件事中的那份果斷堅決的特質，就沒有長久存在於我身上。

關係，真是非常奧妙的事情。我的很多文章都在講關係，而我所有的文章都在闡述一件事：

我們需要借助關係來活出自己。

當然，同時我們也得懂得，那些對我們至關重要的人，也需要透過和我們的關係，而活出他們自己。

你在，所以我存在。

孤獨會製造最大的黑暗

一切美好事物都是深度關係的產物。這是我很喜歡的一句話。

這句話中的**「深度關係」指的是一切關係。**例如，我喜歡攝影，如果能和攝影器材建立深度關係，也能和我要拍攝的對象（如風景）產生深度關係，那麼我會成為很好的攝影師，會拍出一些傑作。當然目前我還不是，目前我只是攝影器材發燒友，對器材的掌握也還停留在表面。

深度關係如果指的是人際關係，那麼就可以說，高品質的深度關係是人獲得幸福感最重要的源泉。很多人指出了這一點，很多研究也證實了這一點。例如，哈佛大學一項跨度長達七十五年的跟蹤研究證實，孤獨寂寞是有害的，良好的人際關係能讓人更快樂和健康，而最關鍵的是，那些最重要的關係，特別是伴侶關係，它的品質決定了幸福感、健康乃至記憶力。

為什麼人際關係，特別是親密關係如此重要？

因為人類最本質的需求是被看見。原始的生命力可以視為中性的、灰色的，當被看見後，就意味被照亮了，變成了白色的、彩色多姿的活力；當不被看見時，就會成為黑色的、死寂的東西。

被看見是如此重要，所以**我們都需要深度關係來看見彼此**。

那麼，孝順能不能達到這一點？密切的親子關係能不能達到這一點？一切良好的人際關係都可以發揮這一點，但在我看來，無論是我們和父母的，還是我們作為父母和孩子的親子關係，都不如伴侶關係。因為伴侶關係是一生的，也是平等的。至於親子關係，很容易停留在自戀維度上，而我們的孝道文化還嚴重強化了這一點。

接下來，我從另一個方向來談談這個觀點。如果一個人陷入嚴重的孤獨，他的心靈就容易進入黑暗。孤獨程度越重，黑暗程度就越重。最孤獨的人有最黑暗的內心世界。

每當我談到人際關係的重要性時，會有不少人說損耗性的關係不要也罷，要遠離有毒的關係，去構建滋養性的關係。這當然是真理，但前提是你得能做到。一般來說，如果你能構建滋養性的關係，自然而然就會遠離損耗性的關係。

鄙視損耗性的關係，這無可厚非，但要警惕這樣一種觀點：哪怕孤獨，也勝過損耗性關係。這是對孤獨的美化，而且事情也並非如此。對此，精神分析中有一個常見的說法：**有毒的關係也勝過沒有關係**。

做諮詢久了以後，我總結來訪者們的個案，的確會看到一個規律：**最難療癒的，是嚴重缺乏基本的人際關係，甚至乾脆徹底孤獨的人**；其次是有一些關係，但主要是損耗性關係的人；最後是普通人，擁有正常的人際關係，有滋養性的關係，也有損耗性的關係。當你擁有這樣的關係場時，諮詢就比較容易發揮作用。

當來訪者缺乏基本的人際關係時，很容易把諮詢關係看得無比重要，甚至諮詢關係成了他生命中唯一重要的關係，這時諮詢的難度會大很多。

當然，最好的是來訪者的關係場中多是滋養性關係，而損耗性關係很少，甚至沒有。

為什麼會這樣？難道不是與其擁有損耗性關係，不如孤獨嗎？自己待著，至少沒有傷害煩擾自己呀！為什麼徹底孤獨的人成了最難療癒的？

原因我們前面講了，徹底孤獨的人意味著不可能被看見，因此他的內心基本上是被黑暗人性給充滿的。這時，他們意識上再努力，潛意識都是充滿了黑暗。

我們必須明白一個規律：一個人所構建的人際關係的品質，是和這個人內心的黑暗與光明的比例大致匹配的。

人之所以陷入徹底孤獨，是因為你感知到，如果構建關係，你只能構建徹底黑暗的關係，所以乾脆不去構建了。具體來說，就是你擔心別人會在關係中徹底破壞你，或者你會徹底破壞對方，總之是你死我活的結局。

如果你去構建關係，你就透過關係構建了一個交互系統，你借此把內在的光明與黑暗投射出去，再把外部世界的光明和黑暗內攝回來。這樣一來，你的內在就有了被外在照亮的機會。

如果你徹底孤獨，就意味著你把生命力徹底扼殺了。這時你可以在頭腦層面想像光明，但體驗層面的真實自體就會墜入黑暗，而且因為處在徹底孤獨中，你失去了在關係中互動的機會。

無回應之地即絕境。徹底孤獨自然就是這種絕境，你新生發的生命動力因為同樣不可能得到回應，所以也會繼續變成黑色能量。於是在孤獨中，不僅光明增加不了，黑暗能量也越來越多。

所以，哪怕再難也要試著走出去。偶爾孤獨可以，但如果一直孤獨，時間一長，你會發現這個困局越來越難。

很多人覺得，外部世界比自己內心更黑暗，甚至會有這種感覺——自己內心善良光明，但外部世界醜陋黑暗。我大學時就是這麼覺得，那時還和朋友說，要是社會上的人都和我們一樣高素質就好了。

這是自戀導致的分裂，自己占據著好和光明的部分，而覺得外部世界是壞和黑暗的。這絕對是自欺欺人，當你逐漸深入外部世界，同時對你的內在世界越來越瞭解時，你會看到**外部現實世界是有療癒性的，而且光明程度要勝過你的內在。**

簡單總結就是，太孤獨的人不要輕易說：「人際關係讓我失望，因為都是損耗性的，我要自己待著。」

前面講的是比較抽象的說法，現在我說一個直觀的。我在很多場合說過，如果三十歲前你還沒有真正談過戀愛，即充滿真實親密接觸的戀愛關係，那你就需要去做諮詢，不能再晚了。三十歲時，可能你會覺得孤獨好像還可以接受，但時間和年齡是殘酷的東西，等你拖到四十歲甚至更晚才去面對，就太難了。

太孤獨的人，諮詢效果之所以普遍會差一些，除了他缺乏人際關係網絡所帶來的支持，以及內心的黑暗比較多之外，還有一個原因是，太孤獨的來訪者和諮詢師構建關係並不容易，就像他們和其他人構建關係一樣不容易。

其中一個重要的原因是，**太孤獨的人，對自己的內在和外部世界有太多自戀性的想像，甚至還認為這些都是真的、對的**，而他們對外部世界的排斥，在諮詢中也會展現出來。具體表現為諮詢師講的話很難進入他們的心，甚至很難進入他們的頭腦。他們的頭腦中只有自己的想像，他們的心中只有自己。

例如，一位男士在找我諮詢前讀過我的書，也一直關注我的社交媒體，對自己的全能自戀、全能暴怒和敵意想像相當熟悉，他也能用這些理論分析自己；但諮詢很長時間後，他敏感易怒的特質，簡直一點都沒改變。我指出這一點並和他深入探討時認識到，他雖然在頭腦上接受了這些理論，但心中並不相信這些東西，他還是認為自己對世界的感知是對的。

認識到這一點後，他有點崩潰，因為他的確很想改變，不然太痛苦了。不過好在他還是構建了基本的關係場，他結婚了，有老婆有孩子，和原生家庭的聯繫也還可以，雖然他很討厭同事關係，但也不得不參與。這些關係加上諮詢，最終還是讓他逐漸走出了孤獨的想像，開始真正在心中有別人。

我一直在講自戀和關係的問題。**的確，關係中有利用、誘騙、私心和嫉妒，但當關係能真正建立時，人性的光明，也就是愛與善，就會產生了。**

關係，拓寬心靈的尺度

我先講一點抽象的東西。請大家繼續想一下人性座標體系。它的縱軸為自戀維度，橫軸為關係維度，而兩條維度的交叉點為零點。

設想一下極端情況，就是一個人的心智既沒有在自戀維度上展開，也沒有在關係維度上展開，而是停留在零點附近，那會如何？

這時會出現的情況就是，這個人的意志或心念只停留在頭腦中，沒有進入現實世界，它基本上沒有時間感，也沒有空間感，如同浮塵，瞬息萬變，一瞬間就要生滅無數次。

可以說，**一個徹底孤獨、縮在精神世界中的人，沒有自體、沒有客體、沒有時間感、沒有空間感，他的意志生存長度，簡直就像是零**。

諮詢中我看到一些來訪者，他們的思慮非常多，仔細看的話，一秒鐘就好像有很多個，但又很難抓住這些思慮。這樣的來訪者進入現實世界有些困難，主要停留在孤獨的自戀想像中，因此，他們的思慮就像可以翻筋斗雲的孫悟空，變幻莫測、速度很快，然而總是處在空虛和焦慮中。

當有了自體和客體，也就看到了物質世界，這時一個人就有了時間感和空間感。可以推斷：自體和客體的關係深度，成了這個人意志生存的新長度。

也就是說，**自體和客體的關係深度，拓展了原本徹底孤獨之人的意志空間**。例如，一個徹底不允許孩子伸展自己意志的家庭，孩子感知到的自己的意志生存空間就非常短；而一個對孩子的意志非常寬容的家庭，孩子感知到的自己的意志生存長度就會很長。

親子關係的深度，由此拓寬了一個孩子的意志生存長度。

這個邏輯可以延伸到各種關係中。一個關係究竟是在壓縮你的意志生存長度，還是在拓寬你的意志生存長度，是一個根本問題。

例如，一個女孩想用自己的方式做一件事，比如喝水，她啟動了一個喝水的念頭，然後選擇用什麼杯子，以什麼樣的方式倒水與喝水，這整個過程有她的意志在。如果喝水這件事順利實現了，就意味著她的意志得以生存，活了下來。

如果她這麼做時被父母破壞了，父母非得讓她按照他們的方式去做，這就意味著，這個女孩的意志「死」了一次，而父母借助控制孩子，讓他們自己的意志越界活了一次。

父母與孩子處在複雜的互動中，父母有時會破壞孩子的意志，反過來也會被孩子破壞自己的意志，這很正常。但如果父母破壞孩子的意志成為一種慣常，那就意味著，孩子不斷體驗到自己的意志被「殺死」。於是孩子就難以投入了，因為過往經驗說明，他的意志總是會被「殺死」。因此可以說，**不能投入，是恐懼死亡。**

這就構成了一個三角關係。孩子是「我」，父母為「你」，事情為「它」。孩子能專心於事，得有一種基本感知，「我」與「它」的關係是不會動不動就被「你」破壞。相反，是會得到「你」的鼓勵和支援的。

更原始的關係則是「我」與「你」的關係，即孩子生命最初與第一個最重要的養育者的關係。將這位養育者——常是媽媽——視為「你」，那麼投入意味著「我」可以真切地感知到，我的生命力是可以延伸到「你」那裡，是被「你」所接納和歡迎的，也是可以給「你」帶來榮耀、快樂和滋養的。

當有這份基本感知時，一個孩子就可以專注地投入原初的關係，而後也會被這種感覺帶到其他各種關係中。因此可以說，**原初的母嬰關係猶如命運的雛形。**

當然，**「你」其實是整個世界。如果在和媽媽的關係中，這份感覺沒有充分「活」出來，孩子還是有可能在其他關係中尋找能接納自己的「你」**。但是，如果父母「鍥而不捨、持之以恆」地去破壞孩子的各種關係，那麼孩子的一切自發努力，基本上都會被破壞掉，導致孩子可能無法投入到任何事情中。

我們不能把一切責任都推給父母等養育者，但在我看來，**投入與專注這樣的品質，的確是從關係的這份隱喻中而來的**。

你是專注於一個關係，還是不斷在尋求刺激？能專注於關係，就意味著會不斷深入關係，體會到關係演化帶來的享受，而且深信這個關係中的生能量是可以不斷積聚的。

如果一個人不能專注於關係，就會不斷從關係中跳出來，然後想尋求刺激，不斷製造一件又一件事，體會短暫地擁有一個又一個「它」的感知，覺得這可以增強自己的生能量，但必然會發現，這種快感只會是短短一會兒。

以我為例，我現在買了很多攝影器材，就是幻想著我的攝影能力因為有了各種頂級器材，可以自動獲得巨大提升。其實這是幻想，攝影能力的提升在於我和這些器材建立關係的深度，說白了就是——我掌握它們了嗎？我被它們掌握了嗎？

最有深度的攝影絕不只是「我」的想法加於「你」，也是「你」的生命流動到了「我」這裡。

最初是「我」得到了「你」的接納與許可，但終究是「我」也能容納「你」的一切資訊與生命力、破壞，乃至巨大的死能量。

如果只有「我」，那就是孤獨的幻想。沉浸在幻想中，往往因為「我」覺得不能把動力延伸到「你」那裡。當我感知不到你，而又想把我的幻想強加到你身上，必然會構成暴力。嚴重的單相思就是這種情況。

養孩子要給孩子這種感覺：爸爸媽媽歡迎你把你的動力延伸到我這裡。同時父母也會有一些動力，通常是善意、愛意的動力，延伸到你那裡。

孩子用什麼方式在傳遞他的動力？並不是那些偉大的東西，而是藏在吃喝拉撒睡玩等各種瑣碎的事情中，特別是肌膚接觸、眼神接觸。

當孩子獲得這種基本感覺：父母歡迎他的本能噴湧而出，那孩子就有了茁壯的生命力。

如果父母一直拒絕孩子的動力延伸，甚至也壓制孩子在其他事物上的動力延伸，那他們就成了扼殺孩子精神的劊子手——這並非形容，而是事實。

上述做法如果太嚴重，孩子將可能成為廢物。不過，一般而言，父母就算控制欲再綿密，他們的注意力總有缺口，這個時候孩子就可能由此落荒而逃。

同時，就算父母做得再差，他們也總有接住孩子動力的時候。此外，即便他們對孩子過於野蠻，把他們的動力強行延伸到孩子身上，也可能會讓孩子發現自己的意志竟然沒被殺死，自己沒那麼脆弱。由此，孩子有了與外界建立淺關係的學習。雖然這有些惡劣和膚淺，還滿是創傷，但你我之間的通道總歸還是打開了一些。

所以再強調一下：最可怕的是致命的孤獨。**如果徹底沒人理孩子，那麼孩子的體驗會是：他的動力被外部世界之化身的「你」徹底拒絕了，於是他什麼都伸展不出去，也沒有機會學習、接受、處理「你」傳來的動力——哪怕這是創傷。這樣的孩子會徹底封閉或「死掉」**。

一個徹底孤獨又活下來的孩子，他是根本無法伸展動力的，在他難以意識到的想像中是這樣的：我是魔，我的動力即攻擊性一伸展，「你」就會毀滅；你也是魔，你的動力一向我伸展，「我」也會毀滅。所以最好是徹底誰也不理誰。

人生的一個定律是：必須保持一定量的社會關係，必須投身於自己熱愛的事，這不僅是為了追求所謂的成就，更是在修煉自己的動力，或叫生命力，準確來講則叫攻擊性。

一位來訪者形容說，她的內在世界是一塊玉米地。然而，她的父母以及家人闖入她的玉米地時，會殘酷地毀掉一切。同時，他們的玉米地卻嚴重封閉著，不讓她進入，若進入只能以奴隸的感覺進入。

你可以問問自己，通常別人是如何進入你內在的田野的，他們會在那裡留下什麼；你是否能比較自如地進入別人的田野，當然，常常是需要征得主人的同意，而後你們就可以在那裡舞蹈、歌唱，甚至小小地搞點破壞。

無論如何，不要忘記每個人都有一片肥沃的內在田野，它經由覺知可以有近乎無限的潛力。

感情寂滅的一代宗師

本節來講講王家衛的電影《一代宗師》。

寫這部分時，我突然想起一位來訪者的故事。他當年有一個疑問，而我們當時都找不到答案，現在覺得終於找到這個答案了。

他先是講了自己的一個問題：從來不能專注做任何事。例如讀書，他的注意力最多只能集中兩分鐘，然後必然走神。

這是為什麼？我先是請他沉浸在這種狀態裡，然後展開自由聯想，結果很快找到一個答案。他感覺自己變成一個很小的孩子，正在非常專注地玩耍，突然一轉身，發現媽媽不見了。他號啕大哭，無比恐懼和痛苦。

這個聯想真的是一個經典的答案。幼兒時期的孩子的確需要這樣的養育畫面：他在專注地玩耍，而周圍有一個可以看得見的撫養者，這個看得見且讓他信得過的撫養者，就像是一座安全島，有安全島在，孩子才能專注地玩耍。

孩子有時會和撫養者分享，有時遇到困難則需要找到撫養者，更多時候，撫養者的存在就會讓孩子安心。這還可以理解為安全感與激情這對矛盾的由來，**一個人之所以能熱情滿滿地去探索世界，是因為心中有一個內化了的安全島。**

以上都是經典的解釋，所以這位來訪者的這個聯想不難理解，但他講完這個聯想後說：武老師，如果我全神貫注地玩耍，一轉身卻發現媽媽不在了，這太悲慘了，太悲慘了！

他說的「太悲慘了」到底是什麼意思？我們幾次探討過這個話題，但都沒有進一步的答案。

用《一代宗師》這部電影也許可以解釋這份悲慘感。成為一代宗師，是探索世界的一份極致，然而真的成為一代宗師時，卻陷入孤寂，這果真是一種悲慘。

記得我第一次看完《一代宗師》後，陷入一種抑鬱的情緒，這種感覺過了好半天才消失。因為這份抑鬱感，讓我對王家衛的電影有了更多思考。他的電影看似很有精神美學，其實都是壓抑的情感，只是壓抑得唯美，壓抑得默契。電影中處處彌散著絕望，但絕望都非常感性地用中國元素來表達，這給他的影片增加了一種很獨特的味道。

雖然有絕望，但不是徹底的絕望。絕望中還總藏著那麼一條細線。這根細線就是王家衛電影中男女主人公對愛情的渴望程度，也是相信的程度。有了這根細線，才更能品出絕望的味道來。

我能品出這份感覺，並用「細線」來形容，得益於我的一位來訪者。她四十來歲，說自己每年回家時都會做一件徒勞無功的事，就是費盡一切力氣，把總是在廚房裡忙碌的媽媽拉到客廳裡來，然而，要麼根本沒用，要麼是媽媽只待一會兒就又回廚房了。

一個春節前，當她再次談到自己的這一舉動時，她說，這次她發誓再也不做這件沒有意義的事了。再說，何苦這樣去逼迫媽媽。

可是等回到家後，她發現自己又控制不住地這樣做。現在她的方法多了很多，軟硬兼施，的確有幾次把媽媽拉到了客廳裡，但媽媽最多也就待上一會兒，就又去廚房了。

最後一次這樣嘗試時，是當媽媽走回廚房後，她感到無比難過，深深陷入這份難過中。突然間，她腦海裡生出一個畫面：她的心中伸出一條細線，像蜘蛛絲一樣細、一樣弱，紅色的，彎彎曲曲，繞過障礙，轉到廚房裡，和媽媽連到了一起。

這條細弱的紅線讓她明白，就是她和媽媽之間的情感聯結的程度。它不是完全沒有，只是真的很細弱，但它不能斷，若斷了，她覺得自己的心就會死亡。

這也是前面提到的那位男性來訪者所說的「這太悲慘了」的意思。如果專心去玩耍、去做事，一轉身發現媽媽不見了，意味著這份聯結就徹底斷了，這時的自己會感覺到心的死亡。

關係就是一切，一切都是為了關係。換成我的另一句話就是：**自體永遠在尋找客體，「我」一直都在尋找「你」**。所謂心的死亡，就是這份尋找不在了，你不再去尋找一個完整的愛的對象，轉身去尋找對事情的關注，而這是存在本身的一個殘缺的表達。

用人性座標體系來講就是：你斷掉了自己在關係維度上的努力，而徹底停留在自戀、力量和權力維度之中。

王家衛的電影中，那些男男女女一直執著而含蓄地抓著這條細線，可終究再沒有前進一步。

其實也是不想前進，最好就是如章子怡扮演的宮二所說的那樣——「就讓你我的恩怨像一盤棋一樣，保留在那兒。」

就停在那兒，不再前進一步。結果，縱然說「世間所有的相遇，都是久別重逢」，可一次次重逢，硬是沒有把愛活出來。

忘記了這條細線的人，成了鄙俗之人，就只是追求自戀維度的東西，不敢追求關係維度的情感，卻還以為自己是多麼在乎關係的人。

相反，記得這條細線，但又懂得了絕望味道的人，就成了「一代宗師」。不懂的人們拼命學武，想成為武林高手乃至世界之王。

電影最後，葉問的武館開張，開拳、比武，弟子們不亦樂乎，唯獨葉問安坐著。外面的喧囂更襯托了葉問的寂寞。能與這寂寞相處了，就進入了化境。

那些吼叫著的小年輕，還有那紅著眼睛不斷猛攻的對手，他們還試圖在這種體力的擊打中找到存在的價值。可只有品味到感情寂滅的人才知道，能與這種寂滅在一起，你才真正碰觸到了存在。

看《一代宗師》時，我的腦海裡老閃爍著一個看似沒那麼有道理的畫面：

《魔戒3：王者再臨》中，索倫之眼已毀，佛羅多醒了過來，發現自己已經在故鄉夏爾，亞拉岡、甘道夫、金靂等人逐一出現，兩個哈比人興奮地跳到床上，擁抱佛羅多。

最後，一直與佛羅多生死與共的山姆出現。看到山姆的那一刻，佛羅多彷彿忘記了一切，只是專注地看著山姆，山姆也看著他。他們沒有說話，沒有行動，卻從眼睛、從心，看見了彼此的一切。

從《一代宗師》談到《魔戒》像是無厘頭。不過，王家衛的電影如果不是沉到感覺裡，也像是無厘頭。他的電影玩的是味道，是感覺，畫面的邏輯不在頭腦的邏輯中，而是在感覺中。

我想我也一樣。佛羅多與山姆對望的那一幕，與葉問和宮二最後對望的那一幕形成了對比。我被王家衛拉到一種寂滅中，但心中卻跳出這個畫面對我說，這世間還有另外一種味道——那種味道清新、簡潔、有力且光明。

這種對比不斷地在我心中翻騰，形成一句話：**一個人對感情的信心，就是對整個世界的信心。**

《魔戒》三部曲講的是如何不被索倫之眼統治世界，講的是一個又一個人的英雄之旅。我們看他們拯救世界，其實也是在拯救自己內在對情感的信心。

美國神話學家喬瑟夫．坎伯認為，歐洲最偉大的傳統不是基督教，也不是古希臘，而是從十二世紀開始對愛情的傳唱。或許，《魔戒》的味道也是從那時開始的，他們的故事中，在拯救世界的同時，從不忘對愛情進行歌頌。

電影《英雄》中卻安排了這樣的結局：讓神仙俠侶主動求死，只是為了維護，能帶來統一的帝王的面子上的秩序。

愛情與拯救世界成為敵人，最終就是愛情永遠為各種各樣看似正確的事物讓步。所以，我們的愛情故事都是淺嘗輒止，只在不斷重複的品味中留下一條細線，而這已經夠驚天動地了。

《一代宗師》中，葉問和宮二對打，兩人的鼻尖在一線間擦過，那一瞬間世界安靜下來，兩人之間產生了感情。

輕輕掠過的肌膚之親，我們稱之為含蓄，含蓄是東方之美的精髓。但看完《一代宗師》，一遍遍地回味王家衛所有電影中的那種味道，我突然明白，所謂含蓄就是對感情寂滅的美感的表達吧。

表達得再怎麼入味，骨子裡還是無望。

第16章

依戀與自戀

依戀的達成

感覺焦慮失控時，就去做家務。這是一個常見的心理自助方法，雖然聽上去不太正經，但其實很有道理，也很有用。

疫情期間，我出去講課的時候，但凡講到疫情下的心理調控，我都會說：照顧好你自己的日常生活，保持正常的生活節奏，這會很有用。疫情帶來太多焦慮，當焦慮把你淹沒時，你就會感到失控，而照顧好自己的日常生活並保持正常的生活節奏，會讓你感覺到生活在可控的狀態中。

不要小看這些看起來很平常的做法。實際上，在嬰幼兒時期，吃喝拉撒睡玩能被滿足已非常不易，嬰幼兒自己是做不到這一點的，必須得到撫養者的良好照顧才行。即便撫養者意識上很願意照顧好孩子，這裡還是有一個難題——嬰幼兒的語言能力很差，而且幾乎沒有語言表達能力，所以太多撫養者不知道孩子要什麼，即便很想照顧他們也做不好。

然而，當這一點能做到時，嬰幼兒就會第一次形成掌控感。

焦慮和掌控感是一對矛盾。從深處講，所有的焦慮都是死亡焦慮。比如疫情期間我們如此焦慮，就是擔心疫情帶來的死亡和破壞波及自己。掌控感則是自己的各種生命動力基本都伸展出來，這些動力可以活在這個世界上，「我」可以存活在這個世界上。

成年人可以照顧好自己，從而獲得對日常生活的掌控感，嬰幼兒則需要撫養者的照顧。從這一點上看，成年人有巨大的優勢。但是與成年人相比，嬰幼兒其實也有一個巨大優勢。**在透過撫養者的照顧，實現對生活的基本掌控時，嬰幼兒也可以借此實現對撫養者的依戀。**

「依戀」這個詞，我也不想給出學術性的定義，因為我覺得它一目了然。相信大家也對依戀有了不少瞭解。

一個人會在童年時形成自己的依戀模式，這個模式會延伸到成年，特別會體現在一個人的情感關係中。**兒童的依戀模式分為四種：安全型依戀、回避型依戀、矛盾型依戀和紊亂型依戀。**

想像一下，幼稚園放學了，媽媽們去接孩子，你會觀察到孩子的三種反應模式：

一看到媽媽，就會放下手裡的事情開心地跑過去，撲在媽媽懷裡，毫無顧慮地、熱情地抱住媽媽，這是安全型依戀；看到媽媽後，繼續做自己手裡的事情，對媽媽有點冷漠，這是回避型依戀；看到媽媽時表現得有些矛盾，一會兒偷偷看媽媽，一會兒又繼續做自己的事，這是矛盾型依戀。而所謂紊亂型依戀，就是孩子沒形成穩定的依戀模式，會在三種依戀模式中無規律地換來換去。

就心理健康程度而言，自然是安全型依戀最好，紊亂型依戀最糟糕，回避型依戀和矛盾型依戀縱然有一定的問題，但形成了一個相對穩定的風格，可以讓一個人的自我處在基本可控之中。

安全型依戀怎樣才可以形成？有以下幾個條件：

1. 自己的動力能延伸到對方那裡；
2. 願意在對方面前放下自戀，也就是願意處於自戀的低位；
3. 處在低位時不是因為被征服，而是因為信任對方是愛自己的，對自己是有基本善意的。

在嬰幼兒時期，讓孩子形成安全型依戀比較簡單，只要撫養者能把孩子照顧好就可以了，但成年人就不同了。我們可以比較一下。

首先，嬰幼兒自己照顧不了自己，必須被照顧，所以他們天然地需要把動力伸展出去，不然就無法生存。但是一個正常的成年人，有能力照顧好自己，並且他還可以縮減自己的需求，壓制自己的情感，把生命動力憋在自己的內在世界裡，不伸展出去。

其次，嬰幼兒縱然還處在嚴重的全能自戀中，覺得自己是神，但等他們具備基本正常的感知後，就會看到自己根本不是神，自己虛弱至極，這時自戀會受到巨大打擊。但是他們會把全能自戀投射出去，將那個能把自己照顧好的撫養者，比如媽媽，視為全能的神。

如果這個神是善意的，那麼人在善意的神面前低下頭，處在自戀的低位，就不會有嚴重的羞恥感了。相反，如果這個神是惡意的，就是在和自己玩權力遊戲，並且一定要占據自戀的高位。那麼，孩子也可以被征服，從而表現得願意處在自戀的低位，但這是屈從，不會讓孩子形成依戀，**依戀是「我」主動、自願地依靠「你」、信賴「你」**。

到了成年人這裡，雖然成年人有了相對正常的自我感知，不容易處在嚴重的全能自戀中，但成年人的自戀更難放下了，原因也顯而易見——自己能照顧自己，那麼我憑什麼向你低頭？

並且，如果一個成年人的內心世界中有太多黑暗，也很容易把這份黑暗投射出去，覺得外部世界是不可信任的，哪怕在最親近的戀人或親人之間，也覺得低頭像是在向魔鬼認輸，從而感覺到極度的羞恥。有些人即便在親密關係中，也要永遠都是自己說了算，時時刻刻要搶占關係的制高點，於是，他們在親密關係中，也主要是在玩自戀維度的遊戲。這樣下去，也許終其一生都不知道情感為何物。

說到低頭，如果你養寵物，很容易看到寵物是怎麼用「低頭」來表達依戀的。如果你養貓，貓過來找你親近，牠們一個常見的動作，就是把頭低下來去拱你，讓你摸摸。

這麼多年來，我的思考和認識越來越多，而在依戀這個問題上，也越來越返璞歸真，又回到「**照顧好彼此的需求**」這麼簡單的事情上了。

對嬰幼兒而言，當被養育者照顧得很好時，這不僅意味著物質性的需求得到滿足，也借助這一點，讓他們感知到自己的各種動力可以伸展出去，並因此形成對養育者情感上的依戀。

在成年人的身上，一樣可以借鑒這一點。在重要的關係中，不要鄙視自己和對方的物質性或生理性需求，試著去照顧好自己，照顧好對方，然後你們會看到，你們的精神性的情感關係，在這種物質性的彼此照顧中變得越來越深厚。

特別重要的一點是，成年人的關係中，在彼此照顧需求這一點上得是相互的，如果變成一方照顧另一方，形成了一種穩定的風格，那就變成了聖母和巨嬰的關係，很容易出問題。所以，你也得問問自己，在情感關係中，你的基本需求得到滿足了嗎？

還有，能表達依戀是構建情感關係的基本點，而被依戀也會帶來滿滿的幸福感。很多人愛養寵物，一個重要原因就是，寵物在表達依戀上要比人類直接、自然很多。

有一次，我搭車時和一位司機聊天。他才三十來歲的樣子，但已經有了三個孩子，妻子做著收入很低的工作，這意味著整個家庭經濟主要靠他一個人的收入支撐。

我問他累不累，他說累。但接著又說，你知不知道，當你回到家，被孩子衝過來抱住的感覺有多好？那一刻，所有的疲憊感都會瞬間消失，你會真心覺得這一切都是值得的。

魯米有一段很美的詩句：

讓自己成為一個不名譽的人，
飲下你所有的激情。
閉起眼睛，以第三隻眼睛觀物，

伸出雙臂，要是你希望被擁抱的話。

當人變得越來越蜷縮，最終都不敢伸出雙臂尋求擁抱了，這真是一種可悲的長大，然而這種長大又太常見了。所以我們要珍惜孩子身上的這種追尋，他們天然能張開雙臂尋求擁抱，這種對依戀的渴求並不只是虛弱與依賴，也是信任和愛。

關係越深厚，情感聯結越深，人也越容易得到療癒。相反，太孤獨的人，容易有無法療癒的疲憊。疲憊時，他們想到的辦法是休息，並且要孤獨地、不被打攪地休息。然而，他們會發現這種休息好像沒有用。

因為太孤獨的人，不管你頭腦上如何努力，在體驗上都是在追求自戀維度的東西。就像是攀岩，到了高峰你會恐懼跌落，到了低谷你會有羞恥感。總之，怎樣都不對，難以得到放鬆和休息。

情感才是像大地一樣具有寬厚的治癒能力的東西，情感進入得越深，就越容易體驗到這份療癒。

自體客體與客體使用

依戀的達成是一個人心靈成長史上了不起的大事，因為這意味著一個人的心靈從只有一個自戀維度，發展到同時擁有自戀維度和關係維度，他的心靈可以向兩個維度展開，於是一個人的心智空間就被撐開了。

「依戀」這個詞很普通，前文表達得也不晦澀，相信大家應該不難理解。現在我用比較晦澀的術語講解，所謂依戀的達成是怎麼回事。

這個術語就是「自體客體」。自體客體是科胡特提出的一個重要概念，他認為，最初人都活在自戀之中，要借助自體客體這個東西，把活力伸展出去，從而從孤獨自戀的狀態進入關係。

什麼是自體客體呢？這就要先講講自體和客體。所謂自體就是 self，可以直譯為「自我」；所謂客體就是 object，也可以理解為「他者」。你還可以直觀地理解為：在每個人的世界裡只有一個自體，即自己，而萬事萬物都是客體。

自體是自我，客體是他者，而自體客體是這樣一種存在：它明明是客體，但被「我」感知為像是我自身的一部分，所以叫「自體客體」。

我認為一個人的心靈還可以分為這樣三個層級：一元世界、二元世界和三元世界。

一元世界，就是一個人只能感知到世界上只有一個中心，即自己；二元世界，就是一個人能感知到在關係中有了兩個中心，其他人和自己是同樣平等的存在。

一元世界是一個人感知到「我」是好的；二元世界是一個人感知到「我」和「你」都是好的，但我和你之外的「他」是壞的；三元世界則是一個人感知到「我」、「你」和「他」都是好的。

嬰兒最初是活在徹底的一元世界之中，他們覺得「我就是你，你就是我；我就是萬物，萬物都是我；我和整個世界渾然一體，世上只有一個中心——『我』」。

這很容易陷入孤獨的想像之中，而要走出這份自戀，嬰兒需要把「我」延伸到撫養者那裡，要做到這一點，就需要撫養者成為嬰兒的自體客體。也就是，嬰兒覺得撫養者——特別是媽媽，就是自身的一部分。

「我」一動念頭，作為撫養者的「你」就會滿足我，這時我會覺得我們是合一的。但其實是：「你」是「我」自身的一部分，「你」在「我」之內。這是一種想像，但透過這個想像，嬰兒就把自己的動力伸展了出去。

要做到這一點，撫養者得願意去傾聽嬰兒的聲音，及時回應嬰兒，把嬰兒照顧好。透過回應和照顧孩子，撫養者成為孩子的自體客體，於是，**孩子最初活在這樣一份錯覺中——我和你是一體的。後來，隨著認知的發展，孩子逐漸認識到，原來你是你，我是我，我們是兩個獨立的個體，但我們之間可以建立起聯繫，我不是孤獨一人活在這個世界上的。**

實際上，不只孩子與母親之間的關係是這樣，成年人的情感世界也是如此。兩個巨嬰談戀愛時，不能總是因為把對方視為巨嬰，而給予無情批評，這樣的話關係永遠建立不起來。相反，需要彼此諒解，向對方伸展動力，並相互滿足，這樣才能建立起兩個巨嬰之間的情感關係，然後心靈透過滋養而成長。

自體客體這個概念後來不斷發展，逐漸變成——**任何能讓你延伸自我的客體都是自體客體。**

在家庭中，這也導致了一種親子關係的倒置。本來應該是強大的父母去做孩子的自體客體，幫助弱小的孩子伸展自我，但**當父母的心靈基本停留在自戀維度時，很容易變成——父母把孩子變成了自己的自體客體，透過讓孩子聽自己的話，而感覺自己把生命動力伸展了出去。**

很多父母不接受與已經成年的孩子分離，說自己太愛孩子了，但其實深層原因是：他們在其他關係中的自我是蜷縮的、憋屈的，而在和孩子的關係中，卻可以把自我伸展出去，這讓他們在一定程度上走出了孤獨。

同時，如果他們把關係主要感知為自戀維度的權力關係，那也意味著，他們在家庭以外不容易占據自戀維度的高位，在孩子這裡卻可以做到這一點。因此，他們更加離不開孩子了。

「自體客體」這個詞可能還是會讓一些朋友感到拗口，那可以使用另一個簡單的術語——**客體使用**。也就是，**作為父母，作為撫養者，要允許孩子「使用」自己。孩子透過使用撫養者這個最重要的客**

體，而伸展自己的自我。

孩子最初會覺得父母是整個世界，所以，當父母允許孩子「使用」自己時，會讓孩子在生命最初就形成一份基本感知——「我可以自由地使用這個世界」。

你可以在社交場合看到，有些人自在、自如，這意味著他們在自由地伸展著自己，同時能自由地使用別人。相反，你會看到另一些人過度客氣，手腳像是被綁住了，甚至像被捂住了嘴巴一樣，說話吞吞吐吐，這意味著他們在伸展自體和使用客體時都有困難。

我的來訪者中多位是回避型人格，大致可以理解為——他們是嚴重的回避型依戀。在諮詢過程聽他們講自己的情感故事時，我有一次感嘆道：「他們的情感表達，只能抵達距離自己胸口一公分遠的位置。」

當孩子能開口講話時，事情會變得容易一些，只需要父母配合、滿足孩子就可以了。

不過這一點往往也不容易做到。對於很多父母而言，如果自己小時候活在嚴重的匱乏之中，不知道被愛、被照顧好是什麼滋味，那麼即便他們意識上想對孩子好，感受上仍然容易停留在自戀維度上。

例如，我的一位來訪者讀過我幾乎所有的文章，知道孩子吐奶有時是在表達對媽媽的憤怒，但是，當她發現女兒在使勁吐奶時，仍然怒不可遏。她覺得自己的心血被糟蹋了，而且覺得女兒是在故意挑戰自己。她很想做一個好媽媽，但在強烈憤怒的驅動下，還是攻擊了女兒。

做父母的必然會犯一些錯誤，但只要願意照顧好孩子，願意被孩子合理使用，那這些都是可以理解的。

那不會講話的嬰兒該怎麼辦？撫養者怎麼讀懂嬰兒發出的呼聲呢？

在這一點上，媽媽有天然的優勢。我在社交媒體上做過相關調查，結果有很多媽媽說，孩子出生後，自己清清楚楚他們的哭聲是什麼意思，就像是媽媽的本能一樣。

這一點，溫尼考特稱之為「原始母愛灌注」。不過，他認為一般也就持續幾週或幾個月時間，他甚至稱之為「病態的」。並不是說這不好，而是認為這是一種非常特別的狀態，不是所有母親都有，而且持續時間也短。

我在社交媒體上的調查中發現，這一點和哺乳聯繫在一起。很多媽媽說在給孩子哺乳期間，這種心靈感應比一般的聯結明顯強很多，而一斷奶，這份聯結就奇跡般地消失了。

人容易去尋求高度精神化的東西，而且認為越是擺脫了俗物就越可貴，但太多事情顯示，高度精神性、情感性東西的產生，恰恰是和物質、生理性的東西聯繫在一起的。

因為母子本來就是一體的——孩子最初都在媽媽的肚子裡，加上還有哺乳等行為，所以母子間更容易達成聯結，母親更容易成為孩子的自體客體。

不過，並不是只有母親才能做到這一點，其他撫養者也可以做到，只是難度要大一些。辦法說起來也很簡單，就是全神貫注。當撫養者全神貫注地照顧嬰兒、和嬰兒互動時，你會發現，你讀懂嬰兒的能力強了很多。有時是生活經驗的總結，有時則像是有了心靈感應一般。

科技或許也能發揮作用。曾有一個合作方跟我說，他們在生產一種智慧音響，能分辨孩子的哭聲是什麼意思，並且說孩子的哭聲表達，無非就是四、五個意思，他們的大數據和人工智慧能識別出來。

如果智慧音響能做到這一點，那就太厲害了，絕對會大受歡迎。不過，目前我還沒聽說有這麼神奇的音響熱銷。

最後我想說的是，「自體客體」和「客體使用」這兩個術語，也許可以用於作為成年人的你的身上。如果你發現自己活得太不自在了，好像總是收攏著手腳似的，那麼試試去尋找你的自體客體——也就是願意配合你、滿足你的人。

溺愛的幌子

「溺愛」是一個常見的詞彙，然而，認清這個常見詞彙中的邏輯並不容易。接下來，說說我對這個詞，或者這個說法的認識上的轉變。

二〇〇五年，我剛開始在《廣州日報》主持心理專欄時，對於溺愛的認識和大眾沒什麼兩樣，認為太溺愛孩子真的會導致孩子出問題。

那時我將溺愛分成兩個類別——包辦型溺愛和放縱型溺愛。所謂包辦型溺愛，就是撫養者替孩子做各種事情，包括替孩子做選擇，甚至把自己的意願強加在孩子身上；所謂放縱型溺愛，就是把孩子當作「小皇帝」來養，無條件地縱容。

在我心裡，包辦型溺愛是把控制當成了愛，其實孩子苦不堪言。至於放縱型溺愛，我認為才是所謂的溺愛，就是什麼都隨孩子的意，而且容易過度滿足孩子欲求。

邏輯上像是這麼回事。但是隨著時間的推移，我開始對這一點產生懷疑。

例如，我的一位朋友，在她的童年時期，父親缺席，母親常歇斯底里地辱罵她，可以說那時的她像是生活在地獄裡。然而，等見到她的父親時，說起女兒，這位嚴重缺席的父親竟然非常自在、坦然地說：我們是大老粗不會教育閨女，我們的方式就是寵她、溺愛她。

這位父親說得如此坦蕩自然，我認為他是真覺得他們給了女兒太多的寵溺。可是他嚴重缺席，妻子對女兒的各種病態管教，也能叫溺愛？

之後，我在諮詢、生活和新聞中，見到太多父母隨意地使用「我就是太溺愛孩子」的說法，其中很多案例簡直就是荒謬。

例如，深圳的一個女孩，才十一、十二歲就要承擔起帶弟弟妹妹的責任，父母因此不讓她上學讀書，她在家裡是一個超級保姆的角色。當記者去她家裡採訪時，女孩正在做家務。

可以說，女孩活在嚴重的匱乏之中，不僅談不上愛，還遭遇了父母無情的剝削和利用。但面對記者，女孩的母親竟然說：我們就是太溺愛她了。

這樣說簡直無恥，看著這一幕，我把過去很多案例串在一起，突然明白：所謂溺愛，就是個謊言吧。當孩子出了問題，不管是小孩子或已經成年，孩子的父母會說：我們就是太溺愛他了。「溺愛」常在這種場合被使用。

這些家長的意思是，我們的孩子之所以出問題，不是因為我們對他不好，而是我們對他太好了。這是我們的不對，孩子天性不好，我們該好好管教才對，但我們沒做到，我們只會寵溺。

這種邏輯是一種脫責——你看我們對他這麼好，好得都過分了，他竟然還出了問題，這不就是他天性太壞嗎？哎呀，我們愚笨，對孩子也心軟，狠不下心來管教孩子，才讓他沒發展好。這話說得就好像很多父母知道怎麼對孩子好似的。

另外一個關於溺愛的說法，則常出現在以下場合。

一些年輕的媽媽學了心理學後，開始對幼小的孩子採用愛和自由的養育方式，特別是對於嬰兒，試著去做到及時回應和基本滿足。

但是當她們這樣做時，周圍人竟然一致批評：你對孩子太溺愛了，會把孩子寵壞的。

給予嬰兒及時回應和基本滿足，是把嬰兒養育好的基本條件，這也被當作溺愛？

由此可以推論，太多父母和老人，他們心中認為對孩子「正常的愛」，實際上是「匱乏的愛」，甚至是「嚴重匱乏的愛」。

相反，我身邊有一些真的可以稱得上溺愛的故事。這些故事中，我都覺得孩子得到的愛實在是太多太多了，但結果顯示，這些孩子發展得非常好，沒有被寵壞，相反地，他們成了人格高度成熟的人。

例如我的好友孫博，我在很多地方講過她的故事。她是白日夢旅行公司的創始人，做事天馬行空，極富想像力和衝勁。聽上去，你可能會覺得她是一個為所欲為的「壞女孩」，而事實上她溫柔至極，人性化程度極高。

她童年時絕對是在溺愛中長大的。她的父母是知識分子，是各自領域的第一流專家，工作都很忙，所以她和許多孩子一樣，跟著奶奶長大。

有一件事可以顯示出她是怎麼被寵溺的。讀幼稚園時她精力旺盛，中午不睡覺，幼稚園老師管不了她，於是告知她奶奶得解決這件事。

她的奶奶真的解決了這件事。她是怎麼解決的呢？她是北京著名的醫生，但竟然為此從醫院辭職，到孫女所在的幼稚園當一名校醫。這樣一來，中午孫女就可以在她的辦公室玩，不用睡午覺。

在孫博的記憶中，這是奶奶對她的一貫方式。她幾乎不記得奶奶什麼時候否定過她的意志，或把自己的意志強加在她身上。

說實話，這件事直到現在我都覺得沒必要這樣做，實在太過頭了，確實是溺愛。

但事情還沒結束。後來，奶奶發現這家幼稚園的教育方式不對，於是她開了一家幼稚園。孫博特別愛和小朋友分享零食和玩具，奶奶乾脆就在自己家幼兒園裡開了一個小賣部，但主要就是供孫女來玩的。

這些都是赤裸裸的溺愛，但這並沒有把孫博寵成一個為所欲為、無法無天、眼裡只有自己沒有別人的人。

為什麼會這樣？因為當奶奶這樣寵溺孫博的時候，幫助孫博完成了從自戀到依戀的過程，由此心靈從一元世界進入了二元世界，也因此實現了原始的生命動力的人性化。

用通俗的語言講就是，孫博愛上了奶奶，由此愛上了整個世界，也把她和奶奶的關係模式，展現在了她人生的各個地方。

不過我也想說，作為撫養者也不能太為難自己。對於孫博奶奶而言，她的心靈強大到了這種地步，所以她是心甘情願這樣照顧孫女的，她樂在其中。但如果你的內心是匱乏的，這樣做可能會太為難自己，從而產生怨氣，並把怨氣宣洩給孩子。

但我們得知道怎樣才叫寵溺孩子，而不是把非常正常的及時回應和基本照顧，視為「過頭的愛」。我還知道不少類似的故事，都是國外家庭的。例如，有孩子想要一個冰雪屋，爸爸就花了很長時間給孩子做了一個冰雪屋；有孩子想要一個遊樂場，爺爺就在自家後院做了一個相當複雜的遊樂場。

在力所能及的範圍內滿足孩子，而且心甘情願，不是苦哈哈的，這樣可以滋養孩子伸展自我，而不是相反的結果。

最後再講一個故事，也是一個曾經很熱門的事件。

江西男子張玉環蒙冤入獄二十六年。他出獄後，前妻宋小女在接受記者採訪時說了很動情的話，打動了無數人。她對記者說：「他欠我一個擁抱」，說這些話時她的眼睛閃閃發光。雖然臉上寫滿了滄桑，但眼中的光彩和神情中的熱情與活力，讓她顯得非常不同。

很多人說宋小女不該搶戲，大家的關注點也不對，難道不是張玉環更該被關注嗎？難道不該關注追責嗎，怎麼都去關注「感情大戲」了？

蒙冤昭雪的人很多，宋小女之所以贏得這麼多關注，是因為她的確是社會中少有的人。張玉環被冤枉殺了兩個孩子，因此入獄二十六年，這件事不僅破壞了他的人生，也給周圍人帶來巨大的衝擊。但我們看到，宋小女在這些衝擊中沒有被摧毀，她一直非常堅韌地活著。

媒體對宋小女產生了好奇，想知道她為什麼會成為這樣一個人。結果，在挖掘她的故事時發現，她是得到了雙重寵溺的女人。她在原生家庭裡年紀最小，上面有六個哥哥姐姐，而且她體弱多病，醫生建議父母多寵愛她，一家人也都這麼做了。等她嫁給張玉環後，老公一樣寵她，比如不讓她做農活；當她說自己胖了，丈夫會不聲不響買幾件漂亮衣服給她。

溺愛邏輯的意思是，你不能給孩子太多愛，否則孩子會長歪變壞，但宋小女和孫博一樣，原生家庭和婚後家庭的寵溺，並沒有把她們變成一個脆弱的、自私自利的人。相反，當遭遇巨大災難後，她顯示出強大的生命韌勁。

阿德勒說：幸運的人一生都被童年治癒，不幸的人一生都在治癒童年。宋小女就是那個「一生都被童年治癒」的人。

我在諮詢中也發現，一些人之所以無比敏感，一點小挫敗就可以讓他們整個人立即陷入痛苦，是因為他們心中像是被黑暗充滿了。這時，一個小挫敗就像一個新闖入的黑暗，迅速融入已有的巨大黑暗中，再一次讓他們失去對人性、對自己的信心。

當他們之中的一些人開始真正改變時，你會發現，不是因為認識的改變，而是因為他們心中終於能住進一些愛了。這些愛就是光明。當這份愛的光明終於能在他們心中穩定扎下根時，哪怕還很微弱，也已經可以給他們帶來根本性的改變了。

所以，不要懼怕去愛，特別是對孩子的愛，那真是「一本萬利」的事情。當孩子在童年得到了愛和基本滿足，將會是他們一生取之不竭、用之不盡的財富。

關係的本質

接下來我們繼續談談焦慮。前面我已多次講過，在我看來，焦慮的背後都是死亡焦慮。那為什麼本節要叫「關係的本質」？這是源自精神分析大師比昂（W.R. Bion）的一個說法：**關係的本質是，誰製造焦慮，誰容納焦慮。**

先講兩個故事。

在廣東省某市，一位高考畢業生偽造了一份清華大學的錄取通知書，告訴父母自己考上清華了。父母開心至極，放鞭炮、大擺宴席，據說花了幾萬元。後來事情才穿幫，諷刺的是，男孩的高考分數很低，英語只考了二十三分，總分只有兩百多分。

另一個是我以前看到的一則新聞。黑龍江省某市的一個九歲男孩，以前總考滿分，後來有一次考了九十九分，羞愧難當，分兩次往自己肚子裡扎了四根針。

相信現在大家都明白這兩件事和全能自戀有關。第一件事中，這位九歲的男孩認為自己是完美的，應該考滿分，當考了九十九分時，他就產生了全能暴怒，並且針對自己，因此想毀掉自己。第一件事中，這位考生現實中不能滿足自己的全能期待，乾脆就偽造了錄取通知書，並且他高中三年一直在偽造成績，所以父母才那麼容易被騙。

但是，從父母放鞭炮、大擺宴席的舉動來看，父母也是非常期待孩子能這麼優秀的。這份期待太強，以至於無法看到孩子的真實情況。否則孩子編造了三年的成績，照理說早就露餡了。

受全能自戀的支配，人們天生會追求卓越，甚至完美，這時就產生了一個問題：失敗時怎麼辦？焦慮，可以理解為對未來可能發生的挫敗的擔心。可是，我為什麼老說焦慮都是死亡焦慮呢？因為在絕對的全能自戀心理的支配下，一個人在自戀維度上的感知，只有最高分和最低分這兩個，要麼完美，要麼什麼都不是。當一個人從自戀維度的最高位跌下來時，不知道會跌到什麼樣的低谷中，這時很容易感知為，那將是一個恐怖的無底深淵，而且深淵中有魔鬼、有死神要吞噬自己。

這樣解釋也許看起來有點玄，我們可以簡單理解為：一個人的全能自戀破碎時，就產生了全能暴怒，要麼想徹底毀滅外界，要麼轉過來想毀滅自己，或者乾脆毀滅一切。

這種時候人很需要在一個可靠的關係中，由另一個人說：沒事，挫敗是可以發生的。

當然事情不會像這句話這麼簡單，因為人在全能暴怒的支配下，會產生強烈的情緒。這時如果關係一直都在，那麼一個人就會感知到，哪怕是非常強烈、可怕的情緒，實際上也是可以消解的，既沒有摧毀「我」，也沒有摧毀「你」。由此一來，這份情緒中的生命力就得到了轉化。

我試著從邏輯上把這件事講深一點。

全能自戀是和孤獨聯繫在一起的，當一個人絕對地陷入全能自戀時，他就是活在一元世界中，這時世界只能有一個中心——我。

挫敗的產生會讓「我」感知到，有一個充滿敵意力量的「他」出現了。可是世界只能是一元的，要麼是「他」滅掉「我」，而成為這個唯一的中心；要麼是「我」滅掉「他」，而繼續是世界的中心。於是，一點挫敗就會導致你死我活級別的衝突。所以，焦慮背後都是死亡焦慮，也是這個意思。

任何關係都至少是二元或三元的。意識上，正常人都知道世上當然不是只有自己一人是中心，但在體驗上，很多人感知不到這一點。

這時關係的存續就很重要。**當關係能「兜」住自己，其實就是——儘管我產生了如此暴烈的情緒，可是「你」仍然存在，「我」也仍然存在。**於是，一個人就會感知到世界並非只有「我」，而是「你我並存」。

我們再說說「攻擊性」這個詞，這是精神分析的核心概念。常有人說這個詞該換成「生命力」。在相當程度上，攻擊性等同於生命力，當然，二者還是有所不同的。生命力更中性，而攻擊性還是有偏黑暗一點的表達，但必須是這樣的表達，才能更好地理解人性。

攻擊性表達時，需要經歷兩個階段：

1. 恐懼階段。當自己弱小時，擔心攻擊性一表達就會被滅掉，於是會表現得很順從，比如太懂事。一個孩子早早就懂事了，可能意味著他懼怕做自己，懼怕表達他的攻擊性，因為恐懼被滅掉。如果你懂事了一輩子，必須得反思一下，也許根本上是因為你有點虛弱，你擔心被滅掉，所以蜷縮著活著。

2. 內疚階段。當自己強大了，「我」基本上可以存在於這個世界了，這時就會擔心，表達攻擊性會導致所愛的人受傷，會因此產生內疚。為了避免內疚也不敢去表達。

精神分析大家克萊恩對此有非凡的闡述，她有一句經典的表達是：**孩子需要這種感覺：母親可以在他的攻擊性中得以存活。**

這句話我最初看到時，覺得實在難以理解，這太誇張了吧？！但在我做諮詢和接受諮詢的過程中，對這一點的認識越來越深，覺得的確是這樣。

簡單來說，就是當孩子表達攻擊性時，他既沒有被報復而引發恐懼，也沒有傷害到母親而引發內疚。相反，他還看到他的攻擊性被容納了，同時產生了與母親的聯結，關係的深度還增加了。於是，攻擊性被祝福了，由此變成人性化的生命力，或者叫活力。

這是比較理想的狀態，當然，也有不夠理想的狀態。例如，孩子的攻擊性是帶著一些破壞性的，但因為他一直贏，所以也獲得了攻擊性被允許的感覺。他們的攻擊性具有反人性、反社會的性質，但其中不少人學會了複雜的手腕，而不是一味地表達攻擊性。或者說，他們帶著破壞性的攻擊性的表達，是有利於自己的目的的，目的實現後就會停下來。

最糟糕的是惡性自戀。也就是，表達破壞性只是為了捍衛自戀，沒有任何現實意義上的好處。這時候他們很容易去傷害別人，也因此難以擁有正常關係，從而在社會上立足，容易一事無成。

作為成年人，如果你的攻擊性一直處於嚴重壓抑狀態，那麼一旦表達，不管你是否意識到，你的內在會容易同時體驗到雙重矛盾：

1. 恐懼被報復，潛意識深處是擔心被滅掉，即被殺死；
2. 擔心傷害到別人，特別是所愛的人，這個「所愛」的人，在成年人的世界裡，可以延伸為你一直「認同」的人和圈子。

一個成年人如果能真切體驗到他在表達自己的攻擊性時，既不必擔心會被殺死，也不必擔心會殺死所愛的人，也就是說——**「我」存在，「你」也存在，「我」和「你」都在攻擊性的表達和流動中得以倖存**。不僅如此，這份流動還給彼此帶來了愉悅，兩個人的關係也由此加深。這樣一來，一個成年人的攻擊性就得到了祝福。

不過我必須提醒一下，**作為成年人，不能把破壞性情緒變成強烈的破壞性行為**。成年人和嬰幼兒不同，嬰幼兒力量太弱，所以不管情緒多暴烈，甚至就算發起了攻擊性行為，也難以產生破壞性的結果。但是，成年人一旦把破壞性情緒變成破壞性行為，就很容易導致破壞性結果，於是事情就會變得不可收拾。

我之所以這樣提醒，是因為很多人聽到這樣的邏輯，就很希望能在重要的關係中，肆無忌憚地表達破壞性情緒和破壞性行為，並期待著對方能在這種時候容納自己，這很容易導致破壞性的結果。

一切都是一切的隱喻。我喜歡這個說法，我認為可以這樣來理解：對於每個人而言，一個人的內在世界就是「我」，而整個外在世界就是「你」，每個人都在感知「我」和「你」的關係是怎樣的。

這是一個很大的說法，而更具體的則是一個又一個的二元關係。在這些由兩個人組成的關係中，人會去渴求這樣一個基本感覺：「我」攻擊性的表達，增強了關係的聯結，還給「你」帶來了愉悅。例如，性愛就是這樣一種表達。

在一元世界中的人會覺得，要麼得在關係中不管「你」，要麼得在關係中犧牲「我」，總之，「你」、「我」的意志不能並存。當你這樣想時，就是因為你的心靈卡在一元世界中，所以你的思考和感知也都是一元世界的邏輯。

但是**試著在關係中允許「你」、「我」同時存在，允許「你」、「我」都表達自己的攻擊性，表達自己的意志，當你體驗到「你」、「我」可以並存時，會是非常具有療癒性的。**

如果你躲在孤獨中，那這一切都不會發生。

容器功能

關於「關係的本質」，我們可以用常見的例子來闡釋。很多人有嚴重的考試焦慮，如果你深入瞭解就會發現，有過度考試焦慮的人常常承載了別人的焦慮，如父母的焦慮。

當父母向孩子傳遞了太多焦慮，不管他們意識上的想法是什麼，都意味著親子關係存在一定程度的倒置。本來應該是強大的人去容納弱小的人的焦慮，但親子關係的倒置意味著，父母作為強大的人，向孩子傳遞了太多焦慮，期待孩子去容納、化解自己的焦慮。

我在很多方面也承載著父母的焦慮，不過在考試上，我歷來都有「大心臟」，每逢重要考試，我都是超水準發揮。因為在這件事上，我的父母沒有向我傳遞任何焦慮。

我們家在農村，家裡很窮，我的成績又一直很好，如果放到別的家庭，難免會聽到「我們家就靠你了」、「你是我們家的希望」等類似說法，但是我父母從來不會這麼說。這讓我在考試時不必承載他們的焦慮，只是承載著自己的焦慮，這就是正常的焦慮。正常的焦慮會讓人有適度的興奮，從而可以保持一種高水準應對狀態，這是我面對考試時「大心臟」的由來。

我在什麼地方承載著父母的焦慮呢？主要就是孝道。他們本來是老好人，也絕對稱得上孝順，卻招致來自爺爺奶奶，加上家族乃至村委會的攻擊和抹黑，說他們是不肖子孫。這帶給他們巨大的創傷，是他們承載不了的焦慮。

他們有意無意地把這份焦慮傳遞給我，而我算是為他們正了名——我乾脆就把孝道從邏輯上給瓦解了。

過度的焦慮是有毒的焦慮。既然焦慮背後都是死亡焦慮，那**過度的焦慮其實意味著，這是危及了肉體生命或精神生命的「毒」，而好的關係中會有這樣一個功能——去毒化**。

也就是，你向我傳遞了一份高濃度毒性的焦慮，我接住了它，容納並化解了一部分焦慮，然後還給你一份低濃度毒性的，甚至無毒的訊息。

放到我的家庭中，被抹黑為不肖子孫這件事，成了高濃度毒性的訊息，超出了父母的承受能力，他們當年都有了嚴重的自殺傾向。這份訊息傳到我這裡，我解構了孝道，減輕了父母乃至整個家庭的毒性。

至於在學習和考試上，我之所以能有這個「大心臟」，除了父母沒有給我製造焦慮外，他們應該也做了去毒化處理。在一些體驗性的練習中，我深深地發現，父母對我有一部分無條件的愛：「不管你怎樣，我們都愛你」。實際上，我的學習生涯中常出現劇烈動盪，上次還是前幾名甚至第一名，下次考試就可能會掉入中間地帶，但我很少陷入嚴重焦慮，可能就是因為背後有這樣一份無條件的愛。

用上一節的邏輯來詮釋，無條件的愛就意味著，無論你怎樣，我和你的關係都在，我對你的愛都在。

比昂是一個非常喜歡數學公式的理論家，他提出了這個邏輯：

1. 不能忍受的情感是貝塔（β）元素；

2. 能夠忍受的情感是阿爾法（α）元素；
3. 能把貝塔元素變成阿爾法元素的，就是阿爾法功能。

什麼是不能忍受的情感呢？我覺得主要就是充滿破壞性的人性黑暗的部分，或者說是我們心靈中想製造死亡的部分。

上一節我們談到，在伸展攻擊性時，我們會有兩種擔心：恐懼，即恐懼一表達攻擊性就會被報復、被懲罰，乃至被滅掉；內疚，即擔心一表達攻擊性就會傷害，甚至殺死所愛的人。

例如，一位時時刻刻處在暴怒中的男士，看到別人有任何勝過自己的優點，他都想占有，同時會覺得自卑，然後怒火中燒。同時，他也不敢表達自己的暴怒，因為他擔心一表達暴怒，必定遭到別人的報復。

最初，他剛找我做諮詢時，他認為他擔心的這個黑暗鏈條，時時刻刻都在發生著。別人讓他不高興了，於是他有了暴怒。其實他極少表達怒氣，但他覺得別人發現了他的暴怒，就會厭惡他，並且必定會不留情地還擊。他覺得有一些跡象證明了這一點，接著他更加暴怒……。

實際上，別人極少留意到他在生氣，因此更不會有報復的行為。並且就算知道了他在生氣，其中不少人因為人格比較成熟，是可以容納，甚至化解他的一些憤怒的。

我作為旁觀者，這些部分看得很清楚，知道這是他的自戀想像與外在現實出現了偏差。不過，我一開始向他解釋時他是不接受的，他認為自己對周圍世界的感知是真實的。

後來他才明白，人和人是不一樣的。他很容易暴怒，並且想無情地懲罰、報復任何冒犯自己的人，然而其他人大多和他不一樣。當他覺得別人一被攻擊就必然會無情報復時，這是一個標準的投射，是他把內在的自己投射到周圍所有人身上。

我們花了相當長時間去探討這部分，這個探討過程就可以視為一個**阿爾法功能**的過程。他內心那些不能忍受的、難以言說的、有劇毒的情感，經過這樣的過程，毒性變得越來越弱了。

比起全能暴怒，更要去理解的是，他極少表達出暴怒來，因為他擔心一表達就會被滅掉。他的自我還處在沒有誕生的狀態，所以，一方面要去理解他這充滿敵意的想像，同時鼓勵他在現實中去表達一些暴怒，也包括在和我的關係裡，這樣他會發現自己是可以這樣做的，不用擔心會被消滅。

至於內疚，我也講一個有些極端的例子。

一位女士極其孤獨，從小到大都沒什麼朋友。小學時，她和一個女孩交往越來越多，就要成為不錯的朋友了，然後卻發生一件事，讓她一直印象深刻，理解不了自己為什麼會這樣。

當時，她有一塊很喜歡的小石頭，她越來越喜歡這位朋友，於是把這塊小石頭送給了朋友。但接下來幾天，她一直處在惴惴不安之中，總想像朋友的父母會來找她，說自己的女兒已經被她的這塊小石頭給毒死了，絕不會饒恕她。

她理性上知道這絕不可能，但這份感知太過於強烈，於是她從此不再和這個朋友交往。

這位女士一生都極其孤獨，而前面我們講了，這會製造最大的黑暗。也就是，她的攻擊性只能藏在潛意識和孤獨之中，很難被看見，於是因為沒有被光照亮，就變成了越來越黑的東西。

她也不斷地說，覺得自己的心已經被黑色墨水一樣的東西給填滿了，而她送給朋友的那塊小石頭，是從她這裡送出去的，是她的一部分，她擔心這一部分就像自己一樣充滿黑暗，而且其中有毒性很大的成分，會毒死這個女孩。

這也是貝塔元素的心靈內容，而經過我們的探討，它就變成了可以被認識、被承受，甚至可以容納和化解的東西。

阿爾法元素、貝塔元素和阿爾法功能也許會讓你覺得拗口，那我們可以講一個非常簡單的概念——容器。

這是溫尼考特提出的概念，可以被視為好父母的基本，也可以視為好的人際關係的基本，它大致的意思就是：

1. 你把事情做好的時候我認可你；
2. 你遇到挫敗的時候我支持你；
3. 你的攻擊性可以在這個容器內流動，這不會導致容器被破壞。

例如，這兩位來訪者其實不敢和別人發生衝突，也因此不敢和別人有真實的互動，因為擔心一旦有關係中的互動，就會導致你死我活的衝突。但是當他們逐漸發現，自己是可以和別人發生衝突的，是可以真實地表達攻擊性的，而且關係還可能會因此越來越好（當然不能去做破壞性的事），才發現這才是關係的現實，他們就可以得到療癒了。

這部分理論上或意識上是很容易理解的，但真在現實中活出來，卻相當不容易。這也是生命的意義吧。

我們為什麼懼怕失敗？

關係中特別重要的功能，是幫助一個人去容納挫敗。太自戀的人遭遇挫敗時，他的自我作為一個容器，會破損甚至要瓦解了，這個時候若關係容納了他，就相當於在他破損的自我之外，又多了一層容器，於是他的破損感就得到修復。這種感覺會被他內化到內心中，意味著他的自我可以重新變得完整了。

如果你學習精神分析，會看到學者們不斷在探討挫敗或挫折。科胡特有一個非常棒的詞彙——**恰恰好的挫折**。意思是人的自戀需要被挫傷，畢竟最初人的自戀程度太高了，把自己當成神，但是挫折不能太過，不然可能導致一個人受到過度打擊，甚至導致自我解體，太難修復。

如果是「恰恰好的挫折」，那麼人的自戀被打擊了一下，自戀想像的程度由此降低了一些，但一個人的自我作為一個容器，沒有受到嚴重衝擊，這份打擊帶來的新能量受到容納，一個人的自我就變得更開放、更堅韌了。

一個人成長的歷程可以被視為自戀不斷破損的過程，但透過與現實世界的碰撞，不斷鍛煉能力，即對自己生活和世界的掌控感，同時淬煉心性，即所謂的善惡。由此，最初孤獨的自戀想像終於變成堅韌的自信，以及對他人和世界的信任。

比恰恰好的挫折更嚴重的，就可稱為「創傷」。然而，即便是創傷，當人能修復自己的時候，必然會看到，**很多創傷也有它的價值**。

魯米有一句詩：「**萬物皆有裂痕，那是光照進來的地方。**」假設一個人永遠不遭遇出乎預料的創傷，就意味著他全然活在自戀中，而且這是一種封閉的狀態，會導致內在的黑暗；而創傷撕裂了自我，打擊了自戀時，光也可以藉由這個傷口照進來了。

我們還要問一個問題：為什麼挫敗這麼可怕？為什麼好的關係可以發揮療癒性的作用？我來講一個

故事。

一個年輕人之前做著一份穩定的工作，這份工作結束後，他開始嘗試做小生意，然後他遭遇了一次挫敗。不過這個挫敗是對他而言的，對其他人來說，可能會覺得不是什麼事。是什麼挫敗呢？就是他訂了一批貨，付了錢，商家說很快就可以拿到貨。但到了約定的那天，商家說抱歉沒有貨。後來商家連續幾次延遲出貨，一開始態度非常好，後來看到他越來越生氣，也有點躲著他了。

需要說明的一點是，這個商家和他還有一點遠房親戚關係。這讓他非常憤怒，也很抓狂，他想做一些嚴重的事懲罰商家，比如舉報對方，甚至報警。他不願意把這件事告訴父母，但看到他情緒越來越差，母親覺得有點不對勁，經過不斷詢問，他才把事情告訴母親。他的母親是一個做事乾淨俐落的女人，立即去瞭解情況，結果發現其實是因為受疫情影響，對方在供貨方面出現了困難，並不是針對這個年輕人。

後來，我和這個年輕人聊了一會兒，我想瞭解到底是什麼令他抓狂，為什麼這件小事讓他如此難受。先說明一下，這筆貨款金額比較小，對他完全不構成現實影響。

聊了一會兒後我發現，他的一個關鍵性的、模模糊糊的底層想法是：對方是不是在耍我？看到我好欺負，所以故意延遲出貨？並且就是因為我看起來好欺負，所以我一再催促都沒有用，對方這是不尊重我，我就是太弱小了……。

用人性座標體系來分析，可以說是這件現實意義上的小事，喚起了他自戀維度上的強烈感知。他交了錢，商家卻沒有按時出貨，這帶給他的感知是，對方處在自戀維度的高位，是強大的、掌控著局面的加害者，而他處在自戀維度的低位，是弱小的、不能掌控局面的、被動的受害者。

我們已經知道，當一個人覺得自己處在自戀維度的低位時，會產生強烈的羞恥感。羞恥感是令一個人的自我瓦解的關鍵因素，也就是，你自己都覺得自己太差了，羞於活在這個世界上。

這個時候人容易產生強烈的憤怒，例如他想舉報商家，甚至報警。憤怒和這些舉動出於他想離開自戀維度的低位，轉到高位上，但同時他仍有理智，在意識上也有點相信商家的解釋——疫情讓他們無法按時出貨，所以他按住了自己的憤怒。

和他聊了之後，我想到不少類似的事情，於是在社交媒體上發了一段感慨：

人，並不懼怕失敗，而是懼怕被嘲弄。也就是，覺得失敗是被一種惡意的力量擊倒。當超越了這份感知後，失敗也只是失敗而已。

例如這位年輕人，他是一個非常勤勞、不怕苦不怕累的人，這件小事卻對他構成了一個險些失控的坎。因為當他的預期——「商家要按時交貨」落空後，他產生了敵意，但他把這份敵意投射出去，變成他覺得商家在敵意地、惡意地對待自己。

說得誇張一點，他覺得商家猶如惡魔般的惡意力量，如果被這種敵意力量擊倒，不僅意味著死亡，也意味著自己被黑暗徹底征服了，所以他非常懼怕這種失敗。

我可以做一個推論，嚴重活在一元世界中、偏執地追逐自己意志的人，很容易處在這種邏輯的支配之下。他們覺得失敗是「我被擊敗了」，而且是「我被一種敵對的惡意力量擊敗了」。不僅如此，這還意味著這個敵對的惡意力量控制、征服了自己。所以這種時候有人會選擇自殺，因為自殺意味著我在掌控自己，而不是你在掌控我。

這是純自戀維度的感知，但也會投射到關係維度上，被人感知為失敗的背後，藏著一場善意的「神」和惡意的「魔鬼」之間的戰爭。

當人陷入這份感知時，會認為有一個「主觀惡意動機的力量」在攻擊自己，必須不妥協地戰鬥下去，很多人失控地去作惡，就是出於這個原因。他們失控地去和想像中的惡意力量作戰，結果自己做了惡事。

這時特別需要一個靠得住的人對自己說：事情不是這樣子的，你看，這個事情主要是一些中立的、客觀的因素在發揮作用，對方對你並無惡意。同時，你心中有一些憤怒也很正常，可以理解。然後咱們看看這件事能怎麼做好。並且你要看到，有時間和空間這些因素在，你做不到一瞬間就把事情掌握好的，那是神才能做到的事情，咱們多花點時間，多想想辦法，此路不通就換一條，事情會不斷改善的……。

道理就是這些道理，而比道理更重要的是，這時有一個基本信任的人，在和自己構建的這個關係中，去講這些道理，或者陪自己去處理挫敗。

這個年輕人的事情就是這樣的，他的母親在這個時候幫助了他，不僅幫他解決了事情，也讓他相信其實商家不是惡意的。安撫很重要，而同樣重要的是，試著去完成自己選擇的事情。

很多人追求完美，然而，**完成勝過完美**。追求完美的人，常常會因為細節不完美就放棄了。如果仔細觀察你會發現，這時常隱藏著的感知是：你覺得這件事不符合你的期待，於是你想摧毀這件事。這時，你就是那個有主觀惡意動機的人。

受全能自戀性的想像支配時，人會認為事情應該是完美的，這樣才符合我的心意，如果不完美就是不符合我的心意，我因此生出暴怒，想毀掉這件故意和我作對、讓我為難的事情。

要治療自己的這種暴怒，就試試去完成這件事，然後去體驗這種感知——你發起了一個意願，儘管你遭遇了一些挫敗，但你透過各種努力，最終還是實現了這份意願。意願就是精神生命，當你能不斷地去追逐你的意願並且完成，你就會體驗到你的自我越來越堅韌。

當人真的能做到這一點時，就會真切體驗到完美是想像中的，而基本實現是現實中的，也是在關係中的。**關係中產生的不完美的好東西，要勝過孤獨想像中的完美的東西。**或者說，現實關係中六十分的東西，勝過孤獨頭腦想像中一百分的東西。

當你越來越能做到這一點時，內心中的敵意力量會越來越弱，也許有一天你會發現，**當你徹底、全然地投入任何一種關係時，每一個當下本身就是完美的。**

放下控制

先講一個小故事吧。

我的一位好友，一九九六年大學畢業後進了一家民營企業工作。當時，那家民營企業是當地的明星企業，也的確銳意進取，當年一下子招了十幾名大學畢業生。

要知道，這在當時可是罕見的事，當地媒體也因此不斷報導此事。然而，也就一年多而已，這些大學畢業生就幾乎走光了。原因是這家企業的老闆對這些「天之驕子」的態度很奇怪——一方面非常重視，另一方面諷刺挖苦。

他常說，你看你們還大學畢業生呢，連這點小事都做不好，還不如我們這些沒念什麼書的。這位老闆僅有小學的程度，從他的這些話裡，能聽出對大學生羨慕、嫉妒的味道。

我這位朋友的工作是做老闆的祕書，她一樣沒留多久，不過這位老闆對她倒是很尊重。

一天，我們幾個人一起吃飯，其間我這位朋友以及當年和她一起進這個企業的同事，聊起了往事。那位同事先是開玩笑說，當年老闆就對你一個人那麼尊重，我們真懷疑你作為祕書，是不是和老闆有什麼特殊關係，不過我們也知道你不是那種人。

我的朋友則回憶說，其實事情是有一個變化過程的。最初，老闆對她的態度和對其他大學生沒什麼兩樣。他會給你重要任務，也會給你不錯的薪資，但他好像根本沒想過大學畢業生剛進社會需要時間成長，而是認為應該一畢業能力就出類拔萃，可以遠勝公司的老員工。當你達不到他的這份預期時，他就使出各種挖苦。

變化發生在她進公司差不多半年時。一天，她在老闆的辦公室裡忙著，而老闆優哉游哉地坐著，抽著菸，喝著茶。突然老闆對她說：我一天賺的比你一年都多。

這話說得莫名其妙，我這位朋友有點驚訝，她愣了一會兒後說：是啊，我可能一輩子都賺不了您一年的錢，但是您很累，這種生活也不值得羨慕。原話我不記得了，大概是這個意思。

很有意思的是，這位老闆自此收起了高高在上的姿態，並且此後一直對她保持尊重。

這是我常講到的一個例子。我以前喜歡從這個角度去解釋——任何溝通都有雙重訊息：事實層面的和情緒層面的。**事實層面的要尊重，至於情緒層面的，你不必去接受別人的情緒垃圾。**

我現在可以用人性座標體系來分析這件事。這位老闆冒出這麼一句莫名其妙的話，就是想占據自戀的高位，並把祕書弄到自戀的低位。

職場上這種情況很常見。換成你，你認為該怎麼辦？

最常見的做法是，認為老闆如果是這種個性，自己得罪不起，要麼離開，要麼順著他。但是當你真的順著他時，就必須主動把自己擺在自戀的低位，你們暫時避免了衝突，老闆的自戀被滿足了。可是由此他高你低的關係的模式，就進一步被確立了，他此後會更加不尊重你。

通常你也不能直接跟他作對，例如對他說：喂，老闆你什麼意思，你知不知道這樣子很不尊重人？你有錢就了不起啊？

也許最好的做法就是我這位朋友的做法，她在事實層面上承認了「你賺的錢比我多很多」，但在情緒層面上，把他扔過來的鄙視給還回去，但不是以敵對的方式，而是以所謂不卑不亢的方式。或者說，在情緒層面，我這位朋友是從關係維度上給了回應。因為關係維度是平等的大地，所以，這樣回覆就沒有誰高誰低的問題了。

聽起來很簡單是不是？但是，可能這種做法也很難被模仿。在我這位朋友的職業生涯中，她遇到過很多類似的事，要麼高官、要麼富人，對她發出鄙視，而她自然而然地用類似的方式回應了他們，結果他們此後都對她多了一份尊重。

她之所以總是能做到這一點，是因為她的心靈在自己的原生家庭中，已經從自戀維度進入關係維度，她知道平等是怎麼回事。可以說，她只是把和父母的關係模式，自動地套到其他關係而已。

關係維度的基本特質——平等，是如何在關係中發揮作用的？比如在這個例子中，一個剛畢業的女孩，為什麼可以用平等的態度改變這位自戀的老闆？

我前面給過一些解釋，現在我想深化一下，並且用有點煽情的語言表達：**比起什麼都是自己說了算，人更期待在「我」不能控制的邊界之外，有一個善意的「你」在那裡。**

任何事情都想自己說了算，這既是自戀，也是孤獨，所以中國的皇帝喜歡說自己是「孤家寡人」。孤家寡人大權在握，一發出號令，別人都得服從，這樣的感覺很好。但這同時意味著，「我」永遠不能放鬆，一旦放鬆就可能會失控，甚至導致權力被顛覆。

這不難理解。既然一切都是「我」在控制，那麼「我」不使勁、不控制時，事情自然容易陷入混亂。更要命的是，孤獨地活在自戀維度上的人，他的基本感知是：世界只能有一個中心，要麼是「我」，要麼是「它」。

我特意用了這個「它」，可以理解為「敵對力量」，甚至乾脆理解為「有敵意的、破壞性的魔鬼」。當「我」不能控制局面、掌控權力時，就可能會讓「它」來顛覆自己，所以更不能放鬆。

接下來，再說說「我」、「你」和「它」這三個字。

我這樣使用它們，是深受猶太哲學家馬丁·布伯（Martin Buber）的影響，他的著作《我與你》，可以說是對我影響最大的書。

馬丁·布伯說：**關係才是世界的本質，而關係分兩種——「我與你」和「我與它」**。

當我把你視為完成目標的工具和對象時，不管這個目標聽上去多好，這時的關係都是「我與它」；只有當我徹底放下對你的預期和期待，拿出我的全部本心時，才可能與你的本真相遇，這時的關係就是「我與你」。

這是我常使用的概括性說法，但在神學家馬丁·布伯這裡，「你」首先指的是上帝，而「它」可以視為魔鬼。當然《我與你》這本書中沒有任何神祕主義的表達，所以這像是一種隱喻，一種哲理。

這個說法深入我心，我不斷去認識這一點，並在後來喜歡說：「有基本善意的你」和「有基本敵意的它」。

在嬰幼兒時期，**當父母等撫養者被孩子感知為「有基本善意的你」時，孩子就可以放下控制了。**因為當「我」控制不了局面時，還有「有基本善意的你」在掌控局面啊！

人們懼怕的是，當「我」控制不了局面時，是「有基本敵意的它」控制了局面，而且不僅打敗了「我」，讓我體驗到羞恥感，還征服了「我」，把「我」帶入充滿敵意的黑暗世界。

一切都是一切的隱喻。比起無處不在的生死隱喻，「善意的你」與「惡意的它」這種善惡的隱喻，也許更為根本。

有人怕死，有人不怕死。對此，我喜歡的一個說法是，那些充分活出了自己的人，因為充分活過，所以死亡時不覺得有太多遺憾，因此可以坦然赴死。

考慮到善惡，則有了另一個理解。肉體生命死亡之後，還有其他的旅程嗎？這有點玄學了，但你會看到，心地真正善良的人不太怕死，而一生作惡多端的倒更想長生。

也許是因為心地善良的人內心光明，因此在體驗上，會覺得自己死後也會墜入一片光明。相反，作惡多端的人內心黑暗，因此在體驗上，會擔心自己死後會墜入一片黑暗，還是自己不能掌控的黑暗，這太可怕了。

比起什麼都是自己說了算，人更期待——在「我」不能控制的邊界之外，有一個善意的「你」在那裡。

真愛，從真實開始

關於愛和恨，比昂有一個非常漂亮的說法：

愛的對立面不是恨，而是負愛；
恨的對立面不是愛，而是負恨；
瞭解的對立面不是不瞭解，而是負瞭解。

比昂喜歡用數學公式表達他的心理學觀點。他認為人和人之間的聯結有三類：L、H和K。L即 Love，它的對立面是負L，這是中文翻譯成「負愛」的由來；H即 Hate，它的對立面是負H，即「負恨」；K即 Knowledge，可以翻譯成「瞭解」或「知識」，它的對立面是負K，可稱為「負知識」或「偽知識」。

這樣講意思還是不夠直接，更直截了當的表達是：

愛的對立面不是恨，而是有愛不表達；
恨的對立面不是愛，而是有恨不表達；
知識的對立面不是無知，而是你掌握的知識沒有增進瞭解，反而增進了你的自戀。

我先詮釋一下第三句話。例如，有些人在和伴侶吵架時，會把過去伴侶向自己傾吐的脆弱或隱密的資訊翻出來，攻擊伴侶。這就是非常糟糕的「負知識」或「負瞭解」。對方從此會後悔向你傾吐，以後就會傾向於選擇閉嘴不談，因此你們之間的K聯結就變弱了。

這些知識都文縐縐的，我們還是講一個鮮活的例子吧。

一個朋友說他找到了完美的女朋友，漂亮、優雅、懂事、家境好、收入高，渾身散發著正能量，就沒有負能量的時候。他直覺上常常覺得這太不真實了，但另一方面又想，也許這種事真的會發生呢？這不就發生在他身上了。

一天，他和女朋友去一家餐館吃飯，吃完飯要結帳時，服務生說有人幫你們買單了。女孩一下子變得警惕起來，問是誰買單的，服務生說是自己的老闆。女孩問，你們老闆怎麼稱呼？服務生說了老闆的姓，女孩突然失控了，她踉踉蹌蹌站起來，跑了出去。

這個朋友當時驚住了，他從沒見過女朋友這一面。後來才知道，這個老闆是女孩的前男友，女孩在此前的戀愛中也是死去活來的，而不是像和他的戀愛這麼完美。

瞭解到這些資訊後，他堅決提出了分手，因為他明白女孩和前男友之間是有愛的，而他們之間沒有。

這個故事不需要太多解釋，大家立即會明白這個朋友的判斷是對的。因為在真正的愛情中，人的很多感受會被激發出來，會有深深的愛，也會有濃烈的恨，如果總是表現得優雅而完美，可能是心靈深處的這些感受沒有被激發出來。

當然，也可能是女孩在控制著自己，沒有表達愛，也沒有表達恨，於是他們之間沒有愛的聯結，也沒有恨的聯結。

很多人都有體會，自己和最好的朋友相處時，就會變得肆無忌憚起來，彼此之間會開誇張的玩笑，互相調侃，但都非常自在，而且還很開心。

這可以理解為，好朋友相處時，這個關係足夠結實，因此能夠容納彼此在關係中釋放攻擊性。肆無忌憚地釋放攻擊性的感覺很好，而關係能容納這份攻擊性，於是這份容納也給彼此帶來了愉悅。

戀愛關係也一樣，甚至對這一點要求更高。很多精神分析師會說，戀愛需要完成彼此的負面移情，就是兩個人會把很多負性的能量扔到戀愛關係中，去看看這份關係能否容納得住。

親子關係也有這樣的部分。很多人會問，為什麼有人對家人那麼糟糕，對外人卻那麼好？這有很多層面的原因。有權力因素，很多父母在外面憋屈著，很辛苦，回到家裡對孩子就想為所欲為。此外，也渴望自己的負面能量能被接住，能在關係中構建聯結。

當然，講這一點時我也特別提醒，作為成年人，這個關係最好是相互的，不能總是一方肆無忌憚地釋放攻擊性，而另一方一直做容器，這樣最終會發展到施虐和受虐的關係。

有些人是太過濃烈地表達愛恨，但關係還沒發展到那一步，於是關係也會被強烈的能量給撐破。相反，事情的另一面，也是更常見的一面是，一直活在孤獨中的人，都不敢表達愛和恨了。

一個二十八歲的男人戀愛了，這是他的初戀。為什麼到這個年齡才第一次談戀愛？

這位男士說，他大學宿舍的一個室友愛上了一個女孩，追了兩、三年都沒有結果，太慘了，他發誓不會讓自己經歷這麼悲慘的局面。

所謂悲慘的局面是什麼？就是你表達了愛意，這是生命中最有分量的一份動力，但它竟然失敗了，這會導致嚴重的羞恥感。

至於不敢表達恨意，是因為擔心一旦表達恨意，就會傷害到所愛的人，引發內疚，因此要憋著恨意不表達。

我見過不少這樣的案例。戀愛關係中，一方從來都不表達恨，這給另一方帶來一種錯覺，好像自己做什麼都可以，結果就做得越來越過分。突然有一天，那個從來都不表達恨的人選擇結束關係，而且再也回不去了。

此外，你觀察自己也許會發現，當一份重要的恨意產生後，你沒有在關係中表達，而是憋在心裡，接著會發現你們之間的情感聯結變弱了。

依照比昂的這個說法，最好的活法是快意恩仇，敢愛敢恨，這樣才能活得痛快淋漓。並且，雖然可能會有失敗的關係，但一個人和這個世界的聯結會變得深厚很多，而他的帶著攻擊性的原始生命力，也因此可以得到轉化。

我們不要把「快意恩仇」視為「爽」和「酷」，當這樣想時，可能表達愛和恨最終都是為了增強自己的自戀。於是，經歷很多只是增強了你自戀維度上的感知，而沒有讓你的心智在關係維度中展開。

有時候事情也沒那麼了不起。例如，《母愛的羈絆》一書中講到一個有意思的現象，那些情緒化的、自戀的母親是煩人的，家裡的大多數衝突都是因她們而起的。然而，當她們去世或因為其他原因離開家後，孩子們會發現家裡變得空落落的，而那個理性、溫和、講道理的父親，無法給這個家帶來活力。

這是因為雖然很多時候自戀的母親帶來了問題，但她們一直在向外釋放自己的愛和恨，她們也因此和孩子以及老公建立了一些聯結，儘管不健康。但當這些都失去，只剩下理性時，才發現**理性不能構建聯結**。

真實地活著，才會體驗到生命本身。然而，出於種種原因，人們懼怕和這個世界真實地碰撞。

因此，有一天我感慨地說：我們不敢直接啜飲甘泉，因為怕被毒死。所謂「甘泉」就是有愛有恨的生命力。

當一個人不敢真實地活著時，這一點會延伸到各個地方，從而導致人和人的巨大不同。

例如，真實活著的人會發現，萬事萬物是真實的，是有本質的，關鍵是碰觸本質，哪怕是進行商業活動，重要的也是要有使命感。

而不敢真實活著的人則認為，太多東西都是騙人的，要想活得好就要保護好自己，不要拿出真實自我和這個世界碰撞，這太不明智了。至於商業，成功的有錢人必然是黑心的騙子。

當不敢真實活著的人真的從事了商業，他們可能會煎熬，既希望自己是有良心的，又希望去做一些騙人的、誘惑人的事，因為不這樣成功不了。

在我看來，在任何一個方面真實地活著的人，假以時日，他都可能在那方面構建起深厚的聯結，也會因此更深地洞見到，對一切事物的真愛，都要從真實開始。

兩種知識

我們繼續來談談，比昂說的三種聯結中的「K聯結」，也就是「知識和負知識」，或者說「瞭解和負瞭解」。相對而言，我覺得「真知識和偽知識」可能更好一些。

再簡單解釋一下：知識如果是用來增進瞭解的，就是真知識；如果是用來滿足自戀、破壞聯結的，就是偽知識。

接著講故事，主要是講講記憶力。

二〇一九年十一月，我在一個聚會上認識了陳浩武教授，他已經六十八歲，但精神狀態非常好。他曾經長時間身居要職，卻一直堅持每天要睡十三個小時。精神狀態這麼好，也許和這一點有關。

不過，一個人能做到這樣，也可以看出來他是一個能堅持自己的人，沒有讓自己被繁忙的工作給淹沒。很多厲害的人都是自我意識很強的人，這是我的一個觀察，在陳浩武教授身上再次看到了這一點。

他身上還有一點非常特別。他說自己記憶力超級好，讀過的書、學過的知識都清晰記得，對這一點他也引以為傲。

在見到陳浩武教授前不久，我見過另一位厲害人士，是其所在那個領域內很知名的人物。這位厲害人士一直以自己的思考能力為傲，但突然有一天，可怕的事情發生了。到了公司樓下，他竟然一時記不起公司在那座大廈的哪一層，甚至還有一次，他竟然記不起孩子的名字。

這位厲害人士的情況，讓我想起看過的幾部美劇中，關於「ＡＩ人」的刻畫。所謂「ＡＩ人」，就是把ＡＩ的晶片放到人的身體內，然後這個人的自身就被抹去了，轉而被ＡＩ占據。ＡＩ人具備ＡＩ的基本特性，非常強大。

但ＡＩ人身上有一個矛盾，就是他們在假扮一個人時，縱然能清晰記得這個人的各種事情，但在情感上非常遲鈍。

例如，在《地球百子》這部科幻劇中，女主角的媽媽成了ＡＩ人，這一點女主角也知道，於是想對這個占據了媽媽肉身的ＡＩ人痛下殺手。這時，這個ＡＩ人突然對女主角說，我其實還是你媽媽，我騙了那些給我安裝晶片的人。女主角對媽媽的情感很深，聽到這個說法後開始動情。

但在危急時刻，女主角突然問：媽媽，我爸爸是怎麼死的？「媽媽」回答不出來，女主角立即明白這是ＡＩ人，已不再是自己的媽媽，於是果斷地把她殺了。

這位厲害人士就和這位ＡＩ人媽媽有點像，他發達的思維還在，甚至還在加強，但有關生活方面的一些記憶在失去，特別是最寶貴的情感部分，比如孩子的名字。

以上兩位男士都是記憶力超級好的人，再講講相反的例子。

我有兩位女性朋友，她們的記憶力比較差，多年前的事情，她們基本上只記得主要的，其他細節都忘了。而我和她們一起見過的事，我就像是形成了畫面記憶一樣，現在還歷歷在目。

我和她們聊起她們為什麼記憶力這麼差。最終形成的認識是，她們都是不糾結的人，拿得起、放得下，一件事過了就過了。事情做好了就很自然地開心喜悅，而且她們都是很有感染力的人。做不成的事情，如果斷定不行，就立即放下。

她們能力很強，可是看不到偏執的部分，不過在她們身上的確有一種無情，這讓她們有一種難以言說的通透。

所以，雖然她們記憶力看起來比較差，但我覺得她們不用擔心自己的思維能力會受損，甚至得到阿茲海默症。她們其實是很善於及時清理大腦，乃至心靈的記憶體的人。在她們身上很少有那種效率很低，還一直在運行，因此拖沓且很占記憶體的爛程式。這樣的東西在普通人身上，特別是在容易糾結的人身上很常見，但她們身上沒有，她們都把這些爛程式給清除了。

此外，她們兩個都是一天能處理非常多事情的人。當事情紛繁複雜的時候，其他人也許容易忙亂，而她們不會。這時她們的能量會被高度調動起來，於是會極其流暢、高情商高智商地處理這些事情，當事情處理好了，便很快就能把這些事忘掉。她們的助手對這點非常驚訝和佩服。

記憶和遺忘就這樣構成了一對有趣的矛盾。記憶力好可以是好事，例如，一個知識體系的知識你都記得，它們還構成了一個有機的記憶體系，甚至還可以演化，這樣它們就會成為滋養性的東西。

但是如果你記憶力好，卻記得大量無效或低效的事，例如，十年前誰給過你一個白眼，你到現在還耿耿於懷。那麼每一個低效的記憶就是一個未完成事件，一個低效又耗記憶體的爛程式。

心理學有一個流派叫「**完形心理學**」（Gestalt Psychology），也被音譯為「格式塔心理學」。完形是個很好的概念。所謂「完形」，就是你發出的一份動力要有出生、發展、變化乃至完結的過程。最好是將注意力放到你甘之如飴的事情上——**發起動力，享受其中的發展變化，投入其中，再酣暢淋漓地使**

勁，把它完成。如果你的生命是這種基調，那你會活得很痛快，也就是所謂的快意恩仇。

相反，容易糾結的人，很多願望都成了未完成事件，然後成為無效、低效的程式，占據著頭腦或心靈空間，阻礙了生命力的流動。

活得比較通透的人，他們還會有這樣的特點：自己不喜歡的事盡量不做；不得不做的時候，乾脆主動去做，做完了就放下；沒有意義的事，發起後也迅速放下；意義很大但自己看起來根本完成不了的事，他們也能主動把它們清除。

基本上，你看不到他們嚴重地為難自己。當真要去追逐看起來難度很高的事時，那也是因為他們能享受其中。這樣的生命就沒有「苦差」了。

上述兩位朋友的其中一位說，除了情感外，她從來沒有體驗過巨大的壓力，當遇到看起來比較難的事，她都是感覺到興奮，然後把這件事視為一個挑戰，從不會覺得是「過不去的坎」。這樣的狀態很令人羨慕。

故事講完了，我繼續講講道理。

體驗和認知是事情的兩個層面，現代社會越來越重視認知，然而我們得知道，體驗是真實世界的東西，而認知是符號世界的東西。可以說，符號世界就是真實世界的一個鏡像。

體驗，必然要發生在關係之中。關係越深，聯結越深，體驗就越深刻，而對心性的淬煉就越強。

當符號世界的知識是用來幫助建立真實世界的聯結時，就是真知識，而且會和體驗聯繫在一起，因此變得真切深刻。相反，當符號世界的知識和真實世界的體驗脫離時，就變成了輕飄飄的資訊，容易消散。用比昂的話來說，當人掌握知識主要是為了增強自戀時，這種情況就會發生。

人類總幻想著能孤獨地掌握所有知識，這是為了追求強大，是自戀維度的一個極致表達。例如，

《法櫃奇兵》系列電影中有這樣一個鏡頭：蘇聯一位女特工和主角一起找到了七個水晶頭骨，而這七個水晶頭骨會釋放出超量的知識，並且可以進入人的大腦，這位女特工就控制了局面，讓這些超量知識進入她的頭腦，但很快她就承受不住，最終她的腦袋爆裂了。

心靈需要在關係的聯結中得到滋養，而孤獨的頭腦哪怕再強悍，最終也會陷入虛妄。因此，心靈似乎有各種方式，在抵制孤獨的頭腦的認知。

例如，你可能聽說過，自閉症的孩子在高知識家庭更多見一些。也許其中一個原因是，高知識家庭充斥著太多符號系統的資訊，而構建情感聯結時出了問題。

我不少大學同學在從事腦科學的研究，其中一位同學跟我說，雖然還不能特別清晰地證實，但越來越多跡象顯示，像阿茲海默症這樣的疾病，更容易出現在高認知能力的人身上。

這種現象的原因也許是，陷入偽知識的汪洋大海中的人，他們的心智能力逐漸在萎縮。

當然，以上兩點都不是嚴謹的科學實證，大家聽聽就好，但如果你覺得說得很有道理，不妨當作一種督促，讓自己更勇敢地進入真實世界，去構建更深入的關係。

深度關係必然會滋養自己，它意味著關係雙方的生命力，可以在深度關係的通道中酣暢流動，這就是滋養。

PART 3

頭腦暴政

頭腦暴政是什麼？

想像可以瞬間完成，現實卻有時間和空間，需要一個過程。

當一個人進入現實失敗，就會過度使用頭腦的想像，

去嚴苛地要求自己和他人，這就構成了頭腦暴政，

會阻礙你與其他事物建立深度關係。

高貴的頭腦，孤獨的頭腦

頭腦和身體，頭腦在上，身體在下，這種意象也會內化到很多人心中，形成一種感知：頭腦比身體高貴。例如，一位男士一直表現得對現實生活無感，特別是對人際交往無感。當探討這件事時，他突然看到一個畫面：頭腦離開身體約一公尺，不願意落下來，因為覺得身體是骯髒的、俗氣的。

當頭腦對身體持有這種態度時，必然發生的事是：頭腦會對身體持有一種高高在上的評價態度，而這就會導致頭腦對自己的暴政。你會發現，你的頭腦對你就像一個超級苛刻的家長一樣，發出各種批評、否定、攻擊。

精神分析認為，當你圍繞體驗構建自體時，這樣的自體就是真實自體；**當你只是將頭腦視為「我」時，這時的自體就是虛假自體。**並且我們也談到過，純頭腦性的虛假自體是可以滿足全能自戀的特徵的。頭腦的思考與想像可以跨越時間、超越空間，擺脫物質性的俗物。

所以，**如果你嚴重滯留在全能自戀中，就容易將頭腦認同為「我」**，這樣的頭腦針對自己的身體與生活時，會構成對自己的暴政；針對他人時，會構成對他人的暴政；針對關係與社會時，一樣也會構成對關係和社會的暴政。

頭腦的暴政會阻礙你與其他事物建立深度關係，讓你陷入孤獨。並且，因為頭腦自欺欺人的特質，這時你可能還會覺得我活得還可以呀。

但是，當你走出頭腦暴政的控制，你會發現本來平凡的世界，原來如此之美。

第17章

頭腦暴政

拖延與急切

本節標題本可以是「拖延與焦慮」，但我還是選擇了「急切」這個詞，因為我有多位來訪者都使用了這個詞來描繪自己，於是，我覺得這應該是一個非常貼切的詞彙，比焦慮更能描繪焦慮。

焦慮，也許是我們最普遍的特徵之一。

二〇一四年夏天我去北極，當時乘坐的郵輪上有近百名同胞，他們大多是比較有錢的，因為去北極的費用相當昂貴。在整個行程中，我深切感受到船上彌漫著一種焦慮的氛圍，好像大家都有點急，雖說是旅遊，卻沒幾個人在放鬆。

後來和我的一個朋友談起這個感受。這個朋友的公司發展得不錯，當時的主要業務在歐洲。他說，一次他在西歐四個國家穿行時，有意地問了當地人一個問題：你們對中國人的第一印象是什麼？

他們幾乎都使用了一個英文詞——working。主要意思是勤奮，但其中也藏著焦慮的意思，並且包含著必須勤奮的意思。

我愛玩攝影，而攝影圈常有人分享一種感受：例如，去了馬爾地夫，你會看到華人常常是拿著相機、手機拍拍拍，外國人就在那裡舒舒服服地曬太陽。前一種狀態帶著點焦慮，後一種狀態則很放鬆。

再回到我這個朋友身上。他是帥氣的儒商（編按：指有德行和文化素養的企業家），相當富有，一家四代關係和睦，身體健康，他本來對自己的生活非常滿意，但在葡萄牙還是西班牙的時候，他的心靈遭遇了一次暴擊。

當時在一個酒吧，一個六十來歲的當地男人過來和他喝酒，這位當地人對他說：我沒有什麼錢，但我這輩子的願望都實現了，此生無憾。這個人說這番話時極度真誠，非常自在，竟然令我這位富有的朋友產生深深的羨慕。然後，他有了一個目標，希望自己死前也能把這份自在放鬆活出來。

以上講的這些，算是一種簡單的、不一定可靠的社會觀察，或者吐槽。接下來，我講一下諮詢中的案例，談談「急切」這個詞。

在諮詢中，我遇到不少人有拖延症，有些人的拖延症極其嚴重。其實我也有相當的拖延症，只不過我不太為自己的拖延症苦惱，我真心覺得像我這種以創作為生的宅男，有拖延症太正常啦，藝術家都這樣。這種所謂的「真心」像是自我接納，也算是一種合理化，至少是不給自己找麻煩。

在第二部分的「心靈空間的層級」一節中我談到，比較痛苦的狹窄心靈空間是「你既不可以A，又不可以負A」；比較好的心靈空間是「你既可以A，又可以負A」。這個邏輯還可以延伸出一句話，也是我特別喜歡的一個道理——**當你看到A，也就意味著你看到負A**。

例如，在拖延症患者身上，你先是看到嚴重的拖延，但仔細瞭解後你會發現，拖延症患者大多非常焦慮。他們的焦慮程度和他們的拖延程度成正比。這樣講，看起來拖延和焦慮是他們的A和負A。不過，研究拖延症的學者對此有一個更嚴重的解釋：**拖延，是在對抗死亡**。

前面我也講過，也許所有焦慮背後都是死亡焦慮。那麼，拖延症患者的死亡焦慮是怎麼一回事？

我接觸的這些拖延症患者，在描繪焦慮時，多人使用了「急切」這個詞。他們覺得像被急切給淹沒了，他們是如此著急，通常對急切中的邏輯沒有洞察。但是在諮詢中，當能慢下來探討時，就會發現急切心理背後有這樣一種邏輯：

自己內心像是有一個發令官和一個執行者。

發令官發出一個指令，執行者必須實現，而且得是完美實現，否則執行者就該死。

拖延症中的死亡焦慮，就是這麼一種東西——**內在的發令官，給內在的執行者發出的絕對化要求。**

懂得全能自戀的四種基本變化後，你會立即看到這就是全能自戀四種變化的一個具體表現而已。執行者得完美實現發令官的指令，這是全能自戀；當不能實現時，發令官會產生全能暴怒；當發令官恨不得執行者去死時，就意味著執行者遭遇了迫害；一個人陷入嚴重的拖延狀態，這像是徹底無助。

這個邏輯的原始狀態放到嬰兒身上是這樣的：受全能自戀支配，嬰兒期待自己一發出指令，世界即母親，就要完美回應，這時他會得到滿足，並覺得自己像神一樣，否則就會產生暴怒，恨不得母親去死。但不能直接去恨母親，因為母親死了，世界毀了，自己也就毀了。這種直接的毀滅欲會隱藏起來，化成一種彌散性的焦慮。這是原始的死亡焦慮，並且是嬰兒自己發出的。

在我們社會中，太多家長對孩子持有這種邏輯，他們變成嚴苛甚至暴虐的發令官，希望孩子能立即完美實現自己的指令，否則就對孩子傳遞死亡焦慮。不管是家庭的外在環境，還是嬰兒的內心戲，只要心靈還嚴重停留在全能自戀水準，都會產生這種急切心理。

例如，一位來訪者沒在做什麼工作，照理說時間非常寬裕，但她永遠都處在急切中。哪怕只是平常走路，這份急切一樣包裹著她。她的體會是，好像真有一種外在力量，像在用鞭子抽打著她。事實上這個外在力量根本不存在，後來在諮詢中她也覺知到，拿著鞭子的是她自己。

她知道不能隨意對外界暴怒，於是不管這份暴怒最初是對外還是對內，最終都轉化為對自己的暴怒，就像是在用鞭子無情地抽打自己。

我也思考過自己的拖延。我認識到，我的拖延和我的濫好人特性有很大的關係。任何人對我發出訊息，我都會出於本能立即回應，還會遣詞造句，希望是完美回應。嚴格來說，我這個特性都不是頭腦在

「想」，而是融入身體血脈的一種自動反應。但是：

第一，執行者做不到完美回應發令官，全能自戀的完美只能存在於想像中，不存在於現實中。

第二，執行者也不能完美回應發令官，如果完美回應了，意味著它徹底服從了發令官，這時它會覺得自己被發令官給吞吃、消滅了。

所以，執行者本能上要拖延，以此證明「我是我自己，我不是發令官的奴隸，更不是沒有自由意志的僵屍」。有些人很善於執行，效率很高，是很好的執行者，但他們容易變得無趣，缺乏生機。

總結一下：**拖延症患者是想透過拖延來證明「我可以做我自己」，或者說，「我的意志可以存活」**。

我們容易把拖延視為不好，但其實孩子最初必然是慢吞吞的，他們那份慢多麼多麼可愛。面對這樣的孩子，如果父母充滿愛意，就不會總想著讓孩子快，而是去接納並愛著孩子的這份慢。

二〇一七年七月到二〇一八年七月，我寫了一百萬字專欄，還寫了不少其他方面的文字。同時，我一週做三天諮詢，並且關了一家公司，又開了一家公司。此外，還裝修了一套房子，並到處講課。然而，我仍然覺得自己有嚴重的拖延症，浪費了大量時間。這並非謙虛，而是真的如此。

因此我多次想，如果我不拖延，還可以幹多少事啊！

但直覺上，我覺得有一種東西比 working 更寶貴，就是能將時間「浪費」在看似無用而美好的事物上，例如愛、生活、攝影，例如放下相機乾脆沉浸在美景中，甚至只是待著。

急切是在被暴怒、恨、毀滅感等組成的死亡焦慮所追趕。拖延則是在對它說：我不怕你！

這是拖延在潛意識層面的表達，而意識層面的急切則是在說：啊，我多麼想服從你啊！我都急死了！我總拖延，實在抱歉，我愧疚死了！必須要說「死了」這個詞。你看，這就是死亡焦慮啊！

寫到這裡，我想起馬庫色（Herbert Marcuse）的一句話：

俄耳浦斯的語言是歌聲，他的工作是消遣；那喀索斯的生命是美，他的存在是沉思。

這句話太美了！太有效率的工作，體驗不到這樣的存在之美，而拖延是對這種存在之美的一種渴求吧。所以的確，拖延是一種深刻的對抗死亡。

當我開始愛自己

我先介紹一首非常美的詩——《當我開始愛自己》，這是查理・卓別林在七十歲生日時所寫。詩中有這樣一段：

當我開始愛自己
我才明白，頭腦會讓我混亂而病態。
然而，當頭腦與心相連，
它就成了可信賴的夥伴。
今天，我稱這種組合為「心之智慧」。

卓別林的詩句中有非凡的智慧。如果你完整地讀了這首詩，相信一定會被觸動。

以前我對卓別林不瞭解，以為他只是娛樂明星，在我的下意識中，這容易和「不夠深刻」聯繫在一起，所以一開始讀到這首詩時，我還有點不敢相信，這是卓別林寫的嗎？然後就去搜索查證，查證的同時，讀到了他其他的一些詩，更是佩服。例如，他廣為流傳的詩句：

> 世界就像是個巨大的馬戲團，它讓你興奮，卻讓我惶恐。
> 因為我知道，散場後永遠是
> ——有限溫存，無限心酸。

為什麼我在一開始對卓別林有懷疑呢？還有一個原因是，放下頭腦是很多哲人的共識。現代科學越來越重視認知，但如果你去上一些靈性課程，或者接觸一下傳統東方智慧，例如禪修，你會發現它們都在說放下頭腦，不要犯一個基本錯誤——向頭腦認同，即你把頭腦認同為「我」。

對此，精神分析有一對概念講得更清楚，我前面講過，但在這裡重複一下——就是真實自體和虛假自體。**當你的自體中是以感覺和體驗為基礎而構建，同時統合了頭腦，就是真實自體；如果離開了感覺和體驗，主要以頭腦、思維即認知而構建，就是虛假自體。**

簡單來說，就是頭腦不能成為身心靈這個整體的主人，頭腦只能是其中一部分，當頭腦被當作主人，就會導致「頭腦暴政」，導致卓別林所說的「頭腦讓我混亂而病態」。

頭腦因為是想像層面的，可以脫離物質、時間和空間，因此有了全能自戀的特徵，例如，可以無限快；而身體和體驗是受物質、時間和空間限制的，是慢的、需要過程的。當頭腦被當作心靈的主人，成為發令官，而對身體這個執行者發出全能自戀或高自戀的指令時，就會構成對身體乃至心靈的暴政。

在一些道家的修行者看來，吳承恩的《西遊記》實際上是講修行的，其中有無數隱喻。基本隱喻是，師徒四人和白龍馬其實是一個人；孫悟空是人的「心」，不受時空物質限制，有各種極致的能力；豬八戒是欲望；沙僧是人的本性；白龍馬是人的意志力；而唐僧是人的身體。

對於《西遊記》的這種隱喻，大家感興趣的話可以瞭解一下（我讀到的那篇文章題目是《〈西遊記〉中身、心、情、性的故事，真正看懂的人寥寥無幾》），我最感興趣的是孫悟空和唐僧的這一對基本隱喻。

孫悟空可以一個筋斗雲直達西天，這是全能自戀的象徵；而要取到真經卻需要唐僧這個平凡的肉身，實實在在地走過去，最多只是有白龍馬的幫助，還要經歷九九八十一難的難關。

這個道理我已經一再重複，不再繼續講了。接下來，我舉一個頭腦暴政的例子。

一位男士有一天徹夜失眠，並陷入狂暴的情緒風暴，他簡直恨不得殺死自己，覺得這一晚上的失眠會給第二天的工作、生活帶來很多麻煩。

諮詢中，我發現他在這個晚上有這樣一種具體的心理過程：快十二點時他對自己說，明天有重要的事，快點睡！這就是他的內在發令官對內在執行者發出一個重要指令，而他是一個嚴重陷在全能自戀中的人，所以他會自動認為，這個頭腦對身體的指令必須實現，否則就是對「全能神」的冒犯。

但是他沒能立即睡著，作為「全能神」，他立即生出狂暴的憤怒、無助和羞恥。受這些情緒的影響，他狂暴地辱罵自己。罵了自己一會兒後，他給自己發出了一個新命令——一點必須睡！

結果是一樣的，一點他還是沒能睡著，然後又啟動了對自己的攻擊。整個晚上這件事不斷輪回，他不斷發出新命令：兩點睡，三點睡……。然後一次次失敗，狂暴地攻擊自己，等天亮時，他簡直恨不得弄死自己。當然，如果有可能，他更願意毀了整個世界。

清晰地談出這個心理過程後，他很震驚。他發現自己面對幾乎所有事情都是這樣的。所以可以說，是他分化出了一個「全能神」和「全能魔」般的超我，在可怕地鞭打自己前行。

上一節我談了「拖延與急切」，並不是所有急切都會伴隨嚴重拖延，但所有的急切或高度焦慮中，可能都藏著這位男士的邏輯：頭腦在對身體和心靈實施暴政。

在我看來，拖延、懶惰、封閉等並非人的天性，人的天性更願意發出一個又一個動力，然後看到它們得到實現。或者說，全能自戀才是人的天性，而拖延、懶惰和封閉等，常常是頭腦暴政的結果。

你越是受嚴重的全能自戀支配，你的頭腦暴政就越嚴重。也就是，你雖然頭腦中知道時間、空間和過程的存在，但你內心深處像是忽略了它們的存在，認為所有事情都應該迅速、立即得以實現，並且應該以極高乃至完美的品質實現！

寫這節時我看到一個熱們事件：某公司一位創始人，要求自己的一名員工一天交一百張設計圖。這可是對創意有要求的設計啊！如果一個設計師一天做一百張圖，那會是什麼水準？但該創始人認為，這是可以做到，應該做到，且必須做到的，否則你就走人！

如果這位主管不是刻意想逼走那位員工，那可以推斷很可能是受全能感的支配，而對員工發起了暴政。作為創始人，她可能也是這樣要求自己的。

這種高要求的確可能有人做得到，但假若又要求品質和原創，那這件事註定做不到。實際上，很多人懶惰、拖延乃至一事無成，以我的瞭解，就是因為他們每一刻都對自己有超高要求，一旦做不到，心中就會湧起嚴重的全能暴怒和徹底無助，於是就做不下去了。

我看到，不管是諮詢還是生活中，最累的人有兩種，一種是徹底不顧自己身體的超級工作狂，一種是一事無成的人。在後者身上，急切是最嚴重的，他們從來沒有停止過對自己的鞭打。

覺知到頭腦暴政的存在，可能會讓一些人自動把焦慮降下來不少，特別是對工作狂而言。然而，對於一事無成的人，光意識到頭腦暴政的存在，可能無法對自己有直接的療癒，他們要得到療癒，關鍵是要去做成一些事情。

我們一直在講一個基本概念：全能自戀在孤獨的頭腦想像層面才存在，而在關係的現實世界是不可能的。所以，當你能在現實世界中，透過和人、事打交道，做成一些事，必然意味著你在一定程度上走出了孤獨的頭腦想像。認識到頭腦暴政的存在，可以讓你看到頭腦暴政破壞了你的投入，這份認識會幫助你停下來，能知道這是怎麼回事，然後繼續努力就好。

你常常會覺得現實世界總是在拒絕你，其實這主要是頭腦暴政導致的結果。**現實世界是你內在心靈的外部投影**。當你能持續地在比較適合你的方向上努力時，你會發現現實世界會回應你，只是這需要時間、空間和過程。

頭腦暴政與學習障礙

頭腦暴政的根本，是頭腦和全能自戀連到了一起。這時高高在上的頭腦不僅對身體、心靈和他人構成了暴政，也會阻礙自己變得真的強大。如果你想變得強大，需要吸納和學習，而全能自戀的頭腦最極端時會認為，我不需要學習，我已經完美。

這方面的故事很多，我記憶中最典型的是一個程式師的故事。他畢業於名校，在歐洲工作，取得不錯的成績，可是他一直處在強烈的痛苦中，覺得自己沒有才華。他多次用到「才華」這個詞，於是我問他怎樣才叫有才華。

他解釋說，他認為的才華是透過自己的「原創」創造了一片天地，並且特別強調：我認為武老師你是有才華的。他覺得我的思想有很多原創，但其實我的思想中有九〇％是學來的。

聽他再仔細地描繪，我回饋說，你說的好像是上帝創世紀這樣的感覺啊。這個回饋嚇到了他，他想了想說，是啊，真是這麼回事！

溫尼考特說，健康來自創造力，而順從是心理問題的源頭。所以創造力非常重要，也很根本，可是如果把創造力視為一切都是自己原創，這問題就大了。我們後面會說到，其實創造力來自關係，來自對存在的臣服。

這位程式師的原創幻夢中，一切都得是他創造的，而那意味著他是這個世界的萬物之主。

這種超高自戀會導致學習障礙，因為學習意味著你要承認自己無知，要容納其他資訊的湧入，而且你可能會發現，別人已有的知識實在遠勝於你，甚至有時簡直就是「日月之輝」與「螢火之光」的級別差。當你不能接受這種自戀挫敗時，帶來的麻煩就是，你會抗拒資訊的湧入，抗拒它們衝擊你的自戀。

我在諮詢中遇到一些來訪者，他們這方面的自戀非常重。這帶來的一個直接問題就是，我的理解會傷到他們。我的理解有時會出乎他們的預料，讓他們感知到：啊，這一點我怎麼沒想到，你太厲害了！哎呀，我不如你！

例如，一位來訪者在和我諮詢了一段時間後，找了一位新手諮詢師，同時進行了幾個月後，對我袒露了此事，並最終決定找這位新手諮詢師做諮詢。他說，當基本確認這位新手諮詢師無法很好地理解他時，他就放鬆下來了，他覺得他比諮詢師厲害。

還有極少數來訪者會頻頻說：你看，在這件事上，我的理解比你厲害多了！

必須澄清的是，這些並不是需要糾正的錯誤，而是需要被覺知和容納的部分，也因此，在心理諮詢中，諮詢師的一個忌諱是自戀地炫耀技能。至少在精神分析中，分析師會讓來訪者感知到，很多發現是來訪者領悟到的，這會保護來訪者的自戀。當然，這並不是一個諮詢的策略，而是一種哲學，從根本上是尊重來訪者的自主性。

此外，諮詢師的確是另一個人，來訪者才是瞭解自己的權威，特別是來訪者的感覺與體驗。諮詢師對這些的分析和判斷必然只是假設，必須經過來訪者的驗證和確認。

同時我們也要看到，這種原始的高自戀在嬰兒期是正常的，但延續到大孩子乃至成年人時，會構成嚴重的問題。比方說，少數來訪者在我看來有明顯的高智商，甚至有些人的智商讓我覺得非同尋常，但他們這份高自戀帶來的學習障礙，甚至會讓他們無法真正掌握一門知識。

實際上，我也有高自戀導致的學習障礙。第一次使我深刻地認識到這個問題，是源自我的一個夢。那個夢中我在讀初中，其間翻牆回家。我所讀的中學是一所鄉村學校，校園在一片田野裡，離我們村有六、七百公尺遠。

從初中回家的路有三條，兩條大路，中間一條小路。我翻牆出去後選擇走小路回家。這條小路在現實中是絕對的鄉間小路，彎彎曲曲，兩邊全是莊稼和菜園；但在夢中，小路兩邊全是牛肉店，擺的是上好的牛肉，而且免費。我平時最愛吃牛肉。

這些上好的、免費的牛肉並沒有吸引到我，我一直想的是我在家早就準備好的一小塊牛肉。

從夢中醒來，自我解夢時，我瞬間明白了夢的寓意。因為我的影響力帶來的福利，我可以免費上各種各樣的心理學課程，雖然我上了不少課程，學了不少東西，但我的潛意識中還是更執著於一點：我希望我的所思所想多是原創，如果多是學來的，噢，這不行，這會破壞我的自戀。

後來我和我的諮詢師多次談到這個夢，以及我的這個問題，然後發現這個問題延伸到我生活的方方面面。特別明顯的一點是：高中時我熱愛象棋和圍棋。我是高中同學象棋愛好者中的高手，不過高手有好幾個，我們勢均力敵；但我的圍棋水準出類拔萃，高出大家一截，沒人能和我比。

第一次看到圍棋是源於隔壁宿舍一個同學，他的哥哥據說是專業棋手，他帶圍棋來學校和另一個同學「廝殺」。他們在上鋪，我就踩著凳子觀看。那時我個子比較矮小，一副小孩樣，他就調侃我說：小孩，知道這是什麼嗎？這是圍棋，很高深的！

看他們下了幾局，這個同學一直在贏，但我覺得我已經知道是怎麼回事，於是說咱們玩玩吧。結果，我第一局就贏了他，然後一直贏他。後來這個同學暑假回家跟自己哥哥學了一些，再回來找我玩，開始的第一局贏了我，但之後又不行了。

可能是這份自戀極大滿足了我，所以我非常投入。結果上課時，我有時看著看著黑板，突然間像出現幻覺一樣，黑板變成棋盤，黑白棋子在上面走動。

因為這份投入，我的水準不斷提升。我們都不怎麼打棋譜，而那些套路，也就是圍棋中的定式，毫不誇張地說，至少百分之九十都是我想出來的。

等上大學後，我發現北大同學之中，圍棋水準比我厲害的太多了，一瞭解，他們都是研究過棋譜背過定式的。於是我也買了幾本相關的書，想好好學習，但發現學不下去。

這件事在學科學習上也存在。我高二時發現上課聽講是浪費時間，我自學二十分鐘，效果不比老師講四十五分鐘差，於是我決定自學。在那些不懂的地方畫上記號，以後問老師或同學。從此學習效率倍增，成績突飛猛進。但同時我無形中對自學越來越執著，在聽講上變得越來越挑剔，這就構成了一種障礙。

這份挑剔就來自我在使用自己的頭腦，居高臨下地評判各種老師。作為攝影愛好者，這一點也嚴重阻礙了我掌握攝影技術。例如，我到現在還沒有掌握PS（修圖軟體Photoshop）。不僅如此，我發現自己常常連相機的說明書都沒有看懂似的。

我以前沒有特別重視這件事，但和諮詢師多次探討這個問題。他說，我也常常把他的解釋擋在我的頭腦之外，這些探討讓我越來越能覺知到這個問題。

再看我沒有看懂的相機說明書，發現原因很簡單——我看得太快了。相機到手後，我最多花一、兩個小時去看說明書，而且是快速、跳躍著看，其實只要我看慢一點，遇到不懂的，多讀幾遍就懂了。有些很不熟悉的功能，我結合說明書多多實踐幾次，反復操作就可以掌握。

上學時我就是這麼做的，怎麼現在變得這麼著急？在和我的諮詢師探討時，發現原因應該是：讀書的確是有生存壓力的，考不上大學、考不上好大學會嚴重影響現實利益，所以對現實世界的在乎，讓我願意放下自戀，耐下心來學習。但玩攝影沒有這份壓力，於是自戀就冒出來更多。

這些理解讓我更有耐心了。所謂「耐心」，其實就是開始瞭解攝影時自戀被挫傷，感覺從自戀維度的高位降到了低位，那就接受這份挫傷，然後繼續努力就好。

存在或者說「道」，是完美的，但我們不能把頭腦層面的自戀想像，當作完美的事物。完美的東西不需要學習，不需要吸納，所以一旦你覺得自己完美了，就不會再開放自己了。**我們得接受自己的不完美，歡迎自戀的挫傷，而當自戀被撕開時，才能有光進來，於是你得到了滋養。**

當你止步不前時，真需要問問自己：我是不是在維護自戀的想像，活在頭腦暴政中了？

第18章

失眠心理學

失眠，也許是因為太孤獨

失眠的直接原因顯而易見：頭腦停不下來，還處在興奮中，不停地轉。有時頭腦沒那麼興奮了，可你發現自己就像抓著一、兩個思緒不放似的，雖然睏極了，但思緒就是轉來轉去，結束不了。

對於這種情況，我們得知道一個道理：思維是「我」無法掌控的。

面對這樣的失眠，有人會犯一個錯誤，就是不斷像下命令一樣，要自己的思維停下來。但越下這樣的命令，思維通常會越興奮，然後就更難入睡了。我們得知道，思維是不能被「我」所掌控的，所以你得放棄命令自己的思維停下來。

那麼該怎麼做？你可以**把注意力放到身體上，例如做一下深呼吸，或做一下掃描身體練習**。後者是我每天都做的練習，其實是正念的一種，就是設定一個順序，例如從頭到腳或從腳到頭，一點點地移動注意力。這時你會發現你的注意力從思維那裡移開了，然後你的頭腦自然而然地不那麼興奮，於是就可以入睡了。

這裡面的另一個基本道理是：注意力是重要的心靈養料，你把你的注意力放到什麼事上，什麼事就會被滋養、被加強；相反，如果你把注意力從一件事上移開，那麼這件事就會逐漸萎縮。

這是顯而易見的道理，在各種講述睡眠障礙的書籍和文章中都可以看到。我談一點特別的。

精神分析特別重視關係，我喜歡的一個說法是：關係就是一切，一切都是為了關係。

更哲學化的一個說法是，**自體（self）永遠都在尋找客體（object），「我」永遠都在尋找「你」。也就是，人永遠都在尋找可以充分信賴、依戀的關係。**可是很多人沒有建立起最基本的關係，或者說，「我」沒有找到可以依戀信賴的「你」。當最基本的關係無法建立，「我」沒有尋找到「你」

時，人會去尋找一個替代品，就是「頭腦」。

僅這樣說不足以表達出頭腦的重要性，更致命的表達是，這時可以稱之為「頭腦媽媽」。也就是，沒有一個外在的、真實的、可靠的媽媽可以信賴依戀，自己轉而向內，結果找到一個「頭腦媽媽」。

這是非常原始的依戀失敗。本來一個**孩子的自我發展需要不斷破殼**。最初需要破掉自戀的殼，破掉這個殼後可以進入原始的依戀關係——母愛的懷抱中。接著，要破掉母愛的懷抱，進入由父母與孩子這個原始的三角關係構成的家庭港灣。接下來，要破掉家庭港灣，進入自己所在文化的社會熔爐。最後破掉社會熔爐，進入無限世界。

可是，很多人沒有找到最基本的依戀對象，例如，母親可能嚴重缺席，或者母親太弱，或者母親即便一直在，但嚴重缺乏回應孩子的能力。於是，孩子就進入不了母愛懷抱，而停留在「自戀之殼」，或者說「自閉之殼」中。

「自戀之殼」這個詞不是很精準，但你可以這樣想像：作為體驗者的「我」是一個幼小的孩子，面對外部世界擔驚受怕，卻沒有人可以依靠，而自己的「頭腦」就像一隻大手，把「我」這個孩子給托住了。

這種情形可以說是，沒有一個外在的真實媽媽可以依戀，而是依靠自己的頭腦，用它來保護、安撫自己。

具體來說就是，**當遇到刺激、當有不安時，頭腦給予解釋，這種解釋帶來一種亦真亦假的安全感；頭腦還可以編織故事**，例如編織白日夢，一個從未談過戀愛的女孩，可以幻想自己與一個天王巨星談戀愛；頭腦還可以扭曲、掩蓋訊息，讓自己對一些訊息進行篩選，或乾脆把它們扭曲成另一種樣子。

當頭腦是「照顧者」時，就帶來一個問題——它不能安靜下來。

因為頭腦是媽媽，是保護者，它安靜下來不運轉了，作為體驗者的「我」這個孩子，就要直接面對不安，這是不可以的，所以頭腦不能停止運轉。然而，頭腦不能停止運轉，你就無法入睡。

如果依戀產生了，有一個真實媽媽照顧自己，那就很不一樣。嬰幼兒可以徹底停掉頭腦，安然入睡，因為他們確信外面有一個愛自己、有保護能力的「媽媽」。

嬰幼兒的這種經驗如果成為一種基本穩定的體驗，最終會內化到心靈，於是外在的、可信賴的媽媽，就內化成了「內在的、可信賴的媽媽」，也就有了基本的安全感，於是成年後就可以酣然入睡。

我講一個例子。

一位嚴重失眠的來訪者，多年以來，幾乎每天晚上都要到凌晨兩、三點，甚至更晚才能入睡，而且她覺得好像從來沒有真正睡著過，她的大腦好像從來沒有停止運轉過，她也因此覺得，自己沒有真正休息過。

我們不斷地探討這件事，逐漸形成這樣一個理解：在體驗上，她覺得自己是一個極度無助、虛弱而充滿恐懼的嬰兒，而生活中，根本沒有誰能為她提供依戀和保護。於是，她把頭腦當成了保護者，這個保護者無法停止運轉，否則她就會體驗到嚴重的無助、虛弱和恐懼。

這時就產生了一個很有意思的問題：這是她嬰幼兒時的基本感知，而她現在已經是成年人了，她能不能透過這份領悟改善睡眠呢？

答案可能是：不能。

就此，我講一個「經典」的故事，這個故事我在多個場合講過。

德國鐵血首相俾斯麥，堪稱「德國的締造者」，他絕對是地球上最強悍的人之一，但他有一個問題——他有嚴重的失眠。當時一個學術名聲不怎麼好的「江湖醫生」施文寧格，治好了他這個問題。

施文寧格的治療方法是：晚上俾斯麥入睡前，他會坐在俾斯麥床前，等俾斯麥睡著了就離開。第二天早上，在俾斯麥醒來前，他會穿著和昨晚一樣的一身衣服，出現在同樣的位置。這給了俾斯麥一種感覺：這個人好像一晚上都沒離開過，他一直都在。

這樣持續一段時間後，俾斯麥的失眠症就被治好了。

不過，事情並未就此結束。後來這位醫生成了俾斯麥的女婿，成了他離不開的人。

這個故事背後的邏輯是：因為一個可靠的人穩定地在自己身邊，俾斯麥的安全感逐漸建立了，他的「頭腦媽媽」就可以放鬆下來，於是就能安然入睡。

所以我們可以看到，即便強橫如俾斯麥，也不能靠自己的強大頭腦自動獲得安全感，他仍然需要借助關係，才能解決失眠問題。

普通人也是一樣的，**治療失眠的最佳良藥是進入深度關係，即從自戀維度進化到關係維度。**

這樣一來，就不再是自己左右互搏，即用自己的頭腦守護著自己的身體，而是「我」真的對「你」——其實也是對世界，有了深深的信任。

失眠中的思維陷阱

我繼續來講失眠時的「頭腦媽媽」到底在做些什麼，以及人容易對此產生的一些誤解。

容易失眠的人常見這樣一種情形：睡不著時會翻來覆去地想白天的事情，特別是白天發生過的一些衝突，有時是大的、劇烈的衝突，這可以理解，但很多時候是一些非常瑣細的衝突，並且可能是你覺得是衝突，但對方完全沒覺得有衝突發生。

所以，這常常是自己的**內心戲**。失眠的人有時是在想自己哪裡做錯了，導致了衝突；有時是在想對方在哪裡攻擊了自己，而自己沒有還擊，沒有表達憤怒。於是覺得自己處在了自戀的低位，感到虛弱和羞恥，並且會不斷去想像，這件事怎麼應對會更好。

我們一直在講內在想像和外在現實，這些失眠中的想像可以理解為：因為在現實的外在關係中，你應對不了這些衝突，於是後退到內在想像，去處理這些衝突引起的焦慮，即死能量。

有時主要的原因是自己既敏感又虛弱，也就是你很容易覺得別人在攻擊你，這是敏感，但你的人格力量太虛弱，所以不敢還擊。結果，委屈、羞恥、被迫害感等負面體驗，就會淤積在心中。

例如，一位幾乎每時每刻都處在暴怒中的男士，他想成為每時每刻都在關係中占據自戀高位的人。譬如看到別人有任何優點，就會羨慕嫉妒恨，但他從不在關係中表達這份嚴重的負面體驗。於是，這些累積的糟糕體驗會噬咬他的心，到晚上孤獨一人時會特別清晰，這時他難以入睡，並且會一遍遍回顧、想像白天的各種細節，幻想自己狠狠回擊、懲罰了那些讓他感到難受的人。

實際上，對他而言這簡直是他遇到的所有人。這絕對是全能自戀級別的心理邏輯。

有時主要的原因是敏感，自己並不虛弱，但因為受全能感支配，而覺得應該得到神一般的對待。但其實沒有或還很不夠，這時他也會非常非常生氣，即有了全能暴怒和被害妄想，這也會產生嚴重的死能量的淤積。同時，儘管白天在關係中表達了一些，但自己的理性知道不能表達太過，所以有所克制。

雖然這種做法是合理的，但內在感知是另一回事。可以說，在選擇行為時，這樣的人是基本成熟的，可是內在感知上，他們在相當程度上滯留在嬰兒的全能自戀中。於是，他們也要退到孤獨的想像中，去處理這些白天在關係中處理不了的死能量。

以上這兩種情形看起來問題嚴重，但其實還好，他們大體知道自己是怎麼回事，能在諮詢中比較清晰地去探討。失眠最嚴重的人，常常連這些都覺知不到。

失眠最嚴重的人，好像在現實世界也沒受到嚴重刺激，但晚上他們的頭腦就是停不下來。這是因為哪怕是最輕微的現實刺激，即關係中的刺激，對他們而言都是過度的。同時，他們又幾乎徹底不在關係中去真實互動，於是這些能量都不能在外部關係中展現，最後變成要在內在想像中處理。這時哪怕非常瑣細的東西，都要靠孤獨頭腦花很長時間來處理。

我們得知道一個道理：**當你能在現實關係中互動交流時，你會發現能量會流動起來，而且一旦關係中出現聯結，例如，理解、共鳴和真切情感，一些負面體驗就可以立刻得到安撫，而且還會變成好的體驗**；但是當你不能走向互動和交流，而主要靠內在想像時，一個很小的衝突都可以非常損耗你，你甚至發現根本處理不了這個衝突，你會記很多年，甚至是一輩子。

所以我們要勇於在關係中表達，同時作為成年人，也得學習、認識自己的全能感帶來的各種極端想像和體驗，在這兩個方向同時努力，是最可能促進自己心靈成長的。如果只是想在關係中表達，會有很多問題。同樣，如果只是想向內認識自己，可能會讓自己只活在內在想像之中。

例如，有人覺得自己根本不可能在外部現實中表達自己，任何一點衝突他們都處理不了，這時他們就可能會徹底不理會現實世界，而去構思白日夢。

這些想像會安撫他們，也因此讓他們一直沉浸在白日夢中，但因為逃避了現實，導致對現實的適應能力越來越差，至少是沒跟上年齡帶來的各種挑戰，於是他們會越來越依賴白日夢。

以上的這些思維陷阱是容易見到的，我接下來說一些特別的、不容易被認識到的。

我的來訪者中很多人長期深受失眠折磨。這時他們會有這樣一個認識，前面我在「破除狀態幻覺」一節中提到過，也就是：我白天狀態那麼差，就是因為晚上沒睡好，如果我睡好了，白天就可以好好學習、工作、與人相處了。於是，他們會在改善睡眠上花很多力氣，但發現沒什麼效果。

這是因為這些來訪者活在嚴重的孤獨的想像中，他們沒有投入到外部現實，在各種關係中，他們都是退縮的。於是，他們的能量釋放不出去，還要花很大力氣去壓制這些能量，這才是導致白天狀態差的根本原因。睡眠障礙的確損害了他們的狀態，但這是次要原因。

甚至，這個邏輯完全是相反的，**不是因為晚上能睡好，白天才能有好的狀態；而是當他們白天能走出孤獨想像，把自己的生命力投入外部現實關係中，才能體驗到酣暢淋漓的感覺，這才能帶來好睡眠。**

不僅如此，睡眠障礙甚至會有一個非常大的好處——損耗生命能量，而降低他們與外部現實建立深度關係的程度。

這是什麼意思？怎麼能說成是好處，而且還是非常大的好處？

要講清楚這一點，得認識到一個邏輯：每個人的人格都處在一個相對穩定的水準，這個人格，或者說自我狀態，會形成一種循環系統，讓我們的心理能量能升起、消耗乃至滅掉。這個循環系統由很多東西組成，其中一個關鍵部分就是我們的日常生活節奏，包括睡眠。它能容納的能量水準也是穩定的，當能量太高時，這個循環系統就會容納不了，因此需要降低能量水準，而壞睡眠就可以起到這個作用。

想像你有一個內在的、複雜的管道系統，這個管道能容納的水流是基本穩定的，水流太低時，這個管道系統是安全的；當水流太大時，管道系統可能會被破壞。

例如一位女士，我前面講過，她多年以來都是凌晨兩、三點才能入睡，她特別想改善這種局面。但是當偶爾睡眠有了改善後，她發現自己立即產生了一些恐慌，這份好狀態帶來的能量，好像對她構成了一種逼迫，她得好好去工作、去建立關係才行。然而她一直在逃避外部現實，覺得自己根本無法應對各種看似普通的人生議題，如工作、交友、成家生子。

看到這一點後她才明白，她得用各種方式「殺掉」自己的能量，把能量水準降低，讓自己處在混亂不堪中，如處在各種白天晚上的胡思亂想中，才可以不去面對外部現實。

聽起來不可思議，但我相信太多人有感知，當你的能量不斷蓄積起來後，你一方面感到精力無窮，另一方面會憋得很難受，得找到一些方式把這些精力浪費掉。例如，很多來訪者講到，他們狀態越差時，越是要頻繁自慰，這是殺掉能量的一種很有效的方式。

如果把生命視為一種成長，那麼人格的成長應該是最為關鍵的。人格成長就像是不斷在拓寬你的循環系統，而可以容納、蓄積更多的心理能量，讓你可以做更高水準的事，並體驗到更美妙的東西。

要做到這一點，就需要一個人勇敢地把內在想像投注到各種關係組成的外部現實中，去淬煉自己的人格。如果整天只是向內修煉自己的心，或者整體陷入想像，是發揮不了這個作用的。

講到這裡，也許會讓一些有睡眠障礙的朋友絕望：哎呀，不就是一個破失眠嗎？難道就沒有簡單的辦法能治療嗎？

也許我們得慶幸，沒有太簡單的辦法可以長期奏效，這會逼迫很多陷入孤獨的人去學習破掉孤獨頭腦，而去呈現真實自體，投入深度關係。

睡眠中的生死隱喻

想有好睡眠，得讓思維停下來，這不僅是一個常識，也得到了研究的確證。

美國波士頓大學的研究人員，拍下了睡眠中大腦自身清洗的過程。研究發現，**當人進入深度睡眠後，血液會週期性地大量流出大腦，這時腦脊液會趁機湧入，去清洗毒素，如可以導致阿茲海默症的β澱粉樣蛋白**。但這個過程必須是睡覺時才能發生的，清醒時腦脊液無法「乘虛而入」。

為什麼必須在深度睡眠中才能實現這一點？我的推理是：人在深度睡眠中，思維活動才能在最大限度上停下來，然後才能發生腦脊液的湧入，引發清洗過程。

現代社會太崇拜認知，但前文提到，我的一位研究腦科學的同學說，他們的確發現，思維太發達的人反而容易得阿茲海默症，這一度讓她覺得難以理解，她還因此警告我，因為在她的印象裡我就屬於那種人。

我也的確一直隱隱有類似擔心，因為我的睡眠品質也不算太好。我入睡沒有難度，但容易醒，而且一覺醒來必然會記得做過的幾個夢，所以可能是思維一直都在活躍之中。不過還好，我另一位朋友開設睡眠中心，我專門體驗過，其中一項是測量深度睡眠，我的深度睡眠的品質和時間算不好不壞。

各種基本的人性體驗其實都是奢侈品，如放鬆、專注、幸福感，也包括好睡眠。例如，在很多年輕人中，能一覺睡到天亮的人只占一成。

我的來訪者中很少有人有這樣的睡眠品質，但我有幾位朋友一直能一覺睡到天亮，有男有女，他們共同的特點是人活得痛快，很少糾結。

例如我的一位朋友，她從來都是倒頭就睡，雷打不動，醒來元氣滿滿，一天都不需要再睡，就算小憩都不需要。她一天的睡眠時間一般就是六個小時，哪怕假期她都不需要補眠，仍然是興致滿滿地做各種事。

觀察這些人，也對比睡眠有嚴重問題的人，我覺得好睡眠得有這幾個條件：

第一，能酣暢淋漓地把勁使出去。這不僅僅是體力上的蠻勁，也包括精神分析講的動力，即自戀、性和攻擊性這三大動力。勁使出去了，就不內耗了。

內耗，從直觀上可以看到會嚴重影響睡眠。睡不著時常常是在翻來覆去地想事情，而且是左思右想，連想像都不痛快。

第二，你把勁使出去後，不後悔，也不害怕被報復。所以你得有基本的安全感，例如，俾斯麥儘管可以痛快淋漓地展現他的生命動力，但看來他缺乏安全感，還需要施文寧格醫生的治療。

這種安全感可以和力量有關，即你覺得有力量保護自己。但最好你的內心是比較和諧的，你的自戀、性和攻擊性的動力不是黑色的、破壞性的，而是人性化的生命力。這樣你把勁使出去後，既不覺得傷害了誰而產生內疚，也不擔心被報復而產生恐懼。你不僅沒有因為內耗而使不出勁，也不會因為勁使出去而產生新的糾結和內耗。

我有一次參加一個金融論壇，認識了一位厲害人士——洪泰基金的創始人盛希泰。當時我在論壇上講解夢，而他說自己這輩子從來沒做過夢。再一聊，他真的是達到了道家的說法——真人無夢。他說自己這輩子沒有遺憾，想做的都做了，想實現的也都實現了，而且他從來不會壓抑自己，甚至都不知道壓抑是什麼意思，而且他的人性化程度也極高。

由此可以說，他在極大程度上實現了意識與潛意識的合一，然後就不做夢了，畢竟夢是潛意識的經典表達。

相反，如果你是一個內耗比較多的人，你會發現你需要多睡一些。可是真的睡覺時，又不能安睡。於是變成你總需要睡覺和小憩，但睡眠品質一般。

對於這樣的人，睡少了可能會造成巨大損耗，甚至會猝死；睡多了也不是好事，研究說會導致認知能力下降。

為什麼認知能力會下降？我認為是表達動力太困難，帶來了糾結，而且思維總是停不下來，導致被過度無效使用。也就是你總在焦慮，腦子總在轉，但又不能解決問題，甚至對解決問題毫無幫助，你就是在一種高焦慮、低效率的小循環中使勁轉。

至於不糾結、活得痛快的人，他們既不容易猝死，又不容易認知能力下降。年紀大了仍然有很好的感知能力，身體機能會退化，但他們的心靈和頭腦仍在繼續進化。

所以，人得活得痛快一點。用本書的話講就是，不能把勁都憋在孤獨的想像之中，得在外在的關係世界裡，痛快淋漓地去展現。

痛快地活著是一個大話題，我們再回到這節內容的一個小話題上——如何讓思維在睡覺前停下來呢？

純粹的思維是人難以左右的，但我們可以管理自己針對事情的思考過程。

我們可以這樣理解：任何一件事都是一個獨立的生命，那些你根本不想進行的事，可以在睡前對自己說一聲：讓這件事就此完結吧，讓它消失吧。

心理學有一個術語——**未完成事件**，指一個人不能被淹沒在未完成事件中，因為它們很占心神，特別是那些讓你糾結的事。如果這些事在你的外在現實和內在思維中運行了很久，都沒有結果，那真的就像是一個程式一樣，會占據記憶體。放下它們，結束它們，做你生命中的死神吧。也就是，你主動殺死了這些事。

不過，這樣就引出了一個問題：活得痛快的人，不僅在外在現實上拿得起放得下，在思維上也不糾結，可以比較容易地清除一些無效程式；但相反，活得不痛快的人，在外在現實上會左右為難，在思維上也出現一個問題——難以做到停掉這些無效思維程式，於是頭腦總在運行中，就像是沒辦法暫時關機的電腦一樣。

為什麼會這樣？

思考這個問題的時候，我有了一個認識：**生過，才能死；充分活過，才能坦然接受死亡**。

這個道理是藏在無數事情中的隱喻。睡覺前，大腦停下來，意味著無數思維得「暫時死掉」。這時就出現了前面講的那種區別：活得痛快的人，思維可以停下來；活得不痛快的人，思維難以停下來。

這是體驗和思維的區別。體驗必然要在關係世界展開，它更真實、更具體，可以有清晰的出生、發展、高潮、退潮和死亡；但思維容易停留在內在想像中，而且是抽象的、難以碰觸的符號系統，因此我們也難以感知到，純粹思維從出生到死亡的過程。

因此，一個活得痛快的人，他的思維和體驗緊密聯繫在一起，可以跟著體驗一起從生到死，於是睡覺時可以讓思維停下來。

相反，活得糾結的人沒有展開體驗，沒有在關係的現實世界中酣暢淋漓地活著，而是在相當程度上退縮到了孤獨的頭腦想像中。他的思維和體驗也因此剝離了，所以不能借助體驗的特質從生到死，而成了飄忽的思緒。純粹的思緒脫離了肉身，它的生死不容易感知，也因此難以在睡覺時暫時死掉。

「生死」這些詞大了一些，可以使用完形心理學的術語——「完形」。**完形心理學的基本邏輯是：**

當一股能量或一個表達構成一個完整的整體時，這股能量或表達就可以「完形」了，然後這個整體就可以放下，即可以消失了。其實也可以理解為，這股能量表達充分地活過了。

越是體驗越是具體，就越容易有生死的感知與隱喻。例如性愛，一場滿意的性愛後，人最容易酣然入睡。它有最具體的開始、發展、潮起潮落乃至結束。

相反，越是頭腦性的東西越是抽象，越不容易有生死的感知與隱喻。一個思緒飄起，它在不經意中「出生」了，但如果這個思緒沒有進入關係，就容易只是一個輕飄飄的能量，接下來也不會有發展、高潮與潮落，然後你會發現，你想讓一個思緒直接消失，簡直是不可能的。

如果你覺得我這些說法很觸動你，那麼就得知道，人真的要勇敢地投入體驗，讓自己的生命就像法國小說家司湯達爾（Stendhal）的墓誌銘上——「活過，愛過，寫過」，然後就可以坦蕩去死了。

如果每一天都可以這樣度過，那你就可以「小死」一下——酣然入睡了。

第19章 內心與世界

內化與外化

每個人都活在雙重世界之中，即內在想像世界和外在現實世界，這兩個世界之間必然有大量的互動，而一個人的成長就有賴於這種互動的豐富性和深度。

這個互動有兩個方向：**人的內在心靈投射到外部世界，進而影響外部世界，甚至將外部世界塑造成自己內在心靈所希望的樣子，這可以稱之為「外化」；人的內在心靈也會將外部世界吸入內心，這可以稱之為「內化」**。

例如，精神分析認為，一個人童年時的經歷會內化到心靈，於是外在父母就內化成「內在的父母」，而自己童年時的那些感知，就會內化成「內在的小孩」，所以人格或自我就是「內在的父母」與「內在的小孩」的關係。這是典型的內化過程。

至於外化，我認為一個成年人的人生，主要就是他的內心外化的結果。例如，一個一直賺不到錢並錯過很多次大好機會的人，當深入他的內心時，就會看到他只是意識上認為有錢是好的，但內心深處認為錢是骯髒的，邪惡之徒才會有錢。並且你還會看到，這樣的人當他突然有錢了，會容易生病，甚至遭遇一些傷害事件，還可能會變得面容猥瑣；反而在不那麼有錢時，倒比較坦蕩、愉快。

這兩種互動時時刻刻都在發生，而精神分析圍繞著這兩種過程，也有各種有意思的術語。可以說，**我們時時刻刻都在把內心外化出去，同時又會將外在世界內化到心中**。當這兩個過程能比較好地發生時，一個人會顯得靈活又自由。

但也有人表現出只想著外化，即只想著影響外部世界，而拒絕被影響；也有人很容易受到外界影響；同時，有人在這雙重世界之間構建了一道堅不可摧的高牆，於是這份互動就遭到嚴重破壞。

以上是關於內化和外化的一個簡單描述。講一個自己的小例子。有一次，淋浴間的一瓶洗髮精用完了，只剩下一個空瓶子。第一次確認這件事後我心想：嗯，這個空瓶子該扔掉了。然後，過了差不多一個星期，這個空瓶子還在，然而我每次看到它都會對自己說：該扔掉了。並且，這件事甚至平時也會偶爾想起，那時也會提醒自己：下次去淋浴間就把它扔了。

這是一件很小的事，扔不扔這個空瓶子對我並沒有多大影響，但是如果認真一點想，這的確意味著，在這段時間裡圍繞著這件事的「頭腦程式」，沒有實現過完形，於是這個程式一直在運轉，不僅我看到時會運轉，看不到時也仍然在運轉。

當這樣的事情很多時，就意味著一個人的頭腦中有太多這類低效運行的程式，累積起來就可能會構成內耗。終於，在差不多滿一週時，我在又一次進到淋浴間時，把這個瓶子扔了。那一刻，我感覺有點舒爽。這種舒爽來自我的內在能量，因為外化而得到釋放。

這是一個外化的小例子。我有了一個念頭——該把這個瓶子扔了，當這個**內在的念頭變成外在的現實時，就意味著一次外化發生了**。

想說明一下，作為宅男作家，的確是在相當程度上過於活在內在世界中的人。我雖然透過寫作影響了現實世界，但生活中我過於謹慎，總是不想給別人添麻煩，我的太多想法都停留在想法，而沒有外化到外部現實中。

精神分析學家瑪格麗特．馬勒特別重視外化，她認為，孩子需要在六至三十六個月的階段，初步實現「外化」，也就是，孩子會活潑生動地去探索他與母親的世界之外的世界，而且會把他的想法表達在外部世界上。

由此可以看到，外化有兩層內容：

1. 幼小的孩子會覺得媽媽和自己屬於「內在世界」，而需要把自己的興趣、意志和關注點拓展到外部世界；
2. 幼小的孩子能將他的內在想像表達在外部世界之中。

馬勒認為，當外化基本達成，即孩子能自然而然地向外部世界伸展自己的生命動力，這是幼兒的一個巨大勝利，是一個標誌性的自我發展標準。相反，當孩子嚴重退縮在自己的世界，或躲在媽媽的羽翼中時，這是一種發育失敗。

用本書的一貫邏輯來講就是：嬰兒最初都是活在原始的全能自戀想像中，需要不斷與外部世界互動，而走出內在想像，能擁抱外在現實，並由此馴服了自己的攻擊性，讓它得以人性化。

嬰幼兒不能獨自實現外化，必須在撫養者的幫助下實現，並且最初就是透過吃喝拉撒睡玩，這些看似普通得不能再普通的事而實現，所以撫養者要特別重視這兩點：一是幫助孩子實現對這些事情的基本滿足；二是隨著孩子的能力日益增長，逐漸讓孩子學習，能自己做到的就自己做。

然而，這一點上我認為很多人是有欠缺的。我從很多人那裡聽到**「我是一個人長大的」**，**這種孤獨很可能導致他們退縮在自己的世界裡，從而外化受到嚴重阻礙，因此他們常常陷入內耗。**

對於總是在內耗的朋友，我有一句有點辛辣的話：「不能折騰世界，只能折騰自己。」也就是，人不能控制外部世界時，就會轉而控制自己。

例如，我見過一些人——常是男性，他們從青春期開始，就有非常嚴重的自慰行為，有時一天能自慰幾十次甚至更多。其中一些人成年後仍很頻繁，但也有些人在成年後突然次數少了很多，還會有，但和正常人差不多了。

自慰本來是正常的事，但像他們這樣，多年都保持高頻率的自慰，就是一種問題了。

這些人有一些共同之處，他們身上像是缺少一種氣，一種精氣神，看上去有點萎靡不振。再深入瞭解就會發現，他們都有社交恐懼症，這也意味著他們大多比較宅。

這其實不是一個簡單的性生理問題，主要是心理問題。對此，我們可以用外化這個概念來詮釋一下。可以說，這些男性的外化就沒有實現，他們主要還是活在內在世界中。他們會有豐富的想像，對他人和外部世界也有各種欲求，但他們向外部世界傳遞、表達這些想像和欲求時非常困難。於是，這些生命動力不能向外伸展，無法去折騰這個世界，只能轉過來折騰自己了。

高頻率自慰就是這個邏輯的一個典型展現而已，在性之外的其他領域，他們一樣存在著這個問題。

那些一直到成年都仍然高頻率自慰的人，是因為他們的外化遲遲沒有得到改善；而那些成年後逐漸放下這件事的人，是因為外化基本得到了實現。講到這裡也許你會納悶，難道不是因為青春期性欲太強，但又不能透過關係來實現，只好自慰嗎？你把事情說得這麼複雜，有必要嗎？

如果只是不能透過關係來得到性欲滿足，那就意味著，等有了性關係後，他們的自慰會大幅減少，但其實不是，他們之中有些人，哪怕有了很喜歡的戀人，仍然需要高頻率的自慰。

在諮詢中可以看到，這些人的社交恐懼症，在情侶關係中仍然存在，他們圍繞著關係的各種動力，仍然不能真實、直接、充分地表達在關係中，而是憋著的狀態。於是，他們甚至在性愛後，還要透過自慰才能滿足。

當探討性愛後的自慰時，他們會說在和戀人做愛時，感到不自由、沒有控制感，而自慰時，他們在控制一切。

高頻率自慰只是一個典型的例子而已，這種現象背後的邏輯，在很多方面都有展現。

如果你發現你的孩子嚴重退縮在自己的世界中，那麼要試著幫助他，恢復他對基本需求的掌控。只不過，大一些的孩子多了學習和交際的需求，難度一下子大了很多。

作為成年人，如果你發現你嚴重退縮在自己的世界中，那麼要意識到，你可能還沒有完成外化這件事。試著照顧好自己，而且就是那些看似俗氣但充滿煙火氣的基本生活需求，一樣是吃喝拉撒睡玩，當然還包括工作和人際關係。

實際上，**當一個成年人能把自己照顧得比較好的時候，幾乎必然意味著，他的外化已經基本實現。因為這需要建立很多人際關係，同時還要與外部世界進行豐富的互動，然後才能實現。**

不要把純淨看得太高尚，不要只追求精神生活，至少得知道，人生中那些充滿煙火氣的俗事，藏著深刻的意義。

頭腦暴政的自我ＰＵＡ

「ＰＵＡ」近些年成了一個熱門的詞，它本來的含義是，教男性如何透過各種手段吸引、欺騙、傷害異性。在這些手段中，有嚴重的、系統性的貶低，因此，ＰＵＡ這個詞幾乎成了貶低的代名詞。例如，有很多人說，女性之所以太容易陷入ＰＵＡ的套路，是因為在重男輕女的文化中，太多女性在原生家庭中就先遭受了父母等撫養者的ＰＵＡ，也就是貶低。

「貶低」這個詞好像不能構成一種系統迫害，而ＰＵＡ就有了這個含義。這是我理解中的ＰＵＡ的一個含義。

我在諮詢和生活中都會遇到這樣一類人，他們永遠處在不滿之中，甚至到了每時每刻都充斥著不滿的地步。這類人會有一些區別。其中一些永遠在挑剔、批評他人，他們打心眼裡不會對別人和其他事物有滿意的時候，但是他們對自己還好，看起來不會挑剔和批評自己。他們很難出現在諮詢室裡，偶爾出現也是被家人拉來的。因為成為一位來訪者，首先意味著得承認「我」有問題，而他們是不會認為自己有問題的。

還有一些人，他們會時時刻刻挑剔、批評他人，但也會這樣對待自己。說挑剔和批評都不夠，他們簡直時刻處於暴怒之中，恨不得把自己給毀了，或者把別人，甚至世界給毀了。因為他們也在無情地挑剔批評自己，所以會主動出現在諮詢室裡。

和這些人溝通多了，我有了一個感慨：如果你期待什麼事都做到一百分，就意味著你一直在持續地攻擊自己，因為這根本做不到。

講到這裡，相信一些朋友自己都能做分析了，知道是全能自戀的問題。期待時時刻刻都能做到一百分就是全能自戀，當做不到時就有了全能暴怒，並表現出無情的挑剔、批評，乃至毀滅欲。

例如，我多次講過的那個故事：一個女孩每次考試後都恨不得殺了自己，哪怕考了全年級第一名仍然會這樣，唯獨有一次例外，因為那一次她做到了每一科都是全年級第一名。她終於做到了完美，而且由衷地認為，她就應該是這樣的。

現在，我從頭腦暴政的角度來談談這個問題。

也就是，你的頭腦是評價者，是主人；還是分析者，是工具。這兩種感知會導致截然不同的生命狀態。艾克哈特．托勒（Eckhart Tolle）在他的大作《當下的力量》一書中談到，**人很容易犯的一個錯誤是「向思維認同」，即把思維當成了「我」**。

一旦發生這種事，思維即頭腦，就變成了主人，而且會成為評價者。相反，當你能深刻地活在體驗中，頭腦就會主要是分析者，是工具。

托勒闡述「向思維認同」這件事，給了我很大觸動，而隨著對全能自戀的認識越來越多，我認為得做點補充，才能更清晰地看到向思維認同所帶來的嚴重問題。

這個補充就是，一旦出現「向思維認同」，將思維認同為「我」，幾乎必然出現，這個「思維的我」會走向「全能頭腦」的情形，即頭腦認為萬事萬物都應該是完美的。然後，全能頭腦會以此去要求自己和萬事萬物，於是覺得自我和客體都是嚴重殘缺的。

從現實上來講，這是分程度的，有些人的全能頭腦會非常嚴重，如我前面講的那些永遠在暴怒的人，他們的程度很嚴重、很極端，而普通人身上就不會這麼極端了。但和普通人一談你會發現，同樣有很多人在大多數時間都處在不滿之中，背後的道理是一樣的，都是頭腦成了評價者，成了主人。

永遠都在暴怒中的人，如果是男性，情況貌似會好一點，因為男性容易活在理性與邏輯中，所以可以和他們探討，他們的全能頭腦是怎樣控制他們的。例如，一位男士看起來接受了全能自戀的理論，知道自己的暴怒都是全能自戀被破壞，引發的全能暴怒。然而，他的改變非常慢，我發現我的解釋幾乎無法對他發揮作用。後來我們發現，他只是頭腦上聽到了我的解釋，而在內心深處，他仍然由衷地認為，所有事情都應該可以立即做到完美。

如果女性永遠都在暴怒中，這件事會更困難一些。當然，可能這是我的諮詢風格不夠合適。因為我的情緒流動、情緒容納度差一些，所以我在和她們進行諮詢時，不太能很好地做到對她們情緒的容納。並且，她們會嚴重地排斥任何分析，因為分析意味著在攻擊、批評她們，這是她們不能接納的。她們不僅打心眼裡認為自己應該是完美的，也認為我應該能做到和她們進行完美的回應，我和她們的關係也該是完美的，不能有任何瑕疵。

這種時候會出現一個惡性循環的鏈條：她們生活中遇到了問題，這本來主要是她們的全能暴怒所導致，但她們必然會認為這是別人傷害了自己，並因為這個認識而攻擊批評其他人。可以說，在各個節點上，她們的自我都製造了一些問題，但是你絕不可以直接和她們說她們是有問題的。要等她們自己慢慢醒悟，然而當她們醒悟後，一旦發現自己的問題，就會變得很羞愧，會立即嚴重地攻擊自己。

在她們的身上你會看到，比起問題本身，意識到自己有了問題是更危險的，對她們的衝擊更大。

例如，一次諮詢中，一位女士強烈地攻擊了我，她的情緒堪稱狂風暴雨級別的。她之所以這麼激烈，是因為她認為我犯了一個錯誤，而她無比堅定地認為自己的這個判斷是對的。但隨著深入的探討，她發現對我的這個判斷是錯的，我並非她想像的那樣。這下她變得很艱難，這意味著，真要用評價者來看整件事，就表示她錯誤地判斷了我，接著錯誤地怪罪了我，又對我進行了狂風暴雨般的攻擊，她難以承受這個連環錯誤的鏈條。

她們的確要先體驗到，犯錯誤是可以的，暴怒也是可以的，諮詢關係和生活中的重要關係，能兜得住這些暴怒和錯誤。當有了這些體驗後，她們才能逐漸看到「我」是有問題的，「我」活在全能想像之中。

一旦比較多地體驗到被接納，這些女性的改變會快很多。相反，男性常常貌似改變了，但其實只是頭腦層面的改變，真正的改變並未發生。所以可以說，儘管理性和邏輯能在一開始幫到男性，但體驗和聯結的發生，男性常常要比女性難很多。榮格認為兩性在這方面有差異，我也由衷地贊同榮格的這個認識。

嬰兒最初都活在全能自戀中，而頭腦因為可以跨越時空，導致人比較容易犯「向思維認同」的毛病，然後拿全能頭腦去要求自己和萬事萬物，並且必然地，在全能頭腦看來，現實太令人不滿意了。這也是我們一直使用的那個比喻，即頭腦的想像可以做到孫悟空的一個跟斗翻十萬八千里，於是你也會要求唐僧做到這點，這就是對唐僧的嚴重ＰＵＡ。

很多人陷入嚴重的ＰＵＡ中，是因為自己的全能頭腦，由衷地相信自己可以做到完美，例如，完美地滿足他人。也就是，**總是因為自己內在在嚴重地PUA自己，然後才可以發生別人對自己的PUA。**

對於活在全能頭腦中的人來講，看到這一點很重要，先從理性層面認識到這一問題，然後逐漸學習如何擺脫全能頭腦的控制。

不過，光理性認識是不夠的，這需要人做到逐漸從孤獨的全能想像，進入關係的現實世界，我們需要最終體驗到——**儘管現實世界看似不夠完美，但關係的世界才是滋養性的。**

如果在生命最初，養育者和你構建了依戀關係，你就自動獲得了一份重要的禮物——你的看似很俗的基本生命需求是重要的，你的體驗是重要的，你不必讓自己活在嚴重的不舒服中，你值得被好好照顧。

如果你活在嚴重的全能頭腦中，破解這個很不容易，先認識到全能頭腦的自我ＰＵＡ是第一步，然後，你需要勇敢地跳入現實世界的河流，因為現實世界是有療癒性的。

現實世界的療癒性

在相當長的時間裡，我持有這樣一個觀點：內在心靈更純粹、更可貴，而外在現實世界是鄙俗的。但是，隨著做的諮詢越來越多，同時對自己的內在心靈越來越瞭解，我意識到真相或許是相反的。

先說一下概括性的觀點：有人總覺得自己心靈很好，現實世界很差，甚至現實世界不配自己純淨的心靈。當深入自己的內在心靈時，可能會發現現實世界要比自己內在心靈更好一些，因此人需要深入外在現實，讓自己的內在心靈得到療癒。

來講幾個故事。

我有多位來訪者都有一種特質，簡直可以稱為「讀心術」。例如，常常我下一句話還沒說出口，他們就替我說出來了。最初，我對他們都有一種小小的崇拜。雖然從診斷學上看，他們明顯有一些嚴重的心理問題，但這種讀心術一般的能力，也著實令人佩服。

後來，一位女士的案例，改變了我的這種感知。

看起來，這位女士和其他幾位來訪者不同，她沒有什麼讀心術，相反，她對別人的判斷常與現實嚴重不符。但是在探討她的問題時，我突然明白，她看起來對別人的判斷能力很差，但和那幾位看起來對別人的判斷能力很好的人一樣，都活在自己的孤獨想像中。

我先講講這位女士。她受過高等教育，學歷很高，但她的心靈破碎不堪，這讓她簡直每一天都處在高度的痛苦中，開心的時間非常少。而且她很孤獨，幾乎沒辦法和任何人正常交往，這是她來找我做諮詢的最初原因。

諮詢一段時間後，她說她戀愛了，她愛上一個男孩，那個男孩也愛她。她向我描述他們之間傳遞愛意的過程，充滿細節，也非常自然。

然而，你仔細一聽就會發現一個問題，他們沒有真正的互動，也就是說，他們根本沒有言語上的交流，即使有也只是一些極為平常的寒暄。她說的那些愛意訊息的傳遞，全出自她的想像。

因為她受過良好教育，智商不低，所以她能用很好的語言能力，完整地描繪出戀人最初相處的那種過程和感知，這種描繪乍一聽，像是真實發生的戀愛故事。

可是，那種感覺明顯是不對的，換成另一個人也會聽出來，這是一位孤獨女孩的孤獨想像。

當我向她講述了我的判斷後，她一開始認為我的判斷是錯的，她堅信他們之間的互動是真實的。例如，她向男孩傳遞了一個眼神，而那個男孩的姿勢突然有了變化，她認為這就是男孩在回應她。

好在她有完整的理性頭腦，所以最後接受了我的一個觀點：她對對方的判斷只是一個推斷，必須得到對方的澄清，不然不能當成關於對方的事實，並且對方的澄清，得有言語上的清晰表達。

然後，她試著去和男孩溝通，結果發現對方並無此意，還有些驚訝，根本不知道她喜歡上了自己。

這對女孩造成很大的衝擊，讓她一度非常傷心，但因此她也發現了自己的一個大問題：這麼多年來，她可能一直活在各種孤獨的想像中，並把自己的內在想像，當成了外部世界的現實。

她的這個問題相當嚴重。心理診斷有一個術語叫「現實檢驗能力」，說的就是一個人能否區分自己的內在想像和外部現實，如果一個人輕易地把內在想像當成現實對待，還對這點深信不疑，就意味著這個人的現實檢驗能力非常差。

現實檢驗能力非常差，通常是精神疾病的關鍵症狀。不過，我通常不會輕易對一個人下診斷，這方面我也不是專家，我會試著去看看有沒有溝通的可能。

例如這位女士，她的現實檢驗能力的確一直比較低，找我諮詢之前，她一直活在想像中而不自知，但這也是因為沒有人向她講清楚其中的道理，而我讓她明白這一點並不難。當她能區分自己的內在想像和外在現實後，她的頭腦變得清晰很多，而外在現實也適應得越來越好。

在和她做諮詢時，我第一次有了這樣一個清晰的感慨：**現實世界是有療癒性的。當她能進入現實、適應現實時，她的心靈就變得越來越好。**

再回頭看其他幾位讓我覺得有讀心術的來訪者。現實生活中，我也有幾位這樣的朋友。必須得說，其中兩位我佩服之至，都是女性，同時我也覺得她們挺健康的。

然而，其他彷彿有讀心術的人，不管是來訪者還是我的朋友，他們的心理問題程度都不低，他們通常極度焦慮，特別是在與人相處時，但他們又有正常的現實檢驗能力，和前面講的那位來訪者不同。

不過，他們本質上是很像的，就是在相當程度上活在自己的想像中，只是這些人對別人有很好的感知力和判斷力，同時嚴重的焦慮又推動著他們，於是他們投注了大量的心理能量在感知和判斷別人上，因此這一能力得到充分的發展，最終像是有讀心術一樣。

用通俗的語言來講，他們不過是太善於察言觀色了。

這份理解消除了我對他們的小小的崇拜，然後和他們的諮詢也出現改變。例如一位男士，我覺得他差不多有百分之七十的機率，是能準確猜中我的心思的，我認為這能力堪稱恐怖。

然而這仍然只是推理。可是從體驗層面，他的確非常相信自己的判斷力，由衷地把這點當成現實來對待。

後來我們約定，歡迎他猜我的心思，而我絕對保證會真實回應，他猜中了我承認，猜不中我也坦然告訴他。經過一段時間的實驗後，他終於在體驗層面明白，他的這份讀心術其實就是高級的察言觀色，而且他太在乎人際關係，又認定自己絲毫不受歡迎，於是會先透過察言觀色瞭解對方，這樣好給他掌控感，然後在人際關係方面就不用這麼焦慮了。

他有一個令我印象極為深刻的說法。他說自己交際能力這麼弱，別人交際能力那麼強，一定是因為人人都是諸葛亮，人人都是司馬懿，高明無比，掌握著他的頭腦難以想像的人際關係祕笈，他這麼愚笨的人是掌握不了的。

這可以說是頭腦暴政的一種想像。他的全能頭腦認為，人際關係要好，自己得做到高明無比，別人也一樣。實際上，這種想像是他焦慮的來源，**能在人際關係中輕鬆自在的人，是因為他們知道，做真實的自己就可以了。**

心理過程分為三類：思維過程、身體過程和情緒過程。做真實的自己，通常意味著情緒過程和身體過程的真實，即體驗層面的真實。你能真實地表達情緒，自如地伸展手腳，而且會發現這在關係中是可以的，甚至還讓關係變得更好。感知到這一點，人在關係中就會變得自在起來。

我曾有一個心理學課專欄，字數達百萬，寫作時間長達一年，很多讀者說他們得到巨大的療癒。他們最常講到的一個變化就是——脾氣變大了，攻擊性變強了，結果發現這既捍衛了自己的邊界，也贏得了別人的尊重，各種人際關係反而因此變得更好。這種體驗實在是太療癒了，他們以前的邏輯是，要想處理好關係，得壓制、閹割自己。

現實世界的療癒性，還意味著一點：當你活在孤獨想像中時，受全能自戀的支配，必然會有很嚴重的全能暴怒和被害妄想，這會讓你覺得你的生命力是黑色的、破壞性的，非常可怕，你因此得壓制它們，不然它們會對別人乃至世界帶來傷害。特別是你並不喜歡這樣的自己。

當內心中有著濃烈的負能量時，你會覺得自己是個怪物。這是很多人自卑的一個關鍵原因。

這種黑色的負能量需要轉化，而它幾乎無法透過孤獨的想像來完成。多年的諮詢經驗讓我看到，人內在黑暗的程度是和孤獨程度成正比的。如果要轉化心靈的黑暗，就需要走出孤獨，進入真實，進入深度關係。可能只有深度關係，才能轉化內在的黑暗。

所以，哪怕是為了修煉自己的心，人也需要跳進現實世界。**當你能構建越來越多的深度關係時，你會發現好像越來越喜歡他人和世界，也越來越喜歡自己，這是因為你的內在心靈和外在現實，一同被照亮了。**

全能頭腦編織的高牆

本節我想談談紀錄片《赤手登峰》（*Free Solo*）的主人公——亞歷克斯．霍諾爾德創造了一個奇跡——在不用任何防護措施的前提下，徒手爬上了美國約塞米蒂國家公園的酋長岩。約塞米蒂是美國最知名的風景勝地之一，也被譯為優勝美地，是我最想去的風景勝地之一。公園內的酋長岩高九百多公尺，非常壯觀而險峻。亞歷克斯是在二〇一七年六月三日徒手攀上酋長岩的，如果你看影片，會看到他那天攀登時非常順利，簡直像沒有任何難度，但其實他是第一個徒手攀登上酋長岩的人。

這絕對是頂級的難度，對普通人來講難以想像，因為只要出現一個意外，攀登者遭遇的就是死亡。他幹麻要做這樣的挑戰？這裡講一下我和這部片子的小緣分。二〇一九年秋天，我參加白日夢旅行公司的一個活動，我的座位右邊坐著一位瘦瘦的女士。相互介紹時她說她叫 Tina，是她將《赤手登峰》這部紀錄片引進中國的。

參加那次活動之前，我剛巧看過《赤手登峰》的介紹，加上約塞米蒂是我最嚮往的風光攝影勝地，一下子讓我覺得和她有了熟悉感。

在和她握手時，我發現她特別有勁，就對她說了這一點。她很幽默地說，我們再握一次，你再感受感受。事實證明，她真的是非常有勁，而且她還沒使勁握。我猜她肯定是各種極限運動的運動員，一問果真是。

以前我對徒手攀岩並不瞭解，以為只是沒有幫助攀岩者攀爬的工具，但還是要有安全性的防護措施的。但 Tina 說，不，是徹底沒有防護的。接著她問我，你是不是以為，從事這樣的攀岩活動是需要勇敢和冒險精神的？我說：是啊，這是肯定的吧。她說：不是的，一會兒我在臺上演講時詳細解釋一下。

她在演講中說道，像亞歷克斯完成對酋長岩的徒手攀登，其實只是最後一步，在此之前，他要對路線進行精細的規劃，而且會戴各種防護設備，一步步去熟悉這條路線上的每一個細節。不僅如此，在此之前，他還要戴著防護設備做很多很多次演練，以確保對每一個細節的完美掌握。

後來，我去電影院看了《赤手登峰》這部影片，還看了亞歷克斯在ＴＥＤ的演講。他講到，徒手攀岩不是冒險，也不需要玩勇敢，相反，需要的是超級細心和耐心。他在二〇〇九年時就想攀登酋長岩，此後他嘗試了一千多次。後來做出徒手攀登的決定後，他在一年半的時間裡做了充分準備，如曾借助繩索完整攀登過六十多次，對整個路線上的任何一個細節都爛熟於心。

徒手攀岩這件事的風險極高，你必須時刻保持百分之百的專注，否則就可能付出死亡的代價。亞歷克斯說，這也是這件事吸引他的地方，他喜歡長時間專注的感覺，這讓他覺得心無旁騖。

心無旁騖意味著，你覺得整個世界好像只有你和你專注的事，而且兩者合二為一，同時你會有心流的體驗。也就是，你會體驗到，像是有一種什麼東西在你身上流動。

很多攀岩愛好者都講到了類似的體驗。人為什麼會喜歡攀岩？詩意的表達是：因為山在那裡。而依照《心流》這本書則可以說，攀登者是在透過攀岩追求心流的最優體驗。

一旦體驗到心流，你會有無比愉悅的感覺，並且這不是自戀性的，即你不會覺得自己無比偉大、極度了不起，它更像是關係維度產生的體驗。之所以說「像是」，是因為我認為，**強烈的心流體驗產生時，可能意味著自戀、關係和體驗三個維度的高度合一，這是一種圓滿，是一種極致的高峰體驗。**

要產生心流的體驗，需要滿足八個基本條件，而攀岩這件事很容易滿足這八個條件：

1. 這件事是可以完成的。一般人會覺得徒手攀登酋長岩是瘋狂的，也是不可能的，但對亞歷克斯來說，這是有可能做到的；
2. 必須全神貫注，不受干擾。在徒手攀岩中，這一點必須做到，否則就會付出巨大代價；
3. 目標明確。你要徒手攀登上岩石的頂峰，這個目標太明確了；
4. 有即時回饋。你是順利地上了一步，還是遇到了挫敗，這個回饋是立即就會發生的；
5. 你感受到不斷深入，而且沒有勉強自己的感覺。例如，亞歷克斯透過六十次的帶著繩索的攀登和各種探索，對酋長岩越來越瞭解，對路線的瞭解也不斷深入，細緻到每一塊石頭、每一個裂縫，也包括光線和天氣的變化。並且，這首先是他心甘情願的選擇。還有，在整個過程中，他並沒有勉強自己，比如，他中間嘗試過一次徒手攀岩，但感覺不對，就放棄了；
6. 有充滿樂趣的體驗，這讓你覺得自己能自由控制自己的行為。這一點不用多說了；
7. 你會進入「忘我」狀態。這一點亞歷克斯深有體會，當心無旁騖時，也意味著渾然忘我；
8. 時空感會發生變化。當他徒手攀岩時，作為旁觀者會覺得每一秒都很煎熬，而亞歷克斯卻像是忘記了時間，一路非常順暢，完美地實現了自己的目標。

攀岩者為什麼攀岩？亞歷克斯為什麼要徒手攀登酋長岩？追求心流體驗是一個很好的回答。

對此，我還有一個自己的理解。亞歷克斯是亞斯伯格症候群患者。亞斯伯格症候群是自閉譜系的一類精神疾病，原來被視為自閉症，後來的學者把兩者分開，可以視為比自閉症輕一些的孤獨症。

關於自閉症和亞斯伯格症候群的成因，學術界一致認為是基因所致，但也總有一些聲音認為這和養育有關。例如，亞歷克斯的母親說，自己的確不知道怎麼更好地和孩子互動。

我們也可以不理會成因，試著去理解他們的內心世界。我雖然不擅長診斷，也不能輕易下診斷，但必須得說，我懷疑我的幾位來訪者可能有亞斯伯格症候群，而自閉譜系中更輕一些的回避型人格障礙，我在諮詢中就見多了。

很可能因為我也有回避型人格的人格結構，所以會吸引類似的來訪者。孤獨症患者會有一種感覺——關係太難了，他們處不好，所以不如把精力放到事情上。

用自戀維度和關係維度來解釋，可以說他們的心靈缺乏在關係維度上的體驗，這一方面嚴重沒有展開，而他們對自戀維度就有深刻敏感的感知。

例如，我前面講到的一位男子，他處不好人際關係，於是認為那些能處好人際關係的人都比他高明。這是拿自戀維度的高低強弱來理解關係維度了，沒有明白關係維度的關鍵是情感、平等和真實。

由此聯繫到亞歷克斯非要去攀登酋長岩這件事，也許可以理解為，亞歷克斯覺得他活在孤獨中，而他和其他人乃至世界之間，豎立著一堵高聳的牆，是它切斷了自己和世界的聯結。如果他想走出孤獨，和別人建立起關係，就得爬出這堵高牆。

所以他有一個象徵性的舉動。在他完成徒手攀登酋長岩的壯舉後，他打了電話給女友，終於表達了自己的愛意。在此之前，他就像是一個冷漠至極的宅男。

在我看來，這是孤獨的全能頭腦想像出來的一堵高牆。孤獨心靈會認為自己得做到完美、做到一百分才能得到愛。當持有這種邏輯時，人必然會發現自己常像是處於負一百分，所以無比卑微。要麼覺得他人高高在上，要麼覺得自己和他人之間有一堵高聳入雲的牆。

孤獨的嬰兒與大孩子，還有孤獨的成年人，都會持有這種邏輯，覺得自己必須無比卓越才配得到愛，這種卓越強迫症，很容易甚至必然會形成這堵心靈的高牆。

這是被全能頭腦控制後的感知。我其實也有這堵高牆。但我們可以使用頭腦的分析功能認識到，走出孤獨不必非得去攀爬酋長岩，只要能進入真實世界，和別人建立起情感關係就可以了。而且你並不需要和很多人建立起這樣的關係，只需要有一個人就可以了。

人類對愛情的執念，可能就是因為每個人的心靈都知道這是答案之一。

不過，我也擔心有人對愛情過度理想化，有必要做點補充解釋。之所以有一個人就可以了，是因為當你和一個人能建立起深度關係，你會發現這個關係模式已經深入你的心靈，你和其他人、其他客體乃至整個世界的關係，就都改變了。

無所不在的躲閃與錯開

有一種常見的現象，可能你身邊有人是這樣，也可能你是這樣——剛和別人交往時，你會對一個人很好，但逐漸你會發現，你好像在不斷地躲閃。躲閃什麼呢？像是在躲閃著關係中的聯結，在抗拒聯結的不斷加強。

當有這種現象時，人際關係就難以進入深度關係。這個觀察可以延伸，你可能會發現這種躲閃不僅在你和人的關係中存在著，在你和動物、物品和事情中也一樣存在著。

先講講人際關係中的躲閃吧。我的一個朋友說，他每到假期回父母家都很知趣，一般不待滿兩天。因為他知道兩天是他媽媽能承受的極限，兩天之內媽媽對他會非常好，過了兩天，媽媽就會大發脾氣，如果還不走，媽媽可能會爆發一場嚴重的歇斯底里級別的情緒。

他發現這是他媽媽的一個模式，她對別人的好不能持續太久。對此他的理解是，可能媽媽對別人的好是努力出來的，持續兩天後會太累，會「原形畢露」。只有他的爸爸能和媽媽長期相處，那也是因為爸爸像是被媽媽馴化了一樣，比較安靜，存在感比較低。同時，媽媽對爸爸也沒那麼好，所以這意味著媽媽在爸爸面前是真實的。

一次聚會中，這位朋友又分享了他的這種感受，其他人紛紛說，啊，我身邊有人也是這樣的，也有人說我就是這樣的。這種級別的躲閃還算比較常見，但還有更嚴重的。

我的一位來訪者，在我的文章中看到美國催眠大師史蒂芬·吉利根（Stephen Gilligan）有一個增強親子關係的技巧——同頻回應。例如，當孩子能量上揚時，你也跟著他上揚；當孩子能量下降時，你也跟著他下降。吉利根比喻說，當孩子對你說「啊啊啊」的時候，你也跟著他一起「啊啊啊」，當孩子說「嗒嗒嗒」的時候，你也跟著他「嗒嗒嗒」。

這個說法對她有所觸動。同時，吉利根所教授的「艾瑞克森催眠法」中，有一個通用的催眠技巧，就是催眠師和被催眠者實現同頻呼吸，也就是一起呼氣，一起吸氣，並自然而然地達到同一種頻率。

她決心在女兒這兒試試這個方法。一天，女兒入睡了，她跟著女兒的呼吸節奏呼吸，一開始有點不適應，畢竟她本來有自己的節奏，但逐漸地做到了和女兒同一種節奏呼吸，而且自然而然、毫不費力，不是用意識保持的。

那一刻她深深體驗到，她和女兒之間有了一種深刻的聯結。這個技巧她多次使用，感覺很好。她想到，為什麼不在媽媽身上也用用呢？畢竟，想和媽媽有深度的聯結是她最重要的一個渴望。

於是，一次在媽媽睡著後，她試著跟著媽媽的節奏呼吸。有意思的事發生了——每當她覺得逐漸能自然而然地和媽媽同頻呼吸了，媽媽就會改變自己的呼吸節奏。儘管媽媽在睡眠中，但好像本能地在抵觸這件事。

關於躲閃，或者說回避與錯開，如果你仔細觀察，會發現這種現象可能無處不在。

我講一個自己的例子，不是和人，而是和風景、世界。

我在前面多次提到我愛好攝影。我擁有不少頂級的攝影器材，最想拍好風景，這甚至進入了我的夢。我很多次夢見眼前出現了瑰麗輝煌、色彩無比絢爛的風景，我被深深震撼，想拍下來，可不是相機壞了，就是鏡頭壞了，拍不下來。這麼多年了，我在夢中能把風景拍下來的次數不超過五次，而且只有一次是完美地實現了，其他幾次儘管拍下來了，但相機總是會發生一點小故障，導致我拍到的照片和真實的風景不一致。

在廣州，有一種城市風景是我一直想拍的。這種風景需要這樣一些條件：先是持續晴一段時間，突然來了一場大雨，雨後傍晚，廣州的幾個地標性建築會雲霧繚繞，非常好看。

後來有一天，我需要去公司做直播，那一天我預料到會有這種風景出現，而我們公司附近有拍這個風景的絕佳地點。去公司直播時，我帶上了專業相機、三腳架，還穿上了衝鋒衣，帶著雨傘，為拍攝這個景觀做了充足準備。

然而，整個過程中我發現，我的頭腦不斷在進行各種評判，像是在挑我的各種刺，讓這件本來毫無難度的事變得艱難了很多。

剛開始在家準備時，我就猶豫是瀟灑地帶一個中小型攝影包，還是帶一個大攝影包呢？按道理，帶個大攝影包會更好，那樣可以把相機、鏡頭還有各種配件輕鬆裝好。但我還是帶了一個中小型攝影包，覺得這樣低調一點，不太引人注意。但這個判斷並不符合現實。因為我畢竟還帶了三腳架，又專門穿了衝鋒衣，走在街上一副煞有介事的樣子。

我不斷猶豫，要不要這麼興師動眾。不過我下了決心，就讓全能頭腦產生的這些評判自然發生，我不接受它的支配就好。我把攝影器材一一準備好後，還專門檢查了兩、三次，怕遺忘一些關鍵的小東西，例如記憶卡、電池，以及在雨中用來保護相機的塑膠袋等。

做這些檢查時，我看到我的內在像是有一種急切，讓我匆匆準備一下，然後出發就好。這種感覺我很熟悉，過去幾次我真這樣做過，結果到了拍攝現場，就發現關鍵的東西沒準備好。那時如果有夥伴，我會尷尬地向夥伴借，而言談舉止中像是透露著「你看我並沒有那麼想做好這件事，我就是瞎玩玩」的感覺。

出門後，走在街上時我會忍不住想：嗯，可能在別人眼裡我這副樣子實在太特別了。其實也就偶爾有人掃我一眼，基本上沒有人注意我。這種想像還是太把自己當回事了，好像自己是世界的中心，誰都會注意似的。

果真如我預料，直播結束後，我來到那個地點，看到了雲霧繚繞的建築地標，而且儘管快晚上十點了，這幾處仍然燈火輝煌。只可惜有一點意外發生，那個最完美的拍攝地點的小水池正在維修，水被抽掉了。看到這一幕，我的完美感被破壞，那一刻我想罷手不拍了。

我知道這是全能頭腦在進行苛刻的評價，其實分析來看，這雖然不像想象中那麼完美，但還是非常棒，而且雨下得不小，那個水池裡還是有水的。

於是，我還是認真地在那個地點拍了一會兒，從相機螢幕看，這次拍攝相當不錯。不過也有意外發生，儘管有雨傘，但還是有雨水落在鏡頭上，並且地面上有複雜的光線，我那個相機很好，但鏡頭防眩光有點差，所以構成了一些干擾。不過沒關係，下次可以進一步完善這些細節。這些細節的確無法都靠頭腦提前預想，都得在真實拍攝中才會發現，所以頭腦根本不可能是全能的。

在那個地點拍了一會兒後，我想到周圍三百公尺遠的地方，有一個不錯的取景地，可以去那裡試試。這是一個再簡單不過的事，可以輕鬆完成，但我竟然不想拍了，真的想就此罷手。

說實話，如果不是對全能自戀有這麼多的理解，那一刻我就會罷手。但基於對全能自戀的理解、基於對自己的瞭解，我用理性推動著自己，還是去那個取景地看了看。

然後我發現，用理性推動自己這樣做時，我真的有點累，而不是興致勃勃地走向目的地。到了那裡後，發現那個角度的景色一般，就沒有再拍了。但我路過的一個地方不錯，可以回去那裡試試，而且也就一、兩分鐘的路程，但我累了，這次不想再用理性去管理自己，便回家了。

我詳細講述了這樣一個心理路程，就是想和大家有個完整的分享。

照理說，作為超級攝影愛好者，遇到自己滿意的風景，為什麼不是帶著滿滿的熱情投入其中呢？

我是在試著這樣做，然後發現我的全能頭腦，幾乎每時每刻都在進行苛刻的評價。因此，我和風景之間像被這種評價充滿了。雖然它沒有達到牆的地步，但真的像是一種霧氣，纏住了我的熱情，以及我和風景這個客體之間的聯結。

我和我的分析師談了這一次的拍攝經歷。這次諮詢中我對一個詞特別有感覺——錯開。可以說，我不斷錯開對風景的凝視，我無法沉浸其中，看起來是全能頭腦的苛刻批評在發揮作用，但它更像一個表面現象，其實是我的內在也在追求著這樣的錯開。

我的錯開和前面談到的躲閃與回避，應該出於同一個道理，下一節就來談談這個道理。

錯開，是因為懼怕黑暗

上一節我講到，全能頭腦是如何對我的攝影熱情進行苛刻評價，並構成了破壞。

那麼，一個問題就出來了，如果把全能頭腦拿開，會發生什麼事呢？容易得出一個樂觀的答案：沒有頭腦暴政的影響，我會全情投入這次攝影，然後更可能拍到好照片。

如果你去看各種靈性類的書籍，你會看到它們都在講把頭腦放下，讓自己全然活在當下。

這個說法很根本，但諮詢久了我逐漸認識到，**一切自然而普遍存在的現象都有巨大的合理性，全能頭腦構成的頭腦暴政是有其存在價值的，假若直接把它給拿開，讓「我」全然地面對著「你」，那麼，人很容易被驚嚇到。**

我舉一個例子。我有幾位來訪者，基本上沒談過戀愛。當然，沒有誰不渴望戀愛，所以他們也是試過很多次的，但他們長期以來在構建戀愛關係時，只有過一個回合的心理能力。也就是，他們只會嘗試一次，如果不成就再也不嘗試了。

有時他們的嘗試是非常明確的，例如相親，又如主動追求異性，但也有些時候，他們主要是活在想像中的，他們以為自己給對方發了信號，但對方其實一無所知。

隨著諮詢的深入，他們這方面的能力逐漸有了改善，最終能去構建戀愛關係了。而在剛能構建戀愛關係時，他們容易出現一個問題——驚嚇。不是所有人都會遇到，但多數人會遇到這份驚嚇。嚴重時，這份驚嚇可以達到驚恐發作的地步，也就是，他們覺得自己像突然得了心臟病一樣。

例如，其中一位男士，他以前構建過戀愛關係，但那是家人介紹的結果，等這個關係結束後，他開始做一些戀愛的嘗試，一開始真是非常困難，他就只能過一招。

從體驗上看，只能過一招是因為他有無比濃烈的羞恥感。一旦被拒絕——有時是真被拒絕了，有時只是對方沒有及時回應自己，而他誤以為是被拒絕了。那時他就會產生這種羞恥感，然後會咒罵自己：你真蠢！你怎麼這麼傻！你去死吧！

我們得知道，這份羞恥感是從自戀維度的絕對高位跌下來時產生的體驗，本以為自己是全能神，被拒絕後才發現自己什麼都不是，卑微至極，渺小如塵。

同時，他也多次在和我的諮詢關係中，釋放過全能暴怒與羞恥，部分得到了我的容納，部分是因為他有強烈的意願去審視自己。最終，在這個諮詢關係中他越來越理解自己的脆弱，逐漸地，他有了能讓戀愛持續的能力了，不再是「一招就死」。

從此以後，他就能像普通人一樣去追女孩了，當和一個有感覺的女孩初步建立起戀愛關係時，他遭遇了這份驚嚇。

從他的體驗中，他是有一天走在路上，突然間遭遇了驚恐發作，那一刻他以為自己可能是得了心臟病。但在接下來的諮詢中，他很快認識到，是第一次能建立戀愛關係給他帶來了驚嚇。

為什麼會這樣？因為戀愛意味著允許一個人走進自己的內心，這就表示這個人將要看到真實的自己。而這位來訪者覺得自己內心住著一個怪物，這個怪物有幾個特點：

1. 醜陋；
2. 擁有無窮的力量；
3. 極度自戀、充滿性欲、充滿攻擊性。

第三點大家已經知道，這是精神分析理論中所說的人類三大基本動力——自戀、性和攻擊性。擁有無窮的力量，則意味著這三大動力一旦釋放，就會有洪荒之力。至於醜陋，則是因為沒有在關係中被看見，沒有被覺知之光照亮。

我們可以把這個怪物視為「沒有被看見的真實自體」，它沒能在關係的真實世界中展現，只存在於想像世界。並且不是頭腦意識層面的想像世界，而是潛意識深處的黑暗想像世界。

說到這裡我們就可以理解，全能頭腦構成的頭腦暴政，所構建的牆或迷霧，既是為了保護自己不受外界傷害，更是為了鎖住這個全能怪物，防止它傷害外部世界。

例如，一位女性來訪者，在一次諮詢中談著談著，腦中就出現一個意象：一隻無比巨大的蟲子從一座山的底部爬出，牠擁有可怕的力量和破壞欲，可以把這座山輕鬆毀滅，如果牠從山中衝出來，接下來將毀滅所遇到的一切……。

這個意象很像動畫片《大聖歸來》中的經典一幕，這位女士看過這部動畫片，所以既可能是受這部動畫片影響而產生的意象，也可能是她的潛意識中藏著這樣的意象。

很有意思的是，她幾乎同時出現嚴重的頭疼，頭疼的位置就是孫悟空戴緊箍咒的那一圈位置。那一刻她感到非常驚訝，立即理解為，也許《西遊記》創造出這個意象就是有這樣一個道理的。

這種頭疼我在其他幾位來訪者那裡也遇過，並且都是當有一股排山倒海般的力量湧出時，他們立即出現了這種頭疼。

所以我們的確可以看到，這種「緊箍咒頭疼」就像是頭腦想努力鎖住自己內在的恐怖怪物。然而，這個怪物正是自己的生命力。如果你想看看你的內在有沒有這樣一個怪物，可以試試我發展的一個「鏡像自我練習」：

找一個安靜的地方，躺著、坐著都可以，但請保持脊柱的中正，就是從正面看你的脊柱基本上是直的。

花一點時間放鬆身體，可以深呼吸，也可以使用掃描身體的練習。對自己說：我願意敞開內心，我做好了準備。然後閉上眼睛，想像你面前出現了一棟房子，打開這棟房子的門，先有一個走廊出現在你面前，這個走廊可能是向上的，也可能是向下的；可能是寬敞的，也可能是狹窄的；可能是明亮的，也可能是黑暗的。尊重第一時間出現的畫面，不要進行任何修改。

走完這條走廊，你進入一個廳，這個廳是怎樣的，一樣要尊重第一時間出現的畫面，同時尊重你第一時間出現的情緒情感，不做任何修改。繼續往裡走，你會看到一個小一些的門，打開這扇門，你進入一個小一些的房間，進入這個房間，你會看到一面鏡子出現在你面前。

那麼，從這面鏡子裡你會第一時間看到什麼東西。專注地看著鏡子裡的事物，看看會出現什麼樣的情緒情感，如果你可以和這個事物說話，你想說點什麼。繼續看著這面鏡子裡的事物，看得越仔細越好，然後想像你進入這面鏡子，成為它。這時，作為這個事物，你有什麼樣的情緒情感，再看看鏡子外面的那個人，你想對他說點什麼。

最後，你再次離開這面鏡子，回到自己身上，再看著鏡子裡的事物，看看會發生什麼變化。

我對至少上千人做過這個練習，發現很多人從鏡子裡看到的是各種怪物。當然，因為受了文章中前面故事的影響，你再做這個練習，可能就不再精準地反映你的心了。但是，你有其他事情可以碰觸自己內在的怪物，例如你的夢。你曾夢見過什麼樣讓你印象深刻的怪物嗎？沒有夢到也沒關係，看電影、電視劇或藝術作品，有什麼怪物會特別吸引你嗎？

例如小孩子，特別是小男孩，很容易痴迷恐龍，那是因為他們心中就住著一個這樣的怪物。

原始的全能自戀的力量，很難直接轉化為人性化的生命力，哪怕得到再好的照顧都不可能。所以對

絕大多數人來講，幾乎必然要有相當一部分力量轉入黑暗的潛意識之中，然後再慢慢透過自己的各種努力，馴服它們。

但在此之前，我們會懼怕這種黑暗的原始力量，因為其中藏著全能暴怒和被害妄想，還有深深的羞恥感。透過諮詢，我看到許多來訪者身上的這個怪物。透過被分析，我也看到自己身上的這個怪物，然後我有了一個深切的理解：

可能太自卑、太卑微，就是這個怪物的感知，我如此醜陋、如此可怕，你還會喜歡我、接納我嗎？像《美女與野獸》這樣的故事就是在說，當野獸得到美女的愛，就可以直接變成人，但在轉化之前，野獸看著美女會覺得自慚形穢，而力量感並不能讓野獸擁有真正的自信。

所以可以說，一個人只是在自戀維度上掙扎，那麼就算成為世界之王，擁有最恐怖的力量，也是治不好自卑的，畢竟只是個怪物。所以，前面文章中講到的躲閃、回避和錯開，至少有一部分原因是懼怕別人看到自己內在的這個怪物，同時不想把這個怪物直接釋放出來。

這就構成一個非常有意思的矛盾：一方面，大多數人在強烈地追逐力量，因此容易顯得自私而無情；另一方面，全能頭腦構成的頭腦暴政也比比皆是，人們又在使勁地克制自己，並不願意讓自己內在的洪荒之力，直接宣洩給他人與世界。

用頭腦鎖住自己內在的全能怪物，這種邏輯也是出自愛吧。

第20章

深度關係滋養生命

腦補與腦嗨

我自從碩士畢業進入《廣州日報》工作後，就不斷在寫字，至今寫了五、六百萬字。這本書的第三部分，一直在講思維和體驗這對矛盾，其實我就在相當程度上活在思維的世界裡，不然真寫不出這麼多內容。

最近幾年我多次想過，我得有那麼一段時間，把寫作在我的世界裡暫時停一下，這個時間即將到來。這本書是我自己的一個畢業禮。這樣講其實也透露了一點——我也是一個全能巨嬰。所以，如果這本書把你「戳成篩子」，並讓你產生一些羞恥感時，你不妨想想，寫出這本書的作者就是一個全能巨嬰啊，這本書是他的自傳，他的鏡子。

孤獨、自戀和想像這三者是聯繫在一起的，自戀性的想像就容易構成「腦嗨」這件事。就是你沉溺在自己的想像中，覺得非常過癮，但是等有一天能睜開眼睛看到現實，才發現這是孤獨的想像而已，而且它還相當狹窄。

我的一位長期來訪者找我做諮詢好幾年了，他一開始就呈現出強烈的自戀，這份自戀明顯地表現在他的臉上、衣著上和體態上。他的條件非常不錯，看起來實在很難用「狹窄」這個詞來形容他。

但是，等他的世界越來越開放之後，再回頭一看，過去真的是活得太狹窄了。

他剛找我做諮詢時，不僅有強烈的、外顯的自戀，令他更痛苦的是，他幾乎時時刻刻處在自戀性的受挫之中。他對自己設立的目標太高了，明確地希望自己在方方面面都能做到最好，這自然會導致他時時刻刻受到挫敗和打擊。

作為他的諮詢師，我一開始雖然沒有展現出一個傾向，但我的確在想，他得透過理解自己這份自戀，學會克制、學會對自己設定更理性的目標。

然而，隨著諮詢的進展，我發現憑藉他強烈的好勝心、良好的條件和雖然容易受打擊但會一直堅持下去的執著，他那些看起來高到不可能的自戀，竟然在相當程度上一一得到滿足。

然後，每當得到一份深刻的滿足，他都會很快呈現出一種放鬆。就是本來期待自己一直是一百分，但當真正體驗過一次九十九分或九十五分後，他的執著自然而然變得放鬆了。

儘管如此，他明顯一直都活在一個永恆的雙重主題中——「我的意願必須實現」和「我的意願被挫敗了」。

並且，受挫真的非常之多。本來在他的小世界中，他的自戀獲得滿足越來越多，在不少方面，他的確成為自己小世界中最出色的一個。但是當他離開小世界，開始向外走時，他受到的挫敗越來越多，有些挫敗是絕不可能被克服的，他多次看到總有人在某一方面比他高出太多，他只能望塵莫及。

最初，這真的讓他備受打擊，於是又想退回到自己的小世界，但因為種種原因，他還是堅持向外走、向外看。然後突然有一天，他發現自己變了，變得不再渴望「每一方面都比別人強」，甚至都不再渴望「某一方面比別人強」，而是開始享受一種感覺：哇，這個世界太豐富了，太好玩了。

這個時候他呈現出一種強烈的好奇心。過去，他總是想著占有所有的好東西，現在，他開始產生想去瞭解的好奇心，並且也能做到尊重這些事物了。

以前他的世界只有「我」這一個中心，他的基本感受只有兩個：「我的意願被滿足了」和「我的意願被挫敗了」。遇到好東西，就想吞吃；產生壞情緒，就想扔出去。

但現在他終於能感知到，在「我」之外有無處不在的「你」。「你」身上的好東西，我不能總想著吞吃，實際上也吞吃不了。並且，當「我」不能總想著去吞吃「你」的好東西時，「你」和「我」就同時存在了。

這時，他就從「我的意願被滿足了」和「我的意願被挫敗了」這份二元感受組成的那份狹窄，走了出來，看到了外部現實世界的多姿多彩。

對此，魯米有極美的詩句：

真理閃耀在夏姆斯的臉上。
河水同時在千萬條河川裡流動。
五彩繽紛的世界就是答案。
不要問愛能成就什麼！

需要交代一句，夏姆斯是魯米的愛人。

當人活在一元世界時，就只有「我」的感受，這構成了一份狹窄。當真的愛上一個人時，就看到了「你」的獨立存在，然後這份感受會延伸到整個外部世界，於是看到了「五彩繽紛的世界」。並且，當不再總想著去占有「你」身上的好時，就能對「你」充滿好奇、欣賞和尊重了。

接下來講講什麼是「腦嗨」。

圍繞著大腦的想像，我想到了兩個詞——「腦補」和「腦嗨」。

所謂「腦補」，就是你的頭腦知道你的身體、心靈乃至靈魂需要什麼，當現實滿足不了時，人就會啟用頭腦的想像，在頭腦層面製造一種感覺——你得到了這些，然而這不是真實的。

所謂「腦嗨」，就是當自戀性需求在想像層面得到滿足時，人就容易陷入一種很嗨的狀態，覺得這些想像真了不起、真棒。然而這些都是自欺欺人，不是現實世界中自己真的能做到的。

例如，「做夢娶媳婦」就是男人的腦補；而如果想像中自己成了世界第一、無所不能的神或皇帝，那就是腦嗨。

沒有基本進入關係維度的人，必然會有比較多的腦補和腦嗨。如果既沒有從自戀維度發展到關係維度，又不能很好地進入體驗，而是還停留在頭腦層面，那腦嗨就更嚴重了。

處在孤獨自戀中的人，必然想著去爭第一、擁有各種不可思議的能力或地位等。現實如果能滿足一些還好，如果不能滿足，就會過度啟用腦補，而陷入腦嗨。

諮詢中，我見過很多人呈現一副無精打采的樣子，似乎對各種事都提不起興趣，當和他們深入聊天時可能會發現，他們覺得自己擁有的現實生活實在太平庸、乏味、無聊了，當他們的想像世界打開時就會看到，他們有各種全能自戀級別的想像。

這是非常常見的心理。**實際上，一些有問題的生活方式，其實就是在追求全能自戀，例如，賭博、酗酒、吸毒和沉迷電子遊戲。**

吸毒很容易讓一個人產生全能自戀級別的想像，而酗酒時人容易變得更喜歡吹牛，脾氣變大，這也是全能感出來了。

至於賭博，瞬間能累積平時累積不了的財富，瞬間又失去，這種刺激程度太過癮了。電子遊戲也大多是玩家自己在掌控一切。這些都是全能自戀級別的刺激。

性愛乃至戀愛也會。太多人沉迷於戀愛，就是在追求一種感覺——我征服了你。這是一元世界的東西，是看見好東西就想占有，而不是愛。很多人喜歡炫耀自己的戀愛經歷，這也是一回事。

怎麼衡量一個人是處在自戀層面的腦嗨，還是進入了關係層面呢？關鍵是體驗上的差別。**如果你體**

驗到的主要是刺激和興奮，這就是自戀層面的東西；如果你體驗到的主要是滿足和幸福，就是關係層面的東西。

當關係失去時，如果你體驗到的主要是羞恥，這也是自戀層面，例如「戀愛失敗意味著我太差了」；而如果體驗到的是悲傷，這就是關係層面，例如「我失去了和你的愛」。

更簡單的是我前面講到的，自戀層面關注的是「我的願望實現了」和「我的願望受挫了」，以及它們衍生出來的感受「我太棒了」和「我太差了」。總之，都是「我如何如何」。**到了關係層面，才會由衷地去關注「你」。**

當真正能關注你時，就會看到這個世界是如此豐富多彩，是開放的、流動的，而在此之前你的感知是，這個世界是焦慮的、狹窄的。

滋養你的精神生命

我們都有雙重生命——肉體生命和精神生命。所謂的精神生命，你也可以說是自己的人格或自我。那麼精神生命該如何滋養呢？或者說得更直接一些——**精神生命該如何餵養呢？**

要講清楚這件事，先來談談饑餓吧。

饑餓是分很多層次的。如果你注意不到這些不同層次的饑餓，就容易出現一個問題：任何時候，你感到饑餓時都會想吃東西，這就容易導致飲食上的失調。

至少，我們可以把饑餓分成兩種：肉體生命餓了和精神生命餓了。前一種饑餓，你直接進食沒問題；如果是後一種饑餓產生，你仍然選擇了吃東西，這就可能有問題了。

要理解饑餓，還要理解一個概念——口欲。

口欲對應的是「口欲期」，這是佛洛依德提出的概念。他認為一歲前的嬰兒處在口欲期，當他們饑餓時，會想透過「口」去吃東西，而當他們對一個事物產生興趣時，也會想去吞吃，或者用口部去感知。例如，嬰兒對一個玩具感興趣，會用嘴唇去抿這個玩具，這是他們在做口欲的嘗試。

對此可以這樣理解：嬰兒既覺得自己是全能的，又知道自己是匱乏的，而且他們只感覺到「我」這一個中心，所以對一個事物產生興趣時，就想把這個事物吞吃進來，以增強自己。

這是嬰兒對媽媽的乳房和乳汁的基本態度。那麼，媽媽該如何面對嬰兒這種貪婪的需求呢？

基本的合理態度應該是「心甘情願地餵養嬰兒，並且樂在其中」，這樣一來，嬰兒就會感知到，撫養者是豐盛的、不怕被吞吃的，就可以肆無忌憚地伸展自己的生命動力。

最原始的欲望是全能自戀，它可以透過想像得到部分滿足。接下來的欲望就是口欲，它沒法透過想像滿足，需要得到照顧，需要得到食物，這樣才能滿足。

除非是命運太悲慘，否則人都會獲得基本的口欲滿足。但是，**如果一個人的心靈在成年後還嚴重滯留在口欲期，會導致這個人在產生任何一種饑餓時，都想去吞吃食物。**

我就會這樣。寫作遇到障礙時，真的會產生一些想吃東西的欲望，但這其實不是食欲，不是身體想吃東西，而是在從事寫作這件精神層面的事情時，我感覺到了匱乏，感覺到了「饑餓」，照理說我要去吞吃素材或思考等精神食糧，但我首先想到的，是吞吃通常意義的食物。

如果真放縱自己這樣做，大概我就會迅速發胖，所以我會適當控制自己，選擇其他食物。曾有一段時間，我會吃一種味道非常濃郁的果醬，吃一小口都會感覺吃得很豐富、很飽滿，於是口欲就得到部分滿足。**動不動就要去尋求口欲的滿足，可以視為一種退行。**也就是，你在從事更高級的活動時遇到阻礙，你感覺到虛弱和匱乏，甚至覺得應對不了，於是退行到你曾經獲得過的口欲滿足上。

精神生命的饑餓也是有很多種的，例如，情緒的饑餓、性的饑餓等。

講一個典型的例子。

一位女士，在兩次諮詢之間的兩週的空檔裡，發現每天下午三、四點就會餓得不得了，於是就會去找吃的，但怎麼吃都吃不飽。後來有一天，她在下午這個時間和老公有了一場很棒的性愛，突然間就不餓了。

這就是性欲的饑餓，當沒有被充分意識到時，退行成了更低級的口欲上的饑餓。還需要交代的是，她找我做諮詢的時間就是下午三點到四點，所以她這份性的饑餓是和諮詢有密切關係的。

什麼關係呢？原來，在上一次諮詢中談到了她的戀父情結，結果激發了她無比強烈的性欲，同時激發了她強烈的羞恥感，於是她把這次諮詢的內容忘得乾乾淨淨，也把這份戀父的性欲忘得乾乾淨淨。結果，這份性欲就降格成了食欲。

總是在下午三、四點要去找吃的，這是一種無意識的努力，因為她這份性欲上的饑餓，就是在和我諮詢的那天下午三、四點產生的。

情緒情感的饑餓退行為口欲的饑餓，這也很常見。例如，很多人在失戀之後，就會選擇暴飲暴食，還有人在面臨重大壓力時也會選擇吃東西，這都是類似的道理。

肉體生命的饑餓可以用食物來滿足，而精神生命如此細膩複雜的饑餓，卻是食物滿足不了的。

精神生命如果有食糧，那最常見的一個就是意願的滿足。

一個個具體的動力就是意願，而整體上的、抽象一些的動力，就是意志。每一個意願都可以視為一個生命。當一個意願得以實現，就意味這份意願的生命存活了下來；當一個意願失敗，就意味這份意願的生命死去了。所以，如果想去修煉你的精神生命，需要有一種執著精神去追逐你的各種意願，特別是那些比較重要的，然後去實現它們。

如果一個人有「我的那些重大意願基本上可以實現」的感覺，必然意味著這個人的精神生命非常強大。相反，如果一個人的感覺是「我的意願都實現不了」，那必然意味著這個人的精神生命非常虛弱。

很多中國家庭在養育孩子時，只注重照顧好孩子的肉體生命，但對孩子的精神生命常常給予打擊。例如，非要孩子聽話，就是讓孩子形成一種感知——「你得聽我們的意願，去實現我們的意志」，而為了做到這點，太多父母或長輩會無情地打擊、否定、破壞孩子的意願和意志，這最終會導致孩子精神生命的虛弱。

這是從自戀維度上講的。**自戀維度是天然重要的維度，不能說因為要發展到關係維度，而否認自戀維度的價值。**

至於在關係維度上，一個人要去努力構建情感聯結，就是比昂所說的愛的聯結、恨的聯結和瞭解的聯結。

因為太多人活在自戀維度上，所以會感知到自戀維度的意願、意志的實現對自己精神生命的滋養，而對關係維度可能就沒那麼敏感。然而，其實每個人在這方面都有感知，我一說可能大家就會明白。

我的來訪者和朋友中，有些特別孤獨的人，他們會感覺提不起勁，並且有無意義感。同時他們也會觀察到，周圍那些擁有深情關係的人，和自己呈現出不一樣的精神面貌。

例如，一位孤獨的來訪者覺得生命很苦，覺得哪怕掙再多錢，生命都是一場苦役。然而，她觀察到周圍有人在肉體勞動上比她更苦，卻呈現出一種生機勃勃的面貌，因為他們覺得，勞動不僅是為自己，也是為所愛的家人。

此外，從第三個維度——也就是體驗和思維的維度上，我們也要注意，僅在頭腦層面努力吸收知識，並不能帶來真正的強大；相反，人要深入體驗。實際上，哪怕是在理論物理這樣的領域內，愛因斯坦也不是只靠思考而變得強大的，他是拿出本心在感知、認識這個世界。

接下來繼續分享一些我的感知。

有一天下午，我突然感覺到很虛弱。這幾年來我常常感覺到虛弱，原因非常多，暫時不展開。這天下午我想去附近拍照，但又覺得事情很多，得去處理那些「應該」處理的事。不過，猶豫了一會兒，我最終還是決定去拍照。於是，我在一個比較大的攝影包裡塞了兩個相機、三個鏡頭——其中兩個是又大又重的電影鏡頭，還帶上了三腳架，煞有介事地去廣州沙面公園拍照去了。

剛抵達沙面公園時，我還是虛弱的，但拍著拍著覺得很盡興，這份虛弱感逐漸就沒有了，開始覺得又充實又有力量。追逐自己的意願就會有這樣的好處。

至於關係維度的滋養，我很想分享的是，過去多年間我每年都會開幾場地面工作坊，一般三到六天。我幾乎都是站著講課的，照理說會累，但講課期間我常常兩、三天只吃一頓飯即可，那是因為和學員們構建聯結所帶來的精神上的飽滿感，實在太多了，結果連帶的都沒有食欲了。

你也可以問問自己，如果想在自戀維度、關係維度和體驗維度去滋養你的精神生命，那你該做些什麼。

答案一定不是吃東西。

自我的層級

精神生命這個概念，相信大多數人都會有，而比這個概念更廣為人知的，就是自我或人格，英文就是 self，也是我們通常說的「我」。

在一個人的自我的發展上，至少有三個層級：

1. 動力層級的自我；
2. 意志層級的自我；
3. 抽象層級的自我。

必須說明一下，這是我梳理的一個說法，所以你可能在其他地方找不到相對應的理論。

動力，就是你作為一個生命體發出的任何一份能量，例如，你想說的一句話、想做的一件事、食欲、性欲、野心等等。

所謂動力層面的自我，就是一個人的感知是：我就是我的每一個動力，我的每一個動力就是我。

當一個人處在動力層面的自我時，會無比脆弱，也會很執著。因為他們會覺得，每一個具體的動力的生死，就是「我」的生死。於是，每一個哪怕很不起眼、沒有什麼現實意義的動力的死亡，都會讓他們感覺到「我」死了，這太容易發生了，一發生就會體驗到脆弱。

同時，他們也會努力去避免自我的死亡這種可怕的感覺，於是很容易表現得非常執著。

這對矛盾一結合就會變成——在他們這裡沒有「小事」，任何一件事都是生死攸關的「大事」，結果就是「鬍子眉毛一把抓」。即便意識上知道有些事在現實意義上毫無價值，但也執著地追求。相反，有些事在現實意義上極其重大，但他們也無法區別對待，不能把更多注意力放到這些大事上。

這樣的人會非常痛苦、極度焦慮，而且很容易「爆炸」，就是因為他們的基本邏輯是「任何一份動力的死亡都是『我』的死亡」。

很多惡性事件中，那些肇事者一言不合，就發展到殺死對方的地步，這是他們要把「我被殺死」的感覺，投射到對方身上，變成「你去死」。

這是嬰兒級別的自我。嬰兒沒有時間感、空間感，也區分不了你我，同時活在原始的全能自戀中，所以覺得「我」一發出意願，「你」就該滿足我，否則我就「死」了。其實這只是這份具體的意願，沒有在當下這個時空立即實現而已。

很多成年人有正常的頭腦，認知上知道當下這個時空不能實現的意願，也可以隨著時間的累積和空間的轉換，提高實現的機率，但在體驗上，他們還處在動力層級的自我上。

動力層級的自我可以有兩個表現，它們看似截然不同，但本質一樣。一種表現是：**執著地渴望每一份動力都能實現，挫敗時就會體驗到死亡感**。相反的表現就是：**幾乎徹底地失去了積極性、主動性，表現得如同行屍走肉**。後者是更可怕的狀態，是一個人深深地體驗到，自己的意願無論如何都不會實現，乾脆就不發出任何意願了。

對嬰兒來講，需要撫養者的用心照顧，而讓嬰兒感知到我的動力基本上是可以實現，也可以存活的。對成年人來說則要借助認知的幫助——做取捨，去追逐那些重要的、專屬於自己的動力，而不是去追求一切動力都得到實現。

如前文所說，動力，指的是一個人發出的每一份具體的能量，而**意志，可以理解為「抽象的動**

力」。

在諮詢中會看到，一個人成長的關鍵不是學會壓制自己，而是當一些基本願望得到滿足後，接下來就變得從容了。例如，一些太自戀的來訪者，當體驗到自戀被滿足後，突然就變得不那麼執著於自戀了。這可以理解為，當較低層次的心靈性存在能存活後，一個人的心靈就可以往更高的層次發展了。

最初嬰兒執著於每一個具體的動力，任何一次受挫都有痛苦產生，但是當獲得「我的動力基本上可以實現」這一感覺後，這份動力層級的自我就可以朝意志層面的自我發展了。其中的邏輯是類似的，**意志層級的自我，即一個人的感知是「我就是我的意志，我的意志就是我」**。

動力可以理解為：當下時空的一份能量得在當下這個時空滿足，而受動力層面的自我驅使時，一個人會嚴重缺乏延遲滿足的能力。

意志就不一樣了，它可以理解為：**一個人有了對時空的感知，知道自己那些重要的意志，即便不能在當下這個時空得到實現，也可以透過時間的累積和空間的變換，最終讓這份意志實現**。

意志層級的自我比起動力層級的自我，就變得堅韌很多。不過，這個時候人容易呈現出偏執，對一些嚴重不符合現實的意志做不到放下，因為一份具體意志的死亡，就等於是「我」死了。

有些容易被人誇讚的故事，其中就藏著這種味道。例如一些老人，八十歲了卻執著地想去見初戀。這常常沒有多少關係維度的情感內容，而主要是自戀層面的執著——「我發起了如此重大的意志，我得看到它圓滿實現」。

和動力層級的自我一樣，意志層級的自我也是因為得到了「我的意志基本上可以實現」的感覺，於是可以進一步升級到抽象意義上的自我。

所謂「抽象意義上的自我」，就是一個人的感知發展成，像是有一個獨立於所有動力和意志之上的

抽象、超然的「我」。這時，動力或意志就只是「我」發出的一份能量，它們的生死不會讓一個人產生「我」死了的感覺。

依照精神分析的理論，在基本良好的養育環境下，孩子在三歲左右就可以發展出抽象意義的自我，可稱之為「自我的誕生」。

什麼樣的養育稱得上「基本良好的養育」呢？這需要以下幾個條件：

1. 孩子的吃喝拉撒睡玩等需求得到了基本滿足；
2. 養育者對孩子起到了「容器功能」，當孩子把事情做好時會被認可，當孩子遇到挫敗時會被支持，而且孩子的情緒情感能在與養育者的關係中流動；
3. 基本穩定。

可能很多人都聽過一個說法：做媽媽的需要陪孩子到三歲。我推測這個通俗的說法就來自精神分析的這個理念。給孩子提供基本滿足，這一點養育者們很容易意識到，而對於「基本穩定」這一點，我們的社會就有很大欠缺。**基本穩定意味著，在三歲前，作為最重要的養育者，和孩子沒有長時間的分離。**有人認為這個時間期限是「兩週」。

為什麼要這樣？我的理解是：原始的生命力都是帶著攻擊性的，當最重要的關係是動盪不安的，天然自戀的孩子就容易感知為，這是我的攻擊性導致了這些壞事。

我們社會中，無數人在孩童時期沒有得到這份「基本穩定」，那成年後該怎麼辦？一個重要的辦法是：**試著去構建一份基本穩定的關係，讓這份關係起到容器的功能。**

例如，談一場好的戀愛。例如，去找一位精神分析取向的諮詢師，和諮詢師構建長期諮詢關係。**當形成抽象意義上的自我後，人的焦慮會減輕很多，在處理事情時也會從容很多，或者說心理空間會大很多。**

我們在看電影時常會看到這種情節：主角和邪惡的配角在打鬥，處在緊張的僵持之中，甚至主角都被控制住了，但突然間主角靈機一動，找到了對方的破綻，於是轉敗為勝。

我也常喜歡講袁紹和曹操的故事。在官渡之戰前，袁紹堪稱英明神武，但官渡之戰時，他簡直所有事情都做錯了，而且變得非常需要阿諛奉承。而曹操在重壓之下沒有崩潰，並能納諫如流，最終打敗了袁紹。

這些事情都可以理解為，有的人沒形成抽象意義的自我，在重壓下會產生嚴重的死亡焦慮，於是心理空間變小，視野變得狹窄。相反，有的人是有了抽象意義上的自我，在重壓下仍保持著很大的心理空間，這讓他們的思考和反應都變得靈活很多。

至於袁紹那麼需要阿諛奉承，是因為這個時候他的自我處在崩潰邊緣，需要透過聽到的阿諛奉承來滿足自戀，從而保持他意志層級的自我不瓦解。

最後我想說，其實說到容器，我們可以看到除了自我、可靠的關係外，還有很多容器。例如，一個好的社會就是一個巨大的容器，而人的覺知是一份永恆的容器。

我們可以在這些容器內慢慢修煉自己的心。

只有目標綜合症

有一種問題，暫且將它命名為「只有目標綜合症」吧。這種綜合症的核心特點是，一個人想讓一個又一個的目標充滿自己的所有時間。他們不斷樹立各種目標，而在樹立目標和實現目標之間則被焦慮充滿。

有一個殺死父親的大學生，他的日記簡直可以稱為「目標日記」，上面寫滿了一個又一個目標。目標實現時開心，甚至覺得上了天；目標受挫時痛苦，甚至想殺了自己。

我的一位來訪者，在和他早期的諮詢中，他始終都是這種風格：發現一個問題，立即產生一個目標——修正這個問題。然後就會問我，你說該怎麼辦？

雖然事實一再顯示，那些關鍵性的突破，幾乎都來自他對自己感受的理解和接納，但他仍然在很長時間裡持續這個風格。因為不這麼做，他就會被焦慮淹沒。

焦慮通向死亡。焦慮的人的基本感知是：目標是我樹立的，目標就是我，我就是目標，目標實現不了，就意味著「我」死了。並且，在目標沒有立即實現前，我都會擔心有一些敵意的、宛如死神的力量，可能會破壞、殺掉我的目標，而且這種力量還很強大，所以真是太焦慮了。

「只有目標綜合症」患者可以分為兩類：一類人不斷試圖證明自己，可還是被焦慮充滿；另一類人乾脆就不去樹立任何真實的目標了，這樣就可以免於被擊敗、被殺死，但他們一樣也會充滿焦慮，而且是一種彌散性的焦慮。

例如，我的一位朋友從來都在拖延之中，也總是不能快速做決定。後來，我發現她是把自己所有的真實決定都藏了起來。因為在她的童年，只要她的決定被媽媽看見，媽媽就會給她提建議，而且會無比迫切地希望她立即做到完美。結果，她幾乎所有的目標都被媽媽給殺死了。所以她最終形成一個風格——藏起自己所有的真實決定。

只盯著目標的人，一樣是陷入全能感的，覺得目標一推出，世界就必須給予絕對的正面回應，必須立即實現，否則就是有一個魔鬼在惡意對待自己。然而就像我們一再講的，魔鬼首先是他們內心中產生的，即當全能自戀受阻時而產生的全能暴怒。

雖然魔鬼首先是內在產生的，但對他們而言，外部世界的敵意是如此真切，並且「我」和外部的敵意力量只能是你死我活，所以必須繃緊了去戰鬥，因此就不敢和外界敵意力量建立關係。

這種焦慮症的療癒方法是：逐漸能感知到別人的善意，能打心眼裡感受到被別人愛和接納，然後自己就可以接納對方了，也就是說，可以和對方建立聯結了。

當一個人只有目標時，也是自戀維度的表現；而當能建立聯結時，心靈就可以發展到關係維度了。

到了這種時候，一個人才可以體驗活在當下的感覺。活在全能自戀的人，常常也覺得自己是活在當下的，但那往往是幻覺，不是真實的。

當一個人能做到這一點後，就會看到原來在一個目標和一個目標之間有過程存在，自己也可以享受過程，而且過程中竟然有如此豐富飽滿的感受存在，這太奇妙了，原來這才是生活，這才是活著。

我們繼續來談談過程和目標。

最原始的全能自戀是徹底未分化狀態——沒有時間，沒有空間，沒有開始，沒有過程。

可以想像這就是一個點，我們可以直觀理解為是人性座標體系的原點。嬰兒和成年大號嬰兒們，他們的心靈有了分化，但分化很有限。例如，他們有了時間感、空間感、過程和結果，還分化出了「我」和「你」，即自體和客體，但仍然有原始的基本感知——「我」一發出意願，你就該立即回應我。

你的精神生命有多長？或者說，你的一份意願在沒有實現前，能在多大的時空內，持續在它身上灌注能量？這可以理解為，你的一份意願作為一個生命，可以活多長時間。

其實一份意願的生命不能僅用時間來衡量，還包括可以伸展開的空間，我們可以用長度來衡量。想像一下有一個人，比如你，你的意願生命長度為一公分。意思是你發出了一份意願：外部世界得在這個一公分的時空量度中回應我、滿足我，否則我就會覺得這個意願死了。在抽象自我沒形成前，這會被感知為這個意願就是「我」，所以一個意願的死亡，就意味著「我」死了。

你是過程主義者還是結果主義者？如果是結果主義者，或者是「只有目標綜合症」患者，那麼你就很難享受過程。這時可以說，你是被死亡焦慮折磨的人。

繼續前面的想像。如果你對意願生命的感知是一公分，這意味著你覺得你的意願發出後，在一公分的長度內得到回應，這個意願就活了，而超出了這個一公分的空間，你的感知就是這份意願死了——即「我」死了。

可是你要完成的事情，所需要的長度是一公尺，你需要在時空上持續投入一公尺長的努力，才能完成這件事。這時，有的人會啟用頭腦管理著自己，持續努力，但你感覺自己心不在焉，不能專注了。你帶著熱情的投入只能持續一公分，然後剩下的過程，剩下的九十九公分，就變成了長久的忍耐。在這個忍耐的過程中，你會覺得很難受，因為你一直在被死亡焦慮折磨著。

但是，有人不是結果主義者，而是能享受過程的人，他們的感知就會變成，可以在這個一公尺長的時空內專注其中，而沒有被死亡焦慮纏繞著。這樣我們就會知道，這兩種人之間的差距有多大。

當然，能忍耐著走完一公尺長度的人，還是遠遠勝過意願生命只能展開一公分的人。

你的意願生命能持續多久？這是一個非常根本性的問題，可以嚴重地影響一個人的各方面。

那麼，當發現自己的意願生命很短，甚至真的只有一公分，該怎麼辦？你可以**進行自我訓練，試著去完成一些事情，擴大你的感知**。並且，這個時候你必須明白的一點是，這和你選擇困難的還是容易的關係不大，關鍵在於你努力去完成它。所以，如果你很脆弱，那麼就不要總給自己樹立艱難的目標，而是從容易的事情開始，哪怕只是吃喝拉撒睡玩。

講一個故事。

一位女士在離婚之後非常痛苦，想自殺。她是嚴重失去重心的人，過去一直在圍著前夫轉，所以離婚後，一下子像是失去了寄託一樣。

一位諮詢師極大地幫到了她，其中一個重要環節是，讓她列出十件自己真心渴望，卻一直沒去做的事，然後在一個期限內完成。

這十件事並不需要多麼重要，關鍵是她真心想做。例如，其中一件是想去吃海鮮。過去因為前夫不吃海鮮，她就放棄了這個喜好。還有一件很簡單的事，是她一直很想去跳舞，但過去因為要求自己做淑女，所以也一直沒去過。

她是在三個月內完成這十件事的。最後一件事是去爬北京的香山，而當實現這個意願，站在香山山頂時，她有了一種重獲新生的感覺。

她能做到這些，顯示她的意願生命其實還是比較強的，但我的朋友和來訪者中，有不少人的意願生命簡直只有一公分那麼短。這種情況下，他們要去拓寬自己的這個空間會極其困難。

這時也有方法。他們的孤獨努力很困難，因為會被孤獨的自戀想像困住，但他們可以去找精神生命堅韌的人，與其建立關係。假若他們的重要關係中，有人的意願生命是一公尺長，甚至是過程主義者，那麼就有可能把這種感覺帶給嚴重的結果主義者。

如果自己生活中找不到這樣的人，那還可以去做諮詢。

不管意願生命是一公分還是一公尺，其實都算是結果主義者，**當一個人的心靈達到基本上都能投入到過程，而不被結果所控制時，就意味著這個人的心靈充滿了生能量，於是他們在過程中不會被死能量所煎熬。**

當這一點越來越強時，一個人也許就能體驗到活在當下的感覺——任何一個時空內的存在都很美好，甚至完美。就此推薦兩本書：《當下的力量》和《心流》。前者會讓你看到活在當下是怎麼回事，但這本書缺乏操作性；後者則像是一本操作手冊，可以讓你學習如何投入過程。

時間感和空間感

對人性瞭解越多，我就越發認識到，現實世界一些特別簡單、特別基本的東西，並不容易被內在想像世界所吸收。例如生死、時間和空間這些概念，多麼普通、多麼基本。

但是，我直到最近幾年才認識到，太多人之所以那麼脆弱，是因為他們有這種基本感知：我發出的一份動力就是我，如果這份動力沒實現，那就意味著這份動力死了，而我等於我的動力，我的動力就是我，所以這也會被感知為「我」死了。

所以生死並不僅僅是肉體生命的出生和死亡，**生死作為一份隱喻，藏在很多地方。**

時間和空間也是類似的概念。它們多麼普通、多麼基本，一個智商正常的成年人，都會知道時間和空間的存在。然而，太多太多人沒有真正在自己的內在想像世界中認識到這點，沒有形成「時間感」和「空間感」。

所謂「時間感」，就是你知道時間是做事情時的一個重要因素，你知道這個重要因素的存在，你會在考慮事情時把這個因素充分考慮進去，而且你會比較正常地衡量和感知到時間的存在。

所謂「空間感」，簡單來說就是條條大路通羅馬，這條路達不到目標，換一條路就有可能。

一份意願需要由時間和空間來撐開。或者說，一份意志從誕生、發展、壯大、衰老到死亡，需要一個過程。時空越大、越廣闊，這份意願的生死過程就越是波瀾壯闊，所展現出來的生命力也就越豐盛堅韌。

前面我們提到，當一個人百分之百受全能自戀支配時，會徹底地忽視時間和空間的存在，而認為意願的生滅就是一瞬間。說一瞬間都不恰當，而是根本不需要時間、空間和過程，「我」一發出意願，「你」就回應了我。

全能自戀是純粹想像的世界，而當一個人看見現實時，就意味著一個人看到了時間、空間的存在，知道了一份意願的生滅需要一個過程。

你感知的這個時空越大，你就越有耐心。

例如，高中時，如果你的意願生命時間太短，就會被一次又一次的普通考試給困住。你在意識上知道，普通考試不需要那麼緊張，最後有一個好的高考成績就可以了，但你的體驗上會因為一次次普通考試的成績，而產生巨大的情緒起伏，這就是因為高自戀想像影響了你的時空感。

擁有良好時空感的人，會自動把整個高中三年視為一個整體。面對考試失利雖然也會難受，但整體上不會太受影響，甚至還抱有感激，認為「平時考試可以視為查漏補缺，所以考砸了就是給自己一個認識問題的機會」。

前面我們講過「急切」的心理邏輯。太急切的人就是高度受全能自戀支配的人，沒有真切意識到時間和空間的存在，於是他們只看到當下這個時空，或是很狹窄的時空。當他們產生一個意願，就會覺得必須在當下這個時空實現它，這意味著「生」；沒有實現就意味著「死」。

因此，耐心是很寶貴的品質。**有耐心的人更可能抓住事情的本質，然後深入深度關係，這樣可以極大地撐開生死感，從最嚴重的每一瞬間，都經歷一次意願生命的生死，到逐漸發現，生死可以延伸到很大的時空中。**

再說說空間感。

在諮詢和生活中，我都見過一些人做事時嚴重缺乏彈性。他們的能量似乎只能朝向正前方發出，當不能實現時，這股能量就會彈回來，擊倒他們。其中一些人還是有些韌勁的，他們會站起來，繼續發出朝向正前方的能量，絕對不繞一點彎。

可以想像他們的正前方如果有一堵牆的話，就只有兩種選擇：要麼是直接能量把這堵牆推倒或擊穿，要麼就是被撞得頭破血流。俗話說，不撞南牆不回頭，而他們簡直是就算撞了南牆也不回頭，如果回頭，他們會有一種自己要死掉的感覺。

這也是因為受全能自戀的驅使，一些人缺乏空間感。因此，他們的感知是，在當下這個時空發出的意願，就必須在當下這個時空實現，否則就意味著這個意願死了。

這裡面還藏著一種執拗：我的意願必須在當下這個時空裡，不折不扣地完美實現，不能繞彎，不能有一點點妥協和汙染，這樣實現時才能得到滿足，也就是全能自戀被滿足了。

形成時間感和空間感這樣的概念，得益於我的一位來訪者。他從來都是無法繞彎的人，但突然有一天，他可以這樣做了。

那天他去健身房健身。以前他都會預約，但因為那天是工作日，他覺得也許不用，就沒有預約了。等到了健身房後，他先向工作人員提出做一個專案A，這也是他最想做的，但對方說：抱歉，這個項目已經額滿了。這時他已經感覺很不愉快，但還是提出那就做專案B，結果對方又說也額滿了。然後他又提出換成專案C，仍然是額滿了。

這時他產生了一種狂暴的憤怒，這是他很熟悉的感覺。因為在進行諮詢後，他知道這是全能自戀受阻後產生的自戀性暴怒。

接下來，他做了一些其他項目，但還是覺得暴怒和委屈，於是去沖了個涼。在沖涼時委屈感湧上來，他號啕大哭。哭了一會兒後，他突然想到，以他對這家健身房的瞭解，這個時段必然會有一些人，即便預約了也不會來，所以他想不妨去試試靈活處理一下。

於是，他沖完涼後去和工作人員說：看到項目A有空缺，我先玩一下，如果預約的人滿了，我就走。結果真如他所料，這個項目A一直有空位。

談完這件事後，他感慨說：「這是一個偉大的時刻！」

在他的個人成長史上，這的確是一個里程碑般的轉捩點，從此以後，他那種呆板無彈性的感覺少了很多，人也變得靈活了很多。他形容說，自己可以繞彎了。

如果你發現自己嚴重缺乏時間感和空間感，那麼該怎麼做？

你得知道這是受全能自戀支配，從而妄想著任何事情都在當下這個時空中完成。**要治療自己這一點，就試著把你喜歡的事情完成，不管過程多麼狼狽、多麼不完美。**

要完成這世上絕大多數的事，都需要時間和空間，所以僅僅把事情完成，就必然是在馴服全能自戀。**完成，勝過完美。**這是我很喜歡說的一句話，就是這個意思。

當你能夠把一個又一個的願望，在看似普通的外在現實世界完成，自然意味著，你從自戀想像的內在世界進入外在現實世界。

在現實世界中把事情完成，就是對全能自戀的天然治療。

相信你會看到，越是不怎麼做事的人，越是期待一出手就非凡。這是想一出現就立即處在縱軸的自戀維度的高位，比別人都強。但是他們必然會有一種脆弱，就是當看到自己其實處在很低的位置時，這個差距太大，於是會迅速失去行動的決心，陷入無助，放棄行動。

相反，**有很多完整地完成一件事的經驗的人，他們深深地進入過真實世界，於是能比較真實地評估自己。**他們接納一種現實，就是自己一開始，甚至長時間處在低位和普通位置，並不斷向高峰攀升。

並且，即便在努力奮鬥後，他們也能接受自己最終處在普通位置。因為在一件又一件事情的背後，他們感知到有一個完整的「我」存在著，這給了他們相當的存在感。

深度關係

創造，發生在「縫隙」裡。

這是我很喜歡的一句話。當你迫切地想找到解決辦法時，就會缺乏創造力。因為在「發出問題」到「找到答案」之間，需要有縫隙。一提出問題就希望立即有答案，這樣就失去了縫隙，失去了空間。

精神分析取向的心理諮詢師，會盡可能遵循一個原則——不提建議，因為**重要的不是立即找到答案，而是去覺知問題背後自己的感受與體驗。**

在諮詢中我發現，很多人一提出問題就立即向我尋求答案，然而，他們常常還沒意識到自己面臨的問題到底是什麼。並且，當探尋內心時就會看到，僅僅把自己的內在過程認識清楚，所謂的「問題」就自動解決了。

例如，一位男士的一個問題是，在開會時他常常會斷片（編按：通常指喝醉後出現空白記憶的情形），覺得講不下去了，然後只能硬著頭皮繼續講。

他講完這個問題後立即問我：武老師，怎麼解決這個問題？請你教我。

他這樣問，一個原因是把全能感投射到了我身上。對這一點我做過解釋，然而他仍然會執著地這樣問我。

我常常使用這個解釋，並去引導他關注自己的內心，看看他開會斷片時內心到底發生了什麼。答案看起來也不難。他有嚴重的全能感，會期待自己在會議上表現完美。但這是他的公司，他是老闆，大權在握，照理說表現怎樣並不重要，把事情講清楚即可，但他對自己就是有著這樣強烈的期待。當這份完美期待遇到挫折後，例如，他有一句話表達不完美，他就會停頓，覺得卡住了，這讓他覺得自己講得更差了……。

這個討論我們也進行過多次，但他的問題並未得到明顯改善。直到在一次諮詢中，他覺知到自己一個細膩的心理邏輯，改變才明顯發生。

那次諮詢中，他一來就興致勃勃地和我分享他的一件好事，但很快他又出現了斷片的情形，和在會議中斷片的感覺很像。他一如既往地問，這該怎麼解決？而我仍然問，斷片的時候，你的內在發生了什麼？你有什麼感受、想法？

這次他安靜下來，去看自己內心。結果他發現自己有這麼一份期待：他希望能在諮詢室內，百分之百地完美再現他在這件好事中的感受，從而能讓我百分之百地看到他的這份感受。當這種完美期待不能實現時，他產生了挫敗感。

看到這份期待後，他自己都覺得很荒誕。古希臘哲學家赫拉克利特（Heraclitus）說：人不能兩次踏進同一條河流。然而，受全能自戀的驅使，他期待能在兩個不同的時空裡，百分之百再現自己的感受，還能百分之百被另一個人看到，並且長久以來，他打心眼裡認為這是可以做到的。

這是一個典型的例子。從此，他不僅改善了在會議中斷片的情形，一談到問題就立即問我該怎麼辦的次數，也明顯減少了。因為他真切體驗到，覺知到自己的內心真的可以帶來改變。

從諮詢的意義上講，他更能進入諮詢過程了，我和他的諮詢變得豐富起來，更有創造性了。這一點改變也延伸到他的生活中，他變得從容了一些。

並且他越來越意識到，不能一發現問題就立即想去解決問題，其實很多時候，最初發現的問題只是「表面症狀」而已，必須花時間深入瞭解，才能看到真正的問題是什麼。

人生是一場體驗。看起來人在追求、實現各種意願，但也許更重要的是，在追逐這些意願時，可以借助這一點和其他客體建立起深度關係。從而在「你」的鏡子裡看見「我」，也真切地感知到「你」，並最終發現，內在想像世界和外在現實世界有著無比密切的聯繫。

如果真能一發出意願立即就實現，人就不需要活著了。人活著也許就是需要展開更大的時空，進入各種深度關係，從而體驗到各種人性。

創造，藏在「發出意願」和「完成意願」的縫隙裡，因此可以說，越是重要的意願或問題，就越需要更大的時間和空間。

當然，時間和空間是外在現實世界的維度，如果你早就有了巨大的內在心靈空間，那麼有可能你的這份巨大的內在空間，會是高度創造力的源頭。於是當你做事的時候，在時間和空間上就可以被急劇縮短，但這種人絕對不是受強烈的焦慮推動，或是在很淺的層面、很小的循環中不斷打轉的人；相反，他是能在關鍵時候安靜下來的人。

例如，賈伯斯有一個工作習慣：做重大決定前，他會先在一個空無一物的禪室裡打坐一段時間。可以說，巨大的創造力藏在不急著立即找到答案的安靜空間之中。

我們繼續談談關係深度。當你總覺得時間不夠用時，常常是因為你沒有進入深度關係，你是浮在水面上的。

例如，如果你總是在滑手機，總是忍不住想消磨時間，必然意味著你把工作、生活視為一種逼迫，你不願深入。因此，工作和生活總是讓你疲憊，所以你需要消磨時間，需要滑手機，浮在表面上。這種飄浮讓你有一種「我在掌控，我在選擇」的感覺。

但是當你深入存在，能和工作、生活建立深度關係時，你會發現效率極大地提高了，你的時間好像多了很多。當你還能砍掉各種不情願、不必要的事情時，你和你主動選擇的對象的關係，就變成了一個超深度關係——它們是一個很少被切斷的連續體。

這種連續感就是關係的深度，它會給你一種很深、很美妙的感覺，於是你情願主動地工作和生活。它們本身就是一種獎勵，你甚至無須額外的獎勵。

村上春樹說：我絕不允許別人打亂我的節奏。

更好的說法是蔡志忠的。他說：完整的一個小時，它的價值不是兩個半個小時的累積，而是一倍；而四個十五分鐘，它們更沒辦法和完整的一個小時比，它們甚至毫無價值。

他講的是持續投入的時間。他認為持續投入的時間的價值增長，是呈現幾何級數的。如果你能持續十個小時的專注，它的價值就是半個小時的千萬倍級別。

持續專注的投入，意味著你和事物建立了深度關係。如果把關係深度看作空間，那就意味著，當這個空間被極大延伸時，時間的價值也變得極大。因此，一個能持續專注投入的人，他擁有的時空是浮在水面上的人所不能比的，甚至是後者無法想像的。

說到人與人的差別，也許沒有哪種差別比這份差別更關鍵了。不過，好在關係深度是我們每個人都可以主動去掌握的，雖然很不容易。

最後，我從「人性座標體系」的三個維度做一下總結。

首先，**人需要在自戀維度上展開自己。**真實地活著，真實地呈現自己的各種生命動力，特別是自戀的動力，可以去搶占自己的高位，不懼怕和別人競爭。如果你一直都是謙虛地活著，那意味著你從來沒有真實地活過。

其次，**一個人的心性，需要從自戀維度發展到關係維度**，這是一個里程碑式的發展，這意味著從孤獨進入關係，從想像進入現實世界。重要的是，當人只是活在自戀維度時，就只會感知到高低、強弱和生死，因此很焦慮。而進入關係維度後，關係維度就是平等的大地，因此可以極大地緩解人的焦慮。

並且，自戀維度雖然能讓一個人獲得一些東西，但這常常是一種爭奪。也許只有關係維度才能有創造，越是深度關係，越是能創造出好東西。

最後講講體驗和思維。思維太好使，而體驗太容易痛苦，所以人容易過度使用思維，而遠離體驗。但是把思維當作「我」，意味著你基本上處於一種虛假之中；把體驗當作「我」，才意味著真實。

深度關係被我視為人生的答案，這必然意味著，**拿出真實的「我」，去和真實的「你」碰撞**，所以真實地活在體驗中，而不是退縮在頭腦中，這是一個基本點。

太多人總想著「等把事情想明白了」，然後才去做，然而，也許我們可以直接跳入生命之河，去擁抱這個世界。

0HDC0101

深度關係

一切美好都是深度關係的產物

作　　者：武志紅
責任編輯：林宥彤
封面設計：朱疋
內頁編排：顏麟驊

總 編 輯：林麗文
主　　編：蕭歆儀、賴秉薇、高佩琳、林宥彤
行銷總監：祝子慧
行銷經理：林彥伶

出　　版：幸福文化出版／遠足事業股份有限公司
地　　址：新北市新店區民權路 108-2 號 8 樓
粉 絲 團：https://www.facebook.com/happinessbookrep/
電　　話：（02）2218-1417
傳　　真：（02）2218-8057

發　　行：遠足文化事業股份有限公司（讀書共和國集團）
地　　址：231 新北市新店區民權路 108-2 號 9 樓
電　　話：（02）2218-1417
傳　　真：（02）2218-1142
電　　郵：service@bookrep.com.tw
郵撥帳號：19504465
客服電話：0800-221-029
網　　址：www.bookrep.com.tw

法律顧問：華洋法律事務所蘇文生律師
印　　刷：博創印藝文化事業有限公司

初版一刷：2024 年 6 月
定　　價：660 元

國家圖書館出版品預行編目資料

深度關係：一切美好都是深度關係的產物 / 武志紅著 .-- 初版 .-- 新北市：幸福文化出版社出版：遠足文化事業股份有限公司發行 ,2024.6
面；　公分
ISBN 978-626-7427-51-4（平裝）
1.CST：自我心理學　2.CST：自戀　3.CST：自覺

173.741　　113004639